U0133526

1951年墨人31歲與夫人曾麗春女士（30歲）結婚十周年紀念合影於左營

墨人博士七十壽辰與夫人曾麗春女士合影。此照為大翻譯家、文學
理論家黃文範先生所攝，並在照片背後題「南山北海惟仁者壽」。

民國二十九年（1940）作者墨人在江西南城戎裝照。

1939 年墨人即自戰時陪都四川重慶奉派至江西臨川王安石家鄉，第三戰區前線任軍事記者創辦軍報，提供抗日官兵精神食糧。時年 19 歲。

2010 年「五四」作者墨人 91 歲在花蓮和南寺家人合影

2003 年 8 月 26 日作者墨人（中）在含鄱口觀山景點與
作者長女韻華、長子選翰、三女韻湘、二女韻真合影。

2005 年 2 月作者次子選良（右一）回台北與父（右二）及
作者夫人（中）三女韻湘（左二）二女韻真（左一）合影。

作者墨人在書房留影，時年八十五歲。

《墨人博士大長篇小說〈紅塵〉法文譯本封面照片》

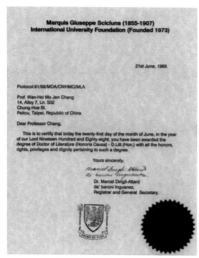

1988 年美國馬奎士國際大學基金會，授予張萬熙墨人教授榮譽文學博士學位證書。

義大利出版英、法、德、義四種文字的「國際文學史」的ACCADEMIA ITALIA, 1982年授予墨人的文學功績證書。

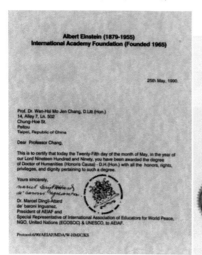

1990 年美國愛因斯坦國際學院基金會授予張萬熙墨人教授榮譽人文學（含哲學文學藝術語言四種）博士學位

1989 年美國世界大學授予張萬熙墨人榮譽文學博士學位，文化大學創辦人張其昀（曉峰）先生亦獲此榮譽。

1999 年 10 月張萬熙墨人博士榮登英國劍橋國際傳記中心《二十世二千位傑出學者》第一版證書。

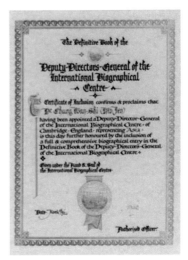

1992 英國劍橋國際傳記中心（I.B.C.）任張萬熙墨人博士為代表亞洲的副總裁。

2009 年 3 月 16 日英國劍橋國傳記中心總裁與總編輯聯合授予張萬熙墨人博士國際莎士比亞文學成就獎。

英國劍橋國傳記中心（I.B.C.）2002 年頒發詩人作家張萬熙（墨人）博士終身成就獎，英文信及金牌正反面照片墨人早年即被 I.B.C.推選為副總裁。

墨人博士著作品全集　總　目

一、散文類

二、長篇小說

三、中短篇小說
　　散文合集

四、詩詞及論評

墨人的一部文學千秋史

　　張萬熙先生，筆名墨人，江西九江人，民國九年生。為一位享譽國內外名小說家、詩人、學者。歷任軍、公、教職。六十五歲始自從國民大會簡任一級加年功俸的資料組長兼圖書館長公職崗位退休，但已是中國文壇上一位閃亮的巨星。出版有：《全唐詩尋幽探微》、《紅樓夢的寫作技巧》、大長篇小說《紅塵》、《白雪青山》、《春梅小史》；詩集：《哀祖國》；散文集：《小園昨夜又東風》。民國五十年、五十一年連續以短篇小說，兩次入選維也納納富出版公司出版的《世界最佳小說選集》。七十歲時自東吳大學中文系教席二度退休，仍著述不輟，為國寶級文學家。墨人博士在臺勤於創作六十多年（在大陸時期已創作十年），並以其精通儒、釋、道之學養，綜理戎機、參贊政務、作育英才，更以其對傳統文學的精湛造詣，與對新文藝的創作，在國際上贏得無數營譽，如：美國世界大學榮譽文學博士、美國馬奎士國際大學榮譽文學博士、美國艾因斯坦國際學院榮譽人文學博士、英國劍橋國際傳記中心副總裁、英國莎士比亞詩、小說與人文學獎得主，現在出版《全集》中。

壹、家世·堂號

　　張萬熙先生，江西省德化人（今九江），先祖玉公，明末時以提督將軍身份鎮守雁門關，蒙古騎兵入侵，戰死於東昌，後封爲「河間王」。其子輔公，進士出身，歷任文官。後亦奉召領兵「三定交趾」，因戰功而封爲「定興王」。其子貞公亦有兵權，因受奸人陷害，自蘇州嘉定（即今上海市一區），謫居潯陽（今江西九江）。祖宗牌位對聯爲：嘉定源流遠，潯陽歲月長；右書「清河郡」、左寫「百忍堂」。

貳、來臺灣的過程

民國三十八年，時局甚亂，張萬熙先生攜家帶眷，在兵荒馬亂人心惶惶時，張先生從湖南長沙火車站，先將一千多度的近視眼弱妻，與四個七歲以下子女，從車窗口塞進車廂，自己則擠在廁所內動彈不得，千辛萬苦的從湖南長沙搭火車南下廣州，從廣州登商輪來臺。七月三日抵基隆，由同學顧天一先生，接到臺北縣永和鎮鄉下暫住。

參、在臺灣一甲子奮鬥的過程

一、初到臺灣的生活

家小安頓妥後，張萬熙先生先到臺北萬華，一家新創刊的《經濟快報》擔任主編，但因財務不濟，四個月不到便草草結束。幸而另謀新職，舉家遷往左營擔任海軍總司令辦公室秘書，負責紀錄整理所有軍務會報紀錄。

民國四十六年，張先生自左營來臺北任職國防部史政局編纂

《北伐戰史》（歷時五年多浩大工程，編成綠布面精裝本、封面燙金字《北伐戰史》叢書），完成後在「八二三」炮戰前夕又調任國防部總政治部，主管陸、海、空、聯勤文宣業務，四十七歲自軍中正式退役後轉任文官，在臺北市中山堂的國民大會研究世界各國憲法政治，主編的十六開巨型的《憲政思想》，首開政治學術化先例。

　　張先生從左營遷到臺北大直海軍眷舍，只是由克難的甘蔗板隔間眷舍改為磚牆眷舍，大小一般，但邊間有一片不小的空地，子女也大了，不能再擠在一間房屋內，因此，張先生加蓋了三間竹屋安頓他們。但眷舍右上方山上是一大片白色天主教公墓，在心理上有一種「與鬼為鄰」的感覺。張夫人有一千多度的近視眼，她看不清楚，子女看見嘴裡不講，心裡都不舒服。張先生自軍中假退役後，只拿八成俸。

　　張先生因為有稿費、版稅，還有些積蓄，除在左營被姓譚的同學騙走二百銀元外，剩下的積蓄還可以做點別的事。因為住左營時在銀行裡存了不少舊臺幣，那時左營中學附近的土地只要三塊多錢一坪，張先生可以買一萬多坪。但那時政府的口號是「一年準備，兩年反攻，三年掃蕩，五年成功。」張先生信以為真，三十歲左右的人還是「少不更事」，平時又忙著上班、寫作，實在不懂政治、經濟大事，以為政府和「最高領袖」不會騙人，五年以內真的可以回大陸，張先生又有「戰士授田證」。沒想到一改用新臺幣，張先生就損失一半存款，呼天不應。但天理不容，姓譚的同學不但無后，也死了三十多年，更沒沒無料。張先生作人、看人的準則是：無論幹什麼都是「誠信」第一，因果比法律更公平、更準。欺人不可欺心，否則自食其果。

二、退休後的寫作生活

張先生自軍職退休後，四十七歲轉任台北市中山堂國大會主編十六開六本研究各國憲法政治的《憲政思潮》十八年，時任簡任一級資料組長兼圖書館長。並在東吳大學兼任副教授二十年、香港廣大學院指導教授、講座教授、指導論文寫作、不必上課。六十四歲時即請求自公職提前退休，以業務重要不准，但取得國民大會秘書長（北京朝陽大學法律系畢業）何宜武先生的首肯，六十五歲依法退休。當時國民大會、立法院、監察院簡任一級主管多延至七十歲退休，因所主管業務富有政治性，與單純的行政工作不同，六十五歲時張先生雖達法定退休年齡，還是延長了四個月才正式退休，何秘書長宜武大惑不解地問張先生：「別人請求延長退休而不可得，你為什麼反而要求退休？」張先生答以「專心寫作」，何秘書長才坦然不疑。退休後日夜寫作，因胸有成竹，很快完成了一百九十多萬字的大長篇小說《紅塵》，在鼎盛時期的《臺灣新生報》連載四年多，開中國新聞史中報紙連載最大長篇小說先河。但報社還不敢出版，經讀者熱烈反映，才出版前三大冊。當年十二月即獲行政院新聞局「著作金鼎獎」與嘉新文化基金會「優良著作獎」，亦無前例。《台灣新生報》又出九十三章至一百二十二章，只好名為《續集》。墨人在書前題五言律詩一首：

浩劫未埋身，揮淚寫紅塵，非名非利客，孰晉孰秦人？

毀譽何清問？吉凶自有因。天心應可測，憂道不憂貧。

二〇〇四年初，巴黎 youfeng 書局出版豪華典雅的法文本《紅塵》，亦開「五四」以來中文作家大長篇小說進入西方文學世界重鎮先河。時為巴黎舉辦「中國文化年」期間，兩岸作家多由政府資助出席，張先生未獲任何資助，亦未出席，但法文本《紅塵》

卻在會場展出，實爲一大諷刺。張先生一生「只問耕耘，不問收穫」的寫作態度，七十多年來始終如一，不受任何外在因素影響。

肆、特殊事蹟與貢獻

一、《紅塵》出版與中法文學交流

　　《紅塵》寫作時間跨度長達一世紀，由清朝末年的北京龍氏家族的翰林第開始，寫到八國聯軍、滿清覆亡、民國初建、八年抗日、國共分治下的大陸與臺灣，續談臺灣的建設發展、開放大陸探親等政策。空間廣度更遍及大陸、臺灣、日本、緬甸、印度，是一部中外罕見的當代文學鉅著。墨人五十七歲時應邀出席在西方文藝復興聖地佛羅倫斯所舉辦的首屆國際文藝交流大會，會後環遊地球一周。七十歲時應邀訪問中國大陸四十天，次年即出版《大陸文學之旅》。《紅塵》一書最早於臺灣新生報連載四年多，並由該報連出三版，臺灣新生報易主後，之後將版權交由昭明出版社出版定本。由於本書以百年來外患內亂的血淚史爲背景，寫出中國人在歷史劇變下所顯露的生命態度、文化認知、人性的進取與沉淪，引起中外許多讀者極大共鳴與回響。

　　旅法學者王家煜博士是法國研究中國思想的權威，曾參與中國古典文學的法文百科全書翻譯工作，他認爲深入的文化交流仍必須透過文學，而其關鍵就在於翻譯工作。從五四運動以來，中西文化交流一直是西書中譯的單向發展。直到九十年代文建會提出「中書外譯」計畫，當然臺灣作家才逐漸被介紹到西方，如此文學鉅著的翻譯，算是一個開始。

　　王家煜在巴黎大學任教中國上古思想史，他指出《紅塵》一書中所引用的詩詞以及蘊含中國思想的博大精深，是翻譯過程中最費工夫的部分。為此，他遍尋參考資料，並與學者、詩人討論，歷時十年終於完成《紅塵》的翻譯工作，本書得以出版，感到無比的欣慰。他笑著說，這可說是「十年寒窗」。

《紅塵》法文譯本分上下兩大冊，已由法國最重要的中法文書局「友豐書店」出版。友豐負責人潘立輝謙沖寡言，三十年多來，因對中法文化交流有重大貢獻而獲得法國授予文化「騎士勳章」的榮譽。他於五年前開始成立出版部，成為歐洲政一家以出版中國圖書法文譯著為主業的華人出版社。

潘立輝表示，王家煜先生的法文譯筆典雅、優美而流暢，使他收到「紅塵」譯稿時，愛得不忍釋手，他以一星期的時間一口氣看完，經常讀到凌晨四點。他表示出版此書不惜成本，不太可能賺錢，卻感到十分驕傲，因為本書能讓不懂中文的旅法華人子弟，更瞭解自己文化根源的可貴之處，同時，本書的寫作技巧必對法國文壇有極大影響。

二、不擅作生意

張先生在六十五歲退休之前，完全是公餘寫作，在軍人、公務員生活中，張先生遭遇的挫折不少。軍職方面，張先生只升到中校就不做了，因為過去稱張先生為前輩、老長官的人都成為張先生的上司，張先生怎麼能做？因為張先生的現職是軍聞社資科室主任，（他在南京時即任國防部新創立的「軍事新聞總社」實際編輯主任，因言守元先生是軍權六期老大哥，未學新聞）不在編輯之列，但張先生以不求官，只求假退役，不擋人官路，這才退了下來。那時養來亨雞風氣盛行，在南京軍聞總社任外勤記者的姚秉凡先生頭腦靈活，他即時養來亨雞，張先生也「東施效顰」，結果將過去稿費積蓄全都賠光。

三、家庭生活與運動養生

　　張先生大兒子考取中國廣播公司編譯，結婚生子，二十七年後才退休，長孫取得美國南加州大學電機碩士學位，之後即在美國任電機工程師。五個子女均各婚嫁，小兒子以獎學金取得美國華盛頓大學化學工程博士，媳為伊利諾理工學院材料科學碩士，兩孫亦已大學畢業就業，落地生根。

　　張先生兩老活到九十一、九十二歲還能照顧自己。（近年已一印尼傭女「外勞」代做家事）張先生，一伏案寫作四、五小時都不休息，與臺大外交系畢業選翰長子兩人都信佛，六十五歲退休後即吃全素。低血壓十多年來都在五十五至五十九之間，高血壓則在一百一十左右，走路「行如風」，年輕人很多都跟不上張先生，比起初來臺灣時毫不遜色，這和張先生運動有關。因為張先生住大直後山海軍眷舍八年，諸事不順，公家宿舍小，又當西曬，張先生靠稿費維持七口之家和五個子女的教育費。三伏天右手墊填著毛巾，背後電扇長吹，三年下來，得了風濕病，手都舉不起來，花了不少錢都未治好。後來章斗航教授告訴張先生，圓山飯店前五百完人塚廣場上，有一位山西省主席閻錫山的保鑣王延年先生在教太極拳，勸張先生天一亮就趕到那裡學拳，一定可以治好。張先生一向從善如流，第二天清早就向王延年先生報名請教，王先生有教無類，收張先生這個年已四十的學生，王先生先不教拳，只教基本軟身功攀腿，卻受益非淺。

四、耿直的公務員性格

　　張先生任職時向來是「不在其位，不謀其政」。後來升簡任一級組長，有一位「地下律師」的專員，平時鑽研六法全書，混吃混喝，與西門町混混都有來往，他的前任為大畫家齊白石女婿，平日公私不分，是非不明，借錢不還，沒有口德，人緣太差，又常約那位「地下律師」專員到家中打牌。那專員平日不簽到，甚至將簽到簿撕毀他都不哼一聲，因為為他多報年齡，屆齡退休時想更改年齡，但是得罪人太多，金錢方面更不清楚，所以不准再改年齡，組長由張先生繼任。

　　張先生第一次主持組務會報時，那位地下律師就在會報中攻擊圖書科長，張先生立即申斥，並宣佈記過。簽報上去處長都不敢得罪那地下律師，又說這是小事，想馬虎過去，張先生以祕書處名譽紀律為重，非記過不可，讓他報法院告張先生好了。何宜武祕書長是學法的，他看了張先生簽呈同意記過，那位地下律師「專員」不但不敢告，只暗中找一位不明事理的國大「代表」來找張先生的麻煩。因事先有人告訴他，張先生完全不理那位代表，他站在張先生辦公室門口不敢進來，幾分鐘後悄然而退。人不怕鬼，鬼就怕人。諺云：「一正壓三邪」，這是經驗之談。直到張先生退休，那位專員都不敢惹事生非，西門町流氓也沒有找張先生的麻煩，當年的代表十之八九已上「西天」，張先生活到九十二歲還走路「行如風」，一坐到書桌，能連續寫作四、五小時而不倦，不然張先生怎麼能在兩岸出版約三千萬字的作品？

（原載《紮根台灣六十年》，

台北市渤海堂文化公司出版）

墨人博士作品全集

文學是千秋藝業

秦皇漢武今何在

李白杜甫仍風流

全集共分四大類

一類文類 二小說類

三文學理論類

四新舊古典詩詞類

　　我出生於一個「萬般皆下品，惟有讀書高」的傳統文化家庭，且深受佛家思想影響，因祖母信佛，兩個姑母先後出家，大姑母是帶著賠嫁的錢購買依山傍水風景很好，上名山廬山的必經之地的「天后宮」出家的，小姑母的廟則在鬧中取靜的市區。我是父母求神拜佛後出生的男子，並寄名佛下，乳名聖保，上有二姊下有一妹都夭折了，在那個重男輕女的時代！我自然水漲船高了。我記得四、五歲時一位面目清秀，三十來歲文質彬彬的李瞎子替我算命，母親問李瞎子，我的命根穩不穩？能不能養大成人？李瞎子說我十歲行運，幼年難免多病，可以養大成人，但是會遠走高飛。母親聽了憂喜交集，在那個時代不但妻以夫貴。也以子貴，有兒子在身邊就多了一層保障。母親的心理壓力很大，李瞎子的「遠走高飛」那句話可不是一句好話。

　　到現在八十多年了，我還記得十分清楚。母親暗自憂心。何況科舉已經廢了，不必「進京趕考」，更不會「當兵吃糧」，安安穩穩作個太平紳士或是教書先生不是很好嗎？我們張家又是大族，人多勢眾，不會受人欺侮，何況二伯父的話此法律更有權威，人人敬仰，去外地「打流」又有什麼好處？因此我剛滿六歲就正式拜孔夫子入學啓蒙，從《三字經》、《百家姓》、《千字文》、《千家詩》、《論語》、《大學》、《中庸》……《孟子》、《詩經》、《左傳》讀完了都要整本背，在十幾位學生中，也只有我一人能背，我背書如唱歌，窗外還有人偷聽，他們實在缺少娛樂。除了我父親下雨天會吹吹笛子、簫，消遣之外，沒有別的娛樂，我自幼歡喜絲竹之音，但是很少聽到。讀書的人也只有我們三房、二房兩兄弟，二伯父在城裡當紳士，偶爾下鄉排難解紛，他是一族之長，更受人尊敬，因爲他大公無私，又有一百八十公分左右的身高，眉眼自有威嚴，能言善道，他的話比法律更有效力，加之民性純樸，真是「夜不閉戶，道不失遺」。只有「夏都」廬山才有這麼好的治安。我十二歲前就讀完了四書、詩經、左傳、千家詩。我最喜歡的是《千家詩》和《詩經》。

> 關關雎鳩，在河之洲，
>
> 窈窕淑女，君子好逑。

我覺得這種詩和講話差不多，可是更有韻味。我就喜歡這個調調。《千家詩》我也喜歡，我背得更熟。開頭那首七言絕句詩就很好懂：

> 雲淡風清近午天，傍花隨柳過前川。
>
> 時人不識余心樂，將謂偷閒學少年。

老師不會作詩，也不講解，只教學生背，我覺得這種詩和講話差不多，但是更有韻味。我也了解大意，我以讀書為樂，不以為苦。這時老師方教我四聲平仄，他所知也止於此。

我也喜歡《詩經》，這是中國最古老的詩歌文學，是集中國北方詩歌的大成。可惜三千多首被孔子刪得只剩三百首。孔子的目的是：「詩三百，一言以蔽之，曰思無邪。」孔老夫子將《詩經》當作教條。詩是人的思想情感的自然流露，是最可以表現人性的。先民質樸，孔子既然知道「食色性也」，對先民的集體創作的詩歌就不必要求太嚴，以免喪失許多文學遺產和地域特性。楚辭和詩經不同，就是地域特性和風俗民情的不同。文學藝術不是求其同，而是求其異。這樣才會多彩多姿。文學不應成為政治工具，但可以移風易俗，亦可淨化人心。我十二歲以前所受的基礎教育，獲益良多，但也出現了一大危機，沒有老師能再教下玄。幸而有一位年近二十歲的姓王的學生在廬山一未立案的國學院求學，他問我想不想去？我自然想去，但廬山夏涼，冬天太冷，父親知道我的心意，並不反對，他對新式的人手是刀尺的教育沒有興趣，我便在飄雪的寒冬同姓王的爬上廬山，我生在平原，這是第一次爬上高山。

在廬山我有幸遇到一位湖南岳陽籍的閻毅字任之的好老師，他只有三十二歲，飽讀詩書，與民國初期的江西大詩人散原老人唱和，他的王字也寫的好。有一天他要六七十位年齡大小不一的學生各寫一首絕句給他看，我寫了一首五絕交上去，廬山松樹不少，我生在平原是看不到松樹的，我是即景生情，信手寫來，想不到閻老師特別將我從大教室調到他的書房去，在他右邊靠牆壁另加一桌一椅，教我讀書寫字，並且將我的名字「熹」改為「熙」，視我如子。原來是他很欣賞我那首五絕中的「疏松月影亂」這一句。我只有十二歲，不懂人情世故，也不了解他的深意。時任漢口市長張群的侄子張繼文還小我一歲，卻是個天不怕、地不怕的小太保，江西省主席熊式輝的兩個小舅子大我幾歲，閻老師的侄子卻高齡二十八歲。學歷也很懸殊，有上過大學的、高中的，多是對國學有興趣，支持學校的袞袞諸公也都是有心人士，新式學校教育日漸西化，國粹將難傳承，所以創辦了這樣一個尚未立案的國學院，也未大張旗鼓正式掛牌招生，但聞風而至的要人子弟不少，校方也本著「有教無類」的原則施教，閻老師也是義務施教，他與隱居廬山的要人嚴立三先生也有交往。（抗日戰爭一開始嚴立三即出山任湖北省主席，諸閻老師任省政府秘書，此是後話。）同學中權貴子弟亦多，我雖不是當代權貴子弟，但九江先組玉公以提督將軍身分抵抗蒙古騎兵入侵雁門關戰死東昌（雁門關內北京以西縣名，一九九〇年我應邀訪問大陸四十天時去過。）而封河間王；其子輔公。以進士身分出仕，後亦應昭領兵三定交趾而封定興王；其子貞公亦有兵權，因受政客讒害而自嘉定謫居潯陽。大詩人白居易亦曾謫為江州司馬，我另一筆名即用江州司馬。我是黃帝第五子揮的後裔，他因善造弓箭而賜姓張。遠祖張良是推薦韓信爲劉邦擊敗楚霸王項羽的漢初三傑之首。他有知人之明，深知劉邦可以共患難，不能共安樂，所以悄然引退，作逍遙遊，不像韓信爲劉邦拼命打天下，立下汗馬功勞，雖封三齊王卻死於未央宮呂后之手。這就是不知進退的後果。我很敬佩張良這位遠祖，抗日戰爭初期（一九三八）我爲不作「亡國奴」，即輾轉赴臨時首都武昌以優異成績考取軍校，一位落榜的姓熊的同學帶我們過江去漢口。中共未公開招生的「抗日大學」（當時國共合作抗日，中共在漢口以「抗大」名義吸收人才。）辦事處參觀，接待我們的是一位讀完大學二年級才貌雙全，口才奇佳的女生獨對我說負責保送我免試進「抗大」一期，因未提其他同學，我不去。一年後我又在軍校提前一個月畢業，因我又考取陪都重慶中央政府培養高級軍政幹部的中央訓練團，而特設的新聞「新聞研究班」第一期，與我同期的有爲新詩奉獻心力的覃子豪兄（可惜五十二歲早逝）和中央社東京分社主任兼國際記者協會主席的李嘉兄。他在我訪問東京時曾與我合影留念，並親贈我精裝《日本專欄》三本。他七十歲時過世，這兩張照片我都編入「全集」一百九十多萬字的空前大長篇小說（紅塵）照片類中。而今在台同學只有兩位了。

　　民國二十八年（一九三九）九月我以軍官、記者雙重身分，奉派到第三戰區最前線的第三十二集團軍上官雲相總部所在地，唐宋八大家之一，又是大政治家王安石，尊稱王荊公的家鄉臨川，（屬撫州市）作軍事記者，時年十九歲，因第一篇戰地特寫《臨川新貌》經第三戰區長官都主辦的行銷甚廣的《前線日報》發表，隨即由淪陷區上海市美國人經營的《大美晚報》轉載，而轉爲文學創作，因我已意識到新聞性的作品易成「明日黃花」，文學創作則可大可久，我為了寫大長篇《紅塵》、六十四歲時就請求提前退休，學法出身的秘書長何宜武先生大惑不解，他對我說：

「別人想幹你這個工作我都不給他，你為什麼要退？」我幹了十幾年他只知道我是個奉公守法的張萬熙，不知道我是「作家」墨人，有一次國立師範大學校長劉真先生告訴他張萬熙就是墨人，劉校長看了我在當時的「中國時報」發表的幾篇有關中國文化的理論文章，他希望我繼續寫，劉校長真是有心人。沒想到他在何宜武秘書長面前過獎，使我不能提前退休，要我幹到六十五歲多四個月才退了下來。現在事隔二十多年我才提這件事。鼎盛時期的（台灣新生報）連載四年多的拙作《紅塵》出版前三冊時就同時獲得新聞局著作金鼎獎和嘉新文化基金會「優良著作獎」，劉真校長也是嘉新文化基金會的評審委員之一，他一定也是投贊成票的。「世有伯樂而後有千里馬」。我九十二歲了，現在經濟雖不景氣，但我還是重讀重校了拙作「全集」我一向只問耕耘，不問收穫，我歷任軍、公、教三種性質不同的職務，經過重重考核關卡，寫作七十三年，經過編者的考核更多，我自己從來不辦出版社。我重視分工合作。我頭腦清醒，是非分明，歷史人物中我更敬佩遠祖張良，不是劉邦。張良的進退自如我更欽服。在政治角力場中要保持頭腦清醒，人性尊嚴並非易事。我們張姓歷代名人甚多，我對遠祖張良的進退自如尤為欽服，因此我將民國四十年在台灣出生的幼子依譜序取名選良。他早年留美取得化學工程博士學位，雖有獎學金，但生活仍然艱苦，美國地方大，出入非有汽車不可，這就不是獎學金所能應付的，我不能不額外支持，他取得化學工程博士學位與取得材料科學碩士學位的媳婦蔡傳惠雙雙回台北探親，且各有所成，幼子曾研究生產了飛機太空船用的抗高溫的纖維，媳婦則是一家公司的經理，下屬多是白人，兩孫亦各有專長，在台北出生的長孫是美國南加州大學的電機碩士，在經濟不景氣中亦獲任工程師，我不要第三代走這條文學小徑，是現實客觀環境的教訓，我何必讓第三代跟我一樣忍受生活的煎熬，這會使有文學良心的人精神崩潰的。我因經常運動，又吃全素二十多年，九十二歲還能連寫四、五小時而不倦。我寫作了七十多年，也苦中有樂，但心臟強，又無高血壓，一是得天獨厚，二是生活自我節制，我到現在血壓還是 60－110 之間，沒有變動，寫作也少戴老花眼鏡，走路仍然「行如風」，十分輕快，我在國民大會主編《憲政思潮》十八年，看到不少在大陸選出來的老代表，走路兩腳在地上蹉跎，這就來日不多了。個人的健康與否看他走路就可以判斷，作家寫作如在八十歲以後還不戴老花眼鏡，沒有高血壓，長命百歲絕無問題。如再能看輕名利，不在意得失，自然是仙翁了。健康長壽對任何人都很重要，對詩人作家更重要。

　　一九九○年我七十歲應邀訪問大陸四十天作「文學之旅」時，首站北京，我先看望已九十高齡的老前輩散文作家，大家閨秀型的風範，平易近人，不慍不火的冰心，她也「勞改」過，但仍心平氣和。本來我也想看看老舍，但老舍已投湖而死，他的公子舒乙是中國現代文學館的副館長，他也出面接待我，還送了我一本他編寫的《老舍之死》，隨後又出席了北京詩人作家與我的座談會，參加七十賤辰的慶生宴，彈指之間卻已二十多年了。我訪問大陸四十天，次年即由台北「文史哲出版社」出版照片文字俱備的四二五頁的《大陸文學之旅》。不虛此行。大陸文友看了這本書的無不驚異，他們想不到我七十一高齡還有這樣的快筆，而又公正詳實。他們不知我行前的準備工作花了多少時間，也不知道我一開筆就很快。

　　我拜會的第二位是跌斷了右臂的詩人艾青，他住協和醫院，我們一見如故，他是浙江金華人，卻體格高大，性情直爽如燕趙之士，完全不像南方金華人。我們一見面他就緊握著我的手不放，侃侃而談，我不知道他編《詩刊》時選過我的新詩。在此之前我交往過的詩人作家不少，沒有像他如此豪放真誠，我告別時他突然放聲大哭，陪我去看他的北京新華社社長族侄張選國先生，陪我四十天作《大陸文學之旅》的廣州電視台深圳站站長高麗華女士，文字攝影記者譚海屏先生等多人，不但我為艾青感傷，陪同我去看艾青的人也心有戚戚焉，所幸他去世後安葬在八寶山中共要人公墓，他是大陸唯一的詩人作家有此殊榮。台灣單身詩人同上校軍文黃仲琮先生，死後屍臭才有人知道，他小我二歲，如我不生前買好八坪墓地，連子女也只好將我兩老草草火化，這是與我共患難一生的老伴死也不甘心的，抗日戰爭時她父親就是我單獨送上江西南城北門外義山土葬的。這是中國人「入土為安」的共識。也許有讀者會問這和文學創作有什麼關係？但文學創作不是單純的文字工作，而是作者整個文化觀、文學觀，人生觀的具體表現，不可分離。詩人作家不能「瞎子摸象」，還要有「舉一反三」的能力。我做人很低調。寫作也不唱高調，但也會作不平之鳴、仗義直言。我不鄉愿，我重視一步一個腳印，「打高空」可以譁眾邀寵於一時，但「旁觀者清」，讀者中藏龍臥虎，那些不輕易表態的多是高人。高人一旦直言不隱，會使洋洋自得者現出原形。作品一旦公諸於世，一切後果都要由作者自己負責，這也是天經地義的事。

　　我寫作七十多年無功無祿，我因熬夜寫作頭暈住馬偕醫院一個星期也沒有人知道，更不像大陸的當代作家、詩人是有給制，有同教授的待過，而稿費、版稅都歸作者所有。依據民國九十八年一月十日「中國時報」A14版「二〇〇八年中國作家富豪榜單」二十五名收入人民幣的數字統計，第一高的郭敬明一年是一千三百萬人民幣，第二名鄭淵潔是一千一百萬人民幣，第三名楊紅櫻是九百八十萬人民幣。最少的第二十五名的李西閩也有一百萬人民幣，以人民幣與台幣最近的匯率近一比四‧五而言，現在大陸作家一年的收入就如此之多，是我一九九〇年應邀訪問大陸四十天作文學之旅時所未想像到的，而現在的台灣作家與我年紀相近的二十年前即已停筆，原因之一是發表出版兩難，二是年齡太大了。民國九十八年（二〇〇九）以前就有張漱菡（本名欣禾）、尹雪曼、劉枋、王書川、艾雯、嚴友梅六位去世，嚴友梅還小我四、五歲，小我兩歲的小說家楊念慈則行動不便，鬍鬚相當長，可以賣老了。我托天佑，又自我節制，二十多年來吃全素，又未停止運動，也未停筆，最近在台北榮民總醫院驗血檢查，健康正常。我也有我的養生之道，每天吃枸杞子明目，吃南瓜子抑制攝護腺肥大，多走路、少坐車，伏案寫作四、五小時而不疲倦，此非一日之功。

　　民國九十八（二〇〇九）己丑，是我來台六十周年，這六十年來只搬過兩次家，第一次從左營搬到台北大直海軍眷舍，在那一大片天主教白色公墓之下，我原先不重視風水，也無錢自購住宅，想不到鄰居的子女有得神經病的，有在金門車禍死亡的，大人有坐牢的，有槍斃的，也有得神經病的，我退役養雞也賠光了過去稿費的積蓄，讀台大外文系的大兒子也生病，我則諸事不順，直到搬到大屯山下坐北朝南的兩層樓的獨門獨院自宅後，自然諸事順遂，我退休後更能安心寫作，遠離台北市區，真是「市遠無兼味，地僻客來稀。」同里鄰的多是市井小民，但治安很好，誰也不知道我是爬格子的，連警察先生也不光顧舍下，除了近十年常有人打電話來騙我，幸未上大當外，我安心過自己的生活。當年「移民潮」去不了美國的也會去加拿大，我是「美國人」的祖父，我不移民美國，更別說去加拿大了。娑婆世界無常，早年即移民美國的琦君（本名潘希真）、彭歌，最後還是回到台灣來了，這不能說台灣是「天堂」，以我的體驗而言是台北市氣候宜人，夏天三十四度以上的日子少，冬天十度以下的日子也很少，老年人更不能適應零度以下的氣溫，我只有冬天上大屯山、七星山頂才能見雪。有高血壓、心臟病的老人更不能適應。我不想做美國公民，做台灣平民六十多年，也沒有自卑感。

　　娑婆世界是一個無常的世界，天有不測風雲，人有旦夕禍福，老子早說過：「福兮禍所倚，禍兮福所伏。」禍福無門，唯人自招。我一生不起歪念，更不損人利己，與人為善。雖常吃暗虧，只當作上了一課。這個花花世界是我學不完的大教室，萬丈紅塵其中也有黑洞，我心存善念，更不造文字孽，不投機取巧，不違背良知，蒼天自有公斷，我本著文學良心寫作，盡其在我而已，讀者是最好的裁判。

民國一百年（二〇一一）辛卯七月二十九日

下午六時二十三分於紅塵寄廬

墨人博士著作書目（校正版）

1.自由的火焰　詩集　自印（左營）　民國三十九年（一九五〇）

2.哀祖國　詩集　大江出版社（臺北）民國四十一年（一九五二）
　　與《山之禮讚》合併易名《墨人新詩集》

3.最後的選擇　短篇小說　百成書店（高雄）民國四十二年（一
　　九五三）

4.閃爍的星辰　長篇小說　大業書店（高雄）民國四十二年（一
　　九五三）

5.黑森林　長篇小說　香港亞洲社　民國四十四年（一九五五）

6.魔障　長篇小說　暢流半月刊（臺北）　民國四十七年（一九
　　五八）

7.孤島長虹（全集中易名爲富國島）　長篇小說　文壇社（臺北）
　　民國四十八年（一九五九）

8.古樹春藤　中篇小說　九龍東方社　民國五十一年（一九六二）

9.花嫁　短篇小說　九龍東方社　民國五十三年（一九六四）

10.水仙花　短篇小說　長城出版社（高雄）　民國五十三年（一
　　九六四）

11.白夢蘭　短篇小說　長城出版社（高雄）　民國五十三年（一
　　九六四）

12.颱風之夜　短篇小說　長城出版社（高雄）　民國五十三年（一
　　九六四）

13.白雪青山　長篇小說　長城出版社（高雄）　民國五十四年(一九六五)

14.春梅小史　長篇小說　長城出版社（高雄）　民國五十四年(一九六五)

15.洛陽花似錦　長篇小說　長城出版社（高雄）　民國五十四年（一九六五）

16.東風無力百花殘　長篇小說　長城出版社（高雄）　民國五十四年（一九六五）

17.合家歡　長篇小說　臺灣省新聞處（臺中）　民國五十四年(一九六五)

18.紅樓夢的寫作技巧　文學理論　臺灣商務印書館（臺北）　民國五十五年（一九六六）

19.塞外　短篇小說　臺灣商務印書館（臺北）　民國五十五年(一九六六)

20.碎心記　長篇小說　小說創作社（臺北）　民國五十六年（一九六七）

21.靈姑　長篇小說　小說創作社（臺北）　民國五十七年（一九六八）

22.鱗爪集　散文　水牛出版社（臺北）　民國五十七年（一九六八）

23.青雲路　短篇小說　臺灣商務印書館（臺北）　民國五十八年（一九六九）

24.變性記　短篇小說　臺灣商務印書館（臺北）　民國五十八年（一九六九）

25.龍鳳傳　長篇小說　幼獅書店（臺北）　民國五十九年（一九七〇）

26.火樹銀花　長篇小說　立志出版社（臺北）　民國五十九年（一九七〇）

27.浮生集　散文　聞道出版社（臺南）　民國六十一年（一九七二）

28.墨人詩選　詩　集　臺灣中華書局（臺北）　民國六十一年（一九七二）

29.鳳凰谷　長篇小說　臺灣中華書局（臺北）　民國六十一年（一九七二）

30.墨人短篇小說選　短篇小說　臺灣中華書局（臺北）　民國六十一年（一九七二）

31.斷腸人　短篇小說　臺灣學生書局（臺北）　民國六十一年（一九七二）

32.詩人革命家胡漢民傳　傳記小說　近代中國社（臺北）　民國六十七年（一九七八）

33.心猿長篇小說　學人文化公司（臺北）　民國六十八年（一九七九）

34.山之禮讚　詩集　秋水詩刊（臺北）　民國六十九年（一九八〇）

35.心在山林　散文　中華日報社（臺北）　民國六十九年（一九八〇）

36.墨人散文集　散文　學人文化公司（臺中）　民國六十九年（一九八〇）

37.山中人語　散文　臺灣商務印書館（臺北）　民國七十二年（一九八三）

38.花市　散文　江山出版社（臺北）　民國七十四年（一九八五）

39.三更燈火五更雞　散文　江山出版社（臺北）　民國七十四年

（一九八五）

40.墨人絕律詩集　詩集　臺灣商務印書館（臺北）　民國七十六年（一九八七）

41.全唐詩尋幽探微　文學理論　臺灣商務印書館（臺北）　民國七十六年（一九八七）

42.第二春　短篇小說　采風出版社（臺北）　民國七十七年（一九八八）

43.全唐宋詞尋幽探微　文學理論　臺灣商務印書館（臺北）民國七十八年（一九八九）

44.小園昨夜又東風　散文　黎明文化公司（臺北）　民國八十年（一九九一）

45.紅塵（上、中、下三卷）　長篇小說　臺灣新生報社（臺北）民國八十年（一九九一）

46.大陸文學之旅　散文　文史哲出版社（臺北）　民國八十一年（一九九二）

47.紅塵續集　長篇小說　臺灣新生報社（臺北）　民國八十二年（一九九三）

48.墨人半世紀詩選　詩選　文史哲出版社（臺北）　民國八十四年（一九九五）

49.張本紅樓夢（上下兩巨冊）　　　　修訂批註　湖南出版社（長沙）　民國八十五年（一九九六）

50.紅塵心語　散文　圓明出版社（臺北）　民國八十五年（一九九六）

51.年年作客伴寒窗　散　文　中天出版社（臺北）　民國八十六年（一九九七）

52.全宋詩尋幽探微　文學理論　文史哲出版社（臺北）　民國八

十九年（二○○○）

53.墨人詩詞詩話　詩詞‧理論　詩藝文出版社（臺北）　民國八十九年（二○○○）

54.娑婆世界（定本）　長篇小說　昭明出版社（臺北）　民國八十八年（一九九九）

55.白雪青山（定本）　長篇小說　昭明出版社（臺北）　民國八十九年（二○○○）

56.滾滾長江（定本）　長篇小說　昭明出版社（臺北）　民國八十九年（二○○○）

57.春梅小史（定本）　長篇小說　昭明出版社（臺北）　民國八十九年（二○○○）

58.紫燕（定本）　長篇小說　昭明出版社（臺北）　民國九十年（二○○一）

59.紅樓夢的寫作技巧（定本）　文學理論　昭明出版社（臺北）　民國九十年（二○○一）

60.紅塵六卷（定本）　長篇小說　昭明出版社（臺北）　民國九十年（二○○一）

61.紅塵法文本　巴黎友豐（you fonq）書局出版　二○○四年初版

　　附　註：

▲北京中國文聯出版社　二○○三年出版　大陸教授羅龍炎‧王雅清合著《紅塵》論專書

▲臺北市昭明出版社出版墨人一系列代表作，長篇小說《娑婆世界》、一百九十多萬字的空前大長篇《紅塵》（中法文本共出五版）暨《白雪青山》（兩岸共出六版）、《滾滾長紅》、《春梅小史》、《紫燕》，短篇小說集、文學理論《紅樓夢的寫作技巧》

（兩岸共出十四版）等書。臺灣中華書局出版的《墨人自選集》
共五大冊，收入長篇小說《白雪青山》、《靈姑》、《鳳凰谷》、
《江水悠悠》（爲《東風無力百花殘》易名）、《短篇小說‧詩
選》合集。《哀祖國》及《合家歡》皆由高雄大業書店再版。臺
北詩藝文出版社出版的《墨人詩詞詩話》創作理論兼備，爲「五
四」以來詩人、作家所未有者。

▲臺灣商務印書館於民國七十三年七月出版先留英後留美哲學博士
程石泉、宋瑞等數十人的評論專集《論墨人及其作品》上、下兩
冊。

▲《白雪青山》於民國七十八年（一九八九）由臺北大地出版社第
三版。

▲臺北中國詩歌藝術學會於一九九五年五月出版《十三家論文》論
《墨人半世紀詩選》。

▲《紅塵》於民國七十九年（一九九〇）五月由大陸黃河文化出版
社出版前五十四章（香港登記，深圳市印行）。大陸因未有書號
未公開發行僅供墨人「大陸文學之旅」時與會作家座談時參考。

▲北京中國文聯出版公司於一九九二年十二月出版長篇小說《春梅
小史》（易名《也無風雨也無晴》）；一九九三年四月出版《紅
樓夢的寫作技巧》。

▲北京中國社會科學出版社於一九九四年出版散文集《浮生小趣》。

▲北京群眾出版社於一九九五年一月出版散文集《小園昨夜又東
風》；一九九五年十月京華出版社出版長篇小說《白雪青山》大
陸版，第一版三千冊，一九九七年八月再版一萬冊。

▲長沙湖南出版社於一九九六年一月初出版墨人費時十多年精心修
訂批註的《張本紅樓夢》，分上下兩大冊精裝一萬一千套。立即
銷完、因未經墨人親校，難免疏失，墨人未同意再版。

Mo Jen's Works

1950　*The Flames of Freedom*（poems）《自由的火焰》

1952　*Lament for My Mother Country*（poems）《哀祖國》

1953　*Glittering Stars*（novel）《閃爍的星辰》

　　　The Last Choice（short stories）《最後的選擇》

1955　*Black Forest*（novel）《黑森林》

　　　The Hindrance（novel）《魔障》

　　　The Rainbow and An Isolated Island（novel）《孤島長虹》

（全集中易名爲富國島）

1963　*The spring Ivy and Old Tree*（novelette）《古樹春藤》

1964　*Narcissus*（novelette）《水仙花》

　　　A Typhonic Night（novelette）《颱風之夜》

　　　Ms.Pei Mong-lan（novelette）《白夢蘭》

　　　The Joy of the Whole Family（novel）《合家歡》

　　　Flower Marriage（novelette）《花嫁》

1965　*White Snow and Green Mountain*（novel）《白雪青山》

　　　The Short Story of Miss Chung Mei（novel）《春梅小史》

　　　The Powerless Spring Breeze and Faded Flowers（novel）《東風無力百花殘》（《江水悠悠》）

　　　Flower Blossom in Loyang（novel）《洛陽花似錦》

1966　*The Writing Technique of the Dream of Red Chamber*（literature theory）《紅樓夢的寫作技巧》

Out of The Wild Frontier（novelette）《塞外》

1967　*A Heart-broken Story*（novel）《碎心記》

1968　*Miss Clever*（novel）《靈姑》

　　　Trifle（prose）《鱗爪集》

1969　*The Road to Promotion*（novelette）《青雲路》

1970　*A Sex-change Story*（novelette）《變性記》

　　　The Biography of the Dragon and the Phoenix（novel）《龍鳳傳》

1971　*A Brilliantly lighted Garden*（novel）《火樹銀花》

1972　*My Floating Lif*e（prose）《浮生記》

　　　Selection of Mo Jen's Poems《墨人詩選》

　　　A Heart-broken Woman（novelette）《斷腸人》

　　　Phoenix Valley（novel）《鳳凰谷》

　　　Mo Jen's Works（five volumes）《墨人自選集》

　　　Selection of Mo Jen's short stores《墨人短篇小說選》

1978　*Hu Han-ming, the Poet and Revolutionist*（novel）《詩人革命家胡漢民》

1979　*The Mokey in the Heart*（i.e. The Purple Swallow renamed）《心猿》

1980　*The Hermit*（prose）《心在山林》

　　　A Collection of Mo Jen's Prose（prose）《墨人散文集》

　　　A Praise to Mountains（poems）《山之禮讚》

1983　*Mountaineer's Remarks*（prose）《山中人語》

1985　*My Candle Burns at Both Ends*（prose）《三更燈火五更雞》

　　　Flower Market（prose）《花市》

1986　*A Mundane World*（novel, four volumes, over 1.9 million words）《紅塵》

1987　*Remarks on All Poems of the Tang Dynasty*（theory）《全唐詩尋幽探微》

1988　*Remarks On All Tsyr*（prose poem）*of the Tang and Sung Dynasties*（theory）《全唐宋詞尋幽探微》

1991　*The Breeze That Came From The East Last Night in My Little garden Again*（prose）《小園昨夜又東風》

1992　*Travel for Literature in Mainland China*（prose）《大陸文學之旅》

1995　*Selection of Mo Jen's Poems, 1992-1994*《墨人半世紀詩選》

1996　*I'll look upon the World*《紅塵心語》
　　　Chang Edition of the Dream of Red Chamber《張本紅樓夢》（修訂批註）

1997　*Cherish thy guests and the Muses*《年年作伴寒窗》

1999　*Saha Shih Gai*《娑婆世界》

1999　*Remarks on All Poems of the sung Dynasties*《全宋詩尋幽探尋》

1999　*Mo Jen's Classical Poems and Prose Poems*《墨人詩詞詩話》

2004　*Poussiere Rouge*《紅塵》法文譯本

《张本红楼梦》

序

墨　人

　　曹雪芹写《红楼梦》，费时十年，增删五次，可谓苦心经营。但是直到他死，《红楼梦》并未真正完成，更未经他校正出版。前八十回由藏书家抄录传阅，几达三十年，虽有一百二十回回目，但后四十回残稿，是程伟元多方搜罗，重价购得，并经高鹗辑补，始完成一百二十回本，也就是现在流行的程乙本。程乙本出版之前还有程甲本、戚本、庚辰本、甲戌本。这些坊间缮本及诸家所藏秘稿，"繁简歧出，前后错见"。这是必然的道理。即以程乙本而言，矛盾纰缪仍多，但这很少是程伟元、高鹗的责任(他们两人之于曹雪芹，可说先死人而肉白骨)。这只怪曹雪芹死得太早，他没有一部完整的手稿留下来。他写这部巨著时正是他穷愁潦倒，甚至三餐不继的时候，即使是他留下来的这个一百二十回本，我们又何忍苛责？像《红楼梦》这样一部篇幅巨大的杰作,千头万绪,自然会有照应不到的地方。凡是了解创作甘苦的人,都会同情、尊敬曹雪芹的。今天我们能接受这部文学遗产,我们不仅要感谢曹雪芹,也要感谢程伟元和高鹗。胡适先生虽在文学创作方面没有多大贡献,但他能考证出《红楼梦》的"著者"和"本子"两个问题的答案,也是了不起的功劳,不然曹雪芹和《红楼梦》还不知道要被那些"歪缠"的"考据家"歪到什么地步呢!

我不是考据家。我之热爱《红楼梦》完全是从文学创作观点出发。在拙著《红楼梦的写作技巧》一书(台湾商务印书馆出版)的前言里,我已经说明了这一点。现在我修订批注《红楼梦》,也是基于这一观点。当然,诸如《红楼梦》中重要人物的年龄问题,是不能臆断的。同时,我修订批注《红楼梦》的动机,也是在 1966 年写《红楼梦的写作技巧》时触发的。对于这一伟大杰作,既然发现它有些瑕疵,为什么不再花些时间修订一下,使它更完美呢?但我当时的情形与曹雪芹当年也不相上下。曹雪芹是以卖画来勉强维持生活、写《红楼梦》的。我不会画,只好写短篇小说应急,哪有余力来修订《红楼梦》呢?所以修订工作便拖了下来。幸而我比曹雪芹痴顽长寿,终于能完成修订的工作。至于修订得是否完善尽美?我不敢讲那种大话,我只是尽心尽力而为,同自己创作时毫无两样。如果我的修订、批注能对前辈曹雪芹和以后的读者有些微的贡献,我也就心安了。

《红楼梦》篇幅巨大,千头万绪,修订可真不容易。才

高如作者曹雪芹, 尚且顾此失彼, 而合程伟元与高鹗两人
之力辑补, 仍难免矛盾纰缪; 不才如我, 又如何着手进行
呢?

首先, 我从大处着手, 也就是从结构方面开始。

《红楼梦》的整个大结构可以说是天衣无缝的。 甄士
隐、贾雨村是两个穿针引线的人物,《红楼梦》的故事由他
们展开, 亦由他们归结。 出自青埂峰的顽石, 仍归放青埂
峰下, 前后呼应, 丝丝入扣, 毫无破绽。 那我在这方面还
有什么插笔的余地呢? 在整个大结构方面那是动不得
的, 不但牵一发而动全身, 也完全没有必要, 我着眼的地
方是章回之间的调整。

章回小说有它的长处, 长处之一是每一回前面有文
字对称的回目, 凡是长于对联的老手, 回目也拟得特别漂
亮吻合, 读者一看回目, 就可以想见这一回的内容, 这对
读者是一种便利。 不过章回小说也有它的缺点。 缺点之
一是, 回与回之间多半界限不清, 而且拖着一个"欲知后
事如何, 且听下回分解"的尾巴, 因而演变成一种俗套, 不
够干净利落。《红楼梦》是章回小说, 它有别的章回小说没
有的优点, 但也难免一般章回小说的这一缺点。 因此, 有
些章回之间界限不清, 凡是跨前延后的, 我都重新调整。
"欲知后事如何, 且听下回分解"之类的俗套一概取消, 另
行衔接。 现在将所调整的章回逐一说明。

第一回"甄士隐梦幻识通灵, 贾雨村风尘怀闺秀"是
到贾雨村差人传话, 甄士隐岳父封肃听了吓得目瞪写口
呆为止。后面还有一大段文字与"贾雨村风尘怀闺秀"有

重大关系，而与第二回"贾夫人仙逝扬州城"毫无牵连，作者却把它拖入第二回。因此，我将贾雨村娶甄士隐的丫头娇杏，并将她扶作正室这段文字移到第一回，到"偶因一回顾，便为人上人"止。这与"贾雨村风尘怀闺秀"这个回目才相吻合。而将原来衔接两回之间的"不知……陪笑启问"这二十九个字删掉。

第二回"贾夫人仙逝扬州城，冷子兴演说荣国府"，与第三回"托内兄如海荐西宾，接外孙贾母惜孤女"之间出入不大，为了干净利落，我将第二回"冷子兴演说荣国府"之后，"于是二人起身……"这一小段移作第三回开头，以吻合"托内兄如海荐西宾"的故事。删掉了原来衔接两回之间的十九个字。

第三回黛玉到了贾府之后，"次早起来"就遇着王夫人和熙凤议论薛姨妈等进京之事，这一段文字作者留在第三回不如移作第四回开头好，因为第四回"薄命女偏逢薄命郎，葫芦僧判断葫芦案"是叙述薛蟠因事争夺英莲而倚财仗势打死了人举家进京的，这也就是黛玉进贾府之后，宝钗跟踪而至，这是第四回的事，与第三回"接外孙贾母惜孤女"无关，所以我作了这一调整。删掉了原来衔接三四两回的"之意"到"王夫人处"二十一个字，保留了其中"黛玉"两字。

第四回、第五回之间没有调整，只删掉"日后如何……此回暂可不写了"这些衔接的字。

第五、六、七、八、九、十、十一、十二回之间都保持原状。第十二回是"王熙凤毒设相思局，贾天祥正照风月鉴"。这一回作者写得十分精彩，但他没有在贾瑞丧葬之后刹住，拖了"谁知这年冬底……"的尾巴。我将"谁知"二字删去，移作第十三回开头。

第十三、十四回之间没有调整，而将第十五回开头至"方让北静王过去，不在话下"这一大段文字移到第十四回后面。因为第十四回下面是"贾宝玉路谒北静王"，这段写他们两人相见的文字自然不应该放在第十五回的"王熙凤弄权铁槛寺"部分了。

第十五、十六、十七回之间没有变动，而将第十八回开头"话说彼时有人回"至"连年也不能好生过了"这一段移到第十七回写"荣国府归省庆元宵"的准备工作后面去了，这样显得紧凑一些。

第十八、十九、二十、二十一、二十二、二十三回之间保持原来章法，而将二十四回开头至"香菱便去了，不在话下"这段文字移到第二十三回后面，将原来两回之间的衔接文字"及至回头一看……忽有人从背后拍了一下"删去。

第二十五回开头至"众人只说她是身子不快，也不理论。"这段文字是写"痴女儿遗帕惹相思"的，与二十五回"魇魔法叔嫂逢五鬼"毫无关联，所以我把它移接第二十四回描写小红痴情的文字后面，删去原来衔接两回之间的四十四个字。

第二十五、二十六回之间未动，而将第二十七回开头至"一宿无话"这段描写"潇湘馆春困发幽情"的文字移到第二十六回后面，因为它与第二十七回"滴翠亭杨妃戏彩蝶"无关,并删去原来衔接两回之间的三十个字。

第二十八回开头至"宝玉听了,又是咬牙,又是笑"这好大一段文字,我将它移到二十七回"埋香冢飞燕泣残红"后面,并将开头的"话说林黛玉"至"不觉恸倒山坡上"这一段文字删去,而且二十八回的回目我也有更改,这点留待后面再谈。

第二十九回开头至"又不好说的"的一段,我将它移到第二十八回后面,删掉了原来衔接两回之间的三十八个字。

第三十回开头至"说的满屋里都笑了起来。"这好大一段是描写"多情女情重愈斟情"的,所以移到二十九回后面。曹雪芹在这里又妙笔生花,尤其是写凤姐取笑宝玉黛玉,简直妙到毫颠。如"有这会子拉着手儿哭的,昨儿为什么又成了乌眼鸡似的呢?""倒像黄鹰抓住鹞子的脚,两个人都扣了环了。"作者将宝玉、黛玉"恼气"与"和好"的两种情态画龙点睛了。

第三十、三十一回之间没有调整。第三十二回开头至"倒是去了即平常,若去了这个,我就该死了。"这一小段移到三十一回后面,删去原来衔接两回之间的二十二个字。三十一回的回目也修改了,为何修改,后面再说。

第三十二、三十三、三十四、三十五、三十六、三十七、三十八、三十九、四十回之间都没有调整。

第四十一回开头至"也就不要佛手了。"共约三千字,是写"金鸳鸯三宣牙牌令",凤姐她们戏弄刘姥姥的,与四十一回"贾宝玉品茶栊翠庵"没有关系,所以我移到四十回后面,删去原来衔接两回之间的四十九个字。

第四十二回开头到"直送刘姥姥上车去了,不在话下"这一段共有三千多字,是写刘姥姥的,与四十一回"刘姥姥醉卧怡红院"一脉相承,而与四十二回"蘅芜君兰言解疑癖"没有一点牵连,所以我把它移到四十一回后面,将原来衔接两回之间的二十八个字删去。

第四十二、四十三回之间未动。

第四十四回开头至"鸳鸯方笑了散去,然后又入席"这八百来字是属于四十三回"闲取乐偶攒金庆寿,不了情暂撮土为香"范畴内的,是写大家为凤姐祝寿,所以我将它移到四十三回后面,删去原来衔接两回之间的二十七个字。

第四十四、四十五、四十六回之间都没有调整。

第四十七回开头至"此二日间无话"这三十多字是写贾赦要鸳鸯作妾,鸳鸯不肯,所以我把它移到四十六回"鸳鸯女誓绝鸳鸯偶"的文字后面,因为它和第四十七回"呆霸王调情遭苦打"不相关连。原来衔接两回之间的二十六个字删去。

第四十八回开头至"愧见亲友"这二十几个字移到四十七回后面,而将原来衔接两回之间的二十个字删去。

第四十九回开头至"还只管问黛玉宝钗等"是写"慕雅女雅集苦吟诗"的,所以我把它移到四十八回后面,而将原来衔接两回之间的十二个字删去。同时这一回后面自"平儿戴镯子时"起是和第五十回"芦雪亭争联即景诗"有关,而与四十九回"脂粉香娃割腥啖膻"反而联辍,所以我把它移作第五十回开头,而将原来衔接两回之间的二十二个字删去。

第五十、五十一回之间没有调整,而将五十二回开头至"说的众人都笑了"这段文字移到五十一回后面,删去原来衔接两回之间的十九个字。又将五十三回开头至"参赞朝政不提"这段文字移到五十二回后面,删掉了原来衔接两回之间的十二个字。

第五十四回开头至"又命将各样果子、元宵等物拿些给他们吃",这两千多字是写"荣国府元宵开夜宴"的,所以将它移到五十三回后面,删去原来衔接两回之间的二十八个字。

第五十四、五十五、五十六回之间未动,而将五十七回开头至"回任去了。无话"这一小段移至五十六回后面,删去原来衔接两回之间的十四个字。

第五十七、五十八、五十九回之间未动,而将六十回开头至"平儿去了,不提。"这一小段移到五十九回后面,删去原来衔接两回之间的十七个字。

第六十、六十一回之间未动,而将六十二回开头至"自己气的夜里在被内哭了一夜"约千字左右移到六十一回后面,因为它写的是"判冤决狱平儿行权",而与六十二回"憨湘云醉眠芍药裀"无关,删去原来衔接两回之间的十八个字。

第六十二、六十三回之间未动,而将六十四回开头至"相帮尤氏料理"移到六十三回后面,并删去原来衔接两回之间的十七个字。

　　第六十四、六十五回之间亦未调整，而将六十六回开头至"自是不消惦记"约二千字移至六十五回后面，因为这大段文字是写"尤三姐思嫁柳二郎"的，原来衔接两回之间的三十六个字删去。

　　第六十六、六十七、六十八回之间未动，而将六十八回"且说凤姐进园中"这一小段移作六十九回开头，删去原来衔接两回之间的十九个字。并将七十回开头至"尤氏婆媳而已"这一小段移到六十九回"觉大限吞生金自逝"后面，删去原来衔接两回之间的三十九个字。作者写凤姐的阴狠毒辣，除了十二回"毒设相思局"整死贾瑞外，六十九回"弄小巧用借剑杀人"又逼死尤二姐，两种手法，异曲同工。

　　第七十回"展眼已是夏末秋初。一日，贾母处两个丫头，匆匆忙忙来叫宝玉。"这一小段文字移作七十一回开头，原来衔接两回之间的二十五个字删去。

　　第七十一、七十二回之间未动。七十三回开头至"不在话下"一小段移至七十二回后，原来衔接两回之间的三十一个字删去。

　　第七十三、七十四、七十五、七十六、七十七、七十八回之间都没有调整。

　　第七十九回开头至"与方镜黛玉无言相对"这一千多字是写"痴公子杜撰芙蓉诔"的，与七十九回"薛文起悔娶河东吼"，所以移到七十八回后面，而将原来衔接两回之间的三十八个字删去。七十九回后面自"一日，金桂无事"起这一段文字是八十回"美香菱屈受贪夫棒"的契机，因此移到八十四回的开头，将原来衔接两回之间的十六个字删去。

第八十、八十一、八十二回之间都没有调整。八十三回开头至"说着，上车而去"共约四千字，是写"病潇湘痴魂惊恶梦"的，因此移到八十二回后面，而将原来衔接两回之间的"探春才要走"至"话说"这二十五个字删去。

第八十四回开头至"过两日看罢了"是写夏金桂"闹闺闱薛宝钗吞声"，与八十四回"试文字宝玉始提亲"无关，移到八十三回后面，删掉衔接两回之间的"要知后事如何，下回分解"及"薛姨妈"上面的"却说"和下面的"一时"等十四个字。

第八十五回开头至"两边结怨比从前更加一层了"是写宝玉、黛玉、宝钗三角关系的转折点。失宝玉以后，宝玉就疯癫糊涂了，所以后来贾母、凤姐才能用偷梁换柱的办法使宝玉宝钗成亲，也终于送了黛玉的命。原来衔接两回之间的二十七个字删去。

第九十六回开头至"贾宝玉弄出假宝玉来了"是写"以假混真宝玉疯癫"的，所以移到九十五回后面，而将原来衔接两回之间的二十六个字删去。

第九十六、九十七、九十八回之间都未调整，而将九十九回开头至"此是后话，暂且不提。"这一千五六百字移到九十八回后面，并将原来衔接两回之间的五十二个字删去。

第一百回开头至"然后住着等信"是写"阅邸报老舅自担惊"的，所以移到九十九回后面，而将原来衔接两回之间的十八个字删去。

第一〇一、一〇二、一〇三、一〇四、一〇五、一〇六、一〇七、一〇八回之间均未调整，而将一〇九回后面"自贾母病势日增"起这一千多字移到一一〇回开头，因为这些文字与"还孽债迎女返真元"无关。迎春之死，写到"竟容孙家草草完结"就恰到好处。以后这些文字是写"史太君寿终归地府"的，作一一〇回起头也正好，原来衔接两回之间的二十二个字也删去。同时将一一一回开头至"幸得几个内亲照应。"这一段写"王凤姐力拙失人心"的文字移到一一〇回后面。作者写凤姐前后料理两次大丧事写得都好，而凤姐却前后判若两人。第一次料理秦可卿的丧事是出尽风头，抖够威风；这次料理贾母丧事却受尽委屈，窘态毕露。真是"得食的猫儿强似虎，败翎的鹦鹉不如鸡。"时移势易，凤姐也莫可奈何，可见作者处理任何事都游刃有余。原来衔接两回之间的五十个字删去。

第一一一、一一二回之间未动。一一三回开头至"于是反倒悲切"，是写"死雠仇赵妾赴冥曹"的，因此移到一一二回后面，删掉衔接两回之间的六个字。

第一一三、一一四、一一五回之间未作调整，而且一一五回后面自"一日，又当脱孝来家"起，共约一千六七百字，移作一一六回的开头，这些文字与一一六回"得通灵幻境遇仙缘"息息相关，不宜隔开。原来衔接两回之间的二十二个字删去。

第一一六、一一七、一一八回之间均未调整。而将一一九回开头至"各自回房中去了，不提"移到一一八回后面，这一段文字是"惊谜语妻妾谏痴人"的余绪，不宜割裂。原来衔接两回之间的五十个字删去。

第一一九回与一二〇回之间未动。

以上是我修订《红楼梦》在章回之间所作的调整的一个简单说明。

其次，我要说到回目的修订。

《红楼梦》的回目在对仗方面十分工稳，如：

情切切良宵花解语　　　意绵绵日暖玉生香

滴翠亭杨妃戏彩蝶　　　埋香冢飞燕泣残红.

王熙凤正言弹妒意　　　林黛玉俏语谑娇音

这些回目都可圈可点。我要修订的不是文字本身，而是针对内容更改回目，使它有暗示性，代表性。如第十四回原来的回目是：

林如海灵返苏州郡　　　贾宝玉路谒北静王

在文字方面十分工稳，可是与内容不太切合。

林如海在《红楼梦》的人物中没有什么重要地位，尤其是在第十四回中与王熙凤相比更微不足道，只不过是昭儿说："……二爷带了林姑娘，同送林姑老爷的灵到苏州……"实际上只是一句话，而作者并没有写出林如海的灵柩如何护送到苏州的。如果他有秦可卿的灵柩到铁槛寺的那种盛大场面，那"林如海灵返苏州郡"还有存在的必要，但是作者并没有给他那种荣耀，而王熙凤在这一回中，却有无比的重要性。她到宁国府料理秦可卿的丧事是先声夺人，宁国府总管赖升听委了她就传齐同事人等说：

“如今请了西府贾琏二奶奶管理内事，倘或她来支取东西，或是说话，小心伺侯才好。每日大家早来晚散，宁可辛苦这一个月，过后再歇息，别把老脸丢了。那是个有名的烈货，脸酸心硬，一时恼了，不认人的。”

第十四回一开始，曹雪芹就以生花妙笔，造成雷霆万钧之势，凤姐在这一回的声威是何等骇人？而她处事更是快刀斩乱麻，点名时一人迟到，她便来个下马威：

“明儿她来迟了，后儿我也来迟了，将来都没有人了！本来要饶你，只是我头一次宽了，下次就难管别人了，不如开发了好。”顿时拉下脸来，叫：“带出去打他二十板子。”

众人拉出去照数打了，她还叫赖升罚他一个月的钱粮。

一个乱糟糟的宁国府，她一下就整下来了。这样的王熙凤在第十四回中岂可不占半个回目？因此我将“林如海灵返苏州郡”改为“王熙凤威震宁国府”。而第十四回目就变成：

“王熙凤威震宁国府　　贾宝玉路谒北静王”了。

虽然十三回有“王熙凤协理宁国府”，但那是协理，而且只是在最后才决定由凤姐来“协理”，如何“协理”？没有交代。到十四回作者才以生花妙笔来表现凤姐的“声威”。这是作者刻意经营的一件事，十分重要，所以我才这样修正。作诗作文尚且不可以辞害意，小说更是如此，我们怎可忽略这一重要事实？

再说第二十八回。第二十八回原来的回目是：

蒋玉菡情赠茜香罗　　薛宝钗羞笼红麝串

蒋玉菡是个唱小旦的乾旦，因为在冯紫英家陪宝玉他们喝酒行令，蒋玉菡说了一句"花气袭人知昼暖"，被薛蟠讹着罚酒，随后又怕得罪宝玉，乘宝玉出来解手时跟了出来，宝玉送了他一个玉玦扇坠，他送宝玉一条大红汗巾子，宝玉又将一条松花汗巾送他，如此而已。篇幅甚少，而蒋玉菡在《红楼梦》中不是重要人物，在二十八回也没有黛玉重要。虽然这件事是以后袭人嫁他的伏笔，但那是后事，作者对他们的婚姻也是简单地作个交代而已。而林黛玉在这一回里却表现了无比的机智与口才，加之这一回是曹雪芹借元春送礼物暗示黛玉与宝玉的婚姻不可能，将来与宝玉结婚的不是她而是宝钗，因为宝钗所得的礼物与宝玉的完全一样，黛玉的只和迎春、探春、惜春三姊妹的一样。这也是曹雪芹的一大伏笔，可谓伏笔千里。后来结局果然如此，这是何等重要的事？对林黛玉、薛宝钗又有多大的意义？二十八回回目以林黛玉与薛宝钗相提并称，不比以蒋玉菡与薛宝钗放在一起更恰当吗？我们且看林黛玉在这一回的机智与口才吧：

先是王夫人问黛玉吃药的事，宝玉乘机胡诌了一个古怪药方，说是薛蟠求了他一两年才给他，薛蟠花了上千银子才配成。他怕王夫人不信，叫王夫人问宝钗。宝钗笑着摇头说不知道，也没听见。王夫人笑说宝钗是好孩子，不撒谎。黛玉用手羞宝玉。

随后贾母的丫头叫宝玉黛玉吃饭，黛玉不叫宝玉便和丫头去了。宝玉要跟王夫人吃，宝钗笑道：

　　"你正经去吧,吃不吃随着林妹妹走一趟,她心里正不自在呢。何苦来?"

　　宝玉说:

　　"理她呢,过一会就好了。"

　　宝玉这句话招来了很快的报复。饭后,他匆匆赶到贾母这边来,看见黛玉正裁东西,笑道:

　　"哦,这是做什么呢? 才吃了饭,这么控着头,一会子又头痛了。"

　　黛玉不理他,一个丫头说那块绸子角儿不好,要她再熨,她把剪刀一撂说:

　　"理他呢,过一会子就好了。"

　　黛玉不起稿儿,捡现成的话以牙还牙,真是伶嘴利舌。

　　宝玉自讨没趣,宝钗又来了,她看黛玉裁衣,笑道:

　　"越发能干了,连裁剪都会了。"

　　黛玉又借题发挥,一语双关地说:

　　"这也不过是撒谎哄人罢了。"

　　宝钗又笑道:

　　"我告诉你个笑话儿,刚才为那个药,我说了个不知道,宝玉弟心理就不受用了。"

　　"理他呢,过一会子就好了。"

　　这种以其人之道还治其人,而且一石二鸟,真是慧心利口。林黛玉这样的机智口才,十二金钗无出其右,所以我将二十八回回目改为:

　　　　林黛玉奇才逞口舌　　薛宝钗殊宠获麝珠

元妃送礼物，只有宝钗与宝玉一样，得了红麝香珠等珍品，别人都没有，这自然是殊宠了。这也说明客观形势她比黛玉强。

第三十一回的回目是：

> 撕扇子作千金一笑　　因麒麟伏白首双星

在对仗方面十分工稳。但"因麒麟伏白首双星"显然是暗示宝玉湘云的白首偕老。论关系，宝玉与黛玉、宝钗、湘云都是表亲；论才貌，湘云与黛玉、宝钗也是一时瑜亮。因此，他们结婚的可能性也十分大，但结果并不如此，作者也没有交代，伏笔便成了败笔。为了冲淡这种没有结果的暗示，我不得不将三十一回回目改为：

> 撕扇子佳人终欢笑　　失麒麟公子最忧心

宝玉失麒麟，湘云的丫头翠缕拾了麒麟，湘云看见宝玉慌张，笑道：

"幸而是这个，明日倘或把印也丢了，难道也就罢了不成？"

宝玉笑道：

"倒是丢了印平常，若丢了这个就该死了。"

宝玉是个最轻视官位而特重情感道义的人，他之重视麒麟，并不是因为湘云也有麒麟，而是因为这个金麒麟是清虚观的道士送给他的纪念品。宝钗的金锁他都不在意，而且一再为"金"、"玉"之事而和黛玉怄气，何况麒麟？三十一回回目改过之后，失麒麟就成为单独事件了，而不至于关系全局。本来这一回目要改的只有"伏白首双星"五个字，但为了对仗关系，不得不上下联同时调整了。

　　第一百零五回"锦衣军查抄宁国府"，我将它改为"锦衣军查抄荣宁府"。因为这一回开头就是写贾政在荣禧堂设宴，锦衣府赵堂官带领几位司官进来，而且是明抄，并且开列查封清单，拿下贾赦，看守贾琏，荣国府首当其冲，并未漏网，不可不提。抄宁国府却是"暗场"，作者没有明写，只用焦大过荣国府来哭诉，点了一笔，整回都是写荣国府，所以改为"荣宁府"，以符事实。

　　至于小红与贾芸的儿女之情没有结局，这倒不太要紧，因为他们不是主角，不关系全局，事实上没有结局的爱情也不在少数，作者的这类小疏忽未尝不可以原谅，所以二十四回回目"痴女儿遗帕惹相思"我没有动。我希望尽量维持原作的本来面目，非不得已不动。本来第五回的仙姑赋只是作者炫耀作赋的才华，对于人物的描写没有多大意义，我原先已把它删去，后来郑重考虑，还是保留。因为我修订《红楼梦》的目的不是吹毛求疵。有人以为我的"修订"是"重写"，向我提出版本问题，有人建议我大刀阔斧修改。我很感谢他们的美意，但这不是我修订的本意，我的着眼点不在此。如果"重写"，那就是以意为之，更与考证版本没有多大关系。不过我认为《红楼梦》没有"重写"的必要，如果别人想重写，那是别人的事，但我不知道有谁的学问和才华超过了曹雪芹？果真超过了曹雪芹，可以另外重写一部超过《红楼梦》的巨著，也不必重写《红楼梦》了。我更不敢这样狂妄。我之修订《红楼梦》，只是对这位前贤贡献愚者一得，不想标新立异，更不想在版本上走回头路，兜圈子，那样于己无益，也不是我从创作观点接受《红楼梦》这部文学遗产的想法。版本考据方面胡适已经作得很好,毋须我白费气力,要作翻案文章,那是别人的事,我敬谢不敏。至于大刀阔斧的修改,也大可不必。因为《红楼梦》不仅是曹雪芹的心血结晶,还加上程伟元和高鹗的汗水,我只是想继高、程之后再加几滴汗水而已,怎么敢剥曹雪芹的皮,抽曹雪芹的筋呢?我倒是生怕我的修订有一点点损害到《红楼梦》,损害到曹雪芹,如果真有一点损害,那我就罪该万死了。

以上是我对修订《红楼梦》回目的一点说明,附带一点感想。

第三是重新分段分行。

章回小说往往不注重分段分行,甚至也不讲究标点符号。现在流行的程乙本《红楼梦》已经采用标点符号,但分段分行还是不太注意,读起来不大方便,尤其是年轻的读者更不习惯。为了方便所有读者,我除了采用新式标点符号外,更采用现代小说分段分行的方式,尤其是对话,一定让它独立起来,不管句子长短。其他文字也仔细地划分,一方面加强气势,一方面便利阅读。

曹雪芹写《红楼梦》,无论是写景写人,都没有冗长的叙述,这正是他的高明之处。就是写大观园也是以"试才题对额"的方式,使人与景打成一片,相互衬托,决不作单调冗复的描写,所以读来一点也不觉得沉闷。写人物更是以洗练生动的语言和动作来表现,绝无西洋小说冗长的独白式的沉闷、啰苏,因而造成反效果。《红楼梦》经过仔细分段之后,读起来会有更清爽的感觉,年轻的读者自然也会产生亲切之感。使《红楼梦》在年轻的一代中生根,也是我修订它的一大目的。

第四是勘误。

程乙本的《红楼梦》虽尽程伟元、高鹗二人之力,仍有不少矛盾谬误。这一方面的修订工作,要分几点说明:

一、时间节令上的错误是不得不改的。

第十一回"庆寿辰宁府排家宴"是写贾敬生日大家祝寿的事。这是什么时节呢?且听贾敬的儿子媳妇贾珍尤氏的话:

"老太太原是个老祖宗,我父亲又是侄儿,这样年纪,这个日子,原不敢请她老人家来;但是这时候天气又凉爽,满园的菊花盛开,请老祖宗过来散散闷……"

这分明是深秋时分。可是凤姐接着说:

"老太太昨日还说要来呢,因为晚上看见宝兄弟吃桃儿,她老人家又馋嘴,吃了有大半个,五更天时候,就一连起来两次……"

在"菊花盛开"的时候是绝对不会有桃子的,桃子又是最易腐烂的水果,在曹雪芹那个时代又无冰箱冰库,初夏桃子怎么能保留到秋天?所以这是一个明显的错误。在菊花盛开的时候桔子倒是有的,因此我把"吃桃儿"改为"吃桔子"。但桔子与桃子性质不同,"吃了有大半个"不会腹泻,所以我把这句话又改为"吃多了",老年人消化不良,吃多了自然会发生肠胃病,这样便说得过去。

有人说北方有秋桃,我问过齐白石的乘龙快婿易恕放先生,他住过北京,他说菊花盛开的时候没有桃子,桔子倒是有的。我虽孤陋寡闻，但不敢标新立异。

第十四回"林如海灵返苏州郡"，昭儿回来向王熙凤报告说："二爷打发回来的，林姑老爷是九月初三巳时殁的……大约赶年底回来……"这在时间上又不对。因为十二回末尾说："谁知道年冬底，林如海因为身染重病，写书来接黛玉回去……贾琏同黛玉辞别了众人，带领仆从，登舟往扬州去了。

"冬底"已经是快过年了，贾琏从京城赶到扬州，坐船最快也要一两个星期，何况还要料理林如海的丧事，又要将他的灵柩送回苏州，从扬州到苏州也得几天，大年底贾琏怎么赶得回来？再者，贾琏走后秦可卿就死了，而昭儿回来时秦死已过五七，已是事隔一个多月了，应是次年正二月间。又十二回末尾既明言林如海"冬底病重"，怎么会死在九月初三呢？这是两点时间上的错误，所以我将"九月初三巳时殁的"改为"正"月，"大约赶年底回来"的"年底"改为"花朝"，因为"花朝"已是二月了。这样在时间上相隔了一个多月，才不前后矛盾。

第三十七回晴雯笑道："给三姑娘送荔枝去了……"这时是八月，哪来的荔枝？所以我将"荔枝"改为"龙眼"。

第三十八回"林潇湘魁夺菊花诗，薛蘅芜讽和螃蟹咏"，正是大家持螯赏菊，桂子飘香时，而"迎春却在花荫下拿着针儿穿茉莉花"，这又不对景。因为茉莉是初夏开放，在中国北方，秋天是没有茉莉花的。所以我将它改为"拿着个小纱袋儿盛桂花"。

第四十五回凤姐儿道:"前儿我的生日","前"是"昨"之误,所以我将"前"改为"昨"。

第五十五回贾蓉说:"头一年省亲",我将它改为"年初省亲"因为元妃省亲是在正月十五。大观园倒是头一年盖的。

第八十回金桂替香菱改名,她说"……香字意不如秋字妥当。菱角菱花皆盛于秋……"这话只对了一半,菱角虽盛于秋,菱花却盛于夏。因此我将它改为"菱花虽盛于夏,菱角却盛于秋。"

第九十二回写了十一月消寒会,九十三回又写"贾芹给咱们银子"时为"那时正当十月中旬",岂不见时光倒流?因此我将"那时"改为"此时""十月中旬"改为"十一月中旬"。

第一百十四回贾政对甄应嘉说,"弟那年在江西粮道任时,将小女许配与统制少君,结缡已经三载。"探春出阁在乙卯十月,此时为丙辰五月,前后七个月,因此我将"三载"改为"七个月"。而一百十八回李纨说:"三姑娘出了门好几年,总没有回来;"她说话的时间与贾政说话的时间极近,还没有到八月初三贾母冥寿时间,所以我将"好几年"改为"半年多了"。

第八十八回凤姐道:"……前年我在东府里亲眼见过焦大吃的烂醉……"这是第十七回的事,是四五年前,故改为"那年"。

第一百十三回前面刘姥姥说:"这几月不见",随后又说"我一年多不来"前后矛盾。根据巧姐说"前年你来"的话，后对前错，故将前面"这几个月不见"改为"这一年多不见。"

二、景物的疏忽不得不改的。

第二十六回说贾芸来到怡红院中，看见小石、芭蕉，"那边还有两只仙鹤在松树下剔翎"，这与第十七回"大观园试才题对额"的景物不符。怡红院中的著名植物为"几本芭蕉""一树西府海棠"，而无松树。三十六回也分明写着两只仙鹤在芭蕉下睡着了，因此我将"松树"改为"芭蕉"，如此才前后照应，不致张冠李戴。二十六回作者写仙鹤在松树下剔翎，大概是从松鹤联想出来的，所以才有这一疏忽。

三、称谓的错误不得不改的。

第二十八回冯紫英笑道："你们姑表兄弟倒都心实。"错。宝玉与薛蟠是姨表兄弟，故将"姑"改为"姨"。

第八十六回薛蝌为薛蟠打官司，呈文上说："窃生胞兄薛蟠"，这是明显的错误。薛蟠是独子，他和薛蝌是堂兄弟，所以将"胞"字改为"堂"字。

王子腾行二，八十五回凤姐道："说是二舅舅那边说，后儿日子好，送一班新出的小戏儿给老太太、老爷，太太贺喜。"这里二舅是对的。可是第九十六回凤姐说："我家大老爷赶着进京"，一百零一回的"大舅太爷"、"二叔"，一百零二回的"大舅"，一百零八回的"大舅太爷"、"二舅太爷"均误。凡是"大舅""大舅太爷"均改"二舅"、"二舅太爷"；"二叔"、"二舅太爷"均改为"三叔"、"三舅太爷"。"三叔"、"三舅太爷"是指王子胜。

　　第一百零四回贾政称贾代化是"先祖"，不对。贾代化是他父亲贾代善的哥哥，应称"先伯"，所以我将"祖"字改为"伯"字，以免伦常大乱。

　　还有五十五回荣国公"贾法"为"贾源"之误，一并改正。

　　四、年龄生日的矛盾不得不改正的。

　　《红楼梦》的人物年龄是读者最感困惑的地方，也是我修订《红楼梦》最头痛的问题，因为人物年龄前后矛盾的地方太多。

　　第三十九回刘姥姥说：

　　"我今年七十五了。"

　　贾母向众人道：

　　"这么大年纪了还这么硬朗，比我大好几岁呢！我要到这个年纪，还不知怎么动不得呢！"

　　这一回岁次辛亥。而七十一回岁次癸丑，八月初三是贾母八十大寿，辛亥到癸丑只差两年，那么贾母说这话时已经是七十八了。刘姥姥既然"大"贾母"好几岁"，应该是八十多了，但究竟是八十几呢？很难确定，我想"七"可能是"八"的笔误，所以，我将"七十五"改为"八十五"。因为无论怎么说，刘姥姥不应该比贾母小。

　　八十八回"老太太因明年八十一岁"，岁次甲寅，故将"明年"改为"今年"。

　　九十六回贾母说："我今年八十一岁的人了"，岁次乙卯，因此改为八十二岁。

　　贾母去世时是八十三岁，岁次丙辰。

其次是宝玉、黛玉、宝钗的年龄，这更是使我一连失眠好几夜的问题。根据第二回"乳名黛玉，年方五岁。"这是作者第一次提到黛玉的年龄。过了一载有余，她因母亲死了，就到外婆家贾府去了，那她只有六岁多。可是在四十五回里她自己说："我长了今年十五岁，"这一回岁次辛亥，"年方五岁"那年岁次戊申，戊申到辛亥只差三年，那戊申年她已十二岁了，到贾府时该是十三岁多了。揆情度理，这个年龄是比较站得住脚的，因为第三回她到贾府时，作者对她有一番描写：

"众人见黛玉年纪虽小，其举止言谈不俗，身体面貌虽弱不胜衣，却有一段风流态度，便知她有不足之症。"

一个六岁多的小女孩子，不可能"举止言谈不俗"，又"有一段风流态度"，也谈不上"不足之症"，只有情窦初开的少女，才可以谈得上"有一段风流态度"和"不足之症"，举止言谈俗不俗，也就容易看得出来。此其一。

第二，在宝玉眼里她又是"一个袅袅婷婷的女儿"，而不是拖着鼻涕的小黄毛。而且作者更进一步描写她：

"两弯似蹙非蹙笼烟眉，一双似喜非喜含情目……"一个六岁多的黄毛丫头决不会有这种女儿态，而且是眉目含情之态，只有十三四岁开始发育的少女才可以谈得上。黛玉再聪明，六岁多也不会懂得男女之爱的。

第三，再看黛玉眼里的宝玉是多大的年纪？怎样的装束？作者是这样写的：

"及至进来一看，却是位青年公子。头上戴着束发嵌宝紫金冠，齐眉勒着二龙戏珠金抹额；一件二色金百蝶穿

花大红箭袖,束着五彩丝攒花结长穗宫绦,外罩石青起花
八团倭缎排穗褂,登着青缎粉底小朝靴……"

　　从装束上看,也不像一个七岁的孩子。"头上戴着束
发紫金冠"、"束发"为成童之年,大戴礼保传"束发而就大
学",《汉书》叙传"儿先霅霅,束发修学,偕列名臣,从政辅
治。"束发之年既可就大学",又"偕列名臣,从政辅治",自
然是十多岁的人了,何况作者又分明写的是"青年公
子"? 这就很明显的说明宝玉不是七八岁的儿童了。

　　黛玉说:"……在家时记得母亲常说,这位哥哥比我
大一岁,小名就叫宝玉……"黛玉十三岁多进贾府,那宝
玉不是十四岁了吗? 如果这时是七岁,那曹雪芹为什么
称他青年公子呢? 所以从作者的笔下看来,宝玉十四岁
是很恰当的。

　　第四、第五回宝玉在秦可卿床上神游太虚幻境与警
幻仙姑的"妹妹""表字可卿者"行"云雨"之事,又岂是七岁
的孩子能干的吗? 而且事后袭人过来给他系裤带时,刚
伸手至大腿处,只觉冰凉粘湿的一片,"七岁的孩子会有
"冰凉粘湿的一片"吗? 不仅此也,而且随后他又与袭人
"初试云雨情"呢! 这还不能证明宝玉已经发育,是一位
"青年公子"吗?

　　即使不管其他资料可不可靠,仅就曹雪芹自己所写
的人物,按情理推断,就可以确定黛玉进贾府时不是六岁
多,而是十三岁多,宝玉亦至少是十四岁。因此,我将第
二回的黛玉"年方六岁"改为"年方十二岁","宝玉如今长
了十来岁",改为"十四岁"。而将第五回"也在孩提之间,

况他"这八个字删去。其他各回凡是提到"一床睡",或
"从小儿一处长大的"均予改正。因宝玉、黛玉从未一床
睡过。第三回黛玉来贾府时是乳娘王嬷嬷，丫头鹦哥陪
她在碧纱橱内睡的，宝玉则由乳母李嬷嬷、丫头袭人陪侍
在碧纱橱外大床上睡的。黛玉来贾府时已十三岁多，与
宝玉自然不是从小儿一处长大的了。

二十三回说宝玉"十二三岁"，改为"十五六岁"。二
十五回"青埂峰别来十三载矣"，改为"十六载"，因这回亦
岁次辛亥。

第九十回贾母说黛玉比宝玉小两岁，也改为小一岁，
贾母连自己的年龄都说错了！她的话自然不足为凭。

第一一九回宝玉出家时，贾政说："竟哄了老太太十
九年。"改为"二十年"。因为宝玉生于丙申，丙辰出家，正
好二十整岁。

黛玉、宝玉的年龄确定了，宝钗的年龄也同时解决。
二十二回凤姐说：

"……听见薛大妹妹今年十五岁，虽不算是整生日，
也算得上将笄的年分儿了，老太太说要替她作生日……"
这回岁次辛亥，四十五回黛玉自说十五岁亦在辛亥。黛
玉小宝玉一岁，宝玉小宝钗两岁，算来宝钗大黛玉三岁，
宝钗应该是十八岁，所以我将它改为"十八岁"，而将"也
算得上将笄的年分儿了"改为"也算得上是个大人了"，由
此推算，她到贾府时是十六岁多，她是正月二十一日生，
黛玉是二月十二日生。

宝钗的年龄既定，那与宝钗同年龄的袭人，晴雯、香

菱,便可类推了。

七十八回"痴公子杜撰芙蓉诔",谓晴雯死时"迄今凡十有六载",这便错了,是回岁次癸丑,辛亥年宝钗十八岁,癸丑年晴雯便二十了,所以我改为"迄今凡二十载。"

有人认为宝、黛、钗、云等似常保持十五六岁情态,晴雯的年龄改大了好多。但故事是在进行的,时间是不停留的,晴雯她们岂能永远是十五六岁?她和宝钗同年,大宝玉两岁,宝玉叫她姐姐,这是事实,我们不能一厢情愿,希望她们永远是十五六岁。二十岁也正是青春灿烂的时候,这时黛玉才十七岁,湘云更小,不正是表现儿女情态的年龄吗?

曹雪芹在第六回"贾宝玉初试云雨情"中说:"袭人本是个聪明女子,年纪又大宝玉两岁。"证之六十三回"大家算来,香菱、晴雯、宝钗三人皆与她同庚。"这里的她就是袭人,那第六回袭人是十六岁了,十六岁自然"渐省人事",宝玉十四岁才能"初试云雨"。(依原作推算,宝玉七岁,袭人九岁,这样小的年龄,怎么懂得云雨之事?又会谈情说爱呢?)由此亦可证明袭人与宝钗都大宝玉两岁不错,而黛玉初入贾府时是十三岁,不是六岁了。

香菱在第一回里是"乳名英莲,年方三岁。"而第四回的门子(第一回的葫芦僧)说:"当日这英莲,我们天天哄她玩耍,极相熟的,所以隔了七八年……"既然香菱大宝玉两岁,那就大黛玉三岁,而黛玉初进贾府时是十三岁多,所以我将香菱被人拐走时的年方三岁",改为"六岁"。第四回"听见自五岁被人拐去"亦改为"六岁","隔了七八年"改为"十来年",这样她的年龄才与宝钗等相符,是时香菱应该是十六岁了,而薛蟠应该是十八岁了。因为第四回说薛姨妈"还有一女比薛蟠小两岁,乳名宝钗。"薛蟠十八岁为争夺十六岁的香菱打死冯渊也才合情合理,年龄太小(十一岁)自然不会争风吃醋打死人的。

此外,贾兰的年龄我也改大了四岁(四回年方五岁改为九岁),因为他生于辛丑,宝玉生于丙申,算来他小于宝玉五岁。他与宝玉一道中举时,宝玉是二十岁,他便十五岁,否则他只有十一岁,十一岁中举到底是不大合理的事。而且七十八回"老学士闲征姽婳词"已分明写着"小哥儿十三岁的人就如此……",那他一百十九回中举时已十五岁,自然比较合乎情理事实。

贾母、刘姥姥、宝玉、黛玉、宝钗、袭人、晴雯、香菱、薛蟠、贾兰等十一人的年龄确定之后,再谈薛姨妈和黛玉的生日。

三十六回薛姨妈的生日是在秋天,而五十七回又变为春天了,前后矛盾。我从前者,而将后者从"目今是薛姨妈的生日"至"方才完结。因"这一段文字删去。

不但薛姨妈生日前后矛盾,黛玉生日也有同样的情形。黛玉的生日是二月十二日(六十二回),而八十五回(甲寅)秋天又为黛玉作生日,因此我将"因又笑着说道……怎么怨得有这么大福气呢!"删去。而且将下回的"听见这些话,越发乐的手舞足蹈了。"及"贾母笑道……大家坐下。"等有关黛玉的生日的文字统统删掉。

以上这些人物的年龄,生日问题弄得我头晕脑胀,痛

了好几天。 不过,《红楼梦》的主角是宝玉、黛玉、宝钗,他
们三人关系全局,他们三人的年龄一确定,自然云雾大开
了。 这样一来,读者就不会再怀疑宝玉、黛玉、宝钗他们
那么小的年龄就会那么缠绵相爱,就会做那么好的诗
了。 而修正后的年龄,正是情窦初开,到青春灿烂时期,
所以才那样回肠荡气。

　　第五是眉批。

　　眉批是我修订《红楼梦》的工作中很重要的一部分。
也可以说是完全独立的一部分。 这个工作所花的时间也
不少,但是没有修订部分那么伤透脑筋,因为这个工作绝
大部分是从文学创作观点着手。 我修订《红楼梦》的最大
目的和写《红楼梦的写作技巧》一样,是从文学上接受这
部文学遗产,不要读者误入王梦阮,蔡子民之流的歧途,
也不是止于胡适的考证,所以我不惜在眉批上多花点功
夫,在人物描写、故事结构、文学思想、主题、及其修订方
面详加分析,每一回都有眉批,总共四百七十二条。

　　在这里要顺便说明一下的,凡是我改过或增加的文
字,都在右边加了一个小圈,其他偶尔删掉的字,恕不一
一举例解释。 眉批因系另外排在上面,一目了然,所以旁
边不另加圈。

　　最后我要谈谈《红楼梦》的结局和曹雪芹的文学思
想。

　　曹雪芹的思想是道家出世派的思想。

　　《红楼梦》一开头就制造了一个道家神话,虽然是一
僧一道引出石头记,最后宝玉又是随一僧一道而去,书中

也谈佛理,但宝玉爱读《南华经》是一重要事实,出家后又受封为"文妙真人",这更完全是道家出世派的封号。

道是宇宙的本体,更是中国文化的根源。《庄子》外篇《在宥》第十一谓:

"黄帝立为天子十九年,令行天下,闻广成子在于空同之上,故往见之……再拜稽首而问曰:闻吾子达于至道。敢问治身奈何可以长久?广成子蹶然而起,曰:善哉问乎!来,吾语女至道。至道之精,窈窈冥冥;至道之极,昏昏默默。无视无听,抱神以静,形将自正。必静必清,无劳女形,无摇女精,乃可以长生。目无所见,耳无所闻,心无所知,女神将守形,形乃长生。慎女内,闭女外,多知为败。我为女遂于大明之上矣,至彼至阳之原也;我为女入于窈冥之门矣,至彼至阴之原也。天地有官,阴阳有藏,慎守女身,物将自壮。我守其一,以处其和,故我修身千二百岁矣,吾形未尝衰……"

广成子对黄帝的这番答话,完全是道家的修持方法和修持境界。

老子集道家学说的大成,他的宇宙本体论十分精辟。《道德经·混成章》第二十五说:

"有物混成,先天地生。寂兮寥兮,独立而不改,周行而不殆,可以为天下母,吾不知其名,字之曰道,强为之名曰大,大曰逝,逝曰远,远曰返。故曰:道大天大,地大,王亦大。域中有四大,而王居其一焉。人法地,地法天,天法道,道法自然。"

老子对道解释得非常清楚,道就是宇宙的起源,宇宙的本体。所以他不单讲人际关系，因为人只是三方之一，不过是宇宙中的一分子。

孔子对于道的渴求了解，可以从他自己的话中看出。他说："朝闻道，夕死可矣！"他曾问礼于老子，老子对他说：

"子所欲言者，其人与骨皆已朽矣，独其言在耳。且君子得其时则驾，不得其时则蓬累而行。吾闻之，良贾深藏若虚，君子盛德，容貌若愚，夫子之骄气与多欲，态色与淫志，是皆无益于子之身，吾所以告子，若是而已。"孔子去，谓弟子曰："鸟，吾知其能飞；鱼，吾知其能游；兽，吾知其能走，走者，可以为罔，游者，可以为纶；飞者，可以为矰。至于龙，吾不能知，其乘风云而上天。吾今日见老子，其犹龙邪！"（《史记》）

孔子对老子是莫测高深。因为老子讲宇宙本体，讲三方合一；而孔子则以人为本，特重人际关系。这是道家和儒家的分歧。

曹雪芹有道家出世派的思想，但不大了解道家的修持方法，所以他写贾敬修道只是烧丹炼汞，那是旁门左道，不是三方合一的大道。

中国道家有入世派和出世派。入世派是辅国化民的，如周朝的吕尚、汉朝的张良、三国的诸葛亮、明朝的刘伯温等，他们都是长于天文、地理、军事、政治、经济……的博学之士。出世派如唐京兆人吕洞宾等，都是能参天地造化、懂得三方合一的方法、逍遥世外的得道之士。《红楼梦》里的渺渺真人就是出世派，贾宝玉也是走的出世派的路子。

曹雪芹的思想是基于道而又归于道的。因为他家道衰落,从钟鸣鼎食到三餐不继,不免看破红尘,因而出世的思想很浓,所以《红楼梦》才有这样的结局。

修订批注《红楼梦》是一件很不简单的工作,也是一件吃力不讨好的工作。尽管挑《红楼梦》的毛病的人很多,却一直没有哪一位动手修正。捧《红楼梦》的话我说得比任何人都多,一本十几万字《红楼梦的写作技巧》可以作证;挑《红楼梦》的毛病的话我却说得最少。这次修订完全是出于爱心,批注更是扬而非抑。

《红楼梦》是公器,不是我个人的著作,修订批注也不是我个人的特权。我只是尽其在我,但成功不必在我,因此毁誉亦在所不计。

我修订批注的《红楼梦》定名为《张本红楼梦》,是表示对读者负责,不是掠美,是为序。

1974 年甲寅冬初篇稿
1975 年乙卯夏校正
1982 年辛酉夏定稿。
1995 年 12 月大陸初版

湖南出版社

论曹雪芹思想与 《红楼梦》的写作技巧

墨　人

一、引　言

民国以来，研究《红楼梦》的人很多，但是多偏于考据。所谓"红学专家"，多是"红楼梦考据家"。自胡适算起，这类考据家究竟有多少？实在弄不清楚。直到威斯康辛红学会议，和台北的红学会议相继召开之后，大致说来，对《红楼梦》考据下过功夫的专家，大多都参加了。而出席台北红学会议的专家，十之七八也是出席过威斯康辛红学会议的人马。台北的红学会议，无异是威斯康辛红学会议的再版，台北红学会议的意见，可以说是近几十年来红学考据专家的心血结晶。但综观其数日讨论的结果，在考证方面，并没有突破胡适考据的成果。胡适考据《红楼梦》提出了两个答案，一是版本，二是曹雪芹的家世。台北红学会议有的地方还开了倒车。如红学考据专家潘重规先生就说过这样的话：

"假如《红楼梦》的作者(我说'《红楼梦》的作者'，各位先生都知道至今我还不大能清楚确定《红楼梦》的伟大作者是谁)……。"

这不但在考据方面没有突破，如以胡适先生的成果来看，在这方面反而倒退了。

倒是李田意先生的一番话，极具卓见，很有建设性，值得红学考据家深思：

"……关于理论方面,我有一点建议,因为《红楼梦》这东西很麻烦的,我想来想去'剪不断,理还乱,是红学'。你讲一些东西,别人的意见不同就要打架,所以我建议:过去的《红楼梦》打的架太多了,打得也很久啦,浪费了很多笔墨,而且弄得很不欢,于事又无补,我觉得今后我们大家不要再犯这个错误……"

"还有,关于《红楼梦》前八十回,后四十回的问题,也辩论得一塌糊涂。我觉得有人说高鹗续后四十回,有人不赞成,但现在我们看《红楼梦》是一百二十回的本子,后四十回好也好,不好也好,没有关系,但是我们现在有的就是这个东西,如果要建立文学理论就得靠这一百二十回……"。

我就是基于这一看法,早在民国五十五年就在商务印书馆出版了《红楼梦的写作技巧》一书。在《前言》里我就说过这样的话:

"但《红楼梦》的作者是谁?我认为没有太大的关系,曹雪芹也好,高鹗也好,甚至张三李四都行,而最重要的是《红楼梦》是一部空前杰作这一事实。从创作观点来讲,考证《红楼梦》的版本以及作者的身世,还不如发掘《红楼梦》的写作技巧有益。"因为我们应该接受的是《红楼梦》这部文学遗产,而不是作者家族或出版家的继承人。

要想真正读懂《红楼梦》,彻底了解《红楼梦》,全盘接受这部文学遗产,便不能舍本逐末,必须改弦更张,从作者的思想、文化传统和写作技巧两方面来下功夫。

二、曹雪芹的思想渊源与层次

历来研究《红楼梦》的人为什么都从考据方面去下功夫,而不从作者的思想渊源和写作技巧方面研究呢?一是红学考据家多是学人,很少是小说家。学人对于资料的收集整理、分析、归纳比较有兴趣,对于小说创作则少心得。但《红楼梦》偏偏是小说,而非历史学术著作。以清朝的考据之学来研究《红楼梦》,自然会走到考据的路上去,与小说创作之道自然相去甚远。因此对作者思想渊源和创作技巧多语焉不详，甚至有些人还没有读懂《红楼梦》，所以讲些题外话，乃至在资料方面去穿凿附会。创作技巧需要实际经验才能体会出来，而作者思想渊源又与文化传统密不可分。偏偏我们又是一历史文化悠久的民族，《红楼梦》的作者又非泛泛之辈，作品植根甚深，对于中国文化源头不太清楚，便无从着手，所以很多人找不出《红楼梦》的主题，而去附会猜测。

在许多红学专家的言论文学中，我只看到余英时先生一篇大作《曹雪芹的反传统思想》，这是我能看到的唯一的谈到曹雪芹思想渊源的文章，是与文学本身有关的作品，要想读懂《红楼梦》，了解《红楼梦》的主题，非从这方面入手不可。

余先生说曹雪芹的思想渊源于庄子和阮籍、嵇康等人是很正确的。曹雪芹是反整个的文化传统，还是反人文主义的流弊？这点则有澄清的必要。中国文化源远流长，不能中途割断，更不能以偏概全。

要澄清这个问题，又必须从中国固有文化的本来面目和曹雪芹的思想层次说起。

要认识中国文化的真面目，又必须上溯中国文化的源头。中国文化的源头在哪里？那就是六经之首的《易经》。《易经》之所以列为六经之首，除了按时代产生的先后次序之外，最主要的是，它是统合中国文化的根本。特别具有这种统合功能的，六经之内的是《易经》，六经之外的是《道德经》。

《易经》是从太极开始的，先乾卦而后坤卦。宇宙分了乾坤，也就是天地之始，以后的一切演变都从乾坤二卦而来。其发展层次是太极分两仪，两仪分四象、四象分八卦……阴阳互变，生生不息。这种演变的自然法则，老子称之为“道”。他在《道德经》里对宇宙发展的层次有很清楚的解释：

“道生一、一生二、二生三、三生万物、万物负阴以抱阳，冲气以为和。”

他在《混成章》里又说：

"有物混成,先天地生,寂兮寥兮,独立而不改,周行而不殆,可以为天下母。"

这和《易经》的演变法则完全符合。

由于老子著作《道德经》,对道的解释最为透彻,可以说集道家学说的大成,因此孔子一再请教他。孔子自己说"朝闻道夕死可矣。"又说"五十以学易,可以无大过矣。"据庄子说:"孔子五十有一,而未闻道,乃之沛见老聃。"

有一次,孔子见了老子之后,出来对他的大弟子颜回说:

"丘之於道也,其犹醯鸡与! 微夫子之发吾覆也,吾不知天地之大全也。"

所谓"醯鸡",就是瓮中酒醋上的蠛蠓;所谓天地之大全也,就是宇宙本体和万象。

可见孔子是一位十分谦虚的学者。"知之为知之,不知为不知。"

孔子赞十翼,老子对《易经》未置一词,但他们两人的知识层次,对《易经》了解的程度,从孔子的话里可以看出。孔子之视老子为神龙,不是没有原因的。但后人视老子为道家始祖,这又不然。且看庄子《在宥》的记载:

"黄帝立为天子十九年,令行天下,闻广成子在於空同之上,故往见之,曰:'我闻吾子达於至道,敢问至道之精? 吾欲收天下之精,以佐五谷,以养民人;吾又欲官阴阳,以遂群生,为之奈何?'广成子曰:'而所欲问者,物之质也;而所欲官者,物之残也……。'黄帝退,捐天下,筑特室,席白茅,闲居三月,复往邀之。广成子南首而卧,黄帝顺风膝行而进,再拜稽首曰:'吾闻子达於至道,敢问:治身奈何可以长久?'广成子蹶然而起曰:'善哉问乎! 来,吾语女至道,至道之精,窈窈冥冥;至道之极,昏昏默默。无视无听,抱神以静,形将自正……我守其一,以处其和,故我修身千二百岁矣,吾形未尝衰。'黄帝再拜稽首曰:'广成子之谓天矣!'广成子曰:'来,吾语女:彼其物无穷,而人皆以为终;彼其物无测,而人皆以为极。得吾道上为皇而下为王……吾与日月参光,吾与天地为常……'"

·这是以"宇宙为心人为本"的思想(见拙作《墨人散文集》内《宇宙为心人为本》、《中国文化的三条根》等文)。老子是集道家学说之大成的大学问家、大思想家,不是道家的始祖。黄帝是早于老子的道家,广成子又是早于黄帝一千多年的道家。至于庄子,那更是道家的晚辈了。

曹雪芹服膺于道家,~~上不过老子~~,但他对老子的宇宙本体论、相对论、天地人的统合关系,道家的修持理论(贾敬炼丹修道属旁门左道),所知~~西鳌~~。《南华经》虽多文采,但不如《道德经》言简意赅;而阮籍、嵇康等人,并不是真正的道家,他们不过是对汉以后偏重人文主义所产生的流弊的反抗分子而已。真正的道家是既通天文地理又通人文,而且具有天地人三者之统合知识能力的大学问家。如袁天罡、李淳风、诸葛亮、刘伯温等是。中国古代的军事学家、医学家、科学家都是道家。英人李约瑟著的《中国科技史》中有具体的证据。_不僅受……影响,也受佛家思想影响。_

曹雪芹的道家思想~~早于大文主义~~但他是「雙悟」,而來「雙修」。而「悟」已經不容易,這和「宿慧」有關。「修」則須「身體力行」,而且還要得「明師」傳法、加持。如六祖惠能在寫出「菩提本無樹」這首詩偈時即已大澈大悟,但五祖弘忍還要深夜將他帶入密室,密傳金剛經,這才授以衣缽。而一路修行,肉身成佛,成爲曹溪宗師,是爲六祖。曹雪芹的「宿慧」之深,在詩人作家之中,少有其匹。但「悟」而未「修」。這又和個人的緣分有關。如果此生因緣尚未成熟,則有待來生。而曹雪芹以他對佛、道兩家思想的開悟、宿慧基礎,從事文字創作,自然游刃有餘了。

中国文学与中国传统文化密不可分,儒释道三家思想影响中国文学作品至为深远,兹以三首诗来作证明。

一是表现儒家思想的《时世行》,作者杜荀鹤是晚唐诗人(公元846～904),他这首诗描写民间痛苦十分深刻,绝不下于杜甫的《兵车行》、《石壕吏》。但这是一首七言律诗,读来更为感人:

夫因兵乱守蓬茅,麻苧裙衫鬓发焦。

桑柘废来犹纳税,田园荒芜尚征苗;

时挑野菜和根煮,旋斫生柴带叶烧;

表现佛家思想的可以六祖慧能的诗偈为例：

菩提本非树，明镜亦非台。
本来无一物，何处惹尘埃？

佛家的禅宗对我国思想影响最大，慧能是禅宗衣钵传人，他这首诗最能"明心见性"。佛家所追求的极致是一个"无"字，也可以说是"无"的哲学，也就是中国《易经》从"太极"开始之前的一种状态，也就是"无极"。所以佛家是"有去无来"，中国道家思想是从太极开始，太极是"有"，道家要在"有"字上下功夫，不论是出世派入世派，都着重在"有来有去"，神仙思想、科学思想于焉产生。

诸葛亮、刘伯温等属于道家的入世派，所以诸葛亮肯"出山"辅国救民，他的"出师表"就是入世的文学作品。

陈搏却是道家的出世派，他的《归隐》一诗是出世派的文学作品：

十年踪迹走红尘，回首青山入梦频。
紫绶纵荣争及睡？朱门虽富不如贫；
愁闻剑戟扶危主，闷听笙歌聒醉人；
携取旧书归旧隐，野花啼鸟一般春。

《红楼梦》是属于道家出世派思想的作品，这一派思想的作家，在中国文学上有很重要的地位，如陶渊明、李白的许多空灵、洒脱的作品即是，而陈搏的《归隐》诗尤足代表。

陶渊明、李白、陈搏，都早于曹雪芹，他们是以诗表现，曹雪芹则以小说表现。小说比诗更加具体，小说可以涵盖诗，诗却无法涵盖小说，这就是《红楼梦》所以特别引人注意的原因。

　　曹雪芹是不是反传统呢？不是。何以不是？有两点理由必须说明：

　　第一、中国文化是天地人三合一的统合文化，不囿于人文主义，而且涵盖了人文主义。真正反中国传统文化，破坏中国固有文化的完整的是董仲舒之流，不是曹雪芹。曹雪芹接受了中国文化传统，可惜他对中国传统文化的了解还不十分透彻，还不明白中国传统文化的统合功能。

　　第二、曹雪芹和阮籍、嵇康他们一样，反的是以偏概全的人文主义的流弊，不是天地人三合一的中国传统文化。近代知识分子胡适等人也是反对这种以偏概全的"传统"，他们要求全盘西化，也是不了解中国固有文化的统合功能、中国文化真正精华的一面，因此功过参半，甚至得少失多。倒是曹雪芹替我们留下了一部伟大的文学作品。

　　如果以为反中国传统文化的文学作品才有价值，那是太不了解中国传统文化，是幼稚而且危险的论调。曹雪芹如果不是比别人多了解一些中国固有文化，他绝对写不出《红楼梦》来。

三、《红楼梦》的主题与写作技巧

　　文学作品，尤其是长篇小说，如果没有深厚的思想基础，必然流于浅薄，即使作者的写作技巧不错，也是金玉其外，败絮其中，这是一般擅长创作而少学问的作者所不可避免的通病；徒有学问而拙于创作的作者，便容易把自己的思想观念硬生生地塞进作品里去，写出来的作品便易流于教条，概念，甚至可以看做另一形式的论文。

　　曹雪芹不然。他有学问，更长于创作，因此他能把他的思想观念十分自然地融化到作品里去，而使读者不知不觉，甚至读了多少遍还抓不住他的主题，而它的境界则因读者的年龄、学养、人生阅历随之提升。少男少女读《红楼梦》，会把它当作纯粹的爱情小说；中年人读它可能与作者同声一哭；饱经世故的老年人读它，可能欲哭无泪。

《红楼梦》是一部有思想深度的小说,但是由于作者写作技巧的出神入化,使人不觉得艰深,而易于接受。我们可以从它的布局结构、故事、语言运用与人物创造这几方面稍加说明。

《红楼梦》在大结构方面,可以说天衣无缝。曹雪芹先是故弄玄虚,利用女娲氏炼石补天的神话,以青埂峰下的一块顽石,编出整个故事,而又以甄士隐、贾雨村两个人物,穿针引线,故事由他们身上展开,也由他们两人归结,出自青埂峰下的顽石,仍旧归于青埂峰下,前后呼应,丝丝入扣,毫无破绽;而第五回"贾宝玉神游太虚境,警幻仙曲演红楼梦"的结构,在这一回里,我们不难看出作者的腹稿。如宝玉看金陵十二钗又副册,揭开看时,首页画的既非人物,亦非山水,不过是水墨瀚染,满纸乌云浊雾而已,后面有几行字迹:

> 霁月难逢,彩云易散。心比天高,身为下贱。
> 风流灵巧招人怨,寿夭多因诽谤生,多情公子空牵念。

这分明是写宝玉的丫头晴雯。晴雯不但生得漂亮,而且聪明灵巧,嘴不饶人,因此招忌。她的性情与黛玉相似,王夫人怕她与宝玉有染,把她赶出大观园。她事先已因抱病替宝玉补孔雀裘(五十二回),病势不轻,王夫人把她赶出大观园更大受刺激,结果香消玉殒。晴雯死后宝玉十分伤心,所以有七十八回"痴公子杜撰芙蓉诔",八十九回"人亡物在公子填词",这都是曹雪芹的预先布局。另外一件又副册后面画着一簇鲜花,一床破席,也有几句言词:

> 枉自温柔和顺,空云似桂如兰。
> 堪羡优伶有福,可叹公子无缘。

这分明是写花袭人。晴雯、袭人都是宝玉的贴身丫头,袭人与宝玉关系尤其密切,宝玉曾和她初试云雨,更非别人可比。而且后来她的月俸又升到和赵姨娘相等,她的身份地位的提高,是王夫人等的有意安排。但宝玉出家后,她却嫁给戏子蒋玉菡。故事首尾呼应,十分明白。

又如《终身误》里写得也很明白:

　　"都道是金玉良缘,俺只念木石前盟。空对着山中高士晶莹雪,终不忘世外仙姝寂寞林。叹人间,美中不足今方信,纵然是举案齐眉,到底意难平。"

这又分明是宝玉、黛玉、宝钗的三角关系和结局。这首《终身误》更是支撑《红楼梦》的骨干,是曹雪芹的腹稿。以创作观点而论,我只相信"辑补",不相信"续写",因为凡是从事小说创作的作家都知道,小说创作是个别作业,不能假手他人,即使故事可续,风格绝难一致。《红楼梦》后四十回与前八十回并没有格格不入的毛病。

《红楼梦》有关结局的伏笔暗示还多,不必一一列举。

在布局结构方面,曹雪芹是匠心独运,不同流俗。

在故事本身来说,《红楼梦》写的都是平实近人的日常琐事,没有惊天动地的大事。但是作者透过中国贵族生活的各种层面,发掘了各阶层人性,表现了各阶层的人性。

曹雪芹能从日常生活琐事中制造冲突。如林黛玉进贾府后,薛宝钗便跟踪而至,故事便一步步展开,冲突也接踵而起。

不以离奇古怪故事取胜,而从日常生活细节着手,表现了深刻无比的人性,表现了空灵洒脱的人生境界、哲学思想,这就是曹雪芹的不可及之处,《红楼梦》的伟大之处。

《红楼梦》为什么这样成功?《红楼梦》怎样奠定它不朽的文学价值? 我的看法是:《红楼梦》的成功得力于人物创造,人物的成功又得力于语言的运用。在语言运用和人物创造方面,曹雪芹独步古今。

《红楼梦》里没有半生不熟、不中不西的语言，充分发挥了中国语言的特性和优点，简直妙到毫颠。由于作者善于运用语言，所以《红楼梦》里的人物，个个活龙活现。每个人物说话的口气都不相同，所以才产生了人物之间彼此的差异，而不是一个模子里倒出来的，张三李四难分。在曹雪芹的笔下，没有相同的人物。贾宝玉和贾环不同，林黛玉和薛宝钗不同，王熙凤和李纨不同，探春和迎春、惜春不同，史湘云和薛宝琴、邢岫烟不同，贾珍和贾琏不同，尤二姐和尤三姐不同，晴雯和袭人不同，紫鹃和雪雁不同……。曹雪芹之所以能刻画出这么多不同的人物，除了形象、心理、性格的描写之外，主要是在于语言的运用。且举数则，以见一斑：

> "你不认得她？她是我们这里有名的一个泼辣货，南京所谓辣子，你只叫她凤辣子就是了。"(见第三回)

这是贾母对林黛玉说的话，不但表现了贾母的身份地位，同时也一针见血地刻画出了王熙凤的性格。

> "什么要紧的事？小孩子们年轻馋嘴猫儿似的，那里保的住呢？从小人人都这么过——这都是我的不是，叫你多喝了两口酒，又吃起醋来了。"(见四十四回)

这是贾母安慰凤姐的话，多么幽默、风趣而又符合老祖宗的身份。

> "下流东西，灌了黄汤，不说安份守己挺尸去，倒打起老婆来了……凤丫头和平儿还不是美人胎子，你还不是成日偷鸡摸狗，腥的臭的都拉了屋里去？为这些娼妇打老婆，又打屋里的人，你还亏是大家公子出身，活打了嘴了……"(见四十四回)

　　這是賈母教訓賈璉的話，又是一種口氣，多么传神！同一个人讲话，在不同场合、对不同对象，便用不同的口气说出来，灵活极了。

　　"明儿他来迟了，后儿我也来迟了，将来都没人了，本来要饶你，只是我头一次宽了，下次就难管别人了，不如开发了好。"登时放下脸来叫："带出去打他二十板子……"(见第十四回)

　　这是王熙凤替宁国府料理秦可卿的丧事，处罚下人时所讲的话，完全表现了王熙凤的身份和性格。

　　"老太太在那里抱怨天，抱怨地，只叫我瞧瞧你们好了没有？……有这会子拉着手儿哭的，昨儿又为什么成了乌眼鸡似的呢？还不跟我到老太太跟前，叫老人家放心点儿呢。"

　　这是凤姐取笑宝玉、黛玉的话。

　　"我说他们不用人费心，自己就会好的，老祖宗不信，一定叫我去说和。赶我到那里去说和，谁知两人在一块儿赔不是呢？倒像黄鹰抓住鹞子的脚，两个人都扣了环了。那里还要人去说和呢？"(见三十四回)

　　这是凤姐对贾母说的话。凤姐伶牙俐齿曹雪芹写来入木三分。"乌眼鸡"、"黄鹰抓住鹞子的脚"是多么生动富有形象的语言！比现在写"现代小说"的作者一开头就"操，我操！"这其间高下之差何啻天壤？

　　"你是什么东西，敢来扯我的衣裳？我不过看着太太的脸，你又有几岁年纪，叫你一声妈妈，你就狗仗人势，天天作耗，在我的跟前逞脸，如今越发了不得了，你索性望我动手动脚了，你打量我是和你们姑娘那么好性儿，由你们欺负，你就错了主意了……。"

这是探春打了抄大观园的王善保家之后指责她的话，充分表现了探春的不可侵犯的威严。

《红楼梦》里的人物，黛玉是伶牙俐齿，连丫头晴雯，也是一句话能教人跳，一句话能教人笑的角色，例子很多很多，不必列举。

从以上几则例子中，就可以看出曹雪芹运用语言的能力，是怎样炉火纯青。由于语言运用的成功，所以他笔下的人物，不论张三李四，个个都是活生生的。

由于曹雪芹的写作技巧出神入化，又善于使用"障眼法"，所以很多读者都抓不住《红楼梦》的主题，他自己也十分感慨地说：

"满纸荒唐言，一把辛酸泪；都云作者痴，谁解其中味"。这个"味"字就是主题。

《红楼梦》的主题是什么呢？这就要看《红楼梦》里的三件大事了。

一是反对科举、干禄。八十二回宝玉对黛玉就说过这样的话：

"还提什么念书？我最讨厌这些道学话。更可笑的是八股文章，拿他诓功名，混饭吃，也罢了，还要说代圣贤立言，好些的不过拿些经书，凑搭凑搭罢了；更有一种可笑的，肚里原没有什么，东扯西扯，乔的牛鬼蛇神，还自以为博奥。这哪里是阐发圣贤的道理……。"

这是曹雪芹反对科举、干禄的明证。

二是反对父母之命、没有爱情的婚姻。宝玉在神智不清，在贾母、凤姐的摆布之下，和宝钗结婚，等他知道大错已经铸成，最后一走了之，也是作者的抗议。

三是荣华富贵过眼云烟。贾府盛极而衰，家破人亡，是最具体的说明。

以上三件大事与主题决不可分。

《红楼梦》之所以有这样的结局，自然和曹雪芹的哲学思想有关。他的思想渊源于老庄，又深受庄子~~、阮籍、嵇康等人~~影响，所以《红楼梦》的主角贾宝玉走的是道家出世派的路子。

《红楼梦》一开始就制造了一个道家神话，宝玉出家后又被封为"文妙真人"，这更是道家出世派的封号。书中虽然也谈儒学，也谈佛理，但那只是~~红花的~~绿叶，不是红花。

中国文化源远流长，《红楼梦》植根也特别深。曹雪芹是十足的中国人，《红楼梦》是道地中国文学作品。

四、结　语

《红楼梦》这部伟大的文学作品，值得我们研究。但是考据方面的研究，可以打住。除非把曹雪芹从地下挖起来，让他死而复生，否则笔墨官司还会打下去。这实在是一种"浪费"，而且"于事又无补"。我们的聪明才智之士，如果还有时间精力，最好还是回到文学本身上来，从文学本身着手研究，会更有价值。~~如果学者、作家能共同研究，那就更好。因为研究和创作不同，创作是不能分工的，研究却可以合作。~~

1997年2月新正

附錄

"张本"《红楼梦》

●朱健

新春伊始,湖南出版社朱永红女士以新印"张本"《红楼梦》见赠,系台湾红学家墨人"修订、批注"。据介绍:墨人先生姓张,故名"张本"。

《红楼梦》版本繁多,已成一门学问。此学我一窍不通,少所关心。我读《红楼》,说得好听一点,是怡悦性情,直白言之,好玩而已。宁、荣两府,大观园内外,多一块石头少两棵树,甚至"红"了芭蕉"绿"了樱桃,似乎都不影响"好玩"。这正是红楼一书整体美学品格的特殊魅力吧。故而我于"脂本"、"戚本"、"程甲"、"程乙"、"列藏"、"俞校"等等,分不出个所以然。拿到哪本是哪本,翻到哪页就从哪页读起来,兴致并不少减。此种不雅之癖,已写过短文《逍遥读"红楼"》,不必词费。所以,就"本"而言"本",我对"张本"实在无话可说。

仍忍不住要说几句,并非完全"拿了手软",不说就对不住朱女士馈赐新书的美意,非来一篇"广告文学"不可,而是草草浏览墨人先生自撰长序及书前大作《论曹雪芹思想与《红楼梦》写作技巧》后,的确是"我心有戚戚焉"。"戚戚"的第一点就是"两岸共一梦"。华夏苗裔,莫不以红楼大梦为祖宗瑰宝,从中汲取精神的滋养,形成文化血缘的根系。第二点,"只是无缘识"。孤陋如我,对彼岸"红学",几乎一无所知。偶有传闻,碎言片语,难明究竟。第三点,"张本"《红楼梦》,大概是大陆印行的第一部台湾红学家完整的专著。而从墨人先生长序和长文略略可知,海外红学界面临的问题和困境,和大陆红学界如在一途。墨人先生说:"所谓'红学'专家,多是'红楼梦考据家'。"他主张:"要想真正读懂《红楼梦》、彻底了解《红楼梦》、全盘接受这部文学遗产,便不能舍本逐末,必须改弦更张,从作者的思想、文化传统和写作技巧两方面来下功夫。"用以衡大陆"红学",相去无几。第四点"戚戚",就是"湘人能吃辣椒会出书"了。这么一道大菜能抢个头筹,精心烹制,足以令人大快朵颐。

●品书录

《张本红楼梦》台湾新版新诠

墨　人

　　自一九六六年八月十五日我写完《红楼梦的写作技巧》,寄交台湾商务印书馆于同年十一月出版后,我就想修订批注《红楼梦》。为什么我有这种想法? 一是当时台湾文坛被过时的存在主义、意识流的歪风,扫得东倒西歪,仿佛大台风过后的大破坏。青年人"赶时髦",写些连自己也看不懂的新诗、散文、小说,到处呕吐,使人晕头转向,像我这种年龄的作家,都噤若寒蝉,而极少数半吊子、"二房东",反而趋炎附势,跟在喝了一点儿洋水的人屁股后面瞎起哄。我看看这情势,很难理喻,便决定以《红楼梦》作镇山宝,因此我才写《红楼梦的写作技巧》。但写完以后无处发表,我才再寄给北商务印书馆。那时王云五先生重掌商务,否则以大大过去出版《红楼梦》小册,我和商务并无来往,不知道他们会不会出这种理论性的书。因为那时台湾不但西风压倒了东风,而且亦正流行轻、薄、短、小的商品文学。在那时我也还有些担心。想不到该书很快就寄来出版合约,我对此将他好的印象尤其深刻。因为实际编印我这本书的是王云老的高足金耀基先生。这本书虽然没有拿到一文稿费,能够出版也算心血没有完全白费了。想不到这本书只在商务门市部独家销售,到一九八八年八月居然连销十版(一九九三年四月北京文联出版公司又出大陆版),而"存在主义"、"意识流",也在台湾文坛烟消云散了。我不敢说这是《红楼梦的写作技巧》发挥了挡箭牌的作用,但总可以说是应了老子"飘风不终朝,骤雨不终日"的名言。只喝了一点儿洋水,不明自己的古圣先贤的哲学思想的人,不但误己,而且误人,徒然制造纷乱而已。二是《红楼梦》的缺点还不少,如贾宝玉、林黛玉的年龄等问题。为了使《红楼梦》更完美,所以我决定修订批注。但这需要很多时间。

在《红楼梦的写作技巧》出版后第二年,所幸国民大会要创办一份学术性的大型刊物《宪政思潮》,请我去担任编辑工作。和我先后个把月去的还有陈鼓应先生。我有正式公务员任用资格,职务较有保障,因此生活安定下来,我便可以利用公馀时间修订、批注《红楼梦》。我修订批注的工作完成之后,在轻、薄、短、小的"商品文学"挂帅的情形之下,一直无处出版。我在绝望之后,才在一九八五年冬,写了一篇两万字的序,准备"藏之深山",或是"束之高阁"。然后我更专心研究道家思想、易经、命学。因为早先我就遇到一位道家明师指导我修行,所以我可以实践来印证思想理论。同时我开始构思一百二十章的大长篇《红尘》,这是内容时代背景和《红楼梦》都大不相同的长篇。曹雪芹写的是身家之痛,儿女之情,大观园的贵族生活。我写的是大敌当前,国家民族的生死存亡,中华王道文化与西方霸权思想的严重冲突,几乎亡国。我不是当军人的料,但我是明朝以来我家族中第一位正式投笔从戎抗日的青年,好铁打钉。当时只凭一股热血,与不作亡国奴的志气而孤注一掷,而高唱"大刀向鬼子们的头上砍去"、"义勇军进行曲"、"八百壮士"……我是挥泪写《红尘》,将我所处的血泪斑斑的二十世纪的中华民族的苦难写出来作为见证,是多民族、跨国际、绵延五千年文化馀绪,上下一百多年历史,纵横千万里江山的龙家五代人的心声。希望炎黄子孙,能冷静深思反省,开创中华民族新运,不要重蹈覆辙。

写完《红尘》之后,我写了一首五律,以明心迹:

> 浩劫未埋身，　揮泪写红尘。
> 非名非利客，　孰晋孰秦人？
> 毁誉何须问？　吉凶自有因。
> 天心应可测，　忧道不忧贫。

　　我在台湾一住四十年才开放探亲。第一次回故乡故土，我未将《张本红楼梦》带去，第二次是应邀访问大陆，作四十天的文学之旅，我才将《张本红楼梦》带去，在台湾藏了二十多年都不能出版，一九九五年十二月湖南出版社终于出版了精装本上下册一万一千套，而且很快销完了。因为我不能自己校对，出版后我发现那篇序文就漏掉了很重要的六百字，而且错字多，我像挨了一记闷棍，哭笑不得，也讲不出来。这次作烟梦终重校，以了心愿。 九十多岁

　　《红尘》一百二十章，全书四册，礼逾百万字，一九九三年二月出齐之后，我除了继续研究道家思想，更研究佛家思想，又遇明师指导修行，守五戒，吃全素，成为一位在家的出家人，便又开始构思另一长篇《娑婆世界》。

　　《红尘》构思了十三、四年我才动笔，先后费时两年完成。《娑婆世界》构思六年，一九九八年三月二十八日开笔，一九九八年十二月十六日完稿，一九九九年五月一日补充定稿，一九九九年十一月由台北昭明出版社出版。这是我唯一在出版前未发表、未拿一文稿费的六十万字的长篇，但也是封面设计、印刷、发行都满意的一个长篇。

　　自《红楼梦的写作技巧》出版到现在，我只写了《红尘》、《娑婆世界》两个大长篇，外加《全唐诗寻幽探微》、《全唐宋词寻幽探微》、《全宋诗寻幽探微》，和《红尘心语》、《年年作客伴寒窗》、《小园昨夜又东风》三本散文集。与我第一次四十岁时自动从军中退役后五年时间的作品出了二十本书相较，我这十五年的退休写作成绩是逊色多了，但这十五年之间的作品都是我最称心的。

我有退休金,不为稻粱谋而写作,一直是我梦寐以求的。我的清修生活、研究工作也使我活得更充实、愉快。我虽已九十高龄,并未老态龙钟,仍然行如风,身体柔软度一如五十岁时。

因为昭明出版社除了要出版我一系列的长篇《婆婆世界》、《红尘》、《白雪青山》、《滚滚长江》、《春梅小史》等,和散文集《独卧青海》,短篇小说集《井子颂张三》外,还有《红楼梦的写作技巧》、……长篇小说我一律加上对联标题的章目,我更仔细地将大陆版的《张本红楼梦》重新逐回校正,首先是补正那漏排的六百字,补充修订了《论曹雪芹思想与红楼梦的写作技巧》专文,也将原第七回回目《送宫花贾琏戏熙凤,宴宁府宝玉会秦钟》修订为《服药丸宝钗说奇方,送贵客焦大揭疮疤》。第八回《贾宝玉奇缘识金锁,薛宝钗巧合识通灵》下联改为《林黛玉慧口展机锋》。这完全是依据内容多少、轻重、虚实、标题与内容是否切合而修订的。如大陆版的《张本红楼梦》的第十四回回目《林如海灵返苏州郡,王熙凤协理宁国府》,我修订为《王熙凤威镇宁国府,贾宝玉路谒北静王》,第二十八回《蒋玉菡情赠茜香罗,薛宝钗羞笼红麝串》,修订为《林黛玉奇才逞口舌,薛宝钗殊宠获麝珠》,第三十一回目《撕扇子作千金一笑,因麒麟伏白首双星》,修订为《撕扇子佳人终欢笑,失麒麟公子最忧心》。我在四百七十二条批注中还有说明。这次我重新仔细研读大陆版《张本红楼梦》,除了将原有的批注补充了一些文字外,又增加了一〇一条批注,总共五百七十三条批注。其他方面的修订,见大陆版原序,不赘。但我在《红楼梦的写作技巧》与《张本红楼梦》上所费的时间、精力、心血不下于《红尘》这部大长篇。

我国文学名著如《三国演义》、《水浒传》、《儒林外史》、《西游记》等,早已家喻户晓,都是足以傲视世界的文学作品。《金瓶梅》除了写两性关系过于赤裸外,也有其社会价值,《查泰莱夫人的情人》不可同日而语。但那些文学巨著如以"思想境界"而育,则不能

与《红楼梦》相提并论。文学价值的判断,不止于文学创作技巧,最重要的是"思想境界","思想境界"的高低,决定文学价值的高低。《红楼梦》的作者曹雪芹,医、卜、星、相、琴、棋、书、画、诗、词、歌、赋无所不通,更通儒释道三家思想,所以《红楼梦》的文学价值更高,而且是百分之百的创作。曹雪芹自己虽未修行得道,但从作品中可以看出他已真正"悟道"。何谓"道"? 一阴一阳之谓道。"道"就是宇宙自然法则与阴阳变化之理。是科学而又超科学,是哲学而又超哲学。佛道两家思想是提升人生观为宇宙观的基石,但不是那种宫、观、土地庙、水月庵、葫芦寺,更不是见了木头、石头都拜的民间信仰宗教。老子讲"为无为"、释迦牟尼讲"无相",他说"一切有为法如梦幻泡影",他们两位大圣人的思想息息相通。西方哲学是物质思维,到达不了这种精神层次,所以西方产生不出曹雪芹这种作家,《红楼梦》这种作品。二十世纪以来,我们一切都学西方,所以我们的文学作品也谈不上思想境界,作家连诗词对联都不会作,所以连小说的对仗回目都废了,这是文学的倒退,不是进步。西方作家不会我们的诗词不足为怪,因为多音节的文字办不到。我们学西洋诗则是取法乎下。至于思想境界西方作家也止于物质思维层次,无法进入非物质层次,连人生观都是很现实的。当年海明威的四、五万字的中短篇小说《老人与海》得诺贝尔文学奖,台湾有头脸的文人跟着捧场,甚至当时的政治领袖人物也随风起舞,大有鼓励我们的作家向海明威学习之意。不久前还有一位走红的政治明星公开说中南美小岛国家都有人得诺贝尔文学奖,我们却没有人得过奖,暗讽我们的诗人作家不争气。不知道他懂什么文学? 结果证明他连男女关系都搞不好,不能不鞠躬下台了。

　　我于一九七二年十二月五日在中央日报副刊发表的关于《红楼梦的写作技巧》文中就说:

　　　对于《老人与海》和《异乡人》这两部不过几万字的中篇小

说,我曾花了一点功夫研读,读过之后,我只觉得他们不过是美国作家、法国作家而已。就作品而论,不客气地说,年轻人学他们实在是取法乎下。丢掉自己的金饭碗去向别人讨饭,实在太不智了。

今天我还是希望我们的作家,要擦亮我们自己的金饭碗,不必向别人讨饭。而且光在文学方面下功夫还不够,应该向哲学方面多努力,那是取之不尽的,可以提升人生观到宇宙观,从物质思维层次,提升到非物质思维层次。

我修订批注《红楼梦》,就是擦亮这只金盖碗,三十多年前我就在作这个工作。放眼二十世纪诺贝尔文学奖作品,没有一本足以与《红楼梦》相比,也没有一本值得我花这么多时间研究,有的书我没有看到一半就丢进字纸篓了。

我不是狂人,更非妄人。在现实生活方面,我无欲无求,不与人争。但在文学创作与思想境界方面,我的想像空间很大。不过我一直奉老子的"生而不有、为而不恃、长而不宰"这三句话为圭臬,我没有悉达多王子那种一生下地就说:"天上天下,唯我独尊"的气概。但我也有我的自信心,我的坚持。我生于忧患和战争岁月,阎王不收,活过了九十岁,写过了七十年,一直是单人匹马,既非"四人帮"、也非"三人帮"、"两人帮",我是"一人行",但不是阿Q和唐吉柯德。我一向从善如流,见贤思齐,但也未迷失过自己。我写了一首七绝如下:

> 两耳风声兼雨声,　千山万壑一人行。
> 低吟浅唱疑无路,　一曲高歌神鬼惊。

戊寅立春我也写过一首七律:

春去秋来岁月更，　但添华发未添丁。
前门拒虎曾披甲，　后院阋墙不用兵。
百尺浪高浮大海，　千山风起上天坪。
无为无相无恩怨，　挥手云天步步轻。

我为什么引这两首绝律诗？不是画蛇添足吗？不是。七律诗是我一生的经历和心路历程，七绝诗是我七十年来的写作过程和心声。我要告诉读者和青年作家的是：文学创作比什么都难，不要被"作家"这顶帽子弄得晕头转向。"作家"这顶帽子也可以压死人，如日本作家川端康成就是被诺贝尔文学奖压死的。因为他患得患失，没有老子"生而不有、为而不恃、长而不宰"的胸襟，没有佛家的"无智亦无得"的涵养。他只是一位日本作家而已，与曹雪芹不能相提并论。日本原来深受中国文化影响，连续千年，明治维新以后才全面接受西方功利思想，文学亦逐渐商业化。二次大战以后，又完全受美国操控，败战之初，美国黑人大兵以一条香烟就可以将日本良家妇女带进旅馆。日本精神文明自然崩溃，作家亦唯利是图，尤其是所谓推理小说作家，平均年收入往往名列全国前十名，尤以松本清张●为最。川端康成还不是这类流行作家，但他缺少精神支柱，抗力太小，一如他瘦小的身体，经不起大风大浪。一方面是年轻作家的创作压力，一方面是诺贝尔桂冠的压力，自己又写不出新的作品，日本人本来就多自杀倾向，川端康成也走上了这条路，在我看来实在有些可笑、可悲。他死的时候大约还未过七十岁？●比我小的多，这点可以确定。如此糟蹋生命也实在可惜！如果他像曹雪芹那样深通儒释道三家思想，只为自己的理想和心愿写作，不为名利，不考虑什么诺贝尔，他就不会自杀。我的创作环境和经济条件比日本作家川端康成差的太多。在日本人打我们的时候，不论在前方后方，我都在鬼门关前。地毯式的轰炸，我是少数死里逃生者之一。浙赣战役，日军又逼着我抱着两三个月大的孩子,在炎阳下长途逃命,孩子的前额晒起一粒粒的水泡,内人哭哭啼啼。我在赣州编报时,晚上空袭,用黑布遮住窗口,在桐油灯下作标题,抢时间,天一亮就向郊外跑,无法睡觉,心都快跳出口腔来,最后日军进攻赣州,我又背着两个一岁三岁的孩子在严寒带着一的风雪中向北逃亡六七百里,全靠两条腿。但不论是在防空洞里、树阴下、人家屋檐下,我随时一句一句一点一滴地写下来,完全没有考虑到稿费。到台湾以后,最初十年,我连一张书桌都没有,床铺、板凳上照样写。当我遭遇重大难关,重重挫折时,我便想到曹雪芹那种不为名利,生死以之的创作精神。我从来不以任何外国作家作为我的榜样,更别说川端康成、海明威、卡谬⋯⋯这些诺贝尔奖的作家了。如果不是曹雪芹那种不为名利、生死以之的创作精神和儒释道三家思想作为我的精神支柱,我就写不出《红尘》,更写不出《娑婆世界》。我不但要自己写,三十多年前就开始为曹雪芹这位前辈尽一己棉薄。曹雪芹不是科举出身,我也不是文学系出身,但我十岁以前读的书,文学系的学生多没有读过,而且我还整本地背得滚瓜烂熟。文学系并非文学殿堂,《红楼梦》才是文学殿堂。而且我以数十年的创作心血为这座殿堂加了工。有缘人、有心人可以随时进去,不收学费,没有任何限制、任何禁区,但其中宝藏丰富,取之不尽,不会空手而出,比念四年文学要经济、实惠的多。今天台湾的阅读环境、创作环境,又比早年自由、方便的太多太多,我写《红尘》时还未解严,处处小心,句句斟酌。(我背着七口之家,一路走来,责任太重,孤军奋斗,无人替代)不然《红尘》的内容会更丰富、篇幅也会更多。

文学是慧业,不是商业,基本上是"予"而不是"取"。所谓"实至名归",那也是副产品,曹雪芹"取"了什么? 他甚至不知道自己的作品出版了? 但他留给我们后人的是一份宝贵的文学遗产。我的《娑婆世界》在大热天挥汗写作,也没有拿一文稿费。《红尘》也不是为稿费而写的。如果我不想写、不该写的作品,别人出再多的

稿费我也不会写。但今天的台湾也充满了美国人的功利思想,这
对文学是有害无益的。我敢大胆地说:美国不可能产生伟大的作
家,伟大的作品。除非他们完全了解儒释道三家思想,尤其是佛道
两家思想。因为文学需要优良深厚的文化土壤,美国不具备这种
条件,中国则得天独厚。美国好莱坞流行文化,是感官文化,而且
会使人性兽性化。中国文化中的儒家思想,是以人为本,是王道文
化。而佛道两家思想自然涵盖人文,却以宇宙为中心,早已超越物
质思维层次,提升人生观为宇宙观了,使文学的发展空间更大。
《红楼梦》提供了一个模式。拙作《红尘》提供了另一模式,《娑婆世
界》则更具体地溶佛、道哲学思想于文学中。佛道两家思想取之不
尽,用之不竭,变化万千,运用之妙,存乎一心。我们的作家何必捧
着金饭碗讨饭? 取乎法下呢! 这是我写《红楼梦的写作技巧》、创
作《红尘》、《娑婆世界》,以及早在一九六五年就已出版的《白雪青
山》的原因。修订批注《张本红楼梦》,更是对前辈作家曹雪芹和广
大读者的无私奉献。有生之年,我不会停止创作,十年八年之后会
再有长篇问世,我不会像川端康成那样轻生,我早已宠辱不
惊,我活得自由自在,写得自由自在。尽自己的责任,迥向读者就
好。希望若干年后,会产生曹雪芹那样的作家,《红楼梦》那种作
品,甚至更好的作家、更好的作品。我只是一块垫脚石而已。

　　最后我要强调的是:曹雪芹是旗人,以汉族为中心而形成的博
大精深的中华文化、文学,孕育出曹雪芹,曹雪芹也丰富壮大了中
华文化、文学。我真希望后人能踹着我这块垫脚石,登上中华文
化、文学的最高峰。

　　　　　　　已卯(一九九九)年十二月二十七日于北投
　　　　　　　　　　　红尘寄庐中华古典诗词研究所

墨人和《张本红楼梦》

罗 龙 炎

　　墨人先生，老籍九江张家洲，青少年时期居浔阳城内赵家花园。1949 年移居台湾，~~近年又移居上海~~，墨人本名姓张，所以，他修订批注的《红楼梦》定名为《张本红楼梦》。

　　墨人为什么要修订批注《红楼梦》、出版《张本红楼梦》呢？这与墨人对《红楼梦》的深爱是分不开的。作为一个诗人和作家，墨人对《红楼梦》十分推崇。在他看来，《红楼梦》是"一部长江大河般的气势磅礴的空前绝后（到现在为止还没有第二部足与《红楼梦》等量齐观的大长篇小说）的巨著"、"是经典之作"。他对这部伟大的文学遗产进行了十分深入的研究。与考证学派不同，他的研究主要是从文学创作的角度，注力于《红楼梦》文本本身的研究。他说：我不是考据家，我热爱《红楼梦》完全是从文学创作观点出发。他认为，胡适对《红楼梦》版本问题、曹雪芹家世问题和《红楼梦》时代背景的考据，所作的贡献不可否认，但不能代表《红楼梦》研究的正确方向。《红楼梦》研究的正确方向应当回到《红楼梦》文本本身，回到文学本身，着重研究《红楼梦》的文学思想与写作技巧，"应该依据现在能够读到的这一百二十回本子的《红楼梦》建立起文学理论来"，"目的是在如何接受这部伟大的文学遗产，而不是考证晴雯的头发、大观园的建筑图样乃至桌椅板凳。"

　　20 世纪 70 年代初开始，墨人先后在文复会小说研究班、马

墨人（1920— ），原名
张万熙，江西九江人。

尼拉华侨文讲会、东吴大学、东海大学、新竹师专、中央大学、国际文艺营等处，多次就他的《红楼梦》研究进行演讲。在马尼拉华侨文讲会的演讲时间，长达一个月。研究之精细，由此可见一斑。后经反复修订，出版了《红楼梦的写作技巧》一书。

正是这种基于推崇喜爱之上的深入探讨与研究，使墨人在曹雪芹的思想、《红楼梦》的主题以及结构、人物、语言技巧诸多方面，形成了自己独到的见解。他的《拨乱反正说红楼——论曹雪芹思想与〈红楼梦〉的写作技巧》一文，集中而简明地阐述了他的主要见解，体现了他的《红楼梦》观（也许正因为如此，墨人将这篇文章收入了《张本红楼梦》，并紧列于《张本红楼梦·序》之后）。也正是因为深入的探索研究，墨人发现了《红楼梦》中存在的一些问题：

我知道《红楼梦》有不少缺点，因为《红楼梦》是一部大书，千头万绪，照顾不周。而最大的毛病是人物的年龄问题，景物时序问题等等。此外章回之间有很多需要前后调整，回目也有几处应该更改。

问题的发现当然不是墨人对前人的奇责；相反，作为一个深深体验过创作甘苦的人，墨人十分理解问题的原因所在，十分同情、尊敬曹雪芹。正如他在《张本红楼梦·序》中所指出：曹雪芹费时十年、增删五次，可谓苦心经营。但他最终毕竟没有留下一部完整的《红楼梦》来。后经传阅抄录，坊间"繁简歧出，前后错见"，出现矛盾纰缪是必然的事。象《红楼梦》这样一部篇幅巨大的杰作，千头万绪，即使出自曹雪芹一人之手，也自然会有照应不周的地方。即便如此，《红梦楼》当然仍然不失其伟大。但是，正是这些问题的发现，触动了墨人修订《红楼梦》的动机，他说："对于这一伟大杰作，既然发现它有一些瑕疵，为什么不再花些时间修订一下，使它更完美呢？"

20世纪70年代中期，台湾文艺界为"洋癫疯"所困，墨人不愿流为文丐，意欲停止创作。其时，他潜心作了两件事。一件是研究中国文化，另一件就是修订《红楼梦》。墨人自然知道修订批注《红楼梦》是一件"很不简单"的事，也是一件"吃力不讨好"的事。事实上，挑《红楼梦》毛病的人也不少，但一直没有人出来修正这些毛病。墨人却带着一个中国作家的使命意识、艺术追求与奉献精神，义无反顾地认真地做了这件"吃力不讨好"的事。

至于修订得是否完善尽美，墨人是坦荡的。他说："我不敢讲那种大话，我只是尽心尽力而为，同自己创作时毫无两样。如果我的修订、批注能对前辈曹雪芹和以后的读者有些微的贡献，我也就心安了。"又说，"我只是在尽其在我，但成败不必在我，因此毁誉亦在所不计。"

墨人对《红楼梦》究竟做了怎样的修订批注呢？

一是章回调整。《红楼梦》的整个结构，墨人认为天衣无缝，丝丝入扣，毫无破绽，是动不得的。但是，由于受"章回体"的影响，"有些章回之界限不清"。为了使各章回的内容更完整，章回之间的界限更清晰，因而，章回之间"凡是跨前延后"的有关内容，墨人都一一作了调整。另外，"欲知后事如何，且听下回分解"之类的"俗套"，墨人也"一概取消"，另行衔接。

据粗略统计，墨人的《张本红楼梦》约有四十多处在章回间作了类似的前后"移动"，还对四十多处的衔接文字作了删节。

二是回目修订。墨人修订《红楼梦》部分回目，主要是"针对内容，更改回目"，使它有"暗示性、代表性"，使内容与回目一致。关于回目的修订，《张本红楼梦》一共有四处：第十四回、二十八回、三十一回、一百零五回。

三是分段分行。这主要是为了现代读者，特别是年轻读者的阅读方便。旧章回小说往往不分段分行，甚至也不讲究标点。现在流行的程乙本《红楼梦》虽然有了标点，但分段分行还是注意不够。为了适应现代阅读的需要，使作品读起来更清爽更亲切，墨人除了采用新式标点符号外，还采用现代小说分段分行的方式

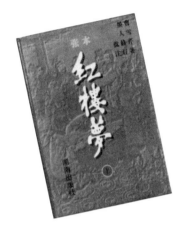 

《张本红楼梦》书影。湖南出版社 1995 年 12 月第一版。

对《红楼梦》进行了标点与分段分行。在分行中，特别把对话独立出来，不管句长句短，一律如此。

四是勘误。《红楼梦》因曹雪芹过早逝去，没留下一部完整的手稿。程乙本《红楼梦》虽经程伟元、高鹗之力校补，矛盾纰缪之处仍有不少。对此，墨人都一一作了勘误。这些勘误，大致有时间节气、景物、称谓、年龄生日等四类。

五是眉批。眉批是墨人修订、批注《红楼梦》的重要部分。墨人是一个有长期写作体验的作家，他从更好地接受这部伟大文学遗产出发，从文学创作的角度人手，结合自己的写作体验，通过眉批方式，对《红楼梦》的人物描写、故事结构、文学思想、作品主题、以及修订方面，作了许多评点与分析。目的在于帮助读者，尤其是年轻读者更好地阅读《红楼梦》。这些眉批总共约有四百七十多条，以区别正文的小楷体字并加上方框列在所批文字的旁边，十分醒目。

除了眉批之外，《张本红楼梦》正文前，还附有一张《红楼梦贾府人物系统图》、《＜红楼梦＞人物提要》（包括主角贾宝玉、林黛玉、薛宝钗、十二金钗，荣宁二府本支人物，幻异人物）、《论曹雪芹思想与＜红楼梦＞写作技巧》，以及墨人的《序》等。

所有这些，都是墨人为了帮助当今读者，特别是年轻读者阅读《红楼梦》、理解《红楼梦》，从而更好地接受这部伟大的文化遗产所特别用心做下的工作。它们集于一书，显示了《张本红楼梦》所特有的面貌。

经过墨人所修订批注的《张本红楼梦》是否"完美尽美"，时间和广大读者自有公论，现在不必急于下结论。但，墨人为此所做的许多方面的工作，的确诚如他自己所谈，"都很不简单"。其中，的确有不少令人感动或发人思考的东西。

首先，值得重视的，是他研读《红楼梦》的那份执着认真和非同一般的态度。

在中国，乃至全世界，推崇《红楼梦》的人当然不少，但是象墨人那样执着那样精细的研读者，恐怕并不很多。精研者中，象墨人那样注重从文学创作的角度，而不是考据的角度接受和继承这部伟大的文学遗产者，则更少。从文学角度研究《红楼梦》的又以专事文学评论或教授者居多，而象墨人作为一个作家这样面对《红楼梦》的恐怕是少之又少了。大陆当代作家中，只有王蒙等少数几位作家研读《红楼梦》的成果产生了一定的影响。墨人曾幽默自道："捧《红楼梦》的话我说得比任何人都多"，就作家层面而言，这话看来并非"言过其实"。这种情况清楚地表明，在接受继承《红楼梦》这份伟大的遗产的事业中，我们的作家从文学创作角度所作出的努力与成果还十分有限，与《红楼梦》的考证和理论批评相比，是很不相称的。显然，这是一种缺撼。继承《红楼梦》遗产，从一定的角度讲，作家与创作层面的继承应该是主体，至少是一个很重要的方面。由此观之，墨人强调和呼吁《红楼梦》研究的正确方向，应当回到《红楼梦》文本本身，回到文学本身，是必要的，也是值得重视的。墨人在这方面是一个自觉的先行者。他在这方面作了多种努力尝试，并取得了丰硕成果。

其一是研究成果——即一部十几万字的《红楼梦的写作技巧》和一批论文及演讲。其二是研究与写作结合的成果——即上述《张本红楼梦》。其三是创作成果——即一部一百或十多万字的大长篇小说《红尘》。这部小说，在诸多方面，深得《红楼梦》滋补。居住在旧金山的谢冰莹老人甚至称"《红尘》是《红楼梦》第二。"的确，《红尘》可以说是吸足了《红楼梦》养份而开出的艳丽花朵。

所有这些实绩与成果都清楚地表明，墨人的《红楼梦》研读，的确"回到了文学本身"，"回到了《红楼梦》文本本身"。倘若我们的作家中，至少那些表示十分推崇《红楼梦》的作家中，假如能多有几个人象墨人这样来"捧"《红楼梦》，那么，这块园地上的花朵一定比现在的繁荣美丽得多。

其次，墨人修订、批注《红楼梦》的气度与魄力，也确实令人感动。

墨人明明知道《红楼梦》是不可企及的传世杰作。他多次在分析介绍《红楼梦》的思想与写作技巧中，称其思想深刻，具有浓厚的中国文化传统；称其结构布局、匠心独具，丝丝入扣，呼应伏笔，不同流俗；称其故事平实近人，但由于作者的高明，生活细节中，却表现了深刻无比的人性，空灵洒脱的人生境界与哲学思想；称其语言运用炉火纯青，独步古今，充分发挥了中国语言的特性和优点，活灵活现地刻画了各种人物的形象、心理、性格，简直妙到毫颠，出神入化。面对自己这样崇拜的一部杰作，以及它的广泛深远的影响，墨人也明明知道，修订很有可能是一件"吃力不讨好"的事。弄不好很可能招致"标新立异"、"吹毛求疵"或者"掠美"之讥。这对一个作家的声誉，尤其是一个具有广泛影响的作家的声誉来讲，不能说是不重要的。为了《红楼梦》更完美，为了"贡献愚者一得"，为了现代读者读起来更清爽亲切，墨人"毁誉在所不惜"，还是决意选择了艰难的"修订"、"批注"。明知山有虎，偏向虎山行。没有宽宏的气度与坚挺的魄力是跨不出这一步的！

再次，墨人修订、批注《红楼梦》的眼力、功力与底气，也是值得我们作家、特别是青年作家看重的。

"瑕疵"的发现，章回之间的调整，回目的修订，年龄的推算、错误的勘正，以及大量的眉批，不仅涉及到写作技巧上的种种知识、体验和驾驭能力，而且大量涉及到天文、地理、历法、物产、气候、社会、人生、文化、人情、风俗等广阔领域的种种知识。如果没有广博的见识，没有丰富的阅历及人生体验，没有大量的创作实验与体验，没有由此而来的眼力与功力，这些修订、批注工作是不可能完成的，更不可能做得如《张本红楼梦》那样精细。比如，宝黛的年龄问题，如果没有中国传统的历法推算知识，没有中国传统的服饰知识，没有青年男女的心理、心态及其描写的把握，这个问题很可能发现不了；或者即使发现了，也无法作出正确推算，也就更用不着说修订了。又如：《张本红楼梦》中，那四百七十多条眉批，更集中体现出墨人作为一个作家阅读《红楼梦》的种种体验和独到的眼光。诸如此类，这样的眼力，这样的功力，这样的底气，对于一个作家，的确是不可多得的难能可贵的，但又是应该具备的。

　　墨人著《红楼梦的写作技巧》，1966年11月由台湾商务印书馆初版，该书至今已出13版。
　　全书不分目录，共有85节及《前言》、《结论》。

　　《红楼梦的写作技巧》书影
　　中国文联出版社1995年第一版

原载2002年12月《名人传滏阳》靴靛 p.127~133页

《红楼梦》引言

程伟元

高　鹗

（一）是书前八十回，藏书家抄录传阅几三十年矣。今得后四十回合成完璧。缘友人借抄争睹者甚伙，抄录固难，刊板亦需时日，姑集活字刷印。因急欲公诸同好，故初印时不及细校，间有纰缪。今复聚集各原本详加校阅，改订无讹，惟识者谅之。（二）书中前八十回抄本，各家互异；今广集核勘，准情酌理，补遗订讹。其间或有增损数字处，意在便于披阅，非敢争胜前人也。（三）是书沿传既久，坊间绣本及诸家所藏秘稿，繁简歧出，前后错见。即如六十七回，此有彼无，题同文异，燕石莫辨。兹惟择其情理较协者取为定本。（四）书中后四十回系就历年所得，集腋成裘，更无他本可考。惟按其前后关照者略为修辑，使其有应接而无矛盾。至其原文，未敢臆改，俟再得善本，更为厘定。且不欲尽掩其本来面目也。（五）是书词意新雅，久为名公钜卿赏鉴。但创始刷印，卷帙较多，工力浩繁，故未加评点。其中用笔吞吐虚实掩映之妙，识者当自得之。（六）向来奇书小说，题序署名多出名家。是书开卷略志数语，非云弁首，实因残缺有年，一旦颠末毕具，大快人心,欣然题名,聊以记成书之幸。(七)是书刷印原为同好传玩起见,后因坊间再四乞兑,爰公议定值,以备工料之费,非谓奇货可居也。

壬子花朝后一日小泉兰墅又识。

《红楼梦》序

高　鹗

予闻《红楼梦》脍炙人口者几廿余年。然无全璧,无定本。向曾从友人借观,窃以染指尝鼎为憾。今年春,友人程子小泉过予,以其所购全书见示;且曰:"此仅数年铢积寸累之苦心,将付剞劂公同好。子闲且惫矣,盍分任之?"予以是书虽稗官野史之流,然尚不谬于名教,欣然拜诺。正以波斯奴见宝为幸,遂襄其役。工既竣,并识端末,以告阅者。时乾隆辛亥冬至后五日铁岭高鹗叙并书。

一百二十回本序

程伟元

　　《石头记》是此书原名，作者相传不一，究未知出自何人，惟书内记曹雪芹先生删改数过。好事者每传钞一部，置庙市中，昂其值得数十金，可谓不胫而走矣！然原本目录一百二十卷，今所藏只八十卷，殊非全本。即间有称全部者，及检阅仍只八十卷，读者颇以为憾。不佞以是书既有百二十卷之目，岂无全璧？爰为竭力搜罗，自藏书家，甚至故纸堆中，无不留心。数年以来——仅积有二十余卷。"一日，偶于鼓担上得十余卷。遂重价购之，欣然繙阅，见其前后起伏，尚属接榫，然漶漫不可收拾，乃同友人细加厘剔，截长补短，钞成全部，复为镌版，以公同好。《石头记》全书至是始告成矣。书成，因并志其缘起以告海内君子。凡我同人或亦选睹为快者欤？

　　小泉程伟元识。

曹雪芹

高　鶚　　小传

墨　人

曹雪芹小传

《红楼梦》的作者曹雪芹,名霑,雪芹是其号。内务府正白旗籍,属汉军旗,约生于公元 1723 年(清雍正元年癸卯),一说生于 1724 年(二年甲辰),卒于 1763 年 2 月 13 日(清乾隆二十七年壬午除夕),一说卒于 1764 年的 2 月 1 日(清乾隆二十八年癸未除夕)。

曹家为清代望族。雪芹的高祖曹振彦在 1650 年(顺治七年庚寅)即任山西平阳府吉州知州,后来做官至两浙都转运盐使司盐法道。1663 年(康熙二年癸卯)清开始设置江宁织造,首任即雪芹曾祖曹玺。江宁织造,乃掌管宫廷所需各种织物之采购供应,并作为清廷的耳目。是一个有关财政方面的重要职务。雪芹祖父曹寅、伯父曹颙,父亲曹𬤇,相次继任斯职,共约 60 年。

曹寅一代,为曹家全盛时期。寅字子清,号楝亭。任江宁织造历二十年(1692——1712)。后八年,并兼巡视两淮盐漕监察御史,也是一个头等要职。清圣祖(爱新觉罗玄烨)五次南巡,均以江宁织造署为行宫,以后四次即在曹寅任内。曹寅风雅、好交游,博学,能诗文,有《楝亭诗钞》等著作。

雪芹生时,曹寅已死,父曹頫任江宁织造。1727年(雍正五年)丁未,曹頫被免职,次年,曹家被抄。南京房产全被没收,只留北京一部分房产。曹家从曹玺的一代起,在南京一住65年,此时才回北京。

雍正一朝十三年(1723～1735)中,乃曹家灾难时代。

作者写红楼梦正流落北京西郊,生活贫困,卖画维生,以酒自娱。与敦敏、敦诚兄弟却谈笑风生,诙谐有趣。敦敏的《懋斋诗钞》和敦诚的《四松堂集》里面,有不少关于雪芹的材料。

高鹗小传

辑补红楼梦后四十回残稿之高鹗,字兰墅,一字兰史,别署红楼外史;属汉军镶黄旗。乾隆五十三年戊申顺天乡试举人;六十年乙卯三甲第一名进士。授内阁中书,擢侍读,考选江南道御史刑科给事中,曾充嘉庆六年辛酉顺天乡试同考官。著有《吏治辑要》、《兰墅文存》、《兰墅十艺》等。

高鹗原娶诗人张问陶之妹筠。张筠二十岁即死,无子女。但高鹗有女仪凤,字秀芝,能诗,想是续娶所生的。

曹雪芹逝世后二十八年,红楼梦后四十回完成。

此书得成完璧,程伟元、高鹗二人贡献甚大。

墨人小传

《红楼梦》修订批注者墨人,中国现代著名兼擅中国新旧文学的诗人、作家、学者、著名的红学家。本名张万熙,江西九江人。1920年生。曾任报社主笔、总编辑、总经理、香港广大学院中研所客座指导教授等。著有《全唐诗寻幽探微》、《全唐宋词寻幽探微》、《红楼梦的写作技巧》,长篇小说《白雪青山》及190万字的长篇巨著《红尘》等48种,1000余万字。

《红楼梦》人物提要

主　角

【贾宝玉】　幼号绛洞花主,原籍金陵,荣府贾政次子,自幼深得祖母宠爱。他生于仕宦世家,容颜姣好,面若中秋之月,色如春晓之花,鬓若刀裁,眉如墨画,鼻如悬胆,睛若秋波,虽怒时而似笑,即瞋视而有情。结诗社时改号怡红公子,资质聪慧,个性温柔,终日嬉戏于脂粉队里,养成一种偏僻乖张的性情。他于爱情方面看似最滥,而其实专一,他不是一般世俗的色情狂,注重肉欲的满足,而只是捕捉女性的美貌和灵魂而已。他和她们肌肤相亲而不及于乱,只以情意相慰藉。如第五十一回,寒夜宝玉用被渥晴雯;第四十三回至诚遥祭金钏儿等;和黛玉更不用说了。唯一与他正式发生肉体关系的只有袭人。此外见神游太虚幻境时与仙姑之“妹”“可卿”“云雨”了。黛玉之死和家道中落,是他精神上最大的打击,终于看破红尘,一走了之。朝廷赐封为文妙真人。至于他习时文,乡试中举,不能看做性情的转变,只是想聊谢亲恩而已。

【林黛玉】　字颦卿,别号潇湘妃子。原籍姑苏,贾母心爱的外孙女。先伤母,其父不久亦去世。作者形容她有“两弯似蹙非蹙笼烟眉,一双似喜非喜含情目,态生两靥之愁,娇袭一身之病;闲静如娇花照水;形动如弱柳扶风……”一幅古代病态美人图,跃然纸上。她性情孤高,胸怀狭窄,才情之高,为十二金钗之冠。但却多愁善感,终至种下病根。她与宝玉不仅情感至深,两人思想气质亦复相同，可谓知音。虽然后来多了一个宝钗作情敌，但在情场上她几乎是每战必胜。但她究竟受悲观之害，弄得疾病缠体，尤其在听到宝玉结婚的确讯后，即焚稿毁帕，其精神上的痛苦，岂是笔墨所能形容宝玉成婚之日，亦即她绝命之时。读书至此，怎能不为她洒几滴同情之泪。

【薛宝钗】 别号蘅芜君，与宝玉原系姨表姊弟。生得脸若银盆，眼同水杏，唇不点而含丹，眉不画而横翠，肌肤也丰泽而白皙，自是一副健美体态。她性情温和贞静，行为豁达大度，处事随分安时，才情之高，亦只她堪与黛玉匹敌。故贾府中自贾母起，上上下下没有不称赞她的，不过她在滴翠亭外嫁祸黛玉更足见她心机之深。在爱情方面，虽然她已陷于三角恋爱的僵局中，而且她时时处于不利的一面，但她却从未流露出来。表面上，处处持着退让的态度，但从她接受凤姐的移花接木之计，冒着黛玉的名儿，嫁给宝玉一事看来，可见其用心是良苦的。宝玉出家。她无异步了李纨的后尘。

十二金钗

【王熙凤】 小名凤姐儿，浑号凤辣子，贾琏之妻。"生得一双丹凤三角眼，两弯柳叶掉梢眉，身材苗条，体态风骚，"粉面含威春不露，丹唇未启笑先闻。"由这段的描写，不难想像出她是怎样的一个人物。她恃强好胜，处处不肯落人褒贬，工于心机，把一个复杂的大家庭——荣府，治理得当，不能不说是她的长处。但她虚荣、贪财、阴险、毒辣、邀功、诿过等缺点，亦不为少。贾府的抄家就是种因于她。总之，在十八世纪的封建旧式大家庭中，她犹不失为一个精明干练的主妇人物。尤其她对贾母的曲意承欢，粉饰太平，使贾母享尽天伦之乐，不禁令人感其可爱。她是曹雪芹创造书中人物最成功者之一。

【林黛玉】（见前）

【薛宝钗】 （见前）

【史湘云】 别号枕霞旧友，原籍金陵。贾母的内侄孙女。生得蜂腰猿背，鹤势螂形，面貌非常美丽。虽然亦出身仕宦世家，但幼伤父母，寄食叔家，其际遇当然差些。然而这种遭遇，并未影响到她的性格。在《红楼梦》十二个奇女子中，她是活泼、天真爽朗，不受穿凿，乐观主义的典型代表；如冒失地以戏子比黛玉，大吃鹿肉，抢联即景诗等，无不显出她的天真可爱。虽然嫁了一个才貌双全的好丈夫，但不幸患了痨病。其结局亦惨。

【妙　玉】 自称槛外人，有时亦称畸人。出身仕宦之家，因自幼多病而遁入空门，她有洁癖，性情孤僻。文墨极通，经典极熟。从她送宝玉生日贺帖，宝玉索红梅一索即得，以后宝玉伴送她回栊翠庵，窃听黛玉弹琴因而走火入魔看来，她实尘心未尽，后遭强徒劫去，不知所终。

【李　纨】 字宫裁，别号稻香老农。原籍金陵，嫁与早夭的贾珠为妇。青春守寡，未亡人的岁月是寂寞的，但她却安之若素，默默地抚养着贾兰成人。她个性厚道，事事不与人计较。因此长辈怜惜她，下人们敬重她，几乎没有一个人和她合不来的。作者写她，正好与凤姐成了一个对比。作者描述李纨身世时，便有当日李父教女以"女子无才便是德"。可见作者有意把她刻划成这种典型。兰哥儿的中举，当然是她十余年苦节的收获。

【秦可卿】 小名可儿，官名兼美。形体俊美，体态袅娜；性格风流，行事和顺。嫁与贾蓉为妻，在宁、荣二府中，不论长辈、平辈、小辈，无不对她有好感。她的死，是书中第一件发生的不幸事。一家人为此而哭，贾珍悲恸得不成样子。宝玉神游太虚幻境与仙姑之"妹""可卿""云雨"，足证她与宝玉关系非比寻常，故她死时宝玉急得口中喷血。

【贾元春】 贾政之长女，贤孝才德，被选入宫，封为凤藻宫尚书，如封贤德妃。可惜寿祚不永，正得宠之时，忽得痰疾而薨。谥贤德贵妃。元妃省亲，贾府特为她盖省亲别墅——大观园，是本书中第一件大事。其中穷奢极侈,几乎耗尽了贾府历代积蓄。而元宵省亲时典礼之隆重与私室省亲时娘儿们相见,手挽手哭泣之情况相陪衬,写尽了专制时代帝王的尊严与威权。历来描写帝王尊严的书很多,但最成功的要算本书。因为它不像其他作者的直接去描写帝皇,而却巧妙地写元妃。因为"妃"不过只是皇帝后宫中一个中等角色而已。

【贾巧姐】　小名巧姐儿,又名大姐儿。凤姐的独生女。虽然她自幼多灾多病,而且自凤死后,几乎被她狠心的舅舅王仁和叔叔贾环卖给藩王作妾。但却同她母亲生前偶然间"念念善,济助村妇刘姥姥,终得逢凶化吉,真应了应图识:偶因济村妇,巧得遇恩人。"她的结局,在大观园偌许奇女子中,算是幸运的了。

【贾迎春】　别号菱洲。贾赦庶出的女儿,排行第二。生得肌肤微丰,身材合中,腮凝新荔,鼻腻鹅脂。她性情诚厚怕事。例如第七十三回失"攒珠累金凤"的事,她的丫头尚愤愤不平,她却自去读她的太上感应篇去。庸懦如此,难怪她有"二木头"的浑号了。但她这样一个懦弱的人,却偏嫁了一个酗酒好赌的中山狼(孙绍祖),竟至折磨而死。

【贾惜春】　别号藕榭,贾珍之妹,排行第四。她天性孤僻,不喜和人亲近。在本书中作者为她安排的最出色的一件事,要数画大观园图了。虽然这图画成以后,不无褒贬之处。但她年纪幼小这已很是难能可贵了。贾母之死,又接连因为她留妙玉奕棋而发生盗案,使她受了嫌疑;这两件不幸的事,可能使她幼小的心灵受到严重的创伤,而萌出世之念。终于皈依三清。

【贾探春】　别号蕉下客,贾政庶出女,排行第三。削肩细腰,长挑身材,鹅蛋脸儿,俊眼修眉,顾盼神飞。她精明干练,不亚凤姐,才意天赋,足与其他姊妹们匹敌。试看她和李纨、宝钗等代理家务时,兴利除弊,把这个复杂的大家庭处理得头头是道。尤其是凤姐陪王善保家的抄检大观园,王善保家的作威作福,不识高低,别人多敢怒而不敢言,她却义正辞严,掌掴王妇,更显出有媚有威,平辈中唯一能镇慑王熙凤的也只有她。而海棠诗社也是她的发起人。足见她的雅兴。可惜她是庶出，她的生母赵姨娘又是生就的一副惹人嫌的德性，使她抬不起头来。她嫁与海疆周统制的儿子，虽然离家较远，但她还算是幸福的。

荣宁二府本支人物

【尤　氏】　贾珍之妻，宁国府的女主人。她是一个不善治家的人，一个宁国府，始终是一团糟的样子。由于她的平庸，更衬出了凤姐的精明干练。

【王夫人】　贾政之妻。在下人们的心目中，她是"佛爷似的"一个人。实在她本性仁厚，为人庸懦，是一个没有主见的人。名虽督理家务，而实际都委之凤姐。她二次发怒，一次撵金钏，一次撵晴雯，二人竟因而弃世；而二次盛怒的原因，都是为了宝玉而起。由此可以看出她把宝玉疼到什么程度了。至于为搜"春意绣香囊"受谗抄拣大观园一事，更可见其毫无主张。

【平　儿】　贾琏之妾，生得花容月貌，娇俏非凡，性格温和，处事手腕灵活，以贾琏之俗，凤姐之威，她竟能周旋于二者之间，安然自如。她帮助凤姐掌理家务多年，其办事之老到，不亚于凤姐，圆滑则更过之。凤姐死后，遗孤巧姐儿幸得她护持，才得安然脱险。后来贾琏把她扶作正室。

【邢夫人】　贾赦之妻，只知一味顺从丈夫，不明事理，耳根软，贪婪，实在是一个糊涂人。例如代贾赦讨贾母的丫环鸳鸯碰了钉子，她不以为意，反怪贾琏夫妇不尽力；贾环、王仁设计要卖她的孙女巧姐儿去给藩王作妾，她竟会毫不觉察地应允了……等等，都可见她的昏聩。

【贾代儒】　贾代化、代善之族弟。性方正迂腐。在贾氏家塾中任塾师。

【贾　母】　贾代善之妻，又称史太君。鬓发如银，早已儿孙满堂。这位老祖宗不啻是贾氏东西二府的精神领袖。虽然她早已不管家务，平日不过带着孙子孙女儿们享享福，但偌大一个贾府，实少不了她这个中心人物，试看她归西以后，贾府便像散了箍的桶，各自为政起来了。她存心忠厚，怜老惜贫，乐善好施。但从她每次处理家务的事看来，威重令行，其精明干练处，实不亚于凤姐。由此可以想见她年轻时，亦是一个出色人物了。第一〇七回处理各事，更是令人心折。

【贾　芸】　贾族近支子弟。人生得很是清秀、乖巧，善于钻营拍马，背地里却是作奸犯科、无恶不作的典型小人。

【贾　芹】　与贾芸同，其人品亦与贾芸类似。在贾府专任管理尼僧，不但窝娼聚赌，且诱奸女尼和女道士，因而被撵。

【贾　政】　贾代善之次子。自幼好读书。为人端方正直，谦恭厚道，惟失之于迂腐。他是深受儒家思想熏陶的人物，他孝顺贾母，亦想严厉管教子女；他想作好官，但可惜不谙世情，受人蒙骗，弄得声名狼藉。"政"谐音"正"，作者描写他的为人，亦正着重一个"正"字，他是封建时代正统主义的悲剧人物。

【贾　珍】　贾敬之子，因贾敬一心求道，宁国公世职，反由他承袭了。本来他为官作宦，且已是宁国府的当家人了。但世家子弟，总不脱纨绔心性。他媳妇之死，竟大事排场，要尽其所有；而在父亲丧中，却和两个姨妹鬼混，已经不近情理，还聚赌抽头，至弄得被参革职，府第被抄，后来逢到大赦，才得复职回家。

【贾　珠】　贾政长子。甚聪慧，娶妻李纨，生一子名兰。不幸早夭。

【贾　敏】　贾母之女，黛玉之母，嫁林如海为妻，早逝。

【贾　赦】　贾代善之长子，贾政之兄。袭荣国公世职。只图纵情享乐，行为不检，毫无礼教观念。因倚势强索石呆子家藏古书，竟害了石呆子一命，结果被参革职，家产被抄。这也是一种对衬的方法，由于他的残暴，恃强凌弱，更显得贾政的仁厚正直。

【贾　敬】　贾代化之次子。终日烧丹炼汞，一心想作神仙，结果却被丹砂毒死。

【贾　瑞】　贾代儒之孙。他好色，竟死于色，熙凤的相思局虽然毒辣了些，但"色不迷人人自迷。"究竟还是他"自作孽，不可活。"怨不得别人。

【贾　蓉】　贾珍之长子，生得面目清秀，身段妙条。举止轻浮，完全是纨绔子弟的本色，他几次跟凤姐在一起时，那一种鬼鬼祟祟的神情，启人疑窦。

【贾　琏】　贾赦之子，但却一直住在贾政一边，名义上料理家务，实际上只知尽情挥霍。他生平嗜色如命。虽然房中已有了娇妻(凤姐)美妾(平儿)但他还常和鲍二家的、尤二姐等闹些桃色事故。

【贾　环】　贾政第三子，为赵姨娘所出。生得人物委琐，举止粗糙，已经可嫌。却还鬼计多端，十足是个小人心性。宝玉受责，一半是他挑唆的，故意拨反烛台烫伤宝玉也是他的杰作，后来要卖巧姐儿的，亦是他的主谋。由于他的陪衬，倒显出宝玉的诚厚可爱来。

【贾　蔷】　贾府中正派元孙，外容俊美，内性也颇聪慧。但一般的也不脱纨绔习气。书中第一件写他挑唆焙茗闹书房，可见他聪敏刁乖处，他和龄官的一段深情，倒也可称是多情种子了。

【贾　兰】　贾珠之子。生得文雅俊秀。平时攻读甚勤，十三岁就能作诗。就贾氏子弟中，他是个佼佼者，难怪他能重振贾氏门庭了。

【赵姨娘】　贾政之妾。她生性糊涂而又妒忌。她与马道婆通谋要想害死王凤姐、宝玉一事，可见其存心之恶毒。接受彩云偷出来的玫瑰露，又见其人格的卑鄙龌龊。她的所作所为。简直无一样是处。高鹗续本书写"死雠仇赵妾赴冥曹"一回虽然不免落了"因果报应"的俗套，却也大快人心。

【入　画】　惜春的丫头。

【小　红】　宝玉的丫头，林之孝家的女儿。生得颇为俏丽甜净。凤姐爱其口齿伶俐,向宝玉要了去,后来成了凤姐跟前一个得力丫头。

【王保善家的】 邢夫人的陪房,邢夫人拾获春意绣香囊,她为了报私仇,唆使王夫人抄检大观园,不但挨了探春的巴掌不算,结果反而由此证实了她外孙女司棋的罪状。真是现世现报。

【包　勇】 原是甄家旧仆,甄家败落,荐到荣府当家人。生得肩背宽肥,浓眉粗眼,宽额粗髯,气色粗黑。又好使刀弄棒,为人亦颇忠心。因听人传说贾雨村之奸,他心中愤愤不平,乘醉大骂一顿泄愤。大观园遇盗,也亏了他一人,才得免劫。

【四　儿】 宝玉的丫头。

【司　棋】 迎春的丫头。生得高大丰壮。因搜拣“春意绣香囊”的事,败露了她和她表兄的私情,因而被撵。还因为她母亲不答应她的白首之盟,撞壁而死。其爱情专一,倒着实可嘉。

【玉　钏】 王夫人的丫头。因为她姐姐金钏儿之死,她深恨宝玉,虽然宝玉一再在她身上用心,但终未能消除她的恶感。

【李　贵】 宝玉奶妈李妈妈的儿子。任宝玉的亲随。

【李嬷嬷】 宝玉的乳母。一次是她阻止宝玉喝酒,另一次是喝了宝玉的茶,又一次是她吃了宝玉特地留给袭人吃的乳酪,又大骂袭人,几次都显出她的心胸狭窄,倚老卖老,而反衬出袭人的厚道。

【侍　书】 探春的丫头。

【周瑞家的】 王夫人的陪房。

【芳　官】 梨香院中的女伶,面目和宝玉生得很像。自拨归宝玉房中后,很得宝玉喜爱。后来王夫人因恐怕她们带坏了宝玉,与晴雯一齐被撵。她从此看破世情,削发为尼。

【花袭人】 宝玉的丫头,细挑身子,容长脸儿,生得非常姣俏。她原是贾母房里的,本名蕊珠,贾母疼宝玉,恐别人伏侍得不周到,便把她拨给了宝玉。宝玉读诗见有“花气袭人知昼暖”句,因改名袭人。她性情温柔诚厚,服侍宝玉,无论衣食冷暖,真是无微不至，即是她最宝贵的处女贞操，亦献给了这位"小爷"。所以她在怡红院中的地位是微妙的。到王夫人正式改发她的姨娘月例时，只不过是由秘密成为"公开的秘密"而已。她的性格和宝钗相类似，因此很自然地她和宝钗间的感情也比较好。相反的，她最担心的一件事，似乎是宝玉娶黛玉了。她在王夫人处欲言还止的神情，以及她几次到黛玉那边去试探口气，便是很好的证明。她的愿望是达到了，但宝玉的出家，她究竟算不得是公开的跟前人，谈不上守节。她原想一死了之，但究因一再的不忍和姑息，嫁给了宝玉的朋友蒋玉菡。不曾连累别人，也救了她自己。

【金钏儿】　王夫人的丫头，她是和宝玉调笑惯了的。想不到为了几句轻薄话，竟触怒了"佛爷似的"王夫人，也断送了她自己的性命。

【柳五儿】　宝玉的丫头。

【秋　桐】　贾赦赏给贾琏的侍妾。贾琏娶尤二姐，凤姐这条"借刀杀人"计真毒辣得妙不可言。拿她当傀儡，替凤姐去了恨。她亦从此失去了贾琏的欢心。

【秋　纹】　宝玉的丫头。

【彩　云】　王夫人的丫头。在本书中，作者藉她偷玫瑰露给贾环，和抄金刚经时贾环故意拨翻蜡烛烫伤宝玉的两件事，生生地写出了赵姨娘、贾环卑鄙和狠毒的嘴脸，亦写出了她的无知。

【紫　鹃】　贾母拨给黛玉的丫头。宝玉有个袭人，黛玉亦有紫娟。她对黛玉，可说是尽忠竭虑的。她关心宝玉与黛玉之间的感情，每次他们之间的争吵，她惟恐就此破裂，总是劝着黛玉让步。宝玉成亲时，贾母王夫人叫她扶着宝钗与宝玉成亲，她竟冒着大不韪毅然拒绝了，这是一种难得的忠诚的表现。后来她虽被拨入宝玉房中，但却始终是冷冷的。惜春立志出家修行，无人愿意跟随，独她自请服侍惜春，其志行心性高于袭人。

【雪　雁】　黛玉从南方带来的小丫头。口没遮拦，害得黛玉死去活来。扶着宝钗和宝玉成亲，原是紫鹃所不肯也不忍做的，但她却毫无考虑地做了。这是一种最现实的对照。

【晴　雯】　宝玉的丫头。水蛇腰，削肩膀儿。眉眼生得很像黛玉，何尝光是面貌相像而已，性情、行事儿她不也正是黛玉的影子。作者为了加强读者对宝玉、黛玉、宝钗这三个书中主角的印象，就创造了甄宝玉、袭人、晴雯三个陪衬人物。她在病中替宝玉补雀裘，结果病是加重了，更不幸的是在她病时，竟被加了个"生得像'病西施'似的"罪名，被撵了出来，这已注定了悲惨的命运。她病重时，宝玉偷偷地去看她，令她又惊又喜，也总算没有空担了虚名儿。

【焦　大】　宁府的老家人，年轻时跟着宁国公出兵，曾救过宁国公的性命。但他好酒、恃功骄傲，只落得个众人讨厌而已。

【茗　烟】　宝玉的心腹小厮。后改名焙茗。

【碧　痕】　宝玉的丫头。

【傻大姐】　贾母的丫头，生得体肥面阔傻脑，心性憨直愚顽。

【潘又安】　他和司棋倒不愧是一对爱情专一主义者。他积蓄了钱，放在司棋那里，结果搜拣大观园，司棋竟被撵了出来。一个是非卿不娶，一个是非君不嫁。但却偏有一个贪财势利的司棋母亲，结果落得个双双殉情，令人可悲可叹！

【兴　儿】　贾琏的心腹小厮。

【鲍二家的】　家人鲍二的妻子。风骚、淫荡，"人尽可夫"主义者。贾琏和她的一件风流案件，偏被凤姐无意中撞破，落得个自缢下场。

【鸳　鸯】　贾母跟前的大丫头。贾母倚之若左右手。贾赦想娶她作妾，她断然地拒绝了，而且在贾母死后，她竟一死殉主，实现她的誓言。不愧是个烈性的女子。不负贾母疼了她一场。

【龄　官】　梨香院中女伶之一，参阅贾蔷条。

【莺　儿】　宝钗的丫头，很会打络子。

【麝　月】　在宝玉房中，她是仅次于袭人的丫头，她老成、忠心，俨然又是一个袭人。

【甄宝玉】　原籍江南,亦出身仕宦世家,面貌性情均与宝玉相似,结局则相反。这是作者陪衬的一种写法。在本书中,我们可以看到很多这样的例子:如宝钗之与袭人;黛玉之与晴雯等。

【尤三姐】　贾珍的小姨,生得柳眉笼翠,檀口含丹;举止性情狂烈;她把贾珍、贾琏这两兄弟玩弄于股掌之间,但却把专情注在柳湘莲身上。但当柳湘莲风闻到东府里的一些风风雨雨后,竟忽然怀疑起来,定要退婚,她亦一怒而伏剑。

【王子腾】　王夫人之弟,薛姨妈之兄,先为京营节度使,叠升九省节度使、九省都检点,后奉旨补授内阁大学士,返京途中,偶感风寒,竟至不起。

【王　仁】　凤姐的胞兄,混号"忘仁",也的确是忘"仁"。王子腾之丧,他藉机弄了几千银子。凤姐丧事,他怨贾琏不会替她好好办,恐怕主要还是因他未曾得到好处的缘故,怪不得后来又狠着心商量着要卖他的甥女巧姐儿去作妾呢。

【北静王】　年未弱冠,生得美秀异常,性情谦和,飞流跌宕。虽与贾家爵位悬殊,但因系世交,从不以王爵自居。他对宝玉,似乎是惺惺相惜,故爱护备至。贾家抄封,以及宝玉中举后,他都曾帮过贾家的忙。

【史　鼎】　贾母内侄,湘云的叔父,袭忠靖侯爵。

【冷子兴】　古董行中贸易,与贾雨村为旧友,本书由他俩杯酒叙旧中开场。

【李　纹】　李纨的堂妹,曾在大观园中住过一段时间。

【李　绮】　同李纹。后嫁甄宝玉。

【李婶娘】　李纨的寡婶。

【邢岫烟】　邢夫人的姪女。端庄温重,并能守得贫,耐得富。薛姨妈看她生得稳重,请贾母作伐配与薛蝌。她与妙玉是十年的老邻居,因此最了解妙玉的性格。妙玉写帖贺宝玉的生日,自称"槛外人",宝玉写回帖,不知如何称呼,结果还向她请教,写上了"槛内人"三字。

【邢德全】 邢夫人的胞弟,只知吃喝嫖赌,不务正业,呆气十足,出名的"傻大舅"。卖巧姐儿的事,他是共谋者之一。

【林如海】 贾母之婿,黛玉之父,姑苏人氏。屡升至巡盐御史。

【柳湘连】 世家子弟,年轻俊美,酷爱耍枪舞剑,赌博吃酒,以至眠花宿柳,吹萧弹筝,唱曲串戏,无所不为。书中最有趣的一件事,因他常喜串生旦风月戏文,竟被薛蟠误作风月子弟,结果被他毒打一顿。他和尤三姐的一段婚姻,由于尤三姐的自杀,竟毅然斩断三千烦恼丝,遁入空门。

【夏金桂】 薛蟠之妻,她外具花柳之姿,内秉风雷之性,泼辣、狠毒、不贞、无耻。一切"最毒妇人心"之缺点,她都兼而有之。以薛姨妈之仁厚,却得一如此媳妇,岂非可叹!香菱受尽她的欺凌,竟因为撞破了她勾引薛蝌的勾当,还想害死她;幸而老天有眼,害人不成反害自己,这个狠毒妇人,竟被自己毒死了。

【孙绍祖】 迎春的丈夫,凶顽残暴,酗酒好色,又好赌博,忠厚懦弱的迎春,怎会不给他折磨至死。真正是狼心狗肺的"中山狼"了。

【秦 钟】 秦可卿的兄弟,生得眉清目秀,粉面朱唇,身材俊俏,举止风流,羞羞怯怯,有些女儿形态。他和宝玉非常投契。

【智 能】 水月庵的小尼姑,与秦钟打得火热,竟逃入城去与秦钟幽会,不意给秦钟的父亲知道,将她逐出。

【冯紫英】 神武将军冯唐之子,与薛蟠、宝玉都是知友,为人颇为风趣。

【贾雨村】 名化,生得腰圆背厚,面阔口方,剑眉星眼,直鼻方腮。原籍湖州,流寓苏州。甚不得志,后来得到甄士隐资助,赴京应试得中,由此进入仕途。但不久即被议革职,后来拉上贾、王二府的关系,从此一帆风顺,历任吏部侍郎,兵部尚书等职。但在荣宁两府被抄时,他未能图报,还在暗中狠狠地踢了一脚。作者写他的笔墨虽不多,但却活生生地写出了一副官僚主义者的嘴脸。本书由他和甄士隐"真事隐"开场,亦由他二人结束。贾雨村言亦正是假托"假语村言"之意。

【甄英莲】 即香菱,甄士隐的女儿。幼时被拐,后来被卖给薛蟠作妾,薛蟠还为她打过人命官司。

【甄　费】 号士隐,甄英莲的父亲。禀性恬淡,以诗酒自娱,不慕功名,属名士者流。后修道有成。

【翠　缕】 史湘云的丫头。

【刘姥姥】 一个乡村世故的老寡妇。本书中的一个丑角。提起"大观园"必然连带地想起这位刘姥姥来。大观园中,人物俊秀,花卉草木,虫鱼鸟兽,自然是用尽了人类智慧而成的结晶,但作者却妙想天开地加入了个土头土脑的刘姥姥作为点缀,果然为大观园放了异彩。

【蒋玉菡】 又名琪官儿。忠顺亲王府里的优伶。宝玉因为和他交游,曾遭受父亲的毒打,袭人最后在一个意外安排下嫁了他,结局倒很美好。

【薛姨妈】 宝钗的母亲。他和王夫人是同一典型的人物。过分地宠爱儿子,养成了薛蟠放荡,骄纵的脾气。后来又得了个泼辣、妒忌的媳妇,弄得一家子乌烟瘴气。宝玉的出家,使她惟一的爱女宝钗守了活寡,实在使她伤心。幸喜宝钗已有了胎,不能不算她和王夫人两老姊妹精神上最大的安慰。

•【薛　蝌】 薛蟠的堂弟,仪容俊美,秉性忠厚。因送他妹妹宝琴上京应聘,就寄住在薛蟠那边。薛蟠犯罪入狱,夏金桂、宝蟾主仆两个,耐不住春闺寂寞,薛蝌竟成了她们的对象。但薛蝌却不是那种人。他和邢岫烟,真可说是一对璧人。

【薛宝琴】 薛蝌的胞妹。具有绝世姿色,压倒大观园中的姐妹。贾母一见,就喜欢得逼着王夫人认她作干女儿,并有意替她的爱孙宝玉攀亲,可惜她早已许配了梅翰林之子了。

【宝　蟾】 夏金桂的丫头,也有三分姿色,举止淫荡轻浮,和夏金桂倒是一对"难主难奴"金桂为了要借她对付香菱,便为薛蟠收了房,因此便苦了香菱。

幻异人物

【石　头】　象征性人物,《石头记》之名由此而来。据书中所言,宝玉即此石头所托生,这当然是作者故意制造的神话,以为掩饰。

【空空道人】　发见《石头记》之人,亦属虚构的神话。

【兼　美】　有宝钗之鲜艳妩媚,黛玉之袅娜风流。表字可卿,警凡仙姑的妹子。宝玉游虚幻境中的人物,但此回所写,实即影射秦可卿,而假托梦境,以掩人耳目。

【茫茫大士】　疯和尚,虚构的神话人物。

【绛珠仙草】　和"石头"一样,书中说它是林黛玉之前身,为还石头的灌溉之德,下凡历劫,用眼泪还石头的雨露之恩;亦是作者故意编造的神话。

【渺渺真人】　疯道士。作者以他和茫茫大士两人,贯串前因后果的神话。《红楼梦》结构前后呼应,天衣无缝。

【警幻仙姑】　又名警幻仙子。带宝玉游历太虚幻境。在此回中,作者将本书所有重要人物结局,隐隐包括于红楼梦十二支曲中,这倒给后来续作者开了个方便之门。

補頁 40 第 12 行

是寫"探驚風賈環重結怨"的,因卅移到八十四回後面,而刪掉兩回之間的四十二個字。

第八十六回開頭至"小廝答應出來",是接八十五回小廝與薛姨媽對話的,不宜分作兩回,因此移到八十五回後面,而將銜接兩回之間的二十八個字刪去。另保留「薛姨媽」三字,以便重新銜接。

第八十七、八十八回之間沒有調整,而將八十八回後「鳳姐因庭中之事……」一段移作八十九回開頭,而將原來銜接兩回之間的三十一個字刪去。

第九十回開頭至"方務自散了"這三千來字完全是寫"杯弓蛇影黛卿絕粒",作者對林黛玉是一步步進逼,這一回林黛玉差一點因疑送命,而賈母鳳姐一拉一唱,大局已定,回天無力。這三千來字,與"失綿衣貧女耐嗷嘈"無關,因此移到八十九回後面,刪去原來銜接兩回之間的三十五個字。而九十回後面"正在不得主意的等候……"這三十幾個字我又移作九十一回"縱淫心寶蟾工設計"的開頭,刪去原來銜接兩回之間的二十二個字。本來第九十回可以取消,上半併入八十九回,下半併入九十一回,但為維持回目勻稱,仍然保存(請參考眉批)。

第九十一、九十二、九十三、九十四回之間都沒有調整,而將九十五回開頭至"直想到五更方睡着"。這一千八百來字移到九十四回後面,因為這些文字是寫「失寶玉通靈知奇禍」的,這是《紅樓夢》的一個重要關鍵,

曹雪芹著

墨人修訂

批注

張本

红楼梦

目　次

第一回　甄士隐梦幻识通灵
贾雨村风尘怀闺秀

此开卷第一回也。作者自云曾历过一番梦幻之后,故将真事隐去,而借"通灵"说此石头记一书也,故曰"甄士隐"云云。但书中所记何事何人? 自己又云: 今风尘碌碌,一事无成,忽念及当日所有之女子,一一细考较去,觉其行止见识皆出我之上,我堂堂须眉,诚不若彼裙钗。我实愧则有余,悔又无益,大无可如何之日也! 当此日,欲将已往所赖天恩祖德锦衣纨绔之时,饫甘餍肥之日,背父兄教育之恩,负师友规训之德,以致今日一技无成,半生潦倒之罪,编述一集,以告天下。知我之负罪固多,然闺阁中历历有人,万不可因我之不肖自护己短,一并使其泯灭也。所以蓬牖茅椽,绳床瓦灶,并不足妨我襟怀。况那晨风夕月,阶柳庭花,更觉得润人笔墨。我虽不学无文,又何妨用假语村言敷衍出来,亦可使闺阁昭传,复可破一时之闷,醒同人之目,不亦宜乎? 故曰"贾雨村"云云,更于篇中间用"梦""幻"等字,却是此书本旨,兼寓提醒阅者之意。

> 此段不肯作者夫子自道。甄士隐、贾雨村即借假语村言将真事隐去也。此作者不得已之苦衷。因而又故弄玄虚编出以下一段道家神话,以掩耳目。作者自己却退隐幕后,自由而客观地写作,这也正是作者的高明之处。

看官! 你道此书从何而起? 说来虽近荒唐,细玩颇有趣味。

却说那女娲氏炼石补天之时,于大荒山无稽崖炼成高十二丈,见方二十四丈大的顽石三万六千五百零一块。那娲皇只用了三万六千五百块,单单剩下一块未用,弃在青埂峰下。谁知此石自经锻炼之后,灵性已通,自去自来,可大可小。因见众石俱得补天,独自

1

己无才，不得入选，遂自怨自愧，日夜悲哀。

一日，正当嗟悼之际，俄见一僧一道，远远而来，生得骨格不凡，丰神迥异。来到这青埂峰下，席地坐谈，见着这块鲜莹明洁的石头，且又缩成扇坠一般，甚属可爱，那僧托于掌上，笑道：

"形体倒也是个灵物了，只是没有实在的好处；须得再镌上几个字，使人人见了，便知你是件奇物，然后携你到那昌明隆盛之邦、诗礼簪缨之族、花柳繁华之地、温柔富贵之乡那里去走一遭。"

石头听了大喜，因问：

"不知可镌何字？携到何方？望乞明示。"

那僧笑道：

"你且莫问，日后自然明白。"说毕，便袖了，同那道人飘然而去，竟不知投向何方。

又不知过了几世几劫，因有个空空道人访道求仙，从这大荒山无稽崖青埂峰下经过，忽见一块大石，上面字迹分明，编述历历。空空道人乃从头一看，原来是无才补天，幻形入世，被那茫茫大士渺渺真人携入红尘，引登彼岸的一块顽石。上面叙着堕落之乡，投胎之处，以及家庭琐事，闺阁闲情，诗词谜语，倒还全备，只是朝代年纪失落无考。后面又有一偈云：

无才可去补苍天，枉入红尘若许年。

此系身前身后事，倩谁记去作奇传？

空空道人看了一回，晓得这石头有些来历，遂向石头说道：

"石兄，你这一段故事，据你自己说来，有些趣味，故镌写在此，意欲问世传奇。据我看来，第一件，无朝代年纪可考；第二件，并无大贤大忠理朝廷治风俗的善政，其中只不过几个异样女子，或情、或痴，或小才微善：我纵然抄去，也算不得一种奇书。"

石头果然答道：

"我师何必太痴？我想历来野史的朝代，无非假借汉唐的名色；莫如我这石头所记，不借此套，只按自己的事体情理，反倒新鲜别致。况且那野史中，或讪谤君相，或贬人妻女，奸淫凶恶，不可胜数,更有一种风月笔墨,其淫秽污臭,最易坏人子弟。至于才子佳人等书,则又开口文君,满篇子建,千部一腔,千人一面,且终不能不涉淫滥。在作者不过要写出自己的两首情诗艳赋来,故假捏出男女二人名姓,又必旁添一小人,拨乱其间,如戏中的小丑一般。更可厌者,'之乎者也',非理即文,大不近情,自相矛盾。竟不如我这半世亲见亲闻的几个女子,虽不敢说强似前代书中所有之人,但观其事迹原委,亦可消愁破闷。至于几首歪诗,也可以喷饭供酒。其间离合悲欢,兴衰际遇,俱是按迹循踪,不敢稍加穿凿,至失其真。只愿世人当那醉余睡醒之时,或避世消愁之际,把此一玩,不但是洗旧翻新,却也省了些寿命筋力,不更去谋虚逐妄了。我师意为如何?”

空空道人听如此说,思忖半晌,将这石头记再检阅一遍。因见上面大旨不过谈情,亦只是实录其事,绝无伤时诲淫之病,方从头至尾抄写回来,闻世传奇。从此,空空道人因空见色,由色生情,传情入色,自色悟空,遂改名情僧,改《石头记》为《情僧录》。东鲁孔梅溪题曰《风月宝鉴》。后因曹雪芹于悼红轩中披阅十载,增删五次,纂成目录,分出章回,又题曰金陵十二钗,并题一绝。——即此便是石头记的缘起。诗云:

满纸荒唐言,一把辛酸泪。都云作者痴,谁解其中味?

《石头记》缘起既明,正不知那石头上面记着何人何事? 看官请听:

按那石头上书云:当日地陷东南,这东南有个姑苏城,城中阊门,最是红尘中一二等富贵风流之地。这阊门外有个十里街,街内有个仁清巷,巷内有个古庙,因地方狭窄,人皆呼作“葫芦庙”。庙旁住着一家乡宦,姓甄,名费,字士隐。嫡妻封氏,性情贤淑,深明礼义。家中虽不甚富贵。然本地也推他为望族了。因这甄士隐禀性恬淡,不以功名为念,每日只有观花种竹、酌酒吟诗为乐,倒是神仙一流人物。只是一件不足:年过半百,膝下无儿,只有一女,乳名英莲,年方六岁。

一日，炎夏永昼，士隐于书房闲坐，手倦抛书，伏儿盹睡。不觉朦胧中走至一处，不辨是何地方，忽见那厢来了一僧一道，且行且谈。只听道人问道：

"你携了此物，意欲何往？"

那僧笑道：

"你放心。如今现有一段风流公案正该了结，——这一干风流冤家尚未投胎入世——趁此机会，就将此物夹带于中，使他去经历经历。"

那道人道：

"原来近日风流冤家又将造劫历世。但不知起于何处？落于何方？"

那僧道：

"此事说来好笑。只因当年这个石头，娲皇未用，自己却也落得逍遥自在，各处去游玩。一日，来到警幻仙子处，那仙子知他有些来历，因留他在赤霞宫中，名他为赤霞宫神瑛侍者。他却常在西方灵河岸上行走，看见那灵河岸上三生石畔有棵绛珠仙草，十分娇娜可爱，遂日以甘露灌溉，这'绛珠草'始得久延岁月。后来既受天地精华，复得甘露滋养，遂脱了草木之胎，幻化人形，仅仅修成女体，终日游于'离恨天'外，饥餐'秘情果'，渴饮'灌愁水'。只因尚未酬报灌溉之德，故甚至五内郁结着一段缠绵不尽之意，常说：'自己受了他雨露之惠，我并无此水可还；他若下世为人，我也同去走一遭，但把我一生的眼泪还他，也还得过了！'因此一事，就勾出多少风流冤家都要下凡，造历幻缘①。那绛珠仙草也在其中。今日这石正该下世，我来特地将他仍带到警幻仙子案前，给他挂了号，同这些情鬼下凡，一了此案。"

那道人道：

"果是好笑，从来不闻有还泪之说。趁此你我何不也下世度脱几个，岂不是一场功德？"

那僧道：

“正合吾意。你且同我到警幻仙子宫中，将这蠢物交割清楚。待这一干风流孽鬼下世，你我再去。如今有一半落尘，然犹未全集。”

道人道：

“既如此，便随你去来。”

却说甄士隐俱听得明白，遂不禁上前施礼，笑问道：

“二位仙师请了。”

那僧道也忙答礼相问。士隐因说道：

“适闻仙师所谈因果，实人世罕闻者。但弟子愚拙，不能洞悉明白。若蒙大开痴顽，备细一闻，弟子洗耳谛听，稍能警省，亦可免沉沦之苦了。”

二仙笑道：

“此乃天机，不可预泄。到那时只不要忘了我二人，便可跳出火坑矣。”

士隐听了，不便再问，因笑道：

“天机固不可泄露，但适云‘蠢物’，不知为何？或可得见否？”

那僧说：

“若问此物，倒有一面之缘”。说着，取出递与士隐。

士隐接了看时，原来是块鲜明美玉，上面字迹分明，镌着“通灵宝玉”四字，后面还有几行小字。正欲细看时，那僧便说“已到幻境”，就强从手中夺了去，和那道人竟过了一座大石牌坊，上面大书四字，乃是“太虚幻境”。两边又有一副对联，道：

> 假作真时真亦假，
>
> 无为有处有还无。

士隐意欲也跟着过去，方举步时，忽听一声霹雳，若山崩地陷。士隐大叫一声，定睛看时，只见烈日炎炎，芭蕉冉冉，梦中之事便忘了一半。又见奶母抱了英莲走来。士隐见女儿越发生得粉妆玉琢，乖觉可喜，便伸手接来，抱在怀中，逗她玩耍一回，又带至街前看那过会的热闹。方欲进来时，只见从那边来了一僧一道。那

僧癞头跣足,那道跛足蓬头,疯疯癫癫,挥霍谈笑而至。及到了他门前,看见士隐抱着英莲,那僧便大哭起来,又向士隐道:

"施主,你把这有命无运累及爹娘之物抱在怀内作甚?"

士隐听了,知是疯话,也不睬他。那僧还说:

"舍我罢! 舍我罢!"

士隐不耐烦,便抱女儿转身才要进去。那僧乃指着他大笑,口内念了四句言词,道是:

> 惯养娇生笑你痴,菱花空对雪澌澌。
>
> 好防佳节元宵后,便是烟消火灭时。

士隐听得明白,心下犹豫,意欲问他来历,只听道人说道:

"你我不必同行,就此分手,各干营生去罢。三劫②后,我在北邙山等你,会齐了,同往太虚幻境销号。"

那僧道:

"最妙,最妙。"

说毕,二人一去,再不见个踪影了。

士隐心中此时自忖:

"这两人必有来历,很该问他一问,——如今后悔却已晚了!"

这士隐正在痴想,忽见隔壁葫芦庙内寄居的一个穷儒姓贾名化,表字时飞,别号雨村的走来。

这贾雨村原系湖州人氏,也是诗书仕宦之族。因他生于末世,父母祖宗根基已尽,人口衰丧,只剩得他一身一口,在家乡无益,因进京求取功名,再整基业。自前岁来此,又淹蹇③住了,暂寄庙中安身,每日卖文作字为生,故士隐常与他交接。

当下雨村见了士隐,忙施礼,陪笑道:

"老先生倚门伫望,敢街市上有甚新闻么?"

士隐笑道:

"非也,适因小女啼哭,引她出来作耍,正是无聊的很。贾兄来得正好,请入小斋,彼此俱可消此永昼。"

说着,便令人送女儿进去,自携了雨村来至书房中。小童献茶。方谈得三五句话，忽家人飞报："严老爷来拜。"士隐慌忙起身谢道："恕诓驾之罪。且请略坐，弟即来奉陪。"雨村起身也让道："老先生请便。晚生乃常造之客，稍候何妨。"说着士隐已出前厅去了。

这里雨村且翻弄诗籍解闷。忽听得窗外有女子咳嗽声，雨村遂起身往外一看，原来是一个丫鬟在那里掐花儿。生的仪容不俗，眉清目秀，虽无十分姿色，却也有动人之处。雨村不觉看得呆了。

那甄家丫鬟娇杏掐了花儿，方欲走时，猛抬头见窗内有人，敝巾旧服，虽是贫窘，然生得腰圆背厚，面阔口方，更兼剑眉星眼，直鼻方腮。这丫鬟忙转身回避，又偷觑两眼，心下自想：

> 作者描写贾雨村，寥寥数语形象突出。

"这人生的这样雄壮，却又这样褴褛，我家并无这样贫窘亲友，想他定是主人常说的什么贾雨村了。——怪道又说他'必非久困之人!' 每每有意帮助周济他，只是没有什么机会。"如此一想，不免又回头一两次。

雨村见她回头，便以为这女子心中有意于他，遂狂喜不禁，自谓此女子必是个巨眼英豪，风尘中之知己。

一时，小童进来。雨村打听得前面留饭，不可久待，遂从夹道中自便门出去了。士隐待客既散，知雨村已去，便也不去再邀。

一日，到了中秋佳节，士隐家宴已毕，又另具一席于书房，自己步月至庙中来邀雨村。

原来雨村自那日见了甄家丫鬟娇杏曾回顾他两次，自谓是个知己，便时刻放在心上。今又正值中秋，不免对月有怀，因而口占五言一律云：

> 未卜三生愿，频添一段愁。闷来时敛额，行去几回头。
>
> 自顾风前影，谁堪月下俦? 蟾光如有意，先上玉人楼。

雨村吟罢，因又思及平生抱负，苦未逢时，乃又搔首对天长叹，复高吟一联云：

> 玉在匮中求善价，

钗于奁内待时飞④。

> 此两句诗描写贾雨村"干禄"心理昭然若揭。

恰值士隐走来听见,笑道:
"雨村兄真抱负不凡也!"

雨村忙笑道:"不敢。不过偶吟前人之句,何期过誉如此!"

因问:

"老先生何兴至此?"

士隐笑道:"今夜中秋,俗谓'团圆之节',想尊兄旅寄僧房,不无寂寥之感,故特具小酌,邀兄到敝斋一饮。不知可纳芹意否⑤?"

雨村听了,并不推辞,便笑道:"既蒙谬爱,何敢拂此盛情?"说着,便同士隐复过这边书院中来了。

当时街坊上家家箫管,户户笙歌,当头一轮明月,飞彩凝辉,二人愈添豪兴,酒到杯干。雨村此时已有七八分酒意,狂兴不禁,乃对月寓怀,口占一绝云:

时逢三五便团圆,满把清光护玉栏。

天上一轮才捧出,人间万姓仰头看。

士隐听了大叫:

"妙极! 弟每谓兄必非久居人下者;今所吟之句,飞腾之兆已见,不日可接履于云霄之上了。可贺,可贺!"

乃亲斟一斗为贺。雨村饮干,忽叹道:

"非晚生酒后狂言,若论时尚之学,晚生也或可去充数挂名。只是如今行李路费,一概无措,神京路远,非赖卖字撰文即能到的!"

士隐不待说完,便道:

"兄何不早言? 弟已久有此意,但每遇兄时,并未谈及,故未敢唐突。今既如此,弟虽不才,义利二字却还识得。且喜明岁正当大比,兄宜作速入都。春闱一捷,方不负兄之所学。其盘费余事,弟自代为处置,亦不枉兄之谬识矣。"

当下即命小童进去速封五十两白银并两套冬衣。又云:

　　"十九日乃黄道之期，兄可即买舟西上。待雄飞高举，明冬再晤，岂非大快之事？"

　　雨村收了银衣，不过略谢一语，并不介意，仍是吃酒谈笑。那天已交三鼓，二人方散。

　　士隐送雨村去后，回房一觉，直至红日三竿方醒。因思昨夜之事，意欲写荐书两封与雨村带至都中去，使雨村投谒个仕宦之家为寄身之地。因使人过去请时，那家人回来说："和尚说，贾爷今日五鼓已进京去了，也曾留下话与和尚转达老爷，说：'读书人不在黄道黑道⑥，总以事理为要，不及面辞了。'"士隐听了，也只得罢了。

　　真是闲处光阴易过，倏忽又至元宵佳节。士隐令家人霍启抱了英莲去看社火花灯。半夜中，霍启因要小解，便将英莲放在一家门槛上坐着。待他小解完了来抱时，那有英莲的踪影？急的霍启直寻了半夜，至天明不见。那霍启也不敢回来见主人，便逃往他乡去了。

　　那士隐夫妇见女儿一夜不归，便知有些不好，再使几个人去找寻，回来皆云影响全无。

　　夫妻二人，半世只生此女，一旦失去，何等烦恼！因此，昼夜啼哭，几乎不顾性命。看看一月，士隐已先得病；夫人封氏，也因思女遘疾，日日请医问卦。

　　不想福无双至，祸不单行。三月十五，葫芦庙中炸供，那和尚不小心，油锅火逸，便烧着窗纸。此方人家俱用竹篱木壁，也是劫数应当如此，于是接二连三，牵五挂四，将一条街烧得如火焰山一般。彼时虽有军民来救，那火已成了势了，如何救得下！直烧了一夜方息，也不知烧了多少人家。只可怜甄家在隔壁，早成了一堆瓦砾场了，只有他夫妇并几个家人的性命不曾伤了。急的士隐惟跌足长叹而已。与妻子商议，且到田庄上去住。偏值近年水旱不收，盗贼蜂起，官兵剿捕，田庄上又难以安身。只得将田地都折变了，携了妻子与两个丫鬟投他岳丈家去。

　　他岳丈名唤封肃，本贯大如州人氏，虽是务农，家中却还殷实。今见女婿这等狼狈而来，心中便有些不乐。幸而士隐还有折变田产的银子在身体，拿出来托他随便置买些房地，以为后日衣食之计。那封肃便半用半赚的，略与他些薄田破屋。士隐乃读书之人，不惯生理稼穑等事，勉强支持了一二年，越发穷了。封肃见面时便说些现成话儿，且人前人后又怨他不会过，只一味好吃懒做。士隐知道了，心中未免悔恨；再兼上年惊唬，急忿怨痛：暮年之人，那禁得贫病交攻？竟渐渐的露出那下世的光景来。可巧这日拄了拐挣扎到街前散散心时，忽见那边来了一个跛足道人，疯狂落拓，麻鞋鹑衣，口内念着几口言词道：

> "好了"歌，为道家出世派的人生观。以后贾宝玉的出家与此人生观大有关联。

世人都晓神仙好，惟有功名忘不了！
古今将相在何方？荒冢一堆草没了！
世人都晓神仙好，只有金银忘不了！
终朝只恨聚无多，及到多时眼闭了！
世人都晓神仙好，只有娇妻忘不了！
君生日日说恩情，君死又随人去了！
世人都晓神仙好，只有儿孙忘不了！

痴心父母古来多，孝顺子孙谁见了！

士隐听了，便迎上来道："你满口说些什么！只听见'好了''好了'。"

那道人笑道：

"你若果听见'好了'二字，还算你明白！可知世上万般'好'便是'了'，'了'便是'好'；若不'了'便不'好'，若要'好'须是'了'。我这歌儿便叫'好了歌'。"

士隐本是有夙慧的，一闻此言，心中早已悟彻，因笑道：

"且住！待我将你这好了歌注解出来，何如？"

道人笑道：

"你就请解。"

士隐乃说道：

陋室空堂，当年笏满床；衰草枯杨，曾为歌舞场。蛛丝儿结满雕梁,绿纱今又在蓬窗上。说什么脂正浓,粉正香! 如何两鬓又成霜? 昨日黄土陇头埋白骨,今宵红绡帐底卧鸳鸯。金满箱,银满箱,转眼乞丐人皆谤。正叹他人命不长,那知自己归来丧? 训有方,保不定日后作强梁;择膏粱,谁承望流落在烟花巷! 因嫌纱帽小,致使锁枷扛。昨怜破袄寒,今嫌紫蟒长。乱烘烘,你方唱罢我登场,反认他乡是故乡。甚荒唐,到头来,都是为他人作嫁衣裳!

那疯跛道人听了,拍掌大笑道:

"解得切,解得切!"

士隐便说一声"走罢",将道人肩上的搭裢⑦抢了过来背上,竟不回家,同着疯道人飘飘而去。

当下哄动街坊,众人当作一件新闻传说。封氏闻知此信,哭个死去活来,只得与父亲商议,遣人各处访寻。那讨音信? 无奈何,只得依靠着她父母度日。幸而身边还有两个旧日的丫鬟伏侍,主仆三人日夜做些针线,帮着父亲用度。那封肃虽然每日抱怨,也无可奈何了。

一日,那甄家的大丫鬟娇杏在门前买线,忽听得街上喝道之声,众人都说:"新太爷到任了。"娇杏隐在门内看时,只见军牢快手一对一对过去,俄而大轿内抬着一个乌帽猩袍的官府来了。那丫鬟倒发了个怔,自思"这官儿好面善! 倒像在那里见过的?"于是进入房中,也就丢过,不在心上。至晚间,正待歇息之时,忽听一片声打的门响,许多人乱嚷,说:

"本县太爷的差人来传人问话!"

封肃听了,唬得目瞪口呆。

那些人只嚷:"快请出甄爷来!"封肃忙出来陪笑道:

"小人姓封,并不姓甄。只有当日小婿姓甄,今已出家一二年了。不知可是问他?"

那些公人道:

"我们也不知什么'真'、'假'! 既是你的女婿,就带了你去面禀太爷便了。"

大家把封肃推拥而去。封家各各惊慌,不知何事。至二更时分,封肃方回来,众人忙问端的。封肃道:"原来新任太爷姓贾,名化,本湖州人氏,曾与女婿旧交。因在我家门首看见娇杏丫头买线,只说女婿移住此间,所以来传。我将缘故回⑧的明,那太爷感伤叹息了一回,又问外孙女儿。我说:'看灯丢了。'太爷说:'不妨,待我差人去,务必找寻回来。'说了一回话,临走又送我二两银子。"

甄家娘子听了,不觉感伤。一夜无话。

次日早有雨村遣人送了两封银子,四匹锦缎,答谢甄家娘子;又一封密书与封肃,托他向甄家娘子要那娇杏作二房。封肃喜得眉开眼笑,巴不得去奉承太爷,便在女儿前一力撺掇,当夜用一乘小轿,便把娇杏送进衙内去了。雨村欢喜,自不必言,又封百金赠与封肃。又送甄家娘子许多礼物,令其且自过活,以待访寻女儿下落。

却说娇杏那丫头命运两济:不承望自到雨村身边,只一年,便生一子;又半载,雨村嫡配忽染疾下世,雨村便将她扶作正室夫人。正是:

　　"偶因一回顾,便为人上人。"

① 造历幻缘——经历梦幻一般的因缘。佛家说一切事物都是因缘和合而生的。佛家是否定人生的,所以说人生像梦幻一般。

② 三劫——佛家说天地由成到坏为一劫,引伸为遭难,俗亦称遭劫,如上文说"造劫历世"。这儿说三劫,有比方九十春光,韶华易逝的意思。

③ 淹蹇——由于不顺遂而停留,阻滞。

④ 钗于奁内待时飞——古代传说,神女留玉钗,后化为燕子飞去。这比喻一个人将要发达,所以下文说,"真抱负不凡也."

⑤ 芹意——古时传说,有人自己吃芹菜,觉得很好吃,拿来送人,人家觉得非常难吃。送人礼物或请人宴饮,自谦品物不好,都可称芹

意。

⑥ 黄道黑道——古时历法家的迷信说法。黄道日子是吉日,以为作事相宜;黑道日子是凶日,以为作事不相宜。

⑦ 搭裢——一种装钱和什物的长方口袋。中间开口,袋内装上钱和什物,使它两端轻重对称下垂,大的可以搭在肩上,小的可以挂在腰带上。

⑧ 回——自下对上禀陈事情,叫作回,即回禀的简称。

第二回

贾夫人仙逝扬州城
冷子兴演说荣国府

原来雨村因那年士隐赠银之后，他于十六日便起身赴京，大比之期，十分得意，中了进士，选入外班，今已升了本县太爷。虽才干优长，未免贪酷，且恃才侮上，那同寅皆侧目而视。不上一年，便被上司参了一本，说他"貌似有才，性实狡猾"；又题了一两件徇庇蠹役，交结乡绅之事，龙颜大怒，即命革职。部文一到，本府各官无不喜悦。

那雨村虽十分惭恨，面上却全无一点怨色，仍是嘻笑自若。交代过了公事，将历年所积的宦囊并家属人等送至原籍安顿妥当了，却自己担风袖月，游览天下胜迹。那日偶又游至维扬地方，闻得今年盐政点的是林如海。

> "貌似有才，性实狡猾。"及"面上全无一点怨色，仍是嘻笑自若。"是贾雨村的官僚性格写照。作者描写人物举重若轻。

这林如海，姓林，名海，表字如海，乃是前科的探花，今已升兰台寺大夫。本贯姑苏人氏，今钦点为巡盐御史，到任未久。原来这林如海之祖也曾袭过列侯的，到如海，业经五世。起初只袭三世，因当今隆恩盛德，额外加恩，至如海之父又袭了一代，到了如海便从科第出身。虽系世禄之家，却是书香之族。只可惜这林家支庶不盛，人丁有限，虽有几门，却与如海俱是堂族，没甚亲支嫡派的。今如海年已五十，只有一个三岁之子，又于去岁亡了，虽有几房姬妾，奈命中无子，亦无可如何之事。只嫡妻贾氏生得一女，乳名黛玉，年方十二岁，夫妻爱之如掌上明珠。见她生得聪明俊秀，也欲使她识几个字，不过假充养子，聊解膝下荒凉之叹。

且说贾雨村在旅店偶感风寒，愈后又因盘费不继，正欲得一居停之所，以为息肩之地。偶遇两个旧友，认得新盐政，知他正要请一西席教训女儿，遂将雨村荐进衙门去。这女学生年纪幼小，身体又弱，功课不限多寡，其余不过两个伴读丫鬟，故雨村十分省力，正好养病。

看看又是一载有余，不料女学生之母贾氏夫人一病而亡。女学生奉侍汤药，守丧尽礼，过于哀痛，素本怯弱，因此旧病复发，有好些时不曾上学。

> 作者用贾雨村穿针引线。

雨村闲居无聊，每当风日晴和，饭后便出来闲步。这一日，偶至郊外，意欲赏鉴那村野风光。信步至一山环水漩茂林修竹之处，隐隐有座庙宇，门巷倾颓，墙垣剥落，有额题曰"智通寺"。门旁又有一副旧破的对联云：

　　　　身后有余忘缩手，
　　　　眼前无路想回头。

雨村看了，因想道："这两句，文虽甚浅，其意则深。也曾游过些名山大刹，倒不曾见过这话头。其中想必有个'翻过筋斗来的'[①]也未可知，何不进去一访？"

走入看时，只有一个龙钟老僧在那里煮粥。雨村见了，却不在意，及至问他两句话，那老僧既聋且昏，又齿落舌钝，所答非所问。

雨村不耐烦，仍退出来，意欲到那村肆中沽饮三杯，以助野趣，于是移步行来。刚入肆门，只见座上吃酒之客，有一人起身大笑，接了出来，口内说：

"奇遇，奇遇！"

雨村忙看时，此人是都中古董行中贸易，姓冷号子兴的，旧日在都相识。雨村最赞这冷子兴是个有作为大本领的人，这子兴又借雨村斯文之名，故二人最相投契。雨村忙亦笑问：

"老兄何日到此？弟竟不知，今日偶遇，真奇缘也！"

15

子兴道：

"去岁年底到家，今因还要入都，从此顺路找个敝友说一句话，承他的情，留我多住两日。我也无甚紧事，且盘桓两日，待月半时也就起身了。今日敝友有事，我因闲走到此，不期这样巧遇！"一面说，一面让雨村同席坐了，另整上酒肴来。二人闲谈慢饮，叙些别后之事。

雨村因问："近日都中可有新闻没有？"

子兴道：

"倒没有什么新闻，倒是老先生的贵同宗家出了一件小小的异事。"

雨村笑道：

"弟族中无人在都，何谈及此？"

子兴笑道：

"你们同姓，岂非一族？"

雨村问：

"是谁家？"

子兴笑道：

"荣国贾府中，可也不玷辱老先生的门楣了！"

雨村道：

"原来是他家。若论起来，寒族人丁却自不少，东汉贾复以来，支派繁盛，各省皆有，谁能逐细考查？若论荣国一支，却是同谱。但他那等荣耀，我们不便去认他，故越发生疏了。"

子兴叹道：

"老先生，休这样说！如今的这荣宁二府也都萧索了，不比先时的光景。"

雨村道："当日荣宁两宅，人口也极多，如何便萧索了呢？"

子兴道：

"正是，说来也话长。"

雨村道：

"去岁我到金陵时,因欲游览六朝遗迹,那日进了石头城,从他宅门前经过,街东是宁国府,街西是荣国府,二宅相连,竟将大半条街占了。大门外虽冷落无人,隔着围墙一望,里面厅殿楼阁,也还都峥嵘轩峻;就是后边一带花园里,树木山石,也都还有葱蔚洇润之气,那里像个衰败之家?"

子兴笑道:

"亏你是进士出身! 原来不通! 古人有言,'百足之虫,死而不僵',如今虽说不似先年那样兴盛,较之平常仕宦人家,到底气象不同。如今人口日多,事务日盛,主仆上下都是安富尊荣,运筹谋画的竟无一个。那日用排场又不能将就省俭。如今外面的架子虽没很倒,内囊却空虚了。——这还是小事,更有一件大事:谁知这样钟鸣鼎食的人家儿,如今养的儿孙竟一代不如一代了!"

雨村听说,也道:

"这样诗礼之家,岂有不善教育之理? 别门不知,只说这宁荣两宅,是最教子有方的,何至如此?"

子兴叹道:

"正说的是这两门呢! 等我告诉你:当日宁国公是一母同胞弟兄两个。宁公居长,生了两个儿子。宁公死后,长子贾代化袭了官,也养了两个儿子。长子名贾敷,八九岁上死了。只剩了一个次子贾敬,袭了官,如今一味好道,只爱烧丹炼汞,别事一概不管。幸而早年留下一个儿子,名唤贾珍,因他父亲一心想作神仙,把官倒让他袭了。他父亲又不肯住在家里,只在都中城外和那些道士们胡参。这位珍爷也生了一个儿子,今年才十六岁,名叫贾蓉。如今敬老爷不管事了。这珍爷那里干正事? 只一味高乐不了,把那宁国府竟翻过来了,也没有敢来管他的人。再说荣府你听:方才所说异事就出在这里。自荣公死后,长子贾代善袭了官,娶的是金陵世家史侯的小姐为妻,生了两个儿子:长名贾赦,次名贾政。如今代善早已去世,太夫人尚在。长子贾赦袭了官,为人却也中平,也不管理家事。惟有次子贾政,自幼

（贾府家世,交代清楚。）

酷喜读书,为人端方正直,祖父钟爱,原要他从科甲出身;不料代善临终,遗本一上,皇上怜念先臣,即叫长子袭了官,又问还有几个儿子,立刻引见,又将这政老爷赐了个额外主事职衔,叫他入部习学,如今现已升了员外郎。这政老爷的夫人王氏,头胎生的公子名叫贾珠,十四岁进学,后来娶了妻,生了子,不到二十岁,一病就死了。第二胎生了位小姐,生在大年初一,就奇了。不想隔了十二年又生了一位公子,说来更奇:一落胞胎,嘴里便衔下一块五彩晶莹的玉来,还有许多字迹。你道是新闻不是?"

雨村笑道:

> 作者描写宝玉性格与众不同。"女儿是水做的骨肉,男人是泥做的骨肉"写男女之"情"入木三分。此段为道家生化理论。

"果然奇异! 只怕这人的来历不小。"

子兴冷笑道:

"万人都这样说,因而他祖母爱如珍宝。那周岁时,政老爷试他将来的志,便将世上所有的东西摆了无数叫他抓,谁知他一概不取,伸手只把些脂粉钗环抓来玩弄。那政老爷便不喜欢,说将来不过酒色之徒,因此便不甚爱惜。独那太君还是命根子一般。说来又奇:如今长了十四岁,虽然淘气异常,但聪明乖觉,百个不及他一个。说起孩子话来也奇。他说:'女儿是水做的骨肉,男人是泥做的骨肉。我见了女儿便清爽,见了男子便觉浊臭逼人!'你道好笑不好笑? 将来色鬼无疑了!"

雨村罕然厉色道:

"非也。可惜你们不知道这人的来历。大约政老前辈也错以淫魔色鬼看待了。若非多读书识事,加以致知格物之功,悟道参元之力者,不能知也。"

子兴见他说得这样重大,忙请教其故。

雨村道:

"天地生人,除大仁大恶,余者皆无大异。若大仁者,则应运而生;大恶者,则应劫而生。运生世治,劫生世危。尧、舜、禹、汤、文、武、周、召、孔、孟、董、韩、周、程、朱、张，皆应运而生者；蚩尤、共工、桀、纣、始皇、王莽、曹操、桓温、安禄山、秦桧等，皆应劫而生者。大仁者修治天下，大恶者扰乱天下。清明灵秀，天地之正义，仁者之所秉也；残忍乖僻，天地之邪气，恶者之所秉也。今当祚永运隆之日，太平无为之世，清明灵秀之气所秉者，上自朝廷，下至草野，比比皆是。所余之秀气，漫无所归，遂为甘露，为和风，洽然溉及四海。彼残忍乖邪之气，不能荡溢于光天化日之下，遂凝结充塞于深沟大壑之中，偶因风荡，或被云摧，略有摇动感发之意，一丝半缕，误而逸出者，值灵秀之气适过，正不容邪，邪复妒正，两不相下，如风水雷电，地中相遇，既不能消，又不能让，必致搏击掀发。即然发泄，那邪气亦必赋之于人。假使或男或女，偶秉此气而生者，上则不能为仁人为君子，下亦不能为大凶大恶，置之千万人之中，其聪俊灵秀之气，则在千万人之上，其乖僻邪谬不近人情之态，又在千万人之下。若生于公侯富贵之家，则为情痴情种；若生于诗书清贫之族，则为逸士高人；纵然生于薄祚寒门，甚至为奇优，为名娼，亦断不至为走卒健仆，甘遭庸夫驱制。如前之许由、陶潜、阮籍、嵇康、刘伶、王谢二族、顾虎头、陈后主、唐明皇、宋徽宗、刘庭芝、温飞卿、米南宫、石曼卿、柳耆卿、秦少游，近日倪云林、唐伯虎、祝枝山、再如李龟年、黄幡绰、敬新磨、卓文君、红拂、薛涛、崔莺、朝云之流：此皆易地则同之人也。"

子兴道：

"依你说，成则公侯，败则贼了？"

雨村道：

"正是这意。你还不知，我自革职以来，这两年遍游各省，也曾遇见两个异样孩子，所以方才你一说这宝玉，我就猜着了八九也是这一派人物。不用远说，只这金陵城内钦差金陵省体仁院总裁甄家，你可知道？"

子兴道："谁人不知！这甄府就是贾府老亲，他们两家来往极亲热的。就是我也和他家往来非止一日了。"

19

雨村笑道：

"去岁我在金陵，也曾有人荐我到甄府处馆。我进去看其光景，谁知他家那等荣贵，却是个富而好礼之家，倒是个难得之馆。但是这个学生虽是启蒙，却比一个举业的还劳神。说起来更可笑。他说：'必得两个女儿陪着我读书，我方能认得字，心上也明白；不然，我心里自己糊涂。'又常对着跟他的小厮们说：这'女儿'两个字，极尊贵极清净的，比那瑞兽珍禽、奇花异草更觉稀罕尊贵呢。你们这种浊口臭舌，万万不可唐突了这两个字。要紧，要紧！但凡要说的时节，必用净水香茶漱了口方可；设若失错，便要凿牙穿眼的。其暴虐顽劣，种种异常。只放了学进去，见了那女儿们，其温厚和平、聪敏文雅，竟变了一个样子。因此，他令尊也曾下死笞楚过几次，竟不能改。每打的吃疼不过时，他便'姐姐''妹妹'的乱叫起来。后来听得里面女儿们拿他取笑：'因何打急了只管叫姐妹作什么？莫不叫姐妹们去讨情，讨饶？你岂不愧些？'他回答的最妙。他说：'急痛之时，只叫姐姐、妹妹字样，或可解痛，也未可知，因叫了一声，果觉疼得好些，遂得了秘法，每疼痛之极，便连叫姐妹起来了。'你说可笑不可笑？为他祖母溺爱不明，每因孙辱师责子，我所以辞了馆出来。这等子弟必不能守祖父基业，从师友规劝的。——只可惜他家几个好姊妹都是少有的！"

子兴道：

"便是贾府中现在三个也不错。政老爷的长女名元春，因贤孝才德选入宫作女史去了。二小姐乃是赦老爷姨娘所出。名迎春；三小姐，政老爷庶出，名探春；四小姐乃宁府珍爷的胞妹，名惜春。因史老夫人极爱孙女，都跟在祖母这边一处读书，听说个个不错。"

雨村道："更妙在甄家风俗：女儿之名亦皆从男子之名，不似别人家另外用这些'春''红''香''玉'等艳字。何得贾府亦落此俗

> 作者以甄宝玉衬托贾宝玉，表面看来无足轻重，其实最具匠心。甄贾之间，貌似而神殊。证之以后甄宝玉、贾宝玉相见，甄宝玉的庸俗，更加强了贾宝玉的孤独悲哀。滔滔浊世，无一知己，所以贾宝玉非出家不可。作者此一安排，实关系以后结局。

套?"

子兴道:

"不然,只因现今大小姐是正月初一所生,故名元春,余者都从了'春'字。上一排的却也是从弟兄而来的。现有对证:目今你贵东家林公的夫人即荣府中赦政二公的胞妹,在家时名唤贾敏。不信时,你回去细访可知。"

雨村拍手笑道:

"是极!我这女学生名叫黛玉,她读书,凡'敏'字,她皆念作'密'字;写字,遇着'敏'字亦减一二笔。我心中每每疑惑。今听你说,是为此无疑矣。怪道我这女学生言语举止另是一样,不与凡女子相同!度其母不凡,故生此女;今知为荣府之外孙,又不足罕矣。可惜上月其母竟亡故了!"

子兴叹道:

"老姊妹三个,这是极小的,又没了。长一辈的姊妹一个也没了,只看这小一辈的将来的东床何如呢?"

雨村道:

"正是。方才说政公已有了一个衔玉之子,又有长子所遗弱孙,这赦老竟无一个不成?"

子兴道:

"政公既有玉儿之后,其妾又生了一个,倒不知其好歹。只眼前现有二子一孙,却不知将来何如。若问那赦老爷,也有一子,名叫贾琏,今已二十多岁了,亲上做亲,娶的是政老爷夫人王氏内侄女,今已娶了四五年。这位琏爷身上现捐了个同知,也是不喜正务的,于世路上好机变,言谈去得,所以目今在乃叔政老爷家住,帮着料理家务。谁知自娶了这位奶奶之后,倒上下无一人不称颂他的夫人,琏爷倒退了一舍之地。因为琏爷夫人模样又极标致,言谈又极爽利,心机又极深细,竟是个男人万不及一的!"

雨村听了,笑道:"可知我言不谬了。你我方才所说的这几个人,只怕都是那'正''邪'两赋而来,一路之人,未可知也。"

子兴道：

"正也罢，邪也罢，只顾算别人家的帐，你也吃一杯酒才好。"

雨村道：

"只顾说话，就多吃了几杯。"

子兴笑道：

"说着别人家的闲话，正好下酒，即多吃几杯何妨？"

雨村向窗外看道：

"天也晚了，仔细关了城。我们慢慢进城再谈，未为不可。"

于是二人起身，算还酒钱，方欲走时，忽听得后面有人叫道：

"雨村兄，恭喜了！特来报个喜信的。"雨村忙回头看时，不是别人，乃是当日同僚一案参革的张如圭。他系此地人，革后家居。今打听得都中奏准起复旧员之信，他便四下里寻情找门路，忽遇见雨村，故忙道喜。二人见了礼，张如圭便将此信告知雨村。雨村欢喜。忙忙叙了两句，各自别去回家。冷子兴听得此言，便忙献计，令雨村央求林如海，转向都中去央烦贾政。

① 翻过筋斗来的——佛教禅宗对于他们所谓"觉悟得道"的人的一种比喻。

第三回　托内兄如海荐西宾
接外孙贾母惜孤女

　　雨村回至馆中,忙寻邸报看真确了。次日,面谋之如海。如海道:

　　"天缘凑巧:因贱荆去世,都中家岳母念及小女无人依傍,前已遣了男女船只来接,因小女未曾大痊,故尚未行,此刻正思送女进京。因向蒙教诲之恩,未经酬报,遇此机会,岂有不尽心图报之理! 弟已预筹之,修下荐书一封,托内兄务为周全,方可稍尽弟之鄙诚。即有所费,弟于内家信中写明,不劳吾兄多虑。"

　　雨村一面打恭,谢不释口,一面又问:

　　"不知令亲大人现居何职? 只怕晚生草率,不敢进谒。"

　　如海笑道:

　　"若论舍亲,与尊兄犹系一家,乃荣公之孙。大内兄现袭一等将军之职,名赦,字恩侯。二内兄名政,字存周,现任工部员外郎。其为人谦恭厚道,大有祖父遗风,非膏粱轻薄之流,故弟致书烦托。否则不但有污尊兄清操,即弟亦不屑为矣。"

　　雨村听了,心下方信了昨日子兴之言,于是又谢了林如海。如海又说:

　　"择了出月初二日小女入都,吾兄即同路而往,岂不两便?"

　　雨村唯唯听命,心中十分得意。如海遂打点礼物并饯行之事,雨村一一领了。

　　那女学生原不忍离亲而去,无奈她外祖母必欲其往,且兼如海说:

　　"汝父年已半百,无续室之意;且汝多病,年又极小,上无亲母教养，下无姊妹扶持，今去依傍外祖母及舅氏姊妹，正好减我内顾之忧，如何不去？"

黛玉听了，方泣泪拜别，随了奶娘及荣府中几个老妇，登舟而去。雨村另有一只船，带了两个小童，依附黛玉而行。

一日，到了京都，雨村先整了衣冠，带着童仆，拿了"宗侄"的名帖，至荣府门上投了。彼时贾政已看了妹丈之书，即忙请入相会。见雨村像貌魁伟，言谈不俗。且这贾政最喜的是读书人，礼贤下士，拯溺救危，大有祖风，况又系妹丈致意，因此优待雨村，更又不同，便极力帮助。题奏之日，谋了一个复职。不上两月，便选了金陵应天府。辞了贾政，择日到任去了。不在话下。

且说黛玉自那日弃舟登岸时，便有荣府打发轿子并拉行李车辆伺候。这黛玉常听得母亲说她外祖母家与别人家不同，她近日所见的这几个三等的仆妇，吃穿用度，已是不凡，何况今至其家，都要步步留心，时时在意，不要多说一句话，不可多行一步路，恐被人耻笑了去。自上了轿，进了城，从纱窗中瞧了一瞧，其街市之繁华，人烟之阜盛，自非别处可比。又行了半日，忽见街北蹲着两个大石狮子，三间兽头大门，门前列坐着十来个华冠丽服之人。正门不开，只东西两角门有人出入，正门之上有一匾，匾上大书《敕造宁国府》五个大字。

黛玉想道：

"这是外祖的长房了。"

又往西不远，照样也是三间大门，方是荣国府，却不进正门，只由西角门而进。轿子抬着走了一箭之远，将转弯时，便歇了轿，后面的婆子也都下来了。另换了四个眉目秀洁的十七八岁的小厮上来抬着轿子，众婆子步下跟随。至一垂花门前落下，众小厮俱肃然退出，众婆子上前打起轿帘，扶黛玉下了轿。

黛玉扶着婆子的手，进了垂花门。两边是超手游廊[①]，正中是穿堂，当地放着一个紫檀架子大理石屏风。转过屏风，小小三间厅房，厅后便是正房大院。正面五间上房，皆是雕梁画栋。两边穿山游廊厢房，挂着各色鹦鹉画眉等雀鸟。台阶上坐着几个穿红着绿的丫头，一见他们来了，都笑迎上来，道：

"刚才老太太还念诵呢，可巧就来了。"

于是三四人争着打帘子。一面听得有人说：

"林姑娘来了！"

黛玉方进房，只见两个人扶着一位鬓发如银的老母迎上来。黛玉知是外祖母了。正欲下拜，早被外祖母抱住，搂入怀中，"心肝儿肉"叫着大哭起来。当下侍立之人无不下泪，黛玉也哭个不休。众人慢慢劝解住了，那黛玉方拜见了外祖母，贾母方一一指与黛玉道：

"这是你大舅母。这是二舅母。这是你先前珠大哥的媳妇珠大嫂子。"

黛玉一一拜见了。贾母又叫：

"请姑娘们。今日远客来了，可以不必上学去。"

众人答应了一声，便去了两个。

不一时，只见三个奶妈并五六个丫鬟拥着三位姑娘来了：第一个，肌肤微丰，身材合中，腮凝新荔，鼻腻鹅脂，温柔沉默，观之可亲；第二个，削肩细腰，长挑身子，鸭蛋脸儿，俊眼修眉，顾盼神飞，文彩精华，见之忘俗；第三个，身量未足，形容尚

> 作者先写贾母迎春探春惜春形象、性格，简炼之至。

小。其钗环裙袄，三人皆是一样的妆束。黛玉忙起身迎上来见礼，互相厮认。归了坐位，丫鬟送上茶来。不过叙些黛玉之母如何得病，如何请医服药，如何送死发丧。不免贾母又伤感起来，因说：

"我这些女孩儿，所疼的独有你母亲，今一旦先我而亡，不得见面，怎不伤心！"

说着，携了黛玉的手，又哭起来，众人都忙相劝慰，方略略止住。

众人见黛玉年纪虽小，其举止言谈不俗，身体面貌虽弱不胜衣，却有一段风流态度，便知她有不足之症。因问：

"常服何药？为何不治好了？"

黛玉道：

"我自来如此，从会吃饭时便吃药到如今了。经过多少名医，总未见效。那一年，我才三岁，记得来了一个癞头和尚，说要化我去出家，我父母自是不从。他又说：'既舍不得她，但只怕她的病一生也不能好的！若要好时，除非从此以后总不许见哭声，除父母之外，凡有外亲一概不见，方可平安了此一生。'这和尚疯疯癫癫说了这些不经之谈，也没人理他。如今还是吃人参养荣丸。"

贾母道：

"这正好，我这里正配丸药呢，叫他们多配一料就是了。"

一语未完，只听后院有笑语声，说：

"我来迟了，没得迎接远客！"

黛玉思忖道：

作者写王熙凤先声夺人有一针见血画龙点睛之妙。亦可见作者深通人相学，"三角眼"、"掉梢眉"、正可以反映王熙凤的"机智""阴狠""毒辣"。

"这些人个个皆敛声屏气如此，这来者是谁，怎么这样放诞无礼？……"

心下想时，只见一群媳妇②丫鬟拥着一个丽人从后房进来。

这个人打扮与姑娘们不同：彩绣辉煌，恍若神妃仙子。头上戴着金丝八宝攒珠髻，绾着朝阳五凤挂珠钗；项上戴着赤金盘螭缨络圈；身上穿着缕金百蝶穿花大红云缎窄褃③袄，外罩五彩刻丝④石青银鼠褂；下着翡翠撒花洋绉裙。一双丹凤三角眼，两弯柳叶掉梢眉。身量苗条，体格风骚。粉面含春威不露，丹唇未启笑先闻。

黛玉连忙起身接见。贾母笑道：

"你不认得她。她是我们这里有名的一个'泼辣货'，南京所谓'辣子'，你只叫她凤辣子就是了。"黛玉正不知以何称呼，众姊妹都忙告诉黛玉道：

"这是琏二嫂子。"黛玉虽不曾识面，听见她母亲说过：

　　"大舅贾赦之子贾琏娶的就是二舅母王氏的内侄女,自幼假充男儿教养,学名叫做王熙凤。"

　　黛玉忙陪笑见礼,以"嫂"呼之。

　　这熙凤携着黛玉的手,上下细细打量一回,便仍送至贾母身边坐下,因笑道:

　　"天下真有这样标致人儿! 我今日才算看见了! 况且这通身的气派竟不像老祖宗的外孙女儿,竟是个嫡亲的孙女儿似的。 怨不得老祖宗天天嘴里心里放不下。——只可怜我这妹妹这么命苦:怎么姑妈偏就去世了呢!"说着,便用手帕拭泪。

　　贾母笑道:

　　"我才好了,你又来招我。你妹妹远路才来,身子又弱,也才劝住了,快别再提了。"

　　熙凤听了,忙转悲为喜道:

　　"正是呢。我一见了妹妹,一心都在她身上,又是欢喜,又是伤心,竟忘了老祖宗了。该打,该打。"

　　又忙拉着黛玉的手问道:

　　"妹妹几岁了? 可也上过学? 现吃什么药? 在这里别想家。要什么吃的,什么玩的,只管告诉我。 丫头老婆们不好,也只管告诉我。"

　　黛玉一一答应。一面熙凤又问人:

　　"林姑娘的东西可搬进来了? 带了几个人来? 你们赶早打扫两间屋子叫他们歇歇儿去。"

　　说话时,已摆了茶果上来。熙凤亲自布让⑤。又见二舅母问她:

　　"月钱放完了没有?"

　　熙凤道:

　　"放完了。刚才带了人到后楼上找缎子,找了半日,也没见昨儿太太说的那个,想必太太记错了。"

　　王夫人道:

"有没有，什么要紧！该随手拿出两个来给你这妹妹裁衣裳啊。等晚上想着再叫人去拿罢。"

熙凤道：

"我倒先料着了。知道妹妹这两日必到，我已经预备下了，等太太回去过了目好送来。"

王夫人一笑，点头不语。

当下茶果已撤，贾母命两个老嬷嬷⑥带黛玉去见两个舅舅去。维时，贾赦之妻邢氏忙起身笑回道：

"我带了外甥女儿过去，到底便宜些。"

贾母笑道：

"正是呢，你也去罢，不必过来了。"

那邢夫人答应了，遂带着黛玉和王夫人作辞。大家送至穿堂垂花门前。早有众小厮拉过一辆翠幄清油车来，邢夫人携了黛玉坐上。众老婆们放下车帘，方命小厮们抬起，拉至宽处，驾上驯骡，出了西角门，往东过荣府正门，入一黑油漆大门内，至仪门⑦前，方下了车。邢夫人挽着黛玉的手进入院中。黛玉度其处必是荣府中之花园隔断过来的。进入三层仪门，果见正房厢房游廊，悉皆小巧别致，不似那边的轩峻壮丽，且院中随处之树木山石皆好。及进入正室，早有许多艳妆丽服之姬妾丫鬟迎着。

邢夫人让黛玉坐了，一面令人到外书房中请贾赦。一时回来说：

"老爷说了：'连日身上不好，见了姑娘，彼此伤心，暂且不忍相见。劝姑娘不必伤怀想家，跟着老太太和舅母是和家里一样的。姐妹们虽拙，大家一处作伴，也可以解些烦闷。或有委屈之处，只管说，别外道了才是。'"

黛玉忙站起身来一一答应了，再坐一刻，便告辞了。邢夫人苦留吃过饭去，黛玉笑回道：

"舅母爱惜赐饭，原不应辞，只是还要过去拜见二舅舅，恐去迟了不恭。异日再领，望舅母容谅。"

邢夫人道:

"这也罢了。"

遂命两个嬷嬷用方才坐来的车送过去。

于是黛玉告辞。邢夫人送至仪门前,又嘱咐了众人几句,眼看着车去了方回来。

一时,黛玉进入荣府,下了车,只见一条大甬路,直接出大门来。众嬷嬷引着,便往东转弯,走过一座东西穿堂,向南大厅之后,仪门内大院落。上面五间大正房,两边厢房,鹿顶耳门钻山,四通八达,轩昂壮丽,比各处不同。黛玉便知这方是正内室。进入堂屋,抬头迎面先见一个赤金九龙青地大匾,匾上写着斗大三个字是"荣禧堂"。后有一行小字:"某年月日书赐荣国公贾源",又有"万几宸翰"之宝。大紫檀雕螭案上设着三尺多高青绿古铜鼎,悬着待漏随朝墨龙大画。一边是鏨金彝,一边是玻璃盆。地下两溜十六张楠木圈椅。又有一副对联,乃是乌木联牌,镶着鏨金字迹,道是:

座上珠玑昭日月,

堂前黼黻焕烟霞。

下面一行小字是:世教弟勋袭东安郡王穆时拜手书。

原来王夫人时常居坐宴息也不在这正室中,只在东边的三间耳房内。于是嬷嬷们引黛玉进东房门来。临窗大炕上铺着猩红洋毯,正面设着大红金钱蟒引枕,秋香色金钱蟒大条褥。两边设一对梅花式洋漆小几:左边几上摆着文王鼎,鼎旁匙箸香盒;右边几上摆着汝窑美人觚,里面插着时鲜花草。地下面,西一溜四张大椅都搭着银红撒花椅搭⑧,底下四副脚踏⑨;两边又有一对高几,几上茗碗瓶花俱备。其余陈设不必细说。

老嬷嬷让黛玉上炕坐。炕沿上却也有两个锦褥对设。黛玉度其位次,便不上炕,只就东边椅上坐了。本房的丫鬟忙捧上茶来。黛玉一面吃了,打量这些丫鬟们妆饰衣裙,举止行动,果与别家不同。

茶未吃了,只见一个穿红绫袄青绸掐牙⑩背心的丫鬟走来笑道：

"太太说，请林姑娘到那边坐罢。"

老嬷嬷听了，于是又引黛玉出来，到了东南三间小正房内。正面炕上横设一张炕桌，上面堆着书籍茶具，靠东壁面西设着半旧的青绉靠背引枕。王夫人却坐在西边下首，——亦是半旧青绉靠背坐褥——见黛玉来了，便往东让。黛玉心中料定这是贾政之位，因见挨炕一溜三张椅子上也搭着半旧的弹花椅袱，黛玉便向椅上坐了。王夫人再三让她上炕，她方挨王夫人坐下。王夫人因说：

"你舅舅今日斋戒去了，再见罢。只是有一句话嘱咐你：你三个姐妹倒都极好，以后一处念书，认字，学针线，或偶一玩笑，都有个尽让的。我就只一件不放心。我有一个孽根祸胎，是家里的'混世魔王'，今日因往庙里还愿去，尚未回来，晚上你看见就知道了。你以后总不用理会他，你这些姐姐妹妹都不敢沾惹他的。"

黛玉素闻母亲说过：有个内侄，乃衔玉而生，顽劣异常，不喜读书，最喜在内帏厮混，外祖母又溺爱，无人敢管。今见王夫人所说，便知是这位表兄，一面陪笑道：

"舅母所说，可是衔玉而生的？在家时记得母亲常说，这位哥哥比我大一岁，小名就叫宝玉，性虽憨顽，说待姊妹们却是极好的。况我来了，自然和姊妹们一处。弟兄们另院别房，岂有沾惹之理？"

王夫人笑道：

"你不知道原故。他和别人不同，自幼因老太太疼爱，原系和姐妹们一处娇养惯了的。若姐妹们不理他，他倒还安静些；若一日姐妹们和他多说了一句话，他心上一喜，便生出许多事来，所以嘱咐你别理会他。他嘴里一时甜言蜜语，一时有天没日，疯疯傻傻，只休信他。"

黛玉一一的都答应着。忽见一个丫鬟来说：

"老太太那里传晚饭了。"

王夫人忙携了黛玉出后房门，由后廊往西出了角门，是一条南北甬路，南边是倒座三间小小抱厦厅，北边立着一个粉油大影壁，后有一个半大门，小小一所房屋。王夫人笑指向黛玉道：

"这是你凤姐姐的屋子，回来你好往这里找她去。少什么东西，只管和她说就是了。"

这院门上也有几个才总角的小厮，都垂手侍立。

王夫人遂携黛玉穿过一个东西穿堂，便是贾母的后院了，于是进入后房门。已有许多人在此伺候，见王夫人来，方安设桌椅。贾珠之妻李氏捧杯，熙凤安箸；王夫人进羹。贾母正面榻上独坐，两旁四张空椅。熙凤忙拉黛玉在左边第一张椅子上坐下，黛玉十分推让。贾母笑道：

"你舅母和嫂子们是不在这里吃饭的，你是客，原该这么坐。"

黛玉方告坐，贾母命王夫人也坐了，迎春姊妹三个告了坐方上来，迎春坐右手第一，探春左第二，惜春右第三。旁边丫鬟执着拂尘漱盂巾帕。李纨凤姐立于案旁布让。外间伺候的媳妇丫鬟虽多，却连一声咳嗽不闻。饭毕，各各有丫鬟用小捐盘捧上茶来。当日林家教女以惜福养身，每饭后必过片时方吃茶，不伤脾胃。今黛玉见了这里许多规矩不似家中，也只得随和着些。接了茶，又有人捧过漱盂来，黛玉也漱了口。又盥手毕，然后又捧上茶来，这方是吃的茶。

贾母便说：

"你们去罢，让我们自在说说话儿。"

王夫人遂起身，又说了两句闲话儿，方引李凤二人去了。贾母因问黛玉念何书，黛玉道：

"刚念了四书。"

黛玉又问姊妹们读何书，贾母道：

"读什么书！不过认几个字罢了。"

一语未了，只听外面一阵脚步响，丫鬟进来报道宝玉来了。黛玉心想：

"这个宝玉不知是怎样个惫懒人呢。……"

及至进来一看，却是位青年公子。头上戴着束发嵌宝紫金冠，齐眉勒着二龙戏珠金抹额；一件二色金百蝶穿花大红箭袖，束着五彩丝攒花结长穗宫绦，外罩石青起花八团倭缎排穗褂；登着青缎粉底小朝靴。面若中秋之月，色如春晓之花，鬓若刀裁，眉如墨画，鼻如悬胆，睛若秋波。虽怒时而似笑，即瞋视而有情。项上金螭缨络，又有一根五色丝绦，系着一块美玉。

黛玉一见便吃一大惊，心中想道："好生奇怪！倒像在那里见过的？何等眼熟！……"

只见这宝玉向贾母请了安①，贾母便命："去见你娘来。"即转身去了。一回再来时，已换了冠带。头上周围一转的短发，都结成了小辫，红丝结束，共攒至顶中胎发，总编一根大辫，黑亮如漆，从顶至梢，一串四颗大珠，用金八宝②坠脚。身上穿着银红撒花半旧大袄，仍旧带着项圈、宝玉、寄名锁、护身符等物；下面半露松绿撒花绫裤，锦边弹墨袜，厚底大红鞋。越显得面如傅粉，唇若施脂，转盼多情，语言若笑。天然一段风韵，全在眉梢；平生万种情思，悉堆眼角。——看其外貌，最是极好，却难知其底细。有人赠《西江月》二词，批的极确。词曰：

无故寻愁觅恨，有时似傻如狂。

纵然生得好皮囊，腹内原来草莽。

潦倒不通庶务，愚顽怕读文章。

行为偏僻性乖张，那管世人诽谤？

又曰：

富贵不知乐业，贫穷难耐凄凉。

可怜辜负好时光，于国于家无望。

天下无能第一，古今不肖无双。

寄言纨绔与膏粱：莫效此儿形状！

却说贾母见他进来，笑道：

"外客没见就脱了衣裳了？——还不去见你妹妹呢。"宝玉早

已看见了一个袅袅婷婷的女儿,便料定是林姑妈之女,忙来见礼。归了座,细看时,真是与众各别。只见:

> 两弯似蹙非蹙笼烟眉,一双似喜非喜含情目。态生两靥之愁,娇袭一身之病。泪光点点,娇喘微微。闲静似娇花照水,行动如弱柳扶风。心较比干多一窍,病如西子胜三分。

宝玉看罢,笑道:

"这个妹妹,我曾见过的。"

贾母笑道:

"又胡说了,你何曾见过?"

宝玉笑道:

"虽没见过,却看着面善,心里倒像是旧相认识,恍若远别重逢的一般。"

贾母笑道:

"好,好!这么更相和睦了。"

宝玉便走向黛玉身边坐下,又细细打量一番,因问:

"妹妹可曾读书?"

黛玉道:

"不曾读书,只上了一年学,些须认得几个字。"

宝玉又道:

"妹妹尊名?"

黛玉便说了名。宝玉又道:

"表字?"

黛玉道:

"无字。"

宝玉笑道:

"我送妹妹一字,莫若'颦颦'二字,极妙。"

探春便道:

"何处出典?"

> 作者描写宝玉黛玉都是利用他们两人彼此观察,是一妙笔。此处写黛玉眉眼声色、形态都个别形容出来。

如是今七岁能读多少书? 岂能如此文雅地对答?

宝玉道:

"古今人物通考上说:'西方有石名黛,可代画眉之墨。'况这妹妹,眉尖若蹙,取这个字,岂不甚美?"

探春笑道:

"只怕又是杜撰!"

宝玉笑道:

"除了四书,杜撰的也太多呢。"

因又问黛玉:

"可有玉没有?"

众人都不解。黛玉便忖度着"因他有玉,所以才问我的。"。便答道:

"我没有玉。你那玉也是件稀罕物儿,岂能人人皆有?"

宝玉听了,登时发作起狂病来,摘下那玉,就狠命摔去,骂道:

"什么罕物! 人的高下不识,还说灵不灵呢! 我也不要这劳什子⑬!"

吓的地下众人一拥争去拾玉。贾母急的搂了宝玉,道:

"孽障! 你生气,要找骂人容易,何苦摔那命根子!"

宝玉满面泪痕,哭道:

"家里姐姐妹妹都没有,单我有,我说没趣儿;如今来了这个神仙似的妹妹也没有,可知这不是个好东西。"

贾母忙哄他道:

"你这妹妹原有玉来着,因你姑妈去世时,舍不得你妹妹,无法可处,遂将她的玉带了去:一则全殉葬之礼,尽你妹妹的孝心;二则你姑妈的阴灵见也可权作见了的你妹妹了。因此,她说没有,也是不便夸张的意思啊。你还不好生带上,仔细你娘知道!"

说着,便向丫鬟手中接来,亲与他带上。宝玉听如此说,想了一想,也就不生别论。

当下奶娘来问黛玉房舍。贾母便说:

"将宝玉挪出来,同我在套间暖阁⑭,把林姑娘暂且安置在碧纱橱⑮里。等过了残冬,春天再给他们收拾房屋,另作一番安置罢。"

宝玉道:

"好祖宗! 我就在碧纱橱外的床上很妥当,又何必出来闹的老祖宗不得安静呢?"

贾母想一想,说:"也罢了。"

并吩咐每人一个奶娘并一个丫头照管,余者在外间上夜听唤。一面早有熙凤命人送了一顶藕合色花帐并锦被缎褥之类。

黛玉只带了两个人来:一个是自己的奶娘王嬷嬷,一个是十岁的小丫头,名唤雪雁。贾母见雪雁甚小,一团孩气,王嬷嬷又极老,料黛玉皆不遂心,将自己身边一个二等小丫头,名唤鹦哥的,与了黛玉。亦如迎春等一般:每人除自幼乳母外,另有四个教引嬷嬷;除贴身掌管钗钏盥沐两个丫头外,另有四五个洒扫房屋来往使役的小丫头。

当下王嬷嬷与鹦哥陪侍黛玉在碧纱橱内;宝玉乳母李嬷嬷并大丫头名唤袭人的陪侍在外面大床上。

原来这袭人亦是贾母之婢,本名蕊珠。贾母因溺爱宝玉,恐宝玉之婢不中使。素日蕊珠心地纯良,遂与宝玉。宝玉因知她本姓花,又曾见旧人诗句有"花气袭人"⑯之句,遂回明贾母,即把蕊珠更名袭人。

却说这袭人倒有些痴处:伏侍贾母时,心中只有贾母;如今跟了宝玉,心中又只有宝玉了。只因宝玉性情乖僻,每每规谏,见宝玉不听,心中着实忧郁。是晚,宝玉李嬷嬷已睡了。她见里面黛玉鹦哥犹未安歇,她自卸了妆,悄悄的进来。笑问:

"姑娘怎么还不安歇?"

黛玉忙笑让:

"姐姐请坐。"

袭人在床沿上坐了。鹦哥笑道:

　　"林姑娘在这里伤心,自己淌眼泪的说:'今儿才来了,就惹出你们哥儿的病来。倘若摔坏了那玉,岂不是因我之过?'所以伤心。我好容易劝好了。"

　　袭人道:

　　"姑娘快别这么着! 将来只怕比这更奇怪的笑话儿还有呢。若为他这种行状,你多心伤感,只怕你还伤感不了呢。快别多心!"

　　黛玉道:

　　"姐姐们说的,我记着就是了。"

　　又叙了一回,方才安歇。

　　① 超手游廊——左右环抱的走廊。

　　② ·媳妇——这里专指女仆,夫妇共同在一家服役,妇便被称为某人媳妇或某人家的。 与通常称子、侄的妻子为媳妇意思不同

　　③ 褉——衣服两腋直下的部分叫作褉,腰部叫腰褉,腋窝处叫抬褉。

　　④ 刻丝——一种丝织品。用丝织成的花纹图案,与织锦和刺绣都不同。

　　⑤ 布让——在席间用匙箸为客人拢菜叫作布菜。让,是劝让客人加餐。

　　⑥ 嬷嬷——乳母称为嬷嬷,又叫嬷儿或奶子(嬷儿、奶子都不是当面的称呼)。 被乳的子女称呼她为妈或妈妈。 她所乳的男子所生的子女,称她为嬷嬷奶奶,她所乳的女子所生的子女,称她为嬷嬷姥姥,她所乳的人称呼她的子女为嬷嬷哥哥与嬷嬷姐姐。 旁人也可泛称她为某奶奶和某妈妈。

　　⑦ 仪门——即第二道大门

　　⑧ 椅搭——又名椅披,是椅子上披搭的锦缎长条妆饰品。

　　⑨ 脚踏——约二、三寸高的长方木凳,放在炕前或椅前,是踏脚用的。

　　⑩ 掐牙——衣服花边缝里重加窄条锦缎边线,叫作牙子,掐——是这种手工的术语。

　　⑪ 请安——请安本是问安、问好的通称,在清代成了见面问安问好时所行礼节仪式的名称了。这请安仪式是见面时口称"请某人安",随

着的行动：男子是打千，即屈右膝半跪，较隆重时是长跪，即双膝跪下；女子是双手扶左膝，右腿微屈，往下蹲身。

⑫ 金八宝——金饰物上嵌各色宝石和珠子，泛称八宝。又一种指各样小金玩物如升、斗、笔锭如意、印盒等，也叫八宝。

⑬ 劳什子——指东西，含有讨厌、麻烦或轻视的意思。第三十六回龄官对贾蔷说："你拿了他来弄这个劳什子也忍得？"指玩意儿。第六十二回芳官对宝玉说："如今学了这劳什子？"指行当。

⑭ 套间暖阁里——正房两旁相连的耳房，又叫作套间，套间的靠后墙常有一种小炕，这种小炕叫做暖阁。

⑮ 碧纱橱——帏障一类的东西。用木头做成架子，顶上和四周蒙上碧纱，可以摺叠。夏天张开摆在室内或园中，坐卧在里面，可避蚊蝇。

⑯ "花气袭人"——全句是"花气袭人知骤暖"，是宋陆游的诗句，意谓天气暖了，觉得花更香。但本书后文第二十三回和二十八回两次引用，均作"知昼暖"。

第四回　薄命女偏逢薄命郎
　　　　　葫芦僧判断葫芦案

　　黛玉次早起来，省过贾母，因往王夫人处来。正值王夫人与熙凤在一处拆金陵来的书信，又有王夫人的兄嫂处遣来的两个媳妇儿来说话。黛玉虽不知原委，探春等却晓得是议论金陵城中居住的薛家姨母之子——表兄薛蟠，倚财仗势打死人命，现在应天府案下审理。如今舅舅王子腾得了信，遣人来告诉这边，意欲唤取进京之意。

　　见王夫人正和兄嫂处的来使计议家务，又说姨母家遭人命官司等语。因见王夫人事情冗杂，姐妹们遂出来，至寡嫂李氏房中来了。

　　原来这李氏即贾珠之妻，珠虽夭亡，幸存一子，取名贾兰，今方九岁，已人学攻书。这李氏亦系金陵名宦之女，父名李守中，曾为国子祭酒。族中男女无不读诗书者。至李守中继续以来，便谓"女子无才便是德"，故生了此女，不曾叫她十分认真读书，只不过将些《女四书》《列女传》读读，认得几个字，记得前朝这几个贤女便了。却以纺绩女红为要，因取名为李纨，字宫裁。所以这李纨虽青春丧偶，且居处于膏粱锦绣之中，竟如槁木死灰一般，一概不问不闻；惟知侍亲养子，闲时陪侍小姑等针黹诵读而已。今黛玉虽客居于此，已有这几个姑嫂相伴，除老父之外，余者也就无用虑了。

　　如今且说贾雨村授了应天府，一到任，就有件人命官司详至案下，却是两家争买一婢，各不相让，以致殴伤人命。彼时雨村即拘原告来审。那原告道：

　　"被打死的乃是小人的主人。因那日买了个丫头。不想系拐子拐来卖的。这拐子先已得了我家的银子，我家小主人原说第三日方是好日，再接入门，这拐子又悄悄的卖与了薛家，被我们知道了，去找拿卖主，夺取丫头。无奈薛家原系金陵一霸，倚财仗势，众豪奴将我小主人竟打死了。凶身主仆已皆逃走，无有踪迹，只剩了几个局外的人。小人告了一年的状，竟无人作主。求太老爷拘拿凶犯，以扶善良，存殁感激大恩不尽！"

雨村听了大怒道：

"那有这等事！打死人竟白白的走了？拿不来的？"

使发签差公人立刻将凶犯家属拿来拷问，只见案旁站着一个门子，使眼色不叫他发签。雨村心下狐疑，只得停了手，退堂至密室，令从人退去。只留这门子一人伏侍。门子忙上前请安。笑问：

"老爷一向加官进禄，八九年来，就忘了我了？"

雨村道：

"我看你十分眼熟，但一时总想不起来。"

门子笑道：

"老爷怎么把出身之地竟忘了？老爷不记得当年葫芦庙里的事么？"

雨村大惊，方想起往事，原来这门子本是葫芦庙里一个小沙弥，因被火之后，无处安身，想这件生意倒还轻省，耐不得寺院凄凉，遂趁年纪轻蓄了发，充当门子。雨村那里想得是他，便忙携手，笑道："原来还是故人。"因赏他坐了说话，这门子不敢坐。

雨村笑道：

"你也算贫贱之交了，此系私室，但坐不妨。"

门子才斜签着坐下①。

雨村道：

"方才何故不令发签？"

门子道：

"老爷荣任到此，难道就没抄一张本省的'护官符'来不成？"

雨村忙问：

"何为'护官符'？"

门子道：

"如今凡作地方官的，都有一个私单，上面写的是本省最有权势极富贵的大乡绅名姓，各省皆然，倘若不知，一时触犯了这样的人家，不但官爵，只怕连性命也难保呢。——所以叫做'护官符'。方才所说的这薛家，老爷如何惹得他！他这件官司，并无难断之处，从前的官府都因碍着情分脸面，所以如此。"一面说，一面从顺袋中取出一张抄的"护官符"来，递与雨村。雨村看时，上面皆是本地大族名宦之家的俗谚口碑：

　　贾不假，白玉为堂金作马。

　　阿房宫，三百里，住不下金陵一个史。

　　东海缺少白玉床，龙王来请金陵王。

　　丰年好大雪，珍珠如土金如铁。

雨村尚未看完，忽闻传点报：

"王老爷来拜。"

雨村忙具衣冠出去迎接，有顿饭工夫方回来，问这门子，门子道：

"这四家皆连络有亲，一损俱损，一荣俱荣。今告打死人之薛，就是'丰年大雪'之'薛'。不单靠这三家，他的世交亲友在都在外的本也不少。老爷如今拿谁去？"

雨村听说，便笑问门子道：

"这样说来，却怎么了结此案？你大约也深知这凶犯躲的方向了？"

门子笑道：

"不瞒老爷说，不但这凶犯躲的方向，并这拐卖的人我也知道，死鬼买主也深知道。待我细说与老爷听：这个被打死的乃是一个小乡宦之子，名唤冯渊，父母俱亡，又无兄弟，守着些薄产度日。年纪十八九岁，酷爱男风，不好女色。这也是前生冤孽：可巧遇见这丫头，他便一眼看上了，立意买来作妾，设誓不近男色，也不再娶第

二个了。所以郑重其事,必得三日后方进门。谁知道拐子又偷卖
与薛家。他意欲卷了两家的银子逃去,谁知又走不脱,两家拿住,
打了个半死,都不肯收银,各要领人。那薛公子便喝令下人动手,
将冯公子打了个稀烂。抬回去,三日竟死了。这薛公子原择下日
子要上京的,既打了人,夺了丫头,他便没事人一般,只管带了家眷
走他的路,并非为此而逃。这人命些些小事,自有他弟兄奴仆在此
料理。——这且别说,老爷可知道被卖的丫头是谁?"

雨村道:

"我如何晓得?"

门子冷笑道:

"这人还是老爷的大恩人呢! 她就是葫芦庙旁住的甄老爷的
女儿,小名英莲的。"

雨村骇然道:

"原来是她! 听见她自六岁被人拐去,怎么如今才卖呢?"

门子道:

"这种拐子,单拐幼女,养至十二三岁,带至他乡转卖。当日这
英莲,我们天天哄她玩耍,极相熟的,所以隔了十来年,虽模样儿出
脱的齐整,然大段未改,所以认得。且她眉心中原有米粒大的一点
胭脂痣,从胎里带来的。偏这拐子又租了我的房子居住。那日,拐
子不在家,我也曾问她。她说是打怕了的,万不敢说,只说拐子是
她的亲爹,因无钱还债,才卖的。再四哄她,她又哭了,只说:'我原
不记得小时的事!'这无可疑了,那日冯公子相见了,兑了银子,因
拐子醉了,英莲自叹说:'我今日罪孽可满了!'后又听见三日后才
过门,她又转有忧愁之态。我又不忍,等拐子出去,又叫内人去解
劝她:'这冯公子必待好日期来接,可知必不以丫鬟相看。况他是
个绝风流人品,家里颇过得,素性又最厌恶堂客②,今竟破价买你,
后事不言可知。只耐得三两日,何必忧闷?'她听如此说,方略解
些,自谓从此得所。谁料天下竟有不如意事! 第二日,她偏又卖与
了薛家。若卖与第二家还好,这薛公子的混名,人称他'呆霸王',

最是天下第一个弄性尚气的人,而且使钱如土。只打了个落花流水,生拖死拽,把个英莲拖去,如今也不知死活。这冯公子空喜一场,一念未遂,反花了钱,送了命,岂不可叹!"

雨村听了也叹道:"这也是他们的孽障,遭遇亦非偶然。不然,这冯渊如何偏只看上了这英莲!这英莲受了拐子这几年折磨,才得了个路头,且又是个多情的,若果聚合了,倒是件美事,偏又生出这段事来!这薛家纵比冯家富贵,想其为人,自然姬妾众多,淫佚无度,未必及冯渊定情于一人。这正是梦幻情缘,恰遇见一对薄命儿女。——且不要议论他人,只目今这官司如何剖断才好?"

门子笑道:

"老爷当年何其明决!今日何反成个没主意的人了?小的听见老爷补陞此任系贾府王府之力。此薛蟠即贾府之亲,老爷何不顺水行舟,做个人情,将此案了结?日后也好去见贾王二公。"

雨村道：

"你说的何尝不是!但事关人命,蒙皇上隆恩,起复委用,正竭力图报之时,岂可因私枉法?是实不忍为的!"

门子听了冷笑道:

"老爷说的自是正理,但如今世上是行不去的!岂不闻古人说的,'大丈夫相时而动'?又说,'趋吉避凶者为君子',依老爷这话,不但不能报效朝廷,亦且自身不保,还要三思为妥。"

雨村低了头,半日说道:

"依你怎么着?"

门子道:"小人已想了个很好的主意在此。老爷明日坐堂,只管虚张声势,动文书,发签拿人。凶犯自然是拿不来的。原告因是不依,只用将薛家族人及奴仆等拿几个来拷问。小的在暗中调停,令他们报回'暴病身亡',合族中及地方上共递一张保呈。老爷只说善能扶鸾③请仙,堂上设了乩坛,令军民人等只管来看。老爷便说:'乩仙批了,死者冯渊与薛

历来达官显宦名节不保或贪赃枉法者,莫不坏于此类"门子",作者人情世故之练达,于此可见。

42

蟠原系凤孽，今狭路相遇，原因了结。今薛蟠已得了无名之病，被冯渊的魂魄追索而死。其祸皆由拐子而起，除将拐子按法处治外，余不累及……'等语。小人暗中嘱咐拐子，令其实招。众人见乩仙批语与拐子相符，自然不疑了。薛家有的是钱，老爷断一千也可，五百也可，与冯家作烧埋之费。那冯家也无甚要紧的人，不过为的是钱，有了银子也就完话了。——老爷细想，此计如何？"

雨村笑道：

"不妥，不妥。等我再斟酌斟酌，压服得口声才好"

次日坐堂，拘取一干有名人犯，雨村详加审问。果见冯家人口稀少，不过赖此欲得些烧埋之银；薛家仗势倚情，偏不相让，故致颠倒未决。雨村便徇情枉法，胡乱判断了此案。冯家得了许多烧埋银子，也就无甚话说了。雨村便疾忙修书二封与贾政并京营节度使王子腾，不过说："令甥之事已完，不必过虑"之言寄去。此事皆由葫芦庙内沙弥新门子所为，雨村又恐他对人说出当日贫贱时事来，因此，心中大不乐意。后来到底寻了他一个不是，远远的充发了才罢。

且说那买了英莲打死冯渊的薛公子亦系金陵人氏，本是书香继世之家。只是如今这薛公子幼年丧父，寡母又怜他是个独根孤种，未免溺爱纵容些，遂致老大无成。且家中有百万之富，现领着内帑钱粮，采办杂料。这薛公子，学名薛蟠，表字文起，性情奢侈，言语傲慢。虽也上过学，不过略识几个字，终日惟有斗鸡走马，游山玩景而已。虽是皇商①，一应经纪世事全然不知，不过赖祖父旧日的情分，户部挂个虚名，支领钱粮，其余事体自有伙计老家人等措办。寡母王氏乃现任京营节度使王子腾之妹，与荣国府贾政的夫人王氏是一母所生的姊妹，今年方五十上下，只有薛蟠一子。还有一女比薛蟠小两岁，乳名宝钗，生得肌骨莹润，举止娴雅。当时她父亲在日，极爱此女，令其读书识字，较之乃兄竟高十倍，自父亲死后，见哥哥不能安慰母心，她便不以书字为念，只留心针黹家计等事，好为母亲分忧代劳。近因今上崇尚诗礼，征采才能，降不世之隆恩，除聘选妃嫔外，在世宦名家之女，皆得亲名达部，以备选择为公主郡主入学陪侍，充为才人赞善之职。自薛蟠父亲死后，各省中所有的买卖承局总管伙计人等，见薛蟠年轻，不谙世事，便趁时拐骗起来，京都几处生意渐亦销耗。

薛蟠素闻得都中乃第一繁华之地，正思一游，更趁此机会，一来送妹待选，二来望亲，三来亲自入部销算旧账，再计新支，——其实只为游览上国风光之意。因此，早已检点下行装细软以及馈送亲友各色土物人情等类，正择日起身，不想偏遇着那拐子卖英莲。薛蟠见英莲生的不俗，立意买了作妾，又遇冯家来夺，因恃强喝令豪奴将冯渊打死。便将家中事务一一嘱托了族中人并几个老家人，自己同着母亲妹子竟自起身，长行去了。人命官司，他却视为儿戏，自谓花上几个钱，没有不了的。

在路不记其日。那日已将入都，又听见母舅王子腾升了九省统制，奉旨出都查边。薛蟠心中暗喜道：

"我正愁进京去有舅舅管辖，不能任意挥霍；如今升出去，可知天从人愿！"

因和母亲商议道：

"咱们京中虽有几处房舍，只是这十来年没人居住，那看守的人未免偷着租赁给人住，须得先着人去打扫收拾才好。"

他母亲道：

"何必如此招摇？咱们这次进京去，原是先拜望亲友，或是在你舅舅处，或是你姨父家。他两家的房舍极是宽敞的，咱们且住下，再慢慢儿的着人去收拾，岂不消停些？"

薛蟠道：

"如今舅舅正升了外省去，家里自然忙乱起身，咱们这会子反一窝一拖的奔了去，岂不没眼色呢？"

他母亲道：

"你舅舅虽升了去，还有你姨父家。况这几年来，你舅舅姨娘两处每每带信捎书接咱们来。如今既来了，你舅舅虽忙着起身，你贾家的姨娘未必不苦留我们。咱们且忙忙的收拾房子，岂不使人见怪？你的意思，我早知道了：守着舅舅姨母住着，未免拘紧了，不如各自住着，好任意施为。你既如此，你自去挑所宅子去住；我和你姨娘姊妹们别了这几年，却要住几日。我带了你妹子去投你姨娘家去，你道好不好？"

薛蟠见母亲如此说，情知扭不过，只得吩咐人夫，一路奔荣国府而来。

那时王夫人已知薛蟠官司一事亏贾雨村就中维持了，才放了心。又见哥哥升了边缺，正愁少了娘家的亲戚来往，略加寂寞，过了几日，忽家人报：

"姨太太带了哥儿姐儿合家进京，在门外下车了。"

喜的王夫人忙带了人接到大厅上，将薛姨妈等接进去了。姊妹们一朝相见，悲喜交集，自不必说。叙了一番契阔，又引着拜见贾母，将人情土物各种酬献了。合家俱厮见过。又治席接风。

薛蟠拜见过贾政贾琏，又引着见了贾赦贾珍等。贾政便使人进来，对王夫人说："姨太太已有了年纪，外甥年轻不知庶务，在外住着，恐怕又要生事。咱们东南角上梨香院那一所房，十来间，白空闲着，叫人请了姨太太和姐儿哥儿住了甚好。"

王夫人原要留住。贾母也就遣人来说："请姨太太就在这里住下，大家亲密些。"

薛姨妈正欲同居一处，方可拘紧些儿；若另住在外边，又恐薛蟠纵性惹祸。遂忙应允，又私与王夫人说："一应日费供给一概都免，方是处常之法。"王夫人知他家不难于此，遂亦从其自便。从此后，薛家母女在梨香院住了。

原来这梨香院乃当日荣公暮年养静之所，小小巧巧，约有十余间房舍，前厅后舍俱全。另有一门通街，薛蟠的家人就走此门出入。西南上又有一个角门通着夹道子，出了夹道便是王夫人正房的东院了。每日或饭后，或晚间，薛姨妈便过来，或与贾母闲谈，或

> 宝钗跟踪而至，好戏开场。以后步步紧迫黛玉枕席难安，扣人心弦。作者布局匠心独运。

与王夫人相叙。宝钗日与黛玉、迎春姊妹等一处，或看书下棋，或做针黹，倒也十分相安。只是薛蟠起初原不欲在贾府中居住，生恐姨父管束，不得自在；无奈母亲执意在此，且贾宅中又十分殷勤苦留，只得暂且住下，一面使人打扫出自家的房屋，再移居过去。谁知自此间住了，不上一月，贾宅族中凡有的子侄俱已认熟了一半，都是那些纨绔气习，莫不喜与他来往。今日会酒，明日观花，甚至聚赌嫖娼，无所不至，引诱的薛蟠比当日更坏了十倍。虽说贾政训子有方，治家有法，一则族大人多，照管不到；二则现在房长乃是贾珍，彼乃宁府长孙，又现袭职，凡族中事，都是他掌管；三则公私冗杂，且素性潇洒，不以俗事为要，每公暇之时，不过看书着棋而已。况这梨香院相隔两层房舍，又有街门别开，任意可以出入，这些子弟们所以只管放意畅怀的。因此，薛蟠遂将移居之念渐渐打消了。

① 斜签着坐下——侧身坐着，以表谦恭不敢正坐。
② 堂客——称妇女为堂客，就是女眷的意思，相对地称男人为官客。
③ 扶鸾——又名扶乩，是一种迷信的事，两个人扶着一个丁字形的木架子，木架中间悬着一支木笔，在沙盘上面写字，假托神仙降监来骗人。
④ 皇商——清代宫廷中所用物品，有固定的商号承办，铺掌姓名都呈报在案。书中皇商，即影射这类商人。

第五回　贾宝玉神游太虚境
警幻仙曲演红楼梦

　　如今且说林黛玉自在荣府，一来贾母万般怜爱，寝食起居一如宝玉，把那迎春、探春、惜春三个孙女儿倒是靠后了。就是宝玉黛玉二人的亲密友爱，也较别人不同，日则同行同坐，夜则同止同息，真是言和意顺，似漆如胶。不想如今忽然来了一个薛宝钗，年纪虽大不多。然品格端方，容貌美丽，人人都说黛玉不及。那宝钗却又行为豁达，随分从时，不比黛玉孤高自许，目无下尘，故深得下人之心。就是小丫头们，亦多和宝钗亲近。因此，黛玉心中便有些怨忿。宝钗却是浑然不觉。

> 作者描写宝钗性格与黛玉恰好相反是一强烈对比。宝钗正好是黛玉克星。黛玉焉得不败？

　　那宝玉天性所禀，一片愚拙偏僻，视姊妹兄弟皆如一体，并无亲疏远近之别，如今与黛玉同处贾母房中，故略比别的姊妹熟惯些；既熟惯，便更觉亲密；既亲密，便不免有些不虞之隙，求全之毁。这日，不知为何，二人言语有些不和起来，黛玉又在房中独自垂泪，宝玉也自悔言语冒撞，前去俯就，那黛玉方渐渐的回转过来。

　　因东边宁府花园内梅花盛开，贾珍之妻尤氏乃治酒具请贾母、邢夫人、王夫人等赏花。是日，先带了贾蓉夫妻二人来面请贾母等于早饭后过来，就在会芳园游玩，先茶后酒。不过是宁荣二府眷属家宴，并无别样新文趣事可记。

　　一时，宝玉倦怠，欲睡中觉。贾母命人好生哄着，歇息一回再来。贾蓉媳妇秦氏便忙笑道：

　　"我们这里有给宝二叔收拾下的屋子，老祖宗放心，只管交给

47

我就是了。"因向宝玉的奶娘丫鬟等道:

"嬷嬷姐姐们,请宝二叔跟我这里来"

贾母素知秦氏是极妥当的人,——因她生得袅娜纤巧,行事又温柔和平,乃重孙媳中第一个得意之人——见她去安置宝玉,自然是放心了。

当下秦氏别了一簇人来至上房内间,宝玉抬头看见是一幅画挂在上面,人物固好,其故事乃是"燃藜图"也,心中便有些不快。又有一副对联,写的是:

世事洞明皆学问,

人情练达即文章。

及看了这副对联,纵然室宇精美,铺陈华丽,亦断断不肯在这里了,忙说:

"快出去! 快出去!"

秦氏听了,笑道:

"这里还不好,往那里去呢? 要不,就往我屋里去罢。"

宝玉点头微笑。一个嬷嬷说道:

"那里有个叔叔往侄儿媳妇房里睡觉的礼呢?"

秦氏笑道:

"不怕他恼: 他能多大了? 就忌讳这些个? 上月你没有看见我那个兄弟来了? 虽然和宝二叔同年,两个人要站在一处,只怕那一个还高些呢。"

宝玉道:

"我怎么没有看见过他? 你带他来我瞧瞧。"

众人笑道:

"隔着二三十里,那里带去? 见的日子有呢。"

说着,大家来至秦氏卧房。刚至房中,便有一股细细的甜香。宝玉此时便觉眼饧骨软,连说:"好香!"入房,向壁上看时,有唐伯虎画的"海棠春睡图",两边有宋学士秦太虚写的一副对联云:

嫩寒锁梦因春冷,

芳气袭人是酒香。

案上设着武则天当日镜室中设的宝镜。一边摆着赵飞燕立着舞的金盘，盘内盛着安禄山掷过伤了太真乳的木瓜。上面设着寿昌公主于含章殿下卧的宝榻，悬的是同昌公主制的连珠帐。宝玉含笑道：

"这里好，这里好！"

秦氏笑道：

"我这屋子大约神仙也可以住得了。"

说着，亲自展开了西施浣过的纱衾，移了红娘抱过的鸳枕。于是众奶姆伏侍宝玉卧好了，款款散去，只留下袭人、晴雯、麝月、秋纹四个丫鬟为伴。秦氏便叫小丫鬟们好生在檐下看着猫儿打架。

那宝玉才合上眼，便恍恍惚惚的睡去，犹似秦氏在前，悠悠荡荡，跟着秦氏到了一处。但见朱栏玉砌，绿树清溪，真是人迹不逢，飞尘罕到。宝玉在梦中欢喜，想道："这个地方儿有趣！我若能在这里过一生，强如天天被父母师傅管束呢！"正在胡思乱想，听见山后有人作歌曰：

　　春梦随云散，飞花逐水流，

　　寄言众儿女，何必觅闲愁？

宝玉听了，是个女孩儿的声气。歌音未息，早见那边走出一个美人来，蹁跹袅娜，与凡人大不相同。有赋为证：

　　　　方离柳坞，乍出花房。但行处，鸟惊庭树；将到时，影度回廊，仙袂乍飘兮，闻麝兰之馥郁；荷花欲动兮，听环佩之铿锵。靥笑春桃兮，云髻堆翠；唇绽樱颗兮，榴齿含香。盼纤腰之楚楚兮，风回雪舞；耀珠翠之的的兮，鸭绿鹅黄。出没花间兮，宜嗔宜喜；徘徊池上兮，若飞若扬。蛾眉欲颦兮，将言而未语；莲步乍移兮，欲止而仍行。羡美人之良质兮，水清玉润；慕美人之华服兮，闪烁文章。爱美人之容貌兮，香培玉篆；比美人之态度兮，凤翥龙翔。其素若何？春梅绽雪。其洁若何？秋蕙披霜。其静

49

若何？松生空谷。其艳若何？霞映澄塘。其文若何？龙游曲沼。其神若何？月射寒光。——远惭西子，近愧王嫱。生于孰地？降自何方？若非宴罢归来，瑶池不二，定应吹箫引去，紫府无双者也。

宝玉见是一个仙姑，喜的忙来作揖，笑问道：

"神仙姐姐，不知从那里来，如今要往那里去？我也不知这里是何处，望乞携带携带。"

那仙姑道：

以赋描写人物稍嫌浮夸，但写仙不妨似真似幻。

"吾居离恨天之上，灌愁海之中，乃放春山遣香洞太虚幻境警幻仙姑是也。司人间之风情月债，掌尘世之女怨男痴，因近来风流冤孽，缠绵于此，是以前来访察机会，布散相思。今日与尔相逢，亦非偶然，此离吾境不远，别无他物，仅有自采仙茗一盏，亲酿美酒几瓮，素练魔舞歌姬数人，新填红楼梦仙曲十二支，可试随我一游否？

宝玉听了，喜跃非常，便忘了秦氏在何处了，竟随着这仙姑到了一个所在。忽然前面有一座石牌横建，上书"太虚幻境"四大字，两边一副对联，乃是：

假作真时真亦假，
无为有处有还无。

转过牌坊，便是一座宫门，上面横书着四个大字，道是："孽海情天"。也有一副对联，大书云：

厚地高天，堪叹古今情不尽；
痴男怨女，可怜风月债难酬。

宝玉看了，心下自思道：

"原来如此。但不知何为'古今之情'？又何为'风月之债'？从今倒要领略领略。"

宝玉只顾如此一想，不料早把些邪魔招入膏肓了。当下随了仙姑，进入二层门内，只见两边配殿皆有匾额对联。一时看不尽许多，惟见几处写着的是："痴情司"，"结怨司"，"朝啼司"，"暮哭司"，

"春感司","秋悲司"。看了,因向仙姑道:

"敢烦仙姑引我到那各司中游玩游玩,不知可使得么?"

仙姑道:

"此中各司存的是普天下所有的女子过去未来的簿册,尔乃凡眼尘躯,未便先知的。"

宝玉听了,那里肯舍? 又再四的恳求。那警幻便说:"也罢,就在此司内略随喜①随喜罢。"

宝玉喜不自胜,抬头看这司的匾上,乃是"薄命司"三字,两边写着对联道:

　　春恨秋悲皆自惹,
　　花容月貌为谁妍?

宝玉看了,便知感叹。进入门中,只见有十数个大橱,皆用封条封着。看那封条上面皆有各省字样。宝玉一心只拣自己家乡的封条看,只见那边橱上封条大书"金陵十二钗正册"宝玉因问:

"何为'金陵十二钗正册'?"

警幻道:

"即尔省中十二冠首女子之册,故为正册。"

宝玉道:

"常听人说,金陵极大,怎么只十二个女子,如今单我们家里,上上下下就有几百个女孩儿。"

警幻微笑道:

"一省女子固多,不过择其紧要者录之。两边二橱则又次之,余者庸常之辈便无册可录了。

宝玉再看下首一橱,上写着"金陵十二钗副册";又一橱,上写着"金陵十二钗又副册"。宝玉便伸手先将又副册橱门开了,拿出一本册来。揭开看时,只见这首页上画的,既非人物,亦非山水,不过是水墨滃染,满纸乌云浊雾而已。后有几行字迹,写道是:

　　霁月难逢,彩云易散。心比天高,身为下贱。
　　风流灵巧招人怨,寿夭多因诽谤生,多情公子空牵念。

宝玉看了不甚明白。又见后面画着一簇鲜花，一床破席，也有几句言词，写道是：

枉自温柔和顺，空云似桂如兰。

堪羡优伶有福，谁知公子无缘！

宝玉看了，益发解说不出是何意思，遂将这一本册子搁起来，又去开了副册橱门，拿起一本册来。打开看时，只见首页也是画，却画着一枝桂花，下面有一方池沼，其中水涸泥干，莲枯藕败。后面书云：

根并荷花一茎香，平生遭际实堪伤。

自从两地生孤木，致使香魂返故乡。

宝玉看了又不解。又去取那正册看时，只见头一页上画着是两株枯木，木上悬着一围玉带，地下又有一堆雪，雪中一股金簪。也有四句道：

可叹停机德，堪怜咏絮才！

玉带林中挂，金簪雪里埋。

宝玉看了仍不解，待要问时，知她必不肯泄漏天机，待要丢下，又不舍，逐往后看。只见画着一张弓，弓上挂着一个香橼。也有一首歌词云：

二十年来辨是非，榴花开处照宫闱。

三春争及初春景？虎兔相逢大梦归。

后面又画着两个人放风筝，一片大海，一只大船，船中有一女子，掩面泣涕之状。画后也有四句，写着道：

才自清明志自高，生于末世运偏消。

清明涕泣江边望，千里东风一梦遥。

后面又画着几缕飞云，一湾逝水。其词曰：

富贵又何为？襁褓之间父母违。

展眼吊斜晖，湘江水逝楚云飞。

后面又画着一块美玉，落在泥污之中。其断语云：

欲洁何曾洁，云空未必空。

可怜金玉质，终陷淖泥中！

后面忽画一恶狼，追扑一美女，有欲啖之意。其下书云：

子系中山狼，得志便猖狂。

金闺花柳质，一载赴黄粱。

后面便是一所古庙，里面有一美人在内看经独坐。其判云：

勘破三春景不长，缁衣顿改昔年妆。

可怜绣户侯门女，独卧青灯古佛旁！

后面是一片冰山，山上有一只雌凤。其判云：

凡鸟偏从末世来，都知爱慕此生才。

一从二令三人木，哭向金陵事更哀！

后面又是一座荒村野店，有一美人在那里纺织。其判曰：

势败休云贵，家亡莫论亲。

偶因济村妇，巧得遇恩人。

诗后又画一盆茂兰，旁有一位凤冠霞帔的美人。也有判云：

桃李春风结子完，到头谁似一盆兰？

如冰水好空相妒，枉与他人作笑谈。

诗后又画一座高楼，上有一美人悬梁自尽。其判云：

情天情海幻情深，情既相逢必主淫。

漫言不肖皆荣出，造衅开端实在宁。

宝玉还欲看时，那仙姑知他天分高明，性情颖慧，恐泄漏天机，便掩了卷册，笑向宝玉道：

"且随我去游玩奇景，何必在此打这闷葫芦？"

宝玉恍恍惚惚，不觉弃了卷册，又随警幻来至后面。但见画栋雕檐，珠帘绣幕，仙花馥郁，异草芬芳，真好所在也！正是："光摇朱户金铺地，雪照琼窗玉作宫。"又听警幻笑道：

"你们快出来迎接贵客！"

一言未了，只见房中走出几个仙子来，荷袂蹁跹，羽衣飘舞，娇若春花，媚如秋月。见了宝玉，都怨谤警幻道：

"我们不知系何贵客，忙的接出来。姐姐曾说今日今时必有个绛珠妹子的生魂前来游玩,故我等久待,何故反引这浊物来污染清净女儿之境?"

宝玉听如此说,便吓的欲退不能,果觉自形污秽不堪。警幻忙携住宝玉的手,向众仙姬笑道:

"你等不知原委。今日原欲往荣府去接绛珠,适从宁府经过,偶遇荣宁二公之灵,嘱吾云:'吾家自国朝定鼎以来,功名奕世,富贵流传,已历百年,奈运终数尽,不可挽回!我等之子孙虽多,竟无可以继业者。惟嫡孙宝玉一人。禀性乖张,用情怪谲,虽聪明灵慧,略可望成,无奈吾家运数合终,恐无人规引入正。幸仙姑偶来,望先以情欲声色等事警其痴顽,或能使他跳出迷人圈子,入于正路,便是吾兄弟之幸了。'如此嘱吾,故发慈心,引彼至此。先以他家上中下三等女子终身册籍,令其熟玩,尚未觉悟;故引了再到此处,遍历那饮馔声色之幻,或冀将来一悟,未可知也。"

说毕,携了宝玉入室。但闻一缕幽香,不知所闻何物,宝玉不禁相问。警幻冷笑道:

"此香乃尘世所无,尔如何能知!此系诸名山胜境初生异卉之精,合各种实林珠树之油所制,名为'群芳髓'。"

宝玉听了,自是羡慕。于是大家入座,小丫鬟捧上茶来。宝玉觉得香清味美,迥非常品,因又问何名。警幻道:

"此茶出在放春山遣香洞,又以仙花灵叶上所带的宿露烹了,名曰'千红一窟'。"

宝玉听了,点头称赏。因看房内,瑶琴、宝鼎、古画、新诗,无所不有。更喜窗下亦有唾绒,奁间时渍粉污。壁上也挂着一副对联,书云:

　　幽微灵秀地,
　　无可奈何天。

宝玉看毕,因又请问众仙姑姓名。一名痴梦仙姑,一名钟情大士,一名引愁金女,一名度恨菩提,各各道号不一。

少刻,有小丫鬟来调桌安椅,摆设酒馔。正是:"琼浆满泛玻璃盏，玉液浓斟琥珀杯。"宝玉因此酒香冽异常，又不禁相问。警幻道：

"此酒乃以百花之蕤，万木之汁，加以麟髓凤乳酿成，因名为'万艳同杯'。"

宝玉称赏不迭。

饮酒间，又有十二个舞女上来请问演何调曲。警幻道：

"就将新制红楼梦十二支演上来。"

舞女们答应了，便轻敲檀板，款按银筝。听她歌道是："开辟鸿濛，"方歌了一句，警幻道：

"此曲不比尘世中所填传奇之曲，必有生旦净末之则，又有南北九宫之调。此或咏叹一人，或感怀一事，偶成一曲，即可谱入管弦，若非个中人，不知其中之妙。料尔亦未必深明此调，若不先阅其稿，后听其曲，反成嚼蜡矣。"说毕，回头命小丫鬟取了红楼梦原稿来，递与宝玉。宝玉接过来，一面目视其文，耳聆其歌曰：

红楼梦引子

开辟鸿濛，谁为情种？都只为风月情浓，奈何天，伤怀日，寂寥时，试遣愚衷。因此上，演出这悲金悼玉的红楼梦。

终身误

都道是金玉良缘，俺只念木石前盟。空对着山中高士晶莹雪，终不忘世外仙姝寂寞林。叹人间，美中不足今方信：纵然是齐眉举案，到底意难平！

枉凝眉

一个是阆苑仙葩，一个是美玉无瑕。若说没奇缘，今生偏又遇着他；若说有奇缘，如何心事终虚话？一个枉自嗟呀，一个空劳牵挂。一个是水中月，一个是镜中花。想眼中能有多少

> 《红楼梦》的布局结构，作者曹雪芹在第五回已安排妥当，毋须他人代笔。其咏晴雯、袭人、元春、探春、迎春、惜春、湘云等与《红楼梦》结局无不若合符节，丝丝入扣。尤以《终身误》更是《红楼梦》的骨干，曹雪芹的腹稿。高鹗"赶补"后四十回信而有征，"续写"云者则是胡适的猜测，武断。其所以如此，因胡适毕竟是学者，而非小说作家。

泪珠儿？怎禁得秋流到冬，春流到夏？

却说宝玉听了此曲，散漫无稽，未见得好处，但其声韵凄婉，竟能销魂醉魄。因此也不问其原委，也不究其来历，就暂以此释闷而已。因又看下面道：

恨无常

喜荣华正好，恨无常又到。眼睁睁，把万事全抛。荡悠悠，芳魂销耗。望家乡，路远山高，故向爹娘梦里相寻告：儿命已入黄泉，天伦呵，须要退步抽身早！

分骨肉

一帆风雨路三千，把骨肉家园齐来抛闪。恐哭损残年，告爹娘，休把儿悬念：自古穷通皆有定，离合岂无缘？从今分两地，各自保平安。奴去也，莫牵连！

乐中悲

襁褓中，父母叹双亡。纵居那绮罗丛，谁知娇养？幸生来英豪阔大宽宏量，从未将儿女私情，略萦心上。好一似霁月光风耀玉堂。厮配得才貌仙郎，博得个地久天长，准折得幼年时坎坷形状。终久是云散高唐，水涸湘江：这是尘寰中消长，数应当，何必枉悲伤？

世难容

气质美如兰，才华馥比仙，天生成孤癖人皆罕。你道是啖肉食——腥膻，视绮罗——俗厌；却不知好高人愈妒，过洁世同嫌。可叹这青灯古殿人将老，辜负了红粉朱楼春色阑！到头来，依旧是风尘肮脏违心愿，好一似无瑕白玉遭泥陷。又何须王孙公子叹无缘？

喜冤家

中山狼，无情兽，全不念当日根由，一味的娇奢淫荡贪欢媾。觑着那侯门艳质同蒲柳，作践的公府千金似下流。叹芳魂艳魄，一载荡悠悠！

虚花悟

将那三春看破,桃红柳绿待如何? 把这韶华打灭,觅那
清淡天和。说什么天上夭桃盛,云中杏蕊多? 到头来,
谁见把秋捱过? 则看那,白杨村里人呜咽,青枫林下鬼
吟哦,更兼着连天衰草遮坟墓。这的是昨贫今富人劳
碌,春荣秋谢花折磨。似这般生关死劫谁能躲? 闻说
道西方宝树唤婆娑,上结着长生果。

聪明累

机关算尽太聪明,反算了卿卿性命! 生前心已碎,死后
性空灵。家富人宁,终有个家亡人散各奔腾。枉费了
意悬悬半世心,好一似荡悠悠三更梦。忽喇喇,似大厦
倾;昏惨惨,似灯将尽。呀! 一场欢喜忽悲辛,叹人世,
终难定!

留余庆

留余庆,留余庆,忽遇恩人。幸娘亲,幸娘亲,积得阴
功。劝人生:济困扶穷,休似俺那爱银钱忘骨肉的狠舅
奸兄! 正是乘除加减,上有苍穹。

晚韶华

镜里恩情,更那堪梦里功名! 那美韶华去之何迅? 再
休提绣帐鸳衾,只这戴珠冠,披凤袄,也抵不了无常性
命! 虽说是人生莫受老来贫,也须要阴骘积儿孙。气
昂昂头戴簪缨,光灿灿胸悬金印,威赫赫爵禄高登,昏
惨惨黄泉路近。问古来将相可还存? 也只是虚名儿后
人钦敬。

好事终

画梁春尽落香尘,擅风情,秉月貌,便是败家的根本。
箕裘颓堕皆从敬,家事消亡首罪宁。宿孽总因情!

飞鸟各投林

为官的,家业凋零;富贵的,金银散尽;有恩的,死里逃
生;无情的,分明报应;欠命的,命已还;欠泪的,泪已

尽：冤冤相报自非轻，分离聚合皆前定。欲知命短问前生，老来富贵也真侥幸。看破的，遁入空门；痴迷的，枉送了性命：好一似食尽鸟投林，落了片白茫茫大地真干净！

歌毕，还又歌副歌。警幻见宝玉甚无趣味，因叹："痴儿竟尚未悟！"那宝玉忙止歌姬不必再唱，自觉朦胧恍惚，告醉求卧。警幻便命撤去残席，送宝玉至一香闺绣阁中。其间铺陈之盛乃素所未见之物。更可骇者，早有一位仙姬在内，其鲜艳妩媚，大似宝钗，袅娜风流，又如黛玉。正不知是何意，忽见警幻说道：

"尘世中多少富贵之家，那些绿窗风月，绣阁烟霞，皆被那些淫污纨绔流荡女子玷辱了。更可恨者，自古来，多少轻薄浪子皆以好色不淫为解，又以情而不淫作案。此皆饰非掩丑之语耳。好色即淫，知情更淫。是以巫山之会，云雨之欢，皆由既悦其色，复恋其情所致。吾所爱汝者，乃天下古今第一淫人也。"

宝玉听了，吓得慌忙答道：

"仙姑差了。我因懒于读书，家父母尚每垂训饬，岂敢再冒'淫'字？况且年纪尚幼，不知'淫'为何事。"

警幻道：

宝玉与可卿云雨。作者以仙姑之妹为掩饰，乃恐碍于名教也。证之以下宝玉又与袭人云雨，更是昭然若揭。亦可证明宝玉已经发育，是位青年公子了。

"非也。淫虽一理，意则有别。如世之好淫者，不过悦容貌，喜歌舞，调笑无厌，云雨无时，恨不能天下之美女供我片时之趣兴：此皆皮肤滥淫之蠢物耳。如尔，则天分中生成一段痴情，吾辈推之为意淫。惟'意淫'二字可心会而不可口传，可神通而不可语达。汝今独得此二字，在闺阁中虽可为良友，却于世道中未免迂阔怪诡，百口嘲谤，万目睚眦。今既遇尔祖宁荣二公，剖腹深嘱，吾不忍子独为我闺阁增光，而见弃于世道，故引子前来，醉以美酒，沁以仙茗，警以妙曲，再将吾妹一人——乳名兼美，表字可卿者——许配与汝。今夕良时，即可成姻。不过令汝略领此仙闺幻境之风光尚然如此，何况尘世之情景呢？从今后，万万解释，改悟前情，留意于孔孟之间，委身于经济之道。"

说毕，便秘授以"云雨"之事，推宝玉入房中，将门掩上自去。

那宝玉恍恍惚惚，依着警幻所嘱，未免作起儿女的事来，也难以尽述。至次日，便柔情缱绻，软语温存，与可卿难解难分。因二人携手出去游玩之时，忽然至一个所在，但见荆榛遍地，狼虎同行，迎面一道黑溪阻路，并无桥梁可通。正在犹豫之间，忽见警幻从后追来，说道：

"快休前进！作速回头要紧！"

宝玉忙止步问道：

"此系何处？"

警幻道：

"此乃迷津，深有万丈，遥亘千里，中无舟楫可通，只有一个木筏，乃木居士掌柁，灰侍者撑篙，不受金银之谢，但遇有缘者渡之。尔今偶游至此，设如坠落其中，便深负我从前谆谆警戒之语了。"

话犹未了，只听迷津内响如雷声，有许多夜叉海鬼将宝玉拖将下去。吓得宝玉汗下如雨，一面失声喊叫："可卿救我！"吓得袭人辈众丫鬟忙上来搂住，叫："宝玉，不怕，我们在这里呢。"

这时秦氏正在房外嘱咐小丫头们好生看着猫儿狗儿打架，忽闻宝玉在梦中唤他的小名儿，因纳闷道：

"我的小名儿，这里从无人知道，他如何得知，在梦中叫出来？"

---

① 随喜——佛家以为，随着人做善事，可生欢喜心，所以管一般人到庙中的活动也叫随喜。

第六回 贾宝玉初试云雨情 刘姥姥一进荣国府

却说秦氏因听见宝玉梦中唤她的乳名,心中纳闷,又不好细问。彼时宝玉迷迷惑惑,若有所失,遂起身,解怀整衣。袭人过来给他系裤带时,刚伸手至大腿处,只觉冰冷粘湿的一片,吓的忙褪回手来,问:

"是怎么了?"

宝玉红了脸,把她的手一捻。袭人本是个聪明女子,年纪又比宝玉大两岁,近来也渐省人事,今见宝玉如此光景,心中便觉察了一半,不觉把个粉脸羞的飞红。遂不好再问,仍旧理好衣裳,随至贾母处来。胡乱吃过晚饭,过这边来,趁众奶娘丫鬟不在旁时,另取出一件中衣,与宝玉换上。

宝玉含羞央告道:

"好姐姐,千万别告诉人。"

袭人也含着羞悄悄的笑问道:

"你为什么——"

说到这里,把眼又往四处里瞧了瞧,才又问道:

"那是那里流出来的?"

宝玉只管红着脸,不言语,袭人却只瞅①着他笑。迟了一会,宝玉才把梦中之事细说与袭人听。说到云雨私情,羞的袭人掩面伏身而笑。宝玉亦素喜袭人柔媚姣俏,遂强拉袭人同领警幻所训之事,袭人自知贾母曾将她给了宝玉,也无可推托的,扭捏了半日,无奈何,只得和宝玉温存了一番。自此,宝玉视袭人更自不同,袭人待宝玉也越发尽职了。

　　且说荣府中合算起来，从上至下也有三百余口人，一天也有一二十件事，竟如乱麻一般，没个头绪可作纲领。正思从那一件事那一个人写起方妙？却好忽从千里之外芥豆之微小小一个人家，因与荣府略有些瓜葛，这日正往荣府中来，因此便就这一家说起，倒还是个头绪。

　　原来这小小之家，姓王，乃本地人氏，祖上也做过一个小小京官，昔年曾与凤姐之祖——王夫人之父——认识。因贪王家的势利，便连了宗，认作侄儿。那时只有王夫人之大兄——凤姐之父——与王夫人随在京的知有此一门远族，余者也皆不知。目今其祖早故，只有一个儿子，名唤王成，因家业萧条，乃搬出城外乡村中住了。王成亦相继身故，有子小名狗儿，娶妻刘氏，生子小名板儿，又生一女，名唤青儿。一家四口，以务农为业。因狗儿白日间自作些生计，刘氏又操井臼等事，青板姊弟两个无人照管，狗儿遂将岳母刘姥姥②接来一处过活。

　　这刘姥姥乃是个久经世代的老寡妇，膝下又无子息，只靠两亩薄田度日。如今女婿接了养活，岂不愿意呢？遂一心一计，帮着女儿女婿过活。因这年秋尽冬初，天气冷将上来，家中冬事未办，狗儿未免心中烦躁，吃了几杯闷酒，在家里闲寻气恼，刘氏不敢顶撞。因此，刘姥姥看不过，便劝道：

　　"姑爷，你别嗔着我多嘴。咱们村庄人家儿，那一个不是老老实实守着多大碗儿吃多大的饭呢？你皆因年小时候，托着老子娘的福，吃喝惯了，如今所以有了钱就顾头不顾尾，没了钱就瞎生气，成了什么男子汉大丈夫了！如今咱们虽离城住着，终是天子脚下。这'长安'城中，遍地皆是钱，只可惜没人会去拿罢了。在家跳蹋③也没用。"

　　狗儿听了道：

　　"你老只会在炕头上坐着混说。难道叫我打劫去不成？"

　　刘姥姥说道：

　　"谁叫你去打劫呢？也到底大家想个方法儿才好。不然，那银

61

子钱会自己跑到咱们家里来不成？"

狗儿冷笑道：

"有法儿还等到这会子呢！我又没有收税的亲戚、做官的朋友，有什么法子可想的？就有也只怕他们未必来理我们呢。"

刘姥姥道：

"这倒也不然，'谋事在人，成事在天'，咱们谋到了，靠菩萨的保佑，有些机会，也未可知。我倒替你们想出一个机会来。当日你们原是和金陵王家连过宗的，二十年前，他们看承你们还好；如今是你们'拉硬屎'④，不肯迁就他，才疏远起来。想当初我和女儿还去过一遭。他家的二小姐着实爽快，会待人的，倒不拿大⑤，如今她是荣国府贾二老爷的夫人。听见他们说，如今上了年纪，越发怜贫恤老的了，又爱斋僧布施。如今王府虽升了官儿，只怕二姑太太还认的咱们。你为什么不走动走动？或者她还念旧，有些好处，也未可知。只要她发点好心，拔根寒毛，比咱们的腰还壮呢！"

刘氏接口道：

"你老说的好！你我这样嘴脸，怎么好到她们上去？只怕她那门上人也不肯进去告诉。没的⑥白打嘴现世的！"

谁知狗儿利名心重，听如此说，心下便有些活动，又听他妻子这番话，便笑道：

"姥姥既这么说，况且当日你又见过这姑太太一次，为什么不你老人家明日就去走一遭。先试试风头儿去？"

刘姥姥道：

"嗳哟！可是说的了：'侯门似海'，我是个什么东西儿！他家人又不认得我，去了也是白跑。"

狗儿道：

"不妨，我教给你个法儿。你竟带了小板儿先去找陪房⑦周大爷，要见了他，就有些意思了。这周大爷先时和我父亲交过一桩事，我们本极好的。"

刘姥姥道：

"我也知道。只是许多时不走动，知道他如今是怎样？这也说不得了。你又是个男人，这么个嘴脸，自然去不得；我们姑娘，年轻的媳妇儿，也难卖头卖脚的，倒还是舍着我这副老脸去碰碰。果然有好处，大家也有益。"

当晚计议已定。次日，天未明时，刘姥姥便起来梳洗了。又将板儿教了几句话。五六岁的孩子，听见带他进城逛去，欢喜的无不应承。于是刘姥姥带了板儿进城，至宁荣街来。到了荣府大门前石狮子旁边，只见满门口的轿马。刘姥姥不敢过去，掸掸衣服，又教了板儿几句话，然后溜到角门前。只见几个挺胸叠肚指手画脚的人坐在大门上说东谈西的。刘姥姥只得蹭上来问：

"太爷们纳福！"

众人打量了一会，便问：

"是哪里来的？"

刘姥姥陪笑道：

"我找太太的陪房周大爷的，烦那位太爷替我请他出来。"

那些人听了，都不理他，半日，方说道：

"你远远的那墙畸角儿等着，一会子，他们家里就有人出来。"

内中有个年老的，说道：

"何苦误他的事呢？"因向刘姥姥道："周大爷往南边去了。他在后一带住着，他们奶奶儿倒在家呢。你打这边绕到后街门上找就是了。"

刘姥姥谢了，遂领着板儿绕至后门上。只见门上歇着些生意担子，也有卖吃的，也有卖玩耍的，闹吵吵，三二十个孩子在那里。刘姥姥便拉住一个道：

"我问哥儿一声：有个周大娘，在家么？"

那孩子翻眼瞅着道：

"那个周大娘？我们这里周大娘有几个呢，不知是那一个行当儿上的？"

刘姥姥道：

"他是太太的陪房。"

那孩子道：

"这个容易，你跟了我来。"

引着刘姥姥进了后院，到了一个院子墙边，指道：

"这就是他家。"又叫道："周大妈，有个老奶奶来找你呢。"

周瑞家的在内忙迎出来，问：

"是那位？"

刘姥姥迎上来笑问道：

"好啊？周嫂子。"

周瑞家的认了半日，方笑道：

"刘姥姥，你好？你说么，这几年不见，我就忘了。请家里坐。"

刘姥姥一面走，一面笑说道：

"你老是贵人多忘事了，那里还记得我们？"

说着，来至房中。周瑞家的命雇的小丫头倒上茶来吃着。周瑞家的又问道：

"板儿长了这么大了么？"又问些别后闲话，又问刘姥姥今日还是路过，还是特来的。刘姥姥便说：

"原来是特来瞧瞧嫂子。二则也请请姑太太的安。若可以领我见一见，更好；若不能，就借重嫂子转致意罢了。"

周瑞家的听了，便已猜着几分来意。只因他丈夫昔年争买田地一事多得狗儿他父亲之力，今儿刘姥姥如此，心中难却其意；二则也要显弄自己的体面。便笑说：

"姥姥，你放心。大远的诚心诚意来了，岂有个不叫你见过真佛儿去的呢？论理，人来客至，却都不与我相干。我们这里都是各一样儿，我们男的只管春秋两季地租子，闲了时带着小爷们出门就完了；我只管跟太太奶奶们出门的事。皆因你是太太的亲戚，又拿我当个人，投奔了我来，我竟破个例给你通个信儿去。但只一件，你还不知道呢，我们这里不比五年前了。如今太太不理事，都是琏二奶奶当家。你打量琏二奶奶是谁？就是太太的内侄女儿，大舅老爷的女孩儿，小名儿叫凤哥的。"

刘姥姥听了，忙问道：

"原来是她？怪道呢！我当日就说她不错。这么说起来，我今儿还得见她了？"

周瑞家的道：

"这个自然。如今有客来，都是凤姑娘周旋接待。今儿宁可不见太太，倒得见她一面，才不枉走这一遭儿。"

刘姥姥道：

"阿弥陀佛！这全仗嫂子方便了。"

周瑞家的说：

"姥姥说那里话？俗语说得好：'与人方便，自己方便。'不过用我一句话，又费不着我什么事。"说着，便唤小丫头到倒厅儿上悄悄的打听老太太屋里摆了饭没有。小丫头去了。

这里二人又说了些闲话。刘姥姥因说：

"这位凤姑娘今年不过十八九岁罢了，就这等有本事，当这样的家，可是难得的！"

周瑞家的听了道：

"嗐！我的姥姥，告诉不得你了，这凤姑娘年纪儿虽小，行事儿比男人都大呢。如今出挑的美人儿似的，少说着只怕有一万心眼子，再要赌口齿，十个会说的男人也说不过她呢！回来你见了，就知道了。——就只一件，待下人未免太严些儿。"

说着，小丫头回来说：

"老太太屋里摆完了饭了。二奶奶在太太屋里呢。"

周瑞家的听了，连忙起身催着刘姥姥：

"快走！这一下来就只吃饭是个空儿，咱们先等着去。若迟了一步，回事的人多了，就难说了。再歇了中觉，越发没时候了。"

说着，一齐下了炕，整顿衣服，刘姥姥又教了板儿几句话，跟着周瑞家的，逶迤往贾琏的住宅来，先至倒厅。周瑞家的将刘姥姥安插住等着，自己却先过影壁，走进了院门。知凤姐尚未出来。先找

65

着凤姐的一个心腹通房大丫头名唤平儿的。周瑞家的先将刘姥姥起初来历说明，又说：

"今日大远的来请安。当日太太是常会的，所以我带了她过来。等着奶奶下来，我细细儿的回明了，想来奶奶也不至嗔着我莽撞的。"

平儿听了，便作了个主意：

"叫他们进来，先在这里坐着就是了。"

周瑞家的才出去领了他们进来。上了正房台阶，小丫头打起猩红毡帘，才入堂屋，只闻一阵香扑了脸来，竟不知是何气味，身子就像在云端里一般。满屋里的东西都是耀眼争光，使人头晕目眩。刘姥姥此时只有点头咂嘴念佛而已。于是走到东边这间屋里，乃是贾琏的女儿睡觉之所。平儿站在炕沿边，打量了刘姥姥两眼，只得问个好，让了坐。刘姥姥见平儿遍身绫罗，插金戴银，花容月貌，便当是凤姐儿了，才要称"姑奶奶"，只见周瑞家的说：

"她是平姑娘。"

又见平儿赶着周瑞家的叫他"周大娘"，方知不过是个有体面的丫头。于是让刘姥姥和板儿上了炕，平儿和周瑞家的对面坐在炕沿上。小丫头们倒了茶来吃了。

刘姥姥只听见咯噔咯噔的响声，很似打锣筛面的一般，不免东瞧西望的。忽见堂屋中柱子上挂着一个匣子，底下又坠着一个秤铊似的，却不住的乱晃。刘姥姥心中想着："这是什么东西？有煞用处呢？……"正发呆时，陡听得当的一声，又若金钟铜磬一般，倒吓得不住的展眼儿。接着一连又是八九下。欲待问时，只见小丫头们一齐乱跑，说：

"奶奶下来了。"

平儿和周瑞家的忙起身说：

"姥姥只管坐着，等是时候儿，我们来请你。"说着，迎出去了。

刘姥姥只屏声侧耳默候，只听远远有人笑声，约有一二十个妇人，衣裙窸窣，渐入堂屋，往那边屋内去了。又见三两个妇人都捧着大红油漆盒，进这边来等候。听得那边说道"摆饭"，渐渐的人才散出去，只有伺候端菜的几个人。半日鸦雀不闻。忽见两个人抬了一张炕桌来放在这边炕上，桌上碗盘摆列，仍是满满的鱼肉，不过略动了几样。板儿一见就吵着要肉吃，刘姥姥打了他一巴掌。忽见周瑞家的笑嘻嘻走过来，点头儿叫她。刘姥姥会意，于是带着板儿下炕，至堂屋中间；周瑞家的又和她咕唧了一会子，方蹭到这边屋内。只见门外铜钩上悬着大红洒花软帘；南窗下是炕，炕上大红条毡；靠东边板壁立着一个锁子锦的靠背和一个引枕，铺着金线闪的大坐褥，旁边有银唾盒。

那凤姐家常带着紫貂昭君套，围着那攒珠勒子，穿着桃红洒花袄，石青刻丝灰鼠披风，大红洋绉银鼠皮裙，粉光脂艳，端端正正坐在那里，手内拿着小铜火箸儿拨手炉内的灰。平儿站在炕沿边，捧着小小的一个填漆茶盘，盘内一个小盖钟儿。凤姐也不接茶，也不抬头，只管拨那灰，慢慢的道："怎么还不请进来？"一面说，一面抬身要茶时，只见周瑞家的已带了两个人立在面前了，这才忙欲起身。犹未起身，满面春风的问好，又嗔着周瑞家的：

此处描写凤姐又是先声夺人。摆设服饰，无一不充满富贵气，凤姐的架子、威严、镇定、从容，与迎接黛玉时完全是两副嘴脸，两种态度。真绝！

"怎么不早说！"

刘姥姥已在地下拜了几拜，问姑奶奶安。

凤姐忙说：

"周姐姐，搀着不拜罢。我年轻，不大认得，可也不知是什么辈数儿，不敢称呼。"

周瑞家的忙回道：

"这就是我才回的那个姥姥了。"

凤姐点头。

刘姥姥已在炕沿上坐下了，板儿便躲在她背后。百般的哄他出来作揖，他死也不肯。凤姐笑道：

67

"亲戚们不大走动,都疏远了。知道的呢,说你们弃嫌我们,不肯常来;不知道的那起小人,还只当我们眼里没人似的。"

刘姥姥忙念佛道:

"我们家道艰难,走不起,来到这里,没的给姑奶奶打嘴,就是管家爷们瞧着也不像。"

凤姐笑道:

"这话没的叫人恶心,不过托赖着祖父的虚名,作个穷官儿罢咧。谁家有什么?不过也是个空架子。俗语儿说的好,'朝廷还有三门子穷亲呢',何况你我?"说着,又问周瑞家的:"回了太太了没有?"

周瑞家的道:

"等奶奶的示下。"

凤姐儿道:

"你去瞧瞧。要是有人就罢;要得闲呢,就回了,看怎么说。"

周瑞家的答应去了。

这里凤姐叫人抓了些果子,给板儿吃,刚问了几句闲话时,就有家下许多媳妇儿——管事的——来回话。平儿回了。凤姐道:

"我这里陪客呢,晚上再来回;有要紧事,你就带进来现办。"

平儿出去一会,进来说:

"我问了,没什么要紧的,我叫他们散了。"

凤姐点头。只见周瑞家的回来,向凤姐道:

"太太说:'今日不得闲儿。二奶奶陪着也是一样。多谢费心想着,要是白来逛逛呢,便罢;有什么说的,只管告诉二奶奶。'"

刘姥姥道:

"也没甚的说,不过来瞧瞧姑太太姑奶奶,也是亲戚们的情分。"

周瑞家的道:

"没有什么说的便罢;要有话,只管回二奶奶,和太太是一样儿的。"一面说,一面递了个眼色儿。

　　刘姥姥会意，未语先红了脸，待要不说，今日所为何来，只得勉强说道：

　　"论今日初次见，原不该说的；只是大远的奔了你老这里来，少不得说了。……"

　　刚说到这里，只听二门上小厮们回说：

　　"东府里小大爷进来了。"

　　凤姐忙和刘姥姥摆手，道：

　　"不必说了。"一面便问："你蓉大爷在那里呢？"

　　只见一路靴子响，进来了一个十七八岁的少年，面目清秀，身段苗条，美服华冠，轻裘宝带。刘姥姥此时坐不是，站不是，藏没处藏，躲没处躲。凤姐笑道：

　　"你只管坐着罢，这是我侄儿。"

　　刘姥姥才扭扭捏捏的在炕沿儿上侧身坐下。

　　那贾蓉请了安，笑回道：

　　"我父亲打发来求婶子。上回老舅太太给婶子的那架玻璃炕屏，明儿请个要紧的客，略摆一摆就送来。"

作者写凤姐待贾蓉又是一种嘴脸。从婶侄之间的对答和凤姐的神色看来，两人之间亦大有文章。

　　凤姐道：

　　"你来迟了，昨儿已经给了人了。"

　　贾蓉听说，便笑嘻嘻的在炕沿上下个半跪，道：

　　"婶子要不借，我父亲又说我不会说话了，又要挨一顿好打。好婶子，只当可怜我罢！"

　　凤姐笑道：

　　"也没见我们王家的东西都是好的。你们那里放着那些好东西，只别看见我的东西才罢，一见了就想拿了去。"

　　贾蓉笑道：

　　"只求婶娘开恩罢！"

　　凤姐道：

"碰坏一点儿，你可仔细你的皮！"因命平儿拿了楼门上的钥匙，叫几个妥当人来抬去。

贾蓉喜的眉开眼笑，忙说：

"我亲自带人拿去，别叫他们乱碰。"说着，便起身出去了。

这凤姐忽然想起一件事来，便向窗外叫：

"蓉儿，回来。"

外面几个人接声说：

"请蓉大爷回来呢。"

贾蓉忙回来，满脸笑容的瞅着凤姐，听何指示。那凤姐只管慢慢吃茶，出了半日神，忽然把脸一红，笑道：

"罢了，你先去罢。晚饭后，你来再说罢。这会子有人，我也没精神了。"

贾蓉答应个"是"，抿着嘴儿一笑，方慢慢退去。

这刘姥姥方安顿了，便说道："我今日带了你侄儿，不为别的，因他爹娘连吃的没有，天气又冷，只得带了你侄儿奔了你老来。"说着，又推板儿道："你爹在家里怎么教你的？打发咱们来作煞事的？只顾吃果子！"凤姐早已明白了，听他不会说话，因笑道：

"不必说了，我知道了。"因问周瑞家的道："这姥姥不知用了早饭没有呢？"

刘姥姥忙道："一早就望这里赶咧，那里还有吃饭的工夫咧。"

凤姐便命："快传饭来。"

一时，周瑞家的传了一桌客馔摆在东屋里，过来带了刘姥姥和板儿过去吃饭。凤姐这里道：

"周姐姐，好生让着些儿，我不能陪了。"一面又叫过周瑞家的来问道："方才回了太太，太太怎么说了？"

周瑞家的道：

"太太说：'他们原不是一家子，当年他们的祖和太老爷在一处做官，因连了宗的。这几年不大走动。当时他们来了，却也从没空过的；如今来瞧我们，也是他的好意，别简慢了他。要有什么话，叫

70

二奶奶裁夺着就是了。'"

　　凤姐听了说道:

　　"怪道,既是一家子,我怎么连影儿也不知道?"

　　说话间,刘姥姥已吃完了饭,拉了板儿过来,舌唇咂嘴的道谢。凤姐笑道:

　　"且请坐下,听我告诉你。方才你的意思,我已经知道了。论起亲戚来,原该不等上门就有照应才是,但只如今家里事情太多,太太上了年纪,一时想不到是有的。我如今接着管事,这些亲戚们又都不大知道。况且外面看着虽是烈烈轰轰,不知大有大的难处,说给人也未必信。你既大远的来了,又是头一遭儿和我张个口,怎么叫你空回去呢?可巧昨儿太太给我的丫头们作衣裳的二十两银子还没动呢,你不嫌少,先拿了去用罢。"

　　刘姥姥听见告艰苦,只当是没想头了;又听见给她二十两银子,喜的眉开眼笑道:

　　"我们也知道艰难的,但只俗语说的:'瘦死的骆驼比马还大呢。'凭他怎样,你老拔一根寒毛,比我们的腰还壮哩!"

　　周瑞家的在旁听见她说的粗鄙,只管使眼色止她。凤姐笑而不睬,叫平儿把昨儿那包银子拿来,再拿一串钱,都送至刘姥姥跟前。凤姐道:

　　"这是二十两银子,暂且给这孩子们作件冬衣罢。改日没事,只管来逛逛,才是亲戚们的意思。天也晚了,不虚留你们了。到家,该问好的都问个好儿罢。"一面说,一面就站起来了。

　　刘姥姥只是千恩万谢的,拿了银钱,跟着周瑞家的走到外边。周瑞家的道:

　　"我的娘!你怎么见了她倒不会说话了呢?开口就是'你侄儿'。我说句不怕你恼的话:就是亲侄儿也要说的和软些儿。那蓉大爷才是他的侄儿呢,她怎么又跑出这么个侄儿来了呢!"

　　刘姥姥笑道:

　　"我的嫂子,我见了她,心眼儿爱还爱不过来,那里还说的上话来!"

二人说着，又到周瑞家坐了片刻。刘姥姥要留下一块银子给周瑞家的孩子们买果子吃。周瑞家的那里放在眼里？执意不肯。刘姥姥感谢不尽，仍从后门去了。

① 瞅——北京话作"看"用的两个音：轻些的、随便些的说，"chǒu"写作愀或瞅，本书中都作瞅；重些的、具体些的说"qiáo"写作瞧，本书中也什瞧。

② 姥姥——外孙对外祖母的称呼。北方习惯常以孩子们(子、女)的称呼作为一般的称呼。所以王狗儿一家称她为姥姥，由王家而认识他的人，便也全都公称她为姥姥了。

③ 跳蹋——着急、发怒、顿足喧闹。

④ 拉硬屎——强装有理，装硬，不认错。

⑤ 拿大——自大，摆架子。

⑥ 没的——无端的，没来由或无缘无故地的意思。

⑦ 陪房——女子结婚时从娘家带去的仆人，叫做陪房。

第七回　送宫花贾琏戏熙凤
　　　　宴宁府宝玉会秦钟

话说周瑞家的送了刘姥姥去后，便上来回王夫人的话，谁知王夫人不在上房。问丫鬟们，方知往薛姨妈那边说话儿去了。周瑞家的听说，便出东角门，过东院，往梨香院来。刚至院门前，只见王夫人的丫鬟金钏儿和那一个才留头的小女孩儿站在台阶儿上玩呢。看见周瑞家的进来，便知有话来回，因往里努嘴儿。

周瑞家的轻轻掀帘进去，见王夫人正和薛姨妈长篇大套的说些家务人情话。周瑞家的不敢惊动，遂进里间来，只见薛宝钗家常打扮，头上只挽着发儿，坐在炕里边，伏在几上，和丫鬟莺儿正在那里描花样子呢。见她进来，便放下笔，转过身，满面堆笑，让：

"周姐姐坐。"

周瑞家的也忙陪笑问道：

"姑娘好？"一面炕沿边坐了，因说："这有两三天也没见姑娘到那边逛逛去，只怕是你宝兄弟冲撞了你不成？"

宝钗笑道：

"那里的话？只因我那宗病又发了，所以且静养两天。"

周瑞家的道：

"正是呢，姑娘到底有什么病根儿？也该趁早请个大夫认真医治医治。小小的年纪儿倒作下个病根儿，也不是玩的呢。"

宝钗听说，笑道：

"再别提起。这个病也不知请了多少大夫，吃了多少药，花了多少钱，总不见一点效验儿。后来还亏了一个和尚，专治无名的病症，因请他看了。他说我这是从胎里带来的一股热毒，幸而我先天壮，还不相干。要是吃丸药，是不中用的。他就说了个'海上仙方儿'，又给了一包末药作引子，异香异气的。他说犯了时吃一丸就好了。倒也奇怪，这倒效验些。"

周瑞家的因问道：

"不知是什么方儿？姑娘说了，我们也好记着，说给人知道。要遇见这样病，也是行好的事。"

宝钗笑道："不问这方儿还好，若问这方儿，真把人琐碎死了。东西药料一概却都有限，最难得是'可巧'二字。要春天开的白牡丹花蕊十二两，夏天开的白荷花蕊十二两，秋天的白芙蓉花蕊十二两，冬天的白梅花蕊十二两。将这四样花蕊于次年春分这一天晒干，和在末药一处，一齐研好。又要雨水这日的天落水十二钱。……"

周瑞家的笑道：

"嗳呀，这么说就得三年的工夫呢！倘或雨水这日不下雨，可又怎么着呢？"

宝钗笑道：

"所以了，那里有这么可巧的雨？也只好再等罢了。还要白露这日的露水十二钱，霜降这日的霜十二钱，小雪这日的雪十二钱。把这四样水调匀了，丸了龙眼大的丸子，盛在旧磁坛里，埋在花根底下。若发了病的时候儿，拿出来吃一丸，用一钱二分黄柏煎汤送下。"

周瑞家的听了，笑道：

"阿弥陀佛，真巧死人了，等十年还未必碰的全呢！"

宝钗道：

"竟好。自他去后，一二年间，可巧都得了，好容易配成一料，如今从家里带了来，现埋在梨花树底下。"

周瑞家的又道：

"这药有名字没有呢？"

宝钗道：

"有。也是那和尚说的,叫作'冷香丸'。"

周瑞家的听了,点头儿,因又说:

"这病发了时,到底怎么着?"

宝钗道:

"也不觉什么,不过只喘嗽些,吃一丸也就罢了。"

周瑞家的还要说话时,忽听王夫人问道:

"谁在里头?"

周瑞家的忙出来答应了,便回了刘姥姥之事。略待半刻,见王夫人无话,方欲退出去,薛姨妈忽又笑道:

"你且站住。我有一件东西,你带了去罢。"

说着,便叫:

"香菱。"

帘栊响处,才和金钏儿玩的那个小丫头进来,问:

"太太,叫我做什么?"

薛姨妈道:

"把那匣子里的花儿拿来。"

香菱答应了,向那边捧了个小锦匣儿来。薛姨妈道:

"这是宫里头作的新鲜花样儿,堆纱花十二枝。昨儿我想起来,白放着,可惜旧了,何不给他们姐妹们戴去?昨儿要送去,偏又忘了;你今儿来得巧,就带了去罢。你家的三位姑娘,每位两枝,下剩六枝,送林姑娘两枝,那四枝给凤姐儿罢。"

王夫人道:

"留着给宝丫头戴也罢了,又想着他们。"

薛姨妈道:

"姨太太不知,宝丫头怪着呢,她从来不爱这些花儿粉儿的。"

说着,周瑞家的拿了匣子,走出房门,见金钏儿仍在那里晒日阳儿。周瑞家的问道:

"那香菱小丫头子,可就是时常说的临上京时买的,为她打人命官司的那个小丫头吗?"

金钏儿道：

"可不就是她。"

正说着，只见香菱笑嘻嘻的走来。周瑞家的便拉了她的手细细的看了一回，因向金钏儿笑道：

"这个模样儿竟有些像咱们东府里的小蓉奶奶的品格儿。"

金钏儿道：

"我也这么说呢。"

周瑞家的又问香菱：

"你几岁投身到这里？你父母在那里呢？今年十几了？本处是那里的人？"

香菱听问，摇头说：

"不记得了。"

周瑞家的和金钏儿听了，倒反为叹息了一回。

一时，周瑞家的携花至王夫人正房后。原来近日贾母说孙女们太多，一处挤着倒不便，只留宝玉黛玉二人在这边解闷，却将迎春、探春、惜春三人移到王夫人这边房后三间抱厦内居住，令李纨陪伴照管。如今周瑞家的故顺路先往这里来。只见几个小丫头都在抱厦内默坐，听着呼唤。迎春的丫鬟司棋和探春的丫鬟侍书，二人正掀帘出来，手里都捧着茶盘茶钟。周瑞家的便知她姐妹在一处坐着，也进入房内。只见迎春探春二人正在窗下围棋。周瑞家的将花送上，说明原故。二人忙住了棋，都欠身道谢，命丫鬟们收了。

周瑞家的答应了，因说：

"四姑娘不在房里，只怕在老太太那边呢。"

丫鬟们道：

"在那屋里不是？"

周瑞家的听了，便往这边屋里来。只见惜春正同水月庵的小姑子智能儿两个一处玩耍呢，见周瑞家的进来，惜春便问她何事。周瑞家的将花匣打开，说明原故。惜春笑道：

　　"我这里正和智能儿说，我明儿也要剃了头跟她作姑子去呢，可巧又送了花来。要剃了头，可把花儿戴在那里呢?"说着，大家取笑一回，惜春命丫鬟收了。

　　周瑞家的因问智能儿:

　　"你是什么时候来的? 你师父，那'秃歪剌'① 那里去了?"

　　智能儿道:

　　"我们一早就来了。我师父见过太太，就往于老爷府里去了，叫我在这里等他呢。"

　　周瑞家的又道:

　　"十五的月例香供银子可得了没有?"

　　智能儿道:

　　"不知道。"

　　惜春便问周瑞家的:

　　"如今各庙月例银子是谁管着?"

　　周瑞家的道:

　　"余信管着。"

　　惜春听了，笑道:

　　"这就是了。他师父一来了，余信家的就赶上来，他和师父咕唧了半日，想必就是为了这个事了。"

　　那周瑞家的又和智能儿唠叨了一回，便往凤姐处来。穿过了夹道子，从李纨后窗下越过西花墙，出西角门，进凤姐院中。走至堂屋，只见小丫头丰儿坐在房门槛儿上。见周瑞家的来了，连忙的摆手儿，叫他往东屋里去。周家的会意，忙着跧手跧脚儿的往东边屋里来，只见奶子拍着大姐儿睡觉呢。周瑞家的悄悄儿问道:

　　"二奶奶睡中觉了吗? 也该清醒了。"

　　奶子笑着，撇着嘴，摇头儿。正问着，只听那边微有笑声儿，却是贾琏的声音。接着房门响，平儿拿着大铜盆出来叫人舀水。平儿便进这边来，见了周家的，便问:

　　"你老人家又来作什么?"

周家的忙起身,拿匣子给她看,道:

"送花儿来了。"

平儿听了,便打开匣子,拿了四枝,抽身去了。半刻工夫,手里拿出两枝来,先叫彩明来,吩咐送到那边府里给小蓉大奶奶戴的,次后方命周家的回去道谢。

周家的这才往贾母这边来。过了穿堂,顶头忽见她的女孩儿,打扮着,才从她婆家来。周瑞家的忙问:

"你这会子跑来作什么?"

她女孩儿说:

"妈,一向身上好?我在家里等了这半日,妈竟不去,什么事情,这么忙的不回家?我等烦了,自己先到了老太太跟前请了安了!这会子请太太的安去。妈还有什么不了差事?手里是什么东西?"

周瑞家的笑道:

"嗳!今儿偏偏来了个刘姥姥,我自己多事,为她跑了半日。这会子叫姨太太看见了,叫送这几枝花儿给姑娘奶奶们去,这还没有送完呢。你今儿来,一定有什么事情?"

她女孩儿笑道:

"你老人家倒会猜;一猜就猜着了!实对你老人家说:你女婿因前儿多喝了点子酒,和人分争起来,不知怎么,叫人放了把邪火,说他来历不明,告到衙门里,要递解还乡。所以我来和你老人家商量商量,讨个情分。不知求那个可以了事?"

周瑞家的听了道:

"我就知道。这算什么大事?忙的这么着!你先家去,等我送下林姑娘的花儿就回去。这会儿,太太二奶奶都不得闲儿呢。"

她女孩儿听说,便回去了,还说:

"妈,好歹快来!"

周瑞家的道:

"是了罢。小人儿家没经过什么事,就急的这么个样儿!"说着，便到黛玉房中去了。

　　谁知此时黛玉不在自己房里，却在宝玉房中，大家解"九连环"②作戏。周瑞家的进来，笑道：

　　"林姑娘，姨太太叫我送花儿来了。"

　　宝玉听说，便说：

　　"什么花儿？拿来我瞧瞧。"一面便仲手接过匣子来看时，原来是两枝宫制堆纱新巧的假花。黛玉只就宝玉手中看了一看，便问道：

　　"是单送我一个人的，还是别的姑娘们都有呢？"

　　周瑞家的道：

　　"各位都有了，这两枝是姑娘的。"

　　黛玉冷笑道：

　　"我就知道么，别人不挑剩下的，也不给我呀。"

　　周瑞家的听了，一声儿也不敢言语。宝玉问道：

　　"周姐姐，你作什么到那边去了？"

　　周瑞家的因说：

　　"太太在那里，我回话去了，姨太太就顺便叫我带来的。"

　　宝玉道：

　　"宝姐姐在家里作什么呢？怎么这几日也不过来？"

　　周瑞家的道：

　　"身上不大好呢。"

　　宝玉听了，便和丫头们说：

　　"谁去瞧瞧，就说我和林姑娘打发来问姨娘姐姐安。问姐姐是什么病，吃什么药。论理，我该亲自来的，就说才从学里回来，也着了些凉，改日再亲自来看。"

　　说着，茜雪便答应去了。周瑞家的自去。无话。

　　原来周瑞家的女婿便是雨村的好友冷子兴，近日因卖古董，和人打官司，故叫女人来讨情。周瑞家的仗着主子的势，把这些事也不放在心上，晚上只求求凤姐便完了。

至掌灯时,凤姐卸了妆,来见王夫人,回说:

"今儿甄家送了来的东西,我已收了;咱们送他的,趁着他家有年下送鲜的船,交给他带了去了。"

王夫人点点头儿。凤姐又道:

"临安伯老太太生日的礼已经打点了,太太派谁送去?"

王夫人道:

"你瞧谁闲着,叫四个女人去就完了,又来问我!"

凤姐道:

"今日珍大嫂子来请我明日去逛逛。明日有什么事没有?"

王夫人道:

"有事没事,都碍不着什么。每常她来请,有我们,你自然不便。她不请我们,单请你,可知是她的诚心,叫你散荡散荡。别辜负了她的心,倒该过去走走才是。"

凤姐答应了。当下李纨探春等姊妹们也都定省毕,各归房。无话。

次日,凤姐梳洗了,先回王夫人毕,方来辞贾母。宝玉听了,也要逛去。凤姐只得答应着,立等换了衣裳。姐儿两个,坐了车,一时进入宁府。早有贾珍之妻尤氏与贾蓉媳妇秦氏,婆媳两个,带着多少侍妾丫鬟等接出仪门。

那尤氏一见了凤姐,必先嘲笑一阵,一手拉了宝玉,同入上房里坐下。秦氏献了茶。凤姐便说:

"你们请我来作什么?拿什么孝敬我?有东西就献上来罢,我还有事呢。"

尤氏未及答应,几个媳妇们先笑道:

"二奶奶,今日不来就罢;既来了,就依不得你老人家了。"

正说着,只见贾蓉进来请安。宝玉因道:

"大哥哥今儿不在家么?"

尤氏道:

"今儿出城请老爷的安去了。"又道:"可是你怪闷的,坐在这里作什么？何不出去逛逛呢？"

秦氏笑道："今日可巧。上回宝二叔要见我兄弟，今儿他在这里书房里坐着呢。为什么不瞧瞧去？"

宝玉便要去见。尤氏忙吩咐人：

"小心伺候着，跟了去。"

凤姐道：

"既这么着，为什么不请进来，我也见见呢？"

尤氏笑道：

"罢，罢！可以不必见。比不得咱们家的孩子，胡打海摔的惯了的。人家的孩子都是斯斯文文的，没见过你这样'泼辣货'，还叫人家笑话死呢。"

凤姐笑道：

"我不笑话他就罢了，他敢笑话我！"

贾蓉道：

"他生的腼腆，没见过大阵仗儿，婶子见了没的生气。"

凤姐啐道：

"呸！扯臊③！他是哪吒，我也要见见。别放你娘的屁了！再不带来，打你顿好嘴巴子！"

贾蓉溜湫着眼儿④，笑道：

"何苦婶子又使利害？我们带了来就是了。"

凤姐也笑了。——

贾蓉出去，一会儿，果然带了个后生来。比宝玉略瘦些，眉清目秀，粉面朱唇，身材俊俏，举止风流，似更在宝玉之上。只是怯怯羞羞，有些女儿之态，腼腆含糊的向凤姐请安问好。凤姐喜的先推宝玉，笑道：

"比下去了！"便探身一把攥了这孩子的手，叫他身旁坐下，慢慢问他年纪、读书等事，方知他学名叫秦钟。

早有凤姐跟的丫鬟、媳妇们，看见凤姐初见秦钟，并未备得表礼来，遂忙过那边去告诉平儿。平儿素知凤姐和秦氏厚密，遂自作主意，拿了一匹尺头，两个"状元及第"⑤的小金锞子，交付来人送过去。凤姐还说："太简薄些。"秦氏等谢毕。一时，吃过了饭，尤氏、凤姐、秦氏等抹骨牌。不在话下。

宝玉秦钟二人随便起坐说话儿。那宝玉自一见秦钟，心中便如有所失。痴了半日，自己心中又起了个呆想，乃自思道：

"天下竟有这等的人物！如今看了，我竟成了泥猪癞狗了！可恨我为什么生在这侯门公府之家？要也生在寒儒薄宦的家里，早得和他交接，也不枉生了一世。我虽比他尊贵，但绫锦纱罗，也不过裹了我这枯株朽木；羊羔美酒，也不过填了我这粪窟泥沟：'富贵'二字，真真把人荼毒了！……"

那秦钟见了宝玉形容出众，举止不凡，更兼金冠绣服，艳婢姣童，也暗自思忖：

"果然怨不得姐姐素日提起来就夸不绝口。我偏偏生于清寒之家，怎能和他交接，亲厚一番，也是缘法！……"

二人一样胡思乱想。宝玉又问他读什么书。秦钟见问，便依实而答。二人你言我语，十来句话，越觉亲密起来了。

一时，捧上茶果吃茶。宝玉便说：

"我们两个又不吃酒，把果子摆在里间小炕上，我们那里去，省了闹的你们不安。"

于是二人进里间来吃茶。秦氏一面张罗凤姐吃果酒，一面忙进来嘱咐宝玉道：

"宝二叔，你侄儿年轻，倘或说话不防头⑥你千万看着我，别理他。他虽腼腆，却脾气拐孤⑦，不大随和儿。"

宝玉笑道：

"你去罢，我知道了。"

秦氏又嘱咐了他兄弟一回，方去陪凤姐儿去了。

一时，凤姐尤氏又打发人来问宝玉："要吃什么，只管要去。"宝玉只答应着，也无心在饮食上，只问秦钟近日家务等事。秦钟因言：

"业师于去岁辞馆，家父年纪老了，残疾在身，公务繁冗，因此，尚未议及延师，目下不过在家温习旧课而已。再读书一事，也必须有一二知己为伴，时常大家讨论，才能有些进益。"

宝玉不待说完，便道：

"正是呢。我们家却有个家塾，合族中有不能延师的便可入塾读书，亲戚子弟可以附读。我因上年业师回家去了，也现荒废着。家父之意，亦欲暂送我去，且温习着旧书，待明年业师上来，再各自在家读书。家祖母因说：一则家学里子弟太多，恐怕大家淘气，反不好；二则也因我病了几天，遂暂且耽搁着。如此说来，尊翁如今也为此事悬心。今日回去，何不禀明，就在我们这敝塾中来？我也相伴，彼此有益，岂不是好事？"

秦钟笑道：

"家父前日在家提起延师一事，也曾提起这里的义学倒好，原要来和这里的老爷商议引荐，因这里又有事忙，不便为这点子小事来絮聒。二叔果然度量侄儿或可磨墨洗砚，何不速速作成？彼此不致荒废，既可以常相聚谈，又可以慰父母之心，又可以得朋友之乐，岂不是美事？"

宝玉道：

"放心，放心。咱们回来告诉你姐夫、姐姐和琏二嫂子。今日你就回家禀明令尊，我回去禀明了祖母，再无不速成之理。"

二人计议已定，那天气已是掌灯时分，出来又看他们玩了一回牌。算帐时，却又是秦氏尤氏二人输了戏酒的东道，言定后日吃这东道。一面又吃了晚饭。

因天黑了，尤氏说：

"派两个小子送了秦哥儿家去。"

媳妇们传出去半日，秦钟告辞起身。尤氏问：

"派谁送去？"

媳妇们回说：

"外头派了焦大，谁知焦大醉了，又骂呢。"

尤氏秦氏都道：

"偏又派他作什么？那个小子派不得？偏又惹他！"

凤姐道：

"成日家说你太软弱了，纵的家里人这样，还了得吗？"

尤氏道：

"你难道不知这焦大的？连老爷都不理他，你珍大哥哥也不理他。因他从小儿跟着太爷出过三四回兵。从死人堆里把太爷背出来了，才得了命。自己挨着饿，却偷了东西给主子吃；两日没水，得了半碗水，给主子喝，他自己喝马溺。不过仗着这些功劳情分。有祖宗时，都另眼相待，如今谁肯难为他？他自己又老了，又不顾体面，一味的好酒，喝醉了无人不骂。我常说给管事的：以后不用派他差使，只当他是个死的就完了，今儿又派了他！"

凤姐道：

"我何曾不知这焦大？到底是你们没主意。何不远远的打发他到庄子上去就完了？"说着，因问："我们的车可齐备了？"

众媳妇们说：

"伺候齐了。"

凤姐也起身告辞，和宝玉携手同行。

尤氏等送至大厅前，见灯火辉煌，众小厮们都在丹墀侍立。那焦大又恃贾珍不在家，因趁着酒兴，先骂大总管赖二：

"不公道！欺软怕硬！有好差使，派了别人；这样黑更半夜送人，就派我。没良心的忘八羔子！瞎充管家！你也不想想，焦大太爷跷起一只腿，比你的头还高些。二十年头里的焦大太爷眼里有谁？别说你们这一把子的杂种们！"

正骂得兴头上，贾蓉送凤姐的车出来。众人喝他不住。贾蓉忍不住，便骂了几句，叫人：

"捆起来！等明日酒醒了，再问他还寻死不寻死！"

那焦大那里有贾蓉在眼里？反大叫起来，赶着贾蓉叫：

"蓉哥儿！你别在焦大跟前使主子性儿！别说你这样儿的，就是你爹、你爷爷，也不敢和焦大挺腰子呢！不是焦大一个人，你们作官儿，享荣华，受富贵！你祖宗九死一生挣下这个家业，到如今，不报我的恩，反和我充起主子来了。不和我说别的还可，再说别的，咱们白刀子进去，红刀子出来！"

凤姐在车上和贾蓉说：

"还不早些打发了没王法的东西！留在家里，岂不是害？亲友知道，岂不笑话咱们这样的人家连个规矩都没有？"

贾蓉答应了"是"。

众人见他太撒野，只得上来了几个，揪翻捆倒，拖往马圈里去。焦大益发连贾珍都说出来，乱嚷乱叫，说要往祠堂里哭太爷去：

"那里承望到如今生下这些畜生来！每日偷鸡戏狗，爬灰的爬灰，养小叔子的养小叔子，我什么不知道？咱们'胳膊折了，往袖子里藏！'"

众小厮见他说出来的话有天没日的，吓得魂飞魄丧，把他捆起来，用土和马粪满满的填了他一嘴。

> 作者写焦大也是一绝．与刘姥姥异曲同工。他不但把王熙凤、薛宝钗、林黛玉、晴雯等写活了，不论什么人，一落在他的笔下，无不活龙活现．别人花了几十万字笔墨，也不如他这三几百字的效果。

凤姐和贾容也遥遥的听见了，都装作没听见。宝玉在车上听见，因问凤姐道：

"姐姐，你听他说，'爬灰的爬灰'，这是什么话？"

凤姐连忙喝道："少胡说！那是醉汉嘴里胡嗼⑧！你是什么样的人，不说没听见，还倒细问！等我回了太太，看是捶你不捶你！"

吓得宝玉连忙央告：

"好姐姐，我再不敢说这些话了。"

凤姐哄他道：

"好兄弟，这才是呢。等回去，咱们回了老太太，打发人到家学里去说明了。请了秦钟，学里念书去要紧。"

说着，自回荣府而来。

① 秃歪剌——秃,指光头。歪剌,是不正当的人,也叫歪剌骨,歪剌货,是骂人的话,也作歪辣。

② 九连环——一种玩物,用铁丝、铜丝或银丝制成。一个长圈,一端是柄,中套九个圆环,每环下边连着垂下的直丝,到下边总联起一个横条。玩的时候,摘下套上,手续极繁。

③ 扯臊——胡说,有不怕羞的意思。

④ 溜湫着眼儿——溜湫,又说溜溜湫湫地,从旁窥伺,随时看风色,不敢正视的样子。

⑤ 状元及第——这里是指一种图案,画作一人纱帽上插两枝"金花"(状元特有的妆饰品),骑着马。复杂些的还画小僮跟随,手持旗帜,上书"状元及第"四字。

⑥ 不防头——不留神,没顾忌,冒失的意思。

⑦ 拐孤——乖僻。

⑧ 胡嗳——动物(如猫狗等)呕吐叫作嗳。胡嗳比骂人"胡说"意思更重。

第八回　贾宝玉奇缘识金锁
薛宝钗巧合认通灵

　　话说宝玉和凤姐回家，见过众人，宝玉便回明贾母要约秦钟上家塾之事，自己也有个伴读的朋友，正好发愤。又着实称赞秦钟人品行事，最是可人怜爱的。凤姐又在一旁帮着说："改日秦钟还来拜见老祖宗呢。"说的贾母喜欢起来。凤姐又趁势请贾母一同过去看戏。贾母虽年高，却极有兴头。后日，尤氏来请，遂带了王夫人、黛玉、宝玉等过去看戏。至响午，贾母便回来歇息。王夫人本好清净，见贾母回来，也就回来了。然后凤姐坐了首席，尽欢至晚而罢。

　　却说宝玉送贾母回来，待贾母歇了中觉，还要回去看戏，又恐搅的秦氏等人不便，因想起宝钗近日在家养病，未去看视，意欲去望她。若从上房后角门过去，恐怕遇见别事缠绕，又怕遇见他父亲，更为不妥，宁可绕个远儿。当下众嬷嬷丫鬟伺候他换衣服，见不曾换，仍出二门去了。众嬷嬷丫鬟只得跟随出来，还只当他去那边府中看戏，谁知到了穿堂儿，便向东北边绕过厅后而去。

　　宝玉来至梨香院中，先进薛姨妈屋里来，见薛姨妈打点针黹与丫鬟们呢。宝玉忙请了安。薛姨妈一把拉住，抱入怀中，笑说：

　　"这么冷天，我的儿，难为你想着来！快上炕来坐着罢。"

　　随即命人沏滚滚的茶来。宝玉因问：

　　"哥哥没在家么？"

　　薛姨妈叹道：

　　"他是没笼头的马，天天逛不了，那里肯在家一日呢？"

　　宝玉道：

"姐姐可大安了？"

薛姨妈道：

"可是呢，你前儿又想着，打发人来瞧她。她在里间不是，你去瞧。她那里比这里暖和，你那里坐着，我收拾收拾就进来和你说话儿。"

宝玉听了，忙下炕来，到了里间门前，只见吊着半旧的红绸软帘。宝玉掀帘一步进去，先就看见宝钗坐在炕上作针线。头上挽着黑漆油光的发儿，蜜合色的棉袄，玫瑰紫二色金银线的坎肩儿，葱黄绫子棉裙，一色儿半新不旧的，看去不见奢华，惟觉雅淡。罕言寡语，人谓装愚；安分随时，自云守拙。

宝玉一面看，一面问：

"姐姐可大愈了？"

宝钗抬头看见宝玉进来，连忙起身，含笑答道：

"已经大好了，多谢惦记着。"

说着，让他在炕沿上坐下，即令莺儿倒茶来。一面又问老太太姨娘安，又问别的姐妹们好；一面看宝玉头上戴着累丝嵌宝紫金冠，额下勒着二龙捧珠抹额，身上穿着秋香色立蟒白狐腋箭袖，系着五色蝴蝶鸾绦，项上挂着长命锁、记名符，另外有那一块落草时卸下来的"宝玉"。宝钗因笑说道：

"成日家说你的这块玉，究竟未曾细细的赏鉴过，我今儿倒要瞧瞧。"

说着，便挪近前来。宝玉亦凑过去，便从项上摘下来，递在宝钗手内，宝钗托在掌上，只见大如雀卵，灿若明霞，莹润如酥，五色花纹缠护。

看官们，须知道这就是大荒山中青埂峰下的那块顽石幻相。后人有诗嘲云：

> 女娲炼石已荒唐，又向荒唐演大荒。
>
> 失去本来真面目，幻来新就臭皮囊。
>
> 好知运败金无彩，堪叹时乖玉不光。

白骨如山忘姓氏，无非公子与红妆！

那顽石亦曾记下他这幻相并癫僧所镌篆文，今亦按图画于后面。但其真体最小，方从胎中小儿口中衔下，今若按式画出，恐字迹过于微细，使观者大废眼光，亦非畅事。所以略展放些，以便灯下醉中可阅。今注明此故，方不至以胎中之儿口有多大，怎么衔此狼犺蠢大之物为诮。

宝钗看毕，又重新翻过正面来细看。口里念道："莫失莫忘，仙寿恒昌。"念了两遍，乃回头向莺儿笑道：

通灵宝玉正面　　　　通灵宝玉反面

作者利用"宝玉""金锁"使宝钗在形式上占了上风。

"你不去倒茶，也在这里发呆作什么？"

莺儿也嘻嘻的笑道：

"我听这两句话倒像和姑娘项圈上的两句话是一对儿。"

宝玉听了，忙笑道：

"原来姐姐那项圈上也有字？我也赏鉴赏鉴。"

宝钗道：

"你别听她的话，没有什么字。"

宝玉央及道：

"好姐姐，你怎么瞧我的呢？"

宝钗被他缠不过，因说道：

"也是个人给了两句吉利话儿錾上了,所以天天带着;不然,沉
甸甸的,有什么趣儿?"

一面说,一面解了排扣,从里面大红袄儿上将那珠宝晶莹黄金
灿烂的璎珞摘出来。宝玉忙托着锁看时,果然一面有四个字,两面
八个字,共成两句吉谶,亦曾按式画下形相。

宝玉看了,也念了两遍,又念自己的两遍,因笑问:

"姐姐,这八个字倒和我的是一对儿。"

金锁正面   金锁反正

莺儿笑道:

"是个癞头和尚送的,他说必须錾在金器上。"

宝钗不等他说完,便嗔着:

"还不去倒茶?"一面又问宝玉从那里来。

宝玉此时与宝钗挨肩坐着,只闻一阵阵的香气,不知何味,遂
问:"姐姐薰的是什么香? 我竟没闻过这味儿。"

宝钗道:"我最怕薰香,好好儿的衣裳,为什么薰它?"

宝玉道:"那么着,这是什么香呢?"

宝钗想了一想,说:"是了,是我早起吃了'冷香丸'的香气。"

宝玉笑道:"什么'冷香丸'? 这么好闻! 好姐姐,给我一丸尝
尝呢。"

宝钗笑道:"又混闹了。一个药也是混吃的?"

一语未了,忽听外面人说:"林姑娘来了。"话犹未完,黛玉已摇
摇摆摆的进来,一见宝玉,便笑道:"哎哟! 我来的不巧了!"宝玉等
忙起身让坐。

宝钗笑道:"这是怎么说?"

　　黛玉道："早知他来，我就不来了。"

　　宝钗道："这是什么意思？"

　　黛玉道："什么意思呢？来呢，一齐来；不来，一个也不来。今儿他来，明儿我来，间错开了来，岂不天天有人来呢？也不至太冷落，也不至太热闹。姐姐有什么不解的呢？"

　　宝玉因见她．外面罩着大红羽缎对襟褂子，便问："下雪了么？"

　　地下老婆们说："下了这半日了。"

　　宝玉道："取了我的斗篷来。"

　　黛玉便笑道："是不是？我来了，他就该走了。"

　　宝玉道："我何曾说要去？不过拿来预备着。"

　　宝玉的奶母李嬷嬷便说道："天又下雪，也要看时候儿，就在这时和姐姐妹妹一处玩玩儿罢。姨太太那里摆茶呢。我叫丫头去取了斗篷来，说给小么儿①们散了罢。"

> 黛玉适时出现巧妙无比。黛玉的话习钻俏皮，而且带一点醋味，传神之至。

　　宝玉点头。李嬷嬷出去吩咐小厮们："都散了罢。"

　　这里薛姨妈已摆了几样细巧茶食，留他们喝茶，吃果子。宝玉因夸前日在东府里珍大嫂子的好鹅掌，薛姨妈连忙把自己糟的取了来给他尝。宝玉笑道："这个就酒才好。"

　　薛姨妈便命人灌了上等酒来。李嬷嬷上来道："姨太太，酒倒罢了。"

　　宝玉笑央道："好妈妈，我只喝一钟。"

　　李妈道："不中用。当着老太太、太太，那怕你喝一罐呢！不是那日我眼错不见，不知那个没调教的，只图讨你的喜欢，给了你一口酒喝，葬送的我挨了两天骂！——姨太太不知道他的性子呢，喝了酒更齐性。有一天老太太高兴，又尽着他喝；什么日子又不许他喝。何苦我白赔在里头呢？"

薛姨妈笑道：

"老货！你只管放心喝你的去罢。我也不许他喝多了。就是老太太问，有我呢。"一面命小丫头来，"让你奶奶去也吃一杯，搪搪寒气。"

那李妈听如此说，只得且和众人吃酒去。

这里宝玉又说：

"不必烫暖了，我只爱喝冷的。"

薛姨妈道：

"这可使不得，吃了冷酒，写字手打颤儿。"

宝钗笑道：

"宝兄弟，亏你每日家杂学旁收的！难道就不知道酒性最热？要热吃下去，发散的就快；要冷吃下去，便凝结在内，拿五脏去暖它，岂不受害？从此还不改了呢。快别吃那冷的了。"

宝玉听这话有理，便放下冷的，令人烫来方饮。

黛玉磕着瓜子儿，只管抿着嘴儿笑。可巧黛玉的丫鬟雪雁走来给黛玉送小手炉儿。黛玉因含笑问她：

"谁叫你送来的？难为他费心。那里就冷死我了呢！"

雪雁道：

"紫鹃姐姐怕姑娘冷，叫我送来的。"

黛玉接了，抱在怀中，笑道：

"也亏了你，倒听她的话！我平日和你说的，全当耳旁风；怎么她说了你就依，比圣旨还快呢！"

宝玉听这话，知是黛玉借此奚落，也无回覆之词，只嘻嘻的笑了一阵罢了。宝钗素知黛玉是如此惯了的，也不理她。薛姨妈因笑道：

> 黛玉的神态俏皮幽默，她的言语却利如匕首，两面伤人。

"你素日身子单弱，禁不得冷，他们惦记着你倒不好？"

黛玉笑道："姨妈不知道。幸亏是姨妈这里，倘或在别人家，那不叫人家恼吗？难道人家连个手炉也没有，巴巴儿的打家里送了来？不说丫头们太小心，还只当我素日是这么轻狂惯了的呢。"

薛姨妈道："你是个多心的，有这些想头；我就没有这些心。"

说话时，宝玉已是三杯过去了。李嬷嬷又上来拦阻。宝玉正在个心甜意洽之时，又兼姐妹们说说笑笑，那里肯不吃？只得屈意央告：

"好妈妈，我再吃两杯就不吃了。"

李嬷嬷道："你可仔细！今儿老爷在家，提防着问你的书！"

宝玉听了此话，便心中大不悦，慢慢的放下酒，垂了头。黛玉忙说道：

"别扫大家的兴。舅舅若叫，只说姨妈这里留住你。——这妈妈她又该拿我们来醒脾②了！"

一面悄悄的推宝玉，叫他赌赌气；一面咕哝③说："别理那老货！咱们只管乐咱们的！"那李妈也素知黛玉的为人，说道：

"林姐儿，你别助着他了。你要劝他，只怕他还听些。"

黛玉冷笑道："我为什么助着他？我也不犯着劝他。你这妈妈太小心了。往常老太太又给他酒吃，如今在姨妈这里多吃了一口，想来也不妨事。——必定姨妈这里是外人，不当在这里吃，也未可知！"

李嬷嬷听了，又是急，又是笑，说道：

"真真这林姐儿说出一句话来比刀子还利害！"

宝钗也忍不住，笑着把黛玉腮上一拧，说道：

"真真的，这个颦丫头一张嘴，叫人恨又不是，喜欢又不是！"

薛姨妈一面笑着，又说：

"别怕，别怕，我的儿！来到这里，没好的给你吃，别把这点子东西吓的存在心里，倒叫我不安。只管放心吃，有我呢。索性吃了晚饭去，要醉了，就跟着我睡罢。"因命："再烫些酒来。

93

姨妈陪着你吃两杯,可就吃饭罢。"

宝玉听了,方又鼓起兴来。李嬷嬷因吩咐小丫头:

"你们在这里小心着,我家去换了衣裳就来。"悄悄的回薛姨妈道:"姨太太,别由他尽着吃了。"说着,便家去了。

这里虽还有两三个老婆子,都是不关痛痒的,见李妈走了,也都悄悄的自寻方便去了。只剩了两个小丫头,乐得讨宝玉的喜欢。幸而薛姨妈千哄万哄,只容他吃了几杯,就忙收过了。作了酸笋鸡皮汤,宝玉痛喝了几碗,又吃了半碗多碧粳粥。一时,薛林二人也吃完了饭,又酽酽的喝了几碗茶。薛姨妈才放了心。雪雁等几个人,也吃了饭,进来伺候。黛玉因问宝玉道:

"你走不走?"

宝玉乜斜①倦眼道:

"你要走,我和你同走。"

黛玉听说,遂起身道:

"我们来了这一日,也该回去了。"说着,二人便告辞。

小丫头忙捧过斗笠来。宝玉便把头略低一低,叫她戴上。那丫头便将这大红猩毡斗笠一抖,才往宝玉头上一合,宝玉便说:

"罢了,罢了! 好蠢东西! 你也轻些儿。难道没见别人戴过? ——等我自己戴罢。"

黛玉站在炕沿上道:

"过来,我给你戴罢。"

宝玉忙近前来。黛玉用手轻轻笼住束发冠儿,将笠沿掖在抹额之上,把那一颗核桃大的绛绒簪缨扶起,颤巍巍露于笠外。整理已毕,端详了一会,说道:"好了,披上斗篷罢。"

宝玉听了,方接了斗篷披上。薛姨妈忙道:

"跟你们的妈妈都还没来呢,且略等等儿。"

宝玉道:

"我们倒等着她们! 有丫头们跟着就是了。"

薛姨妈不放心,吩咐两个女人送了他兄妹们去。

他二人道了扰，一径回至贾母房中。贾母尚未用晚饭，知是薛姨妈处来，更加喜欢。因见宝玉吃了酒，遂叫他自回房中歇着，不许再出来了。又令人好生招呼着。忽想起跟宝玉的人来，遂问众人：

"李奶子怎么不见？"

众人不敢直说她家去了，只说：

"才进来了，想是有事，又出去了。"

宝玉趔趄着回头道：

"她比老太太还受用呢！问她作什么？没有她，只怕我还多活两日儿！"

一面说，一面来至自己卧室，只见笔墨在案。晴雯先接出来，笑道：

"好啊，叫我研了墨，早起高兴，只写了三个字，扔下笔就走了，哄我等了这一天。快来给我写完了这些墨才算呢！"

此段写晴雯宝玉一片纯真。晴雯任性，宝玉不拘小节，是一对妙人。

宝玉方想起早起的事来，因笑道：

"我写的那三个字在那里呢？"

晴雯笑道：

"这个人可醉了！你头里过那府里去，嘱咐我贴在门半儿上的。我恐怕别人贴坏了，亲自爬高上梯，贴了半天。这会子还冻的手僵着呢！"宝玉笑道：

"我忘了你手冷，我替你握着。"便伸手拉着晴雯的手，同看门斗上新写的三个字。

一时，黛玉来了。宝玉笑道：

"好妹妹，你别撒谎，你看这三个字，那一个好？"

黛玉仰头看见是"绛芸轩"三字，笑道：

"个个都好。怎么写的这样好了！明儿也替我写个匾。"

宝玉笑道：

"你又哄我了。"说着，又问："袭人姐姐呢？"

95

晴雯向里间炕上努嘴儿。宝玉看时，见袭人和衣睡着。宝玉笑道："好啊，这么早就睡了。"又问晴雯道："今儿我那边吃早饭，有一碟子豆腐皮儿的包子，我想着你爱吃，和珍大奶奶要了，只说我晚上吃，叫人送来的，你可见了没有？"

晴雯道：

"快别提了。一送来，我就知道是我的，偏才吃了饭，就搁在那里。后来李奶奶来了，看见说：'宝玉未必吃了，拿去给我孙子吃罢。'就叫人送了家去了。"正说着，茜雪捧上茶来。宝玉还让：

"林妹妹喝茶。"

众人笑道：

"林姑娘早走了，还让呢。"

宝玉吃了半盏，忽又想起早晨的茶来，问茜雪道：

"早起沏了碗枫露茶，我说过那茶是三四次后才出色，这会子怎么又斟上这个茶来？"

茜雪道：

"我原留着来着，那会子李奶奶来了，喝了去了。"

宝玉听了，将手中茶杯顺手往地下一摔，豁琅一声，打了个粉碎，泼了茜雪一裙子。又跳起来问着茜雪道：

"她是你那一门子的奶奶，你们这么孝敬她？不过是我小时候儿吃过她几日奶罢了，如今惯的比祖宗还大！撵出去，大家干净！"说着，立刻便要去回贾母。

原来袭人未睡，不过是故意儿装睡，引着宝玉来怄他玩耍。先听见说字，问包子，也还可以不必起来；后来摔了茶钟，动了气，遂连忙起来解劝。早有贾母那边的人来问：

"是怎么了？"

袭人忙道：

"我才倒茶，叫雪滑倒了，失手砸了钟子了。"一面又劝宝玉道："你诚心要撵她，也好。我们都愿意出去，不如就势儿连我们一齐撵了。你也不愁没有好的来伏侍你。"

　　宝玉听了,方才不言语了。袭人等便搀至炕上,脱了衣裳,不知宝玉口内还说些什么,只觉口齿缠绵,眉眼愈加饧涩⑥,忙伏侍他睡下。袭人摘下那"通灵宝玉"来,用绢子包好,塞在褥子底下,恐怕次日带时,冰了他的脖子。那宝玉到枕就睡着了。彼时李嬷嬷等已进来了,听见醉了,也就不敢上前,只悄悄的打听睡着了,方放心散去。

> 袭人圆通,亦是可人。作者笔下人物形形色色。绝不相同。

　　次日醒来,就有人回:

　　"那边小蓉大爷带了秦钟来拜。"

　　宝玉忙接出去,领了拜见贾母。贾母见秦钟形容标致,举止温柔,堪陪宝玉读书,心中十分喜欢,便留茶,留饭,又叫人带去见王夫人等。众人因爱秦氏,见了秦钟是这样人品,也都欢喜,临去时,都有表礼⑥。贾母又给了一个荷包⑦和一个金魁星:取"文星和合"之意。又嘱咐他道:

　　"你家住的远,或一时冷热不便,只管住在我们这里。只和你宝二叔在一处,别跟着那不长进的东西们学。"秦钟一一的答应,回家禀知他父亲。

　　他父亲秦邦业,现任营缮司郎中,年近七旬,夫人早亡。因年至五旬时尚无儿女,便向养生堂抱了一个儿子和一个女儿。谁知儿子又死了,只剩下个女儿,小名叫做可儿,又起个官名,叫做兼美,长大时,生得形容婀娜,性格风流。因素与贾家有些瓜葛,故结了亲。

　　秦邦业却于五十三岁上得了秦钟,今年十二岁了。因去岁业师回南,在家温习旧课,正要与贾亲家商议,附往他家塾中去。可巧遇见宝玉这个机会,又知贾家塾中司塾的乃现今之老儒贾代儒,秦钟此去,可望学业进益,从此成名,因十分喜悦。只是宦囊羞涩,那边都是一双富贵眼睛,少了拿不出来,因是儿子的终身大事所关,说不得东拼西凑,恭恭敬敬封了二十四两贽见礼,带了秦钟,到代儒家来拜见,然后听宝玉拣的好日子一同入塾。

① 小么儿——小厮,小仆人,小听差。

② 醒脾——开心的意思。

③ 咕哝——和嘟嘴的意思相同(嘟嘴又作嘟嘟嘴嘴),噘着嘴含混地自言自语。亦指低声说私话。

④ 乜斜——眼睛眯成一条缝,斜了眼看人。

⑤ 饧涩——眼色朦胧、黏滞不灵的样子。

⑥ 表礼——即衣料,又称尺头。

⑦ 荷包——二寸余扁圆形、底略尖的抽口绣花小袋,是装药品、槟榔及细小物件的。

第九回　训劣子李贵承申饬
嗔顽童茗烟闹书房

话说秦邦业父子专候贾家人来送上学之信。原来宝玉急于要和秦钟相遇,遂择了后日,一定上学,打发人送了信。到了这天,宝玉起来时,袭人早已把书笔文物收拾停妥,坐在床沿上发闷。见宝玉起来,只得伏侍他梳洗。宝玉见她闷闷的,问道:

"好姐姐,你怎么又不喜欢了? 难道怕我上学去,撂的你们清冷了不成?"

袭人笑道:

"这是那里的话! 念书是很好的事,不然就潦倒一辈子了,终久怎么样呢? 但只一件:只是念书的时候儿想着书,不念的时候儿想着家,总别和他们玩闹,碰见老爷不是玩的。虽是奋志要强,那功课宁可少些:一则贪多嚼不烂,二则身子也要保重。这就是我的意思,你好歹体谅些。"

袭人说一句,宝玉答应一句。袭人又道:

"大毛儿①衣服,我也包好了交给小子们去了,学里冷,好歹想着添换,比不得家里有人照顾。脚炉、手炉,也交出去了,你可逼着他们给你笼上。那一起懒贼,你不说,他们乐得不动,白冻坏了你。"

宝玉道:

"你放心,我自己都会调停的。你们也可别闷死在这屋里,常和林妹妹一处玩玩儿去才好。"

说着,俱已穿戴齐备。袭人催他去见贾母、贾政、王夫人。宝玉又嘱咐了晴雯、麝月几句,方出来见贾母,贾母也不免有几句嘱

99

咐的话。然后去见王夫人,又出来到书房中见贾政。

这日,贾政正在书房中和清客相公们说闲话儿,忽见宝玉进来请安,回说上学去。贾政冷笑道:

"你要再提'上学'两个字,连我也羞死了! 依我的话,你竟玩你的去是正经。看仔细站腌脏了我这个地,靠腌脏了我这个门!"

众清客都起身笑道:

"老世翁何必如此? 今日世兄一去,二三年就可显身成名的,断不似往年仍作小儿之态了。——天也将饭时了,世兄竟快请罢。"说着,便有两个年老的携了宝玉出去。

贾政因问:

"跟宝玉的是谁?"只听见外面答应了一声,早进来三四个大汉打千儿请安。贾政看时,是宝玉奶姆的儿子,名唤李贵的。因向他道:

"你们成日家跟他上学,他到底念了些什么书? 倒念了些流言混话在肚子里,学了些精致的淘气! 等我闲一闲,先揭了你的皮,再和那不长进的东西算账!"吓的李贵忙双膝跪下,摘了帽子磕头,连连答应"是",又回说:

"哥儿已经念到第三本诗经,什么'攸攸鹿鸣,荷叶浮萍'。小的不敢撒谎。

说的满座哄然大笑起来。贾政也掌不住笑了,因说道:

"那怕再念三十本诗经,也是'掩耳盗铃',哄人而已。你去请学里太爷的安,就说我说的:什么诗经、古文,一概不用虚应故事;只是先把四书一齐讲明背熟,是最要紧的。"

李贵忙答应"是",见贾政无话,方起来退出去。

此时宝玉独站在院外,屏声静候,等他们出来同走。李贵等一面掸衣裳,一面说道:

"哥儿可听见了? 先要揭我们的皮呢! 人家的奴才,跟主子赚些个体面;我们这些奴才,白陪着挨打受骂。从此也可怜见些才好!"

宝玉笑道：

"好哥哥，你别委屈，我明儿请你。"

李贵道：

"小祖宗，谁敢望请？只求听一两句话就有了。"

说着，又至贾母这边。秦钟早已来了，贾母正和他说话儿呢。于是二人见过，辞了贾母。宝玉忽想起未辞黛玉，又忙至黛玉房中来作辞。彼时黛玉在窗下对镜理妆，听宝玉说上学去，因笑道：

"好，这一去可是要'蟾宫折桂'了。我不能送你了。"

宝玉道：

"好妹妹，等我下学再吃晚饭；那胭脂膏子也等我来再制。"

唠叨了半日，方抽身去了。黛玉忙又叫住，问道：

"你怎么不去辞你宝姐姐来呢？"宝玉笑而不答，一径同秦钟上学去了。

原来这义学也离家不远，原系当日始祖所立，恐族中子弟有力不能延师者，即入此中读书。凡族中为官者，皆有帮助银两，以为学中膏火之费。举年高有德之人为塾师。

如今秦宝二人来了，一一的都互相拜见过，读起书来。自此后，二人同来同往，同起同坐，愈加亲密。兼贾母爱惜，也常留下秦钟，一住三五天，和自己重孙一般看待。因见秦钟家中不甚宽裕，又助些衣服等物。不上一两月工夫，秦钟在荣府里便惯熟了。宝玉终是个不能安分守理的人，一味的随心所欲。因此，发了癖性，又向秦钟悄说：

"咱们两个人，一样的年纪，况又同窗，以后不必论叔侄，只论弟兄朋友就是了。"

先是秦钟不敢，宝玉不从，只叫他兄弟，叫他表字鲸聊；秦钟也只得混着乱叫起来。

原来这学中虽都是本族子弟与些亲戚家的子侄，俗语说的好，"一龙九种，种种各别"，未免人多了，就有龙蛇混杂，下流人物在内。自秦宝二人来了，都生的花朵儿一般的模样；又见秦钟腼腆温柔,未语先红,怯怯羞羞,有女儿之风;宝玉又是天生成惯能作小服低,赔身下气,性情体贴,话语缠绵,因他二人又这般亲厚,也怨不得那起同窗人起了嫌疑之念,背地里你言我语,诟谇谣诼,布满书房内外。

原来薛蟠自来王夫人处住后,便知有一家学,学中应有青年子弟。偶动了"龙阳"②之学,因此,也假说来上学,不过是三日打鱼,两日晒网,白送些束修礼物与贾代儒,却不曾有一点儿进益,只团结交些契弟。谁想这学内的小学生,图了薛蟠的银钱穿吃,被他哄上手了,也不消多记。又有两个多情的小学生,亦不知是那一房的亲眷,亦未考真姓名,只因生得妖媚风流,满学中都送了两个外号:一个叫香怜,一个叫玉爱。别人虽都有羡慕之意,"不利于孺子"之心,只是惧怕薛蟠的威势,不敢来沾惹。如今秦宝二人一来了,见了她两个,也不免缱绻羡爱,亦知系薛蟠相知,未敢轻举妄动。香玉二人心中一般的留情于秦宝。因此,四人心中虽有情意,只未发出。每日一入学中,四处各坐,却八目勾留,或设言托意,或咏桑寓柳,遥以心照,却外面自为避人眼目。不料偏又有几个滑贼,看出形景来,都背后挤眉弄眼,或咳嗽扬声。——这也非止一日。

可巧这日代儒有事回家,只留下一句七言对联,令学生对了,明日再来上书;将学中之事又命长孙贾瑞管理。妙在薛蟠如今不大上学应卯③了,因此,秦钟趁此和香怜弄眉挤眼,二人假出小恭,走至后院说话。秦钟先问她:

"家里的大人可管你交朋友不管?"

一语未了,只听见背后咳嗽了一声。二人吓的忙回顾时,原来是窗友名金荣的。香怜本有些性急,便羞怒相激,问他道:

"你咳嗽什么? 难道不许我们说话不成?"

金荣笑道:

"许你们说话难道不许我咳嗽不成? 我只问你们,有话不分明说,许你们这样鬼鬼祟祟的干什么故事? 可也拿住了! 还赖什么? 先让我抽个头儿,咱们一声儿不言语;不然,大家就翻起来!"

秦香二人就急得飞红的脸，便问道：

"你拿住什么了？"

金荣笑道：

"我现拿住了是真的！"说着，又拍着手笑嚷道：

"贴的好烧饼！你们都不买一个吃去？"

秦钟香怜二人又气又急，忙进来向贾瑞前告金荣，说金荣无故欺负他两个。

原来这贾瑞最是个图便宜没行止的人，每在学中，以公报私，勒索子弟们请他。后又助着薛蟠，图些银钱酒肉，一任薛蟠横行霸道，他不但不去管约，反"助纣为虐"，讨好儿。偏那薛蟠本是浮萍心性，今日爱东，明日爱西，近来有了新朋友，把香玉二人丢开一边。就连金荣，也是当日的好友，自有了香玉二人，便见弃了金荣。近日连香玉亦已见弃，故贾瑞也无了提携帮亲之人，不怨薛蟠得新厌故，只恐香玉二人不在薛蟠跟前提携了。因此，贾瑞金荣等一干人，也正醋妒他两个。今见秦香二人来告金荣，贾瑞心中便不自在起来，虽不敢呵叱秦钟，却拿着香怜作法，反说她多事，着实抢白了几句。香怜反讨了没趣，连秦钟也讪讪的，各归坐位去了。

> 作者写顽童闹学妙趣横生，有声有色。他不权善写韵事雅趣，写粗事对话也高人一等。"先让我抽个头儿，""贴的好烧饼……"真是妙人妙语。

金荣越发得了意，摇头咂嘴的，口内还说许多闲话。玉爱偏又听见，两个人隔座咕咕唧唧的角起口来。金荣只一口咬定，说：

"方才明明的撞见他两个在后院里亲嘴摸屁股，两个商议定了，一对儿论长道短！"

那时只顾得志乱说，却不防早又触怒了一个人。你道这一个人是谁？原来这人名叫贾蔷，亦系宁府中之正派元孙，父母早亡，从小儿跟着贾珍过活。如今长了十六岁，比贾蓉生得还风流俊俏。他兄弟二人最相亲厚，常共起居。宁府中人多口杂，那些不得志的奴仆，专能告言诽谤主人。因此不知又有什么小人诟谇谣诼之辞。贾珍想亦风闻得些口声不好，自己也要避些嫌疑，如今竟分与房舍，命贾蔷搬出宁府，自己立门户过活去了。

这贾蔷外相既美，内性又聪敏，虽然应名来上学，亦不过虚掩眼目而已，仍是斗鸡走狗，赏花阅柳为事。上有贾珍溺爱，下有贾蓉匡助，因此，族中人谁敢触逆于他！他既和贾蓉最好，今见有人欺负秦钟，如何肯依？如今自己要挺身出来报不平，心中且忖度一番：

"金荣贾瑞一等人都是薛大叔的相知，我又与薛大叔相好，倘或我一出头，他们告诉了老薛，我们岂不伤和气呢？欲要不管，这谣言说的大家没趣。如今何不用计制伏，又止息了口声，又不伤脸面？"

想毕，也装出小恭去，走至后面，悄悄把跟宝玉书童茗烟叫至身边，如此这般，调拨他几句。

这茗烟乃是宝玉第一个得用且又年轻不谙事的，今听贾蔷说：金荣如此欺负秦钟，连你们的爷宝玉都干连在内，不给他个知道，下次越发狂纵。这茗烟无故就要欺压人的，如今得了这信，又有贾蔷助着，便一头进来找金荣，也不叫"金相公"了，只说：

"姓金的！你是什么东西！"

贾蔷遂跺一跺靴子，故意整整衣服，看看日影儿，说："正时候了。"遂先向贾瑞说有事要早一步。贾瑞不敢止他，只得随他去了。

这里茗烟走进来，便一把揪住金荣，问道：

"我们屄屁股不屄，管你屄屄相干？横竖没屄你爹罢了！说你是好小子，出来动一动你茗大爷！"吓的满屋中子弟，都忙忙的痴望。贾瑞忙喝："茗烟不得撒野！"

金荣气黄了脸，说：

"反了！奴才小子都敢如此！我只和你主子说。"便夺手要去抓打宝玉。

秦钟刚转出身来，听得脑后飕的一声，早见一方砚瓦飞来，并不知系何人打来,却打了贾蓝贾菌的座上。

这贾蓝贾菌亦系荣府近派的重孙。这贾菌少孤,其母疼爱非常,书房中与贾蓝最好,所以二人同座。谁知这贾菌年纪虽小,志气最大,极是淘气不怕人的。他在位上,冷眼看见金荣的朋友暗助金荣,飞砚来打茗烟,偏打错了,落在自己面前,将个磁砚水壶儿打粉碎,溅了一书墨水。贾菌如何依得?便骂:

"好囚攮的们!这不都动了手了么!"骂着,也便抓起砚台来要飞。

贾蓝是个省事的,忙按着砚台,劝道:

"好兄弟,不与咱们相干。"贾菌如何忍得住?见按住砚台,他便两手抱起书篋子来,照这边扔去。终是身小力薄,却扔不到,反扔到宝玉秦钟案上就落下来了。只听豁啷一声,砸在桌上,书本、纸片、笔、砚等物,撒了一桌,又把宝玉的一碗茶也砸得碗碎茶流。

那贾菌即便跳出来,要揪打那飞砚的人。金荣此时随手抓了一根毛竹大板在手,地狭人多,那里经得舞动长板?茗烟早吃了一下,乱嚷:

"你们还不来动手!"

宝玉还有几个小厮:一名扫红,一名锄药,一名墨雨。这三个岂有不淘气的?一齐乱嚷:

"小妇养的!动了兵器了!"

墨雨遂掇起一根门闩,扫红锄药手中都是马鞭子,蜂拥而上。

贾瑞急得拦一回这个,劝一回那个,谁听他的话?肆行大乱。众顽童也有帮着打太平拳④助乐的,也有胆小藏过一边的,也有立在桌上拍手乱笑喝着声儿叫打的,登时鼎沸起来。

外边几个大仆人李贵等,听见里边作反起来,忙都进来,一齐喝住,问是何故。众声不一,这一个如此说,那一个又如彼说。李贵且喝骂了茗烟等四个一顿,撵了出去。秦钟的头早撞在金荣的板上,打去一层油皮。宝玉正拿褂襟子替他揉,见喝住了众人,便命李贵:

"收书！拉马来，我去回太爷去！我们被人欺负了，不敢说别的，守礼来告诉瑞大爷，瑞大爷反派我们的不是，听着人家骂我们，还调唆人家打我们。茗烟见人欺负我，他岂有不为我的？他们反打伙儿打了茗烟，连秦钟的头也打破了。还在这里念书么？"

李贵劝道：

"哥儿不要性急。太爷既有事回家去了，这会子为这点子事去聒噪他老人家，倒显的咱们没礼似的。依我的主意，那里的事情，那里了结，何必惊动老人家？——这都是瑞大爷的不是。太爷不在家里，你老人家就是这学里的头脑了，众人看你行事。众人有了不是，该打的打，该罚的罚，如何等闹到这步田地还不管呢？"

贾瑞道："我吆喝着都不听。"

李贵道：

"不怕你老人家恼我，素日你老人家到底有些不是，所以这些兄弟不听。就闹到太爷跟前去，连你老人家也脱不了的。还不快作主意撕掳①开了罢！"

宝玉道：

"撕掳什么？我必要回去的！"

秦钟哭道：

"有金荣在这里，我是要回去的了！"

宝玉道：

"这是为什么？难道别人家来得，咱们倒来不得的？我必回明白众人，撵了金荣去！"又问李贵："这金荣是那一房的亲戚！"

李贵想一想道："也不用问了，若说起那一房亲戚，更伤了兄弟们的和气了。"

茗烟在窗外道：

"他是东府里璜大奶奶的侄儿，什么硬挣仗腰子的，也来吓我们！璜大奶奶是他姑妈。——你那姑妈只会打旋②磨儿，给我们琏二奶奶跪着借当头，我眼里就看不起他那样主子奶奶么！"

李贵忙喝道：

"偏这小狗肏知道：有这些蛆嚼^⑦！"

宝玉冷笑道：

"我只当是谁亲戚，原来是璜嫂子侄儿！我就去问问她！"

说着便要走，叫茗烟进来包书。茗烟进来包书，又得意洋洋的道：

"爷也不用自己去见她。等我去找她。就说老太太有话问她呢，雇上一辆车子，拉进去，当着老太太问她。岂不省事？"

李贵忙喝道：

"你要死啊！仔细回去我好不好先捶了你，然后回老爷太太，就说宝哥儿全是你调唆！我这里好容易劝哄的好了一半，你又来生了新法儿。你闹了学堂，不说变个法儿压息了才是，还往火里奔！"茗烟听了，方不敢做声。

此时贾瑞也生恐闹不清，自己也不干净，只得委屈着来央告秦钟，又央告宝玉。先是他二人不肯，后来宝玉说：

"不回去也罢了，只叫金荣赔不是便罢。"金荣先是不肯，后来经不得贾瑞也来逼他权赔个不是，李贵等只得好劝金荣说：

"原来是你起的头儿，你不这样，怎么了局呢？"金荣强不过，只得与秦钟作了个揖。宝玉还不依，定要磕头。贾瑞只要暂息此事，又悄悄的劝金荣说："俗语说的'忍得一时忿，终身无恼闷'。"

① 大毛儿——直毛的皮筩子，如狐皮、貂皮、猞猁皮等都可以叫大毛儿。但习惯多指白狐皮。

② 龙阳——龙阳君是战国时魏王的嬖臣，是男子而"以色事人"的。

③ 应卯——古代军营、官府点名都在卯时（上午五时至七时），所以又称点卯。应卯本义是应名到班，这里是到一次，敷衍一下便走的意思。

④ 太平拳——别人相打时，在旁随意乱塞几下冷拳。因为很安全，所以叫太平拳。

⑤ 撕掳——拉扯，解决，有时作纠缠解。

⑥ 打旋——磨儿——看机会有所寻求的意思。

⑦ 有这些蛆嚼——嚼蛆是骂人说话如同嚼蛆。在两种情况下说:一、嫌人的语音不清;二、反对人所说的内容,如嫌其诬蔑、编派、多嘴等。

第十回 金寡妇贪利权受辱
张太医论病细穷源

话说金荣因人多势众,又兼贾瑞勒令赔了不是,给秦钟磕了头,宝玉方才不吵闹了。大家散了学,金荣自己回到家中,越想越气,说:

"秦钟不过是贾蓉的小舅子,又不是贾家的子孙,附学读书,也不过和我一样,因他仗着宝玉和他相好,就目中无人,既是这样,就该干些正经事,也没的说,他素日以和宝玉鬼鬼祟祟的,只当人家都是瞎子,看不见。今日他又去勾搭人,偏偏撞在我眼里,就是闹出事来,我还怕什么不成?"

他母亲胡氏,听见他咕咕唧唧的,说:

"你又要管什么闲事?好容易我和你姑妈说了,你姑妈又千方百计的和他们西府里琏二奶奶跟前说了,你才得了这个念书的地方儿。若不是仗着人家,咱们家里还有力量请的起先生么?况且人家学里,茶饭都是现成的,你这二年在那里念书,家里也省好大的嚼用呢。省出来的,你又爱穿件体面衣裳。再者,你不在那里念书,你就认得什么薛大爷了?那薛大爷一年也帮了咱们七八十两银子。你如今要闹出了这个学房,再想找这么个地方儿,我告诉你说罢:比登天还难呢!你给我老老实实的玩一会子,睡你的觉去,好多着呢!"

于是金荣忍气吞声,不多一时,也自睡觉去了。次日,仍旧上学去了。不在话下。

且说他姑妈原给了贾家"玉"字辈的嫡派,名唤贾璜,但其族人,那里皆能像宁荣二府的家势?原不用细说。这贾璜夫妻,守着些小小的产业，又时常到宁荣二府里去请安，又会奉承凤姐儿并尤氏，所以凤姐儿尤氏也时常资助资助他们，方能如此度日。今日正遇天气晴明，又值家中无事，遂带了一个婆子，坐上车，来家里走走，瞧瞧嫂子和侄儿。

说起话儿来，金荣的母亲偏提起昨日贾家学房里的事，从头至尾，一五一十都和他小姑子说了。这璜大奶奶不听则已，听了怒从心上起，说道：

“这秦钟小杂种是贾门的亲戚，难道荣儿不是贾门的亲戚？也别太势利了！况且都做的是什么有脸的事！就是宝玉，也不犯向着他到这个田地。等我到东府里，瞧瞧我们珍大奶奶，再和秦钟的姐姐说说，叫他评评理！”金荣的母亲听了，急的了不得，忙说道：

“这都是我的嘴快，告诉了姑奶奶。求姑奶奶快别去说罢，别管他们谁是谁非。倘或闹出来，怎么在那里站的住？要站不住，家里不但不能请先生，还得他身上添出许多嚼用来呢！”

璜大奶奶说道：

“那里管的那些个？等我说了看是怎么样。”

也不容她嫂子劝，一面叫老婆子瞧了车，坐上，竟往宁府里来。到了宁府，进了东角门，下了车，进去见了尤氏，那里还有大气儿？殷殷勤勤叙过了寒温，说了些闲话儿，方问道：

“今日怎么没见蓉大奶奶？”

尤氏说：

“她这些日子，不知怎么了，经期有两个多月没有来，叫大夫瞧了，又说并不是喜。那两日，到下半日就懒怠动了，话也懒怠说，神也发涅①。我叫她：‘你且不必拘礼，早晚不必照例上来，你竟养养儿罢。就有亲戚来，还有我呢。别的长辈怪你，等我替你告诉。’连蓉哥儿我都嘱咐了，我说：‘你不许累掯②她。不许招她生气，叫她静静儿的养几天就好了。她要想什么吃，只管到我屋里来取。倘或她有个好歹，你再要娶这么一个媳妇儿，这么个模样儿，这么个性格儿，只怕打着灯笼儿也没处找去呢！’她这为人行事儿，那个亲戚长辈儿不喜欢她？所以我这两日心里很烦！偏偏儿的，早起她兄弟来瞧他，谁知他那小孩子家不知好歹。看见他姐姐身上不好，这些事也不当告诉她，就受了万分委屈，也不该向着她说。谁知昨日学房里打架，不知是那里附学的学生倒欺负他，里头还有些不干不净的话，都告诉了他姐姐。婶子，你是知道的，那媳妇虽则见了人有说有笑的，她可心细，不拘听见什么话儿，都要忖量个三日五夜才算。这病就是打这用心太过上得的！今儿听见有人欺负了她的兄弟，又是恼，又是气。恼的是那狐朋狗友，搬是弄非，调三窝四③；气的是为她兄弟不学好，不上心念书，才弄的学房里吵闹。她为这件事，索性连早饭还没吃。我才到她那边解劝了她一会子，又嘱咐了她的兄弟几句，我叫她兄弟到那边府里又找宝玉儿去。我又瞧着他吃了半钟儿燕窝汤，我才过来了。婶子！你说我心焦不心焦？况且目今又没个好大夫。我想到她病上，我心里如同针扎的一般！你们知道有什么好大夫没有？"

金氏听了这一番话，把方才在她嫂子家的那一团要向秦氏理论的盛气，早吓的丢在"爪洼国"去了。听见尤氏问她好大夫的话，连忙答道：

"我们也没听见人说什么好大夫。如今听起大奶奶这个病来，定不得还是喜呢。嫂子倒别叫人混治，倘若治错了，可了不得！"

尤氏道：

"正是呢。"

说话之间，贾珍从外进来，见了金氏，便问尤氏道：

"这不是璜大奶奶么？"金氏向前给贾珍请了安。贾珍向尤氏说：

"你让大妹妹吃了饭去。"

贾珍说着话，便向那屋里去了。金氏此来，原要向秦氏说秦钟欺负她侄儿的事，听见秦氏有病，连提也不敢提了。况且贾珍尤氏又待的甚好，因转怒为喜的又说了一会子闲话，方家去了。

金氏去后，贾珍方过来坐下，问尤氏道：

"今日她来又有什么说的?"

尤氏答道:

"倒没说什么。一进来,脸上倒像有些恼意似的;及至说了半天话儿,又提起媳妇的病,她倒渐渐的气色平和了。你又叫留她吃饭,她听见媳妇这样的病,也不好意思只管坐着,又说了几句话,就去了,倒没有求什么事。——如今且说媳妇这病:你那里寻一个好大夫给他瞧瞧要紧,可别耽误了。现今咱们家走的这群大夫,那里要得!一个个都是听着人的口气儿,人怎么说,他也添几句文话儿说一遍。可倒殷勤的很,三四个人,一日轮流着,倒有四五遍来看脉。大家商量着立个方儿,吃了也不见效,倒弄的一日三五次换衣裳坐下起来的见大夫,其实于病人无益。"

贾珍道:

"可是这孩子也糊涂!何必又脱脱换换的?倘或又着了凉,更添一层病,还了得!任凭什么好衣裳,又值什么呢?孩子的身体要紧,就是一天穿一套新的,也不值什么。我正要告诉你:方才冯紫英来看我,他见我有些心里烦,问我怎么了。我告诉他媳妇身子不大爽快,因为不得个好大夫,断不透是喜是病,又不知有妨碍没妨碍,所以我心里实在着急。冯紫英因说他有一个幼时从学的先生,姓张,名友士,学问最渊博,更兼医理极精,且能断人的生死。今年是上京给他儿子捐官,现在他家住着呢。这样看来,或者媳妇的病,该在他手里除灾,也未可定。我已叫人拿我的名帖去请了。今日天晚,或未必来,明日想一定来。且冯紫英又回家亲替我求他,务必请他来瞧。等待张先生来瞧了再说罢。"

尤氏听说,心中甚喜,因说:

"后日是太爷的寿日,到底怎么个办法?"

贾珍说道:

"我方才到了太爷那里去请安,兼请太爷来家受一受一家子的礼。太爷因说道:'我是清净惯了的,我不愿意往你们那是非场中去。你们必定说是我的生日,要叫我去受些众人的头,你莫如把我从前注的《阴骘文》，给我好好的叫人写出来刻了，比叫我无故受众人的头还强百倍呢！倘或明日后日这两天一家子要来，你就在家里好好的款待他们就是了，也不必给我送什么东西来。连你后日也不必来。你要心中不安，你今日就给我磕了头去。倘或后日你又跟许多人来闹我，我必和你不依！'如此说了，后日我是再不敢去的了。且叫赖升来，吩咐他预备两日的筵席。"

尤氏因叫了贾蓉来：

"吩咐赖升照例预备两日的筵席，要丰丰富富的。你再亲自到西府里请老太太、大太太、二太太和你琏二婶子来逛逛。你父亲今日又听见一个好大夫，已经打发人请去了，想明日必来。你可将她这些日子的病症细细的告诉他。"

贾蓉一一答应着出去了。正遇着刚才到冯紫英家去请那先生的小子回来了，因回道：

"奴才方才到了冯大爷家，拿了老爷名帖，请那先生去。那先生说是：'方才这里大爷也和我说了，但只今日拜了一天的客，才回到家，此时精神实在不能支持，就是去到府上，也不能看脉，须得调息一夜，明日务必到府。'他又说：'医学浅薄，本不敢当此重荐，因冯大爷和府上既已如此说了，又不得不去。你先替我回明大人就是了。大人的名帖，着实不敢当。'还叫奴才拿回来了，哥儿替奴才回一声儿罢。"

贾蓉复转身进去，回了贾珍尤氏的话，方出来叫了赖升，吩咐预备两日的筵席的话。赖升答应，自去照例料理。不在话下。

次日午间，门上人回道："请的那张先生来了。"贾珍遂延入大厅坐下，茶毕，方开言道：

"昨日承冯大爷示知老先生人品学问，又兼深通医学，小弟不胜钦敬。"张友士道："晚生粗鄙下士，知识浅陋，昨因冯大爷示知大人家第，谦恭下士，又承呼唤，不敢违命。但毫无实学，倍增汗颜。"

贾珍道：

"先生不必过谦，就请先生进去看看儿媳，仰仗高明，以释下怀。"

于是贾蓉同了进去。到了内室,见了秦氏,向贾蓉说道:

"这就是尊夫人了?"

贾蓉道:"正是。请先生坐下,让我把贱内的病症说一说,再看脉,如何?"

那先生道:

"依小弟意下,竟先看脉,再请教病源为是。我初造尊府,本也不知道什么,但我们冯大爷务必叫小弟过来看看,小弟所以不得不来,如今看了脉息,看小弟说得是不是,再将这些日子的病势讲一讲,大家斟酌一个方儿,可用不可用,那时大爷再定夺就是了。"

贾蓉道:

"先生实在高明,如今恨相见之晚。就请先生看一看脉息,可治不可治,得以使家父母放心。"

于是家下媳妇们捧过大枕来,一面给秦氏靠着,一面拉着袖口露出手腕来。这先生方伸手按在右手脉上,调息了至数,凝神细诊了半刻工夫,换过左手,亦复如是。诊毕了,说道:

"我们外边坐罢。"

贾蓉于是同先生到外边屋里炕上坐了。一个婆子端了茶来。贾蓉道:

"先生请茶。"

茶毕,问道:

"先生看这脉息还治得治不得?"

先生道:

"看得尊夫人脉息:左寸沉数,左关沉伏;右寸细而无力,右关虚而无神。其左寸沉数者,乃心气虚而生火;左关沉伏者,乃肝家气滞血亏。右寸细而无力者,乃肺经气分太虚;右关虚而无神者,乃脾土被肝木克制。心气虚而生火者,应现今经期不调,夜间不寐;肝家血亏气滞者,应肋下痛胀,月信过期,心中发热;肺经气分太虚者,头目不时眩晕,寅卯间必然自汗,如坐舟中;脾土被肝木克制者,必定不思饮食,精神倦怠,四肢酸软。——据我看这脉,当有这些症候才对。或以这个的为喜脉,则小弟不敢闻命矣。"

旁边一个贴身伏侍的婆子道:

"何尝不是这样呢! 真正先生说得如神,倒不用我们说了。 如今我们家里现有好几位太医老爷瞧着呢,都不能说得这样真切。有的说道是喜,有的说道是病,这位说不相干,这位又说怕冬至前后,总没有个真着话儿。求老爷明白指示指示。"

那先生说:

"大奶奶这个症候,可是众位耽搁了! 要在初次行经的时候就用药治起,只怕此时已全愈了。 如今既是把病耽误到这地位,也是应有此灾。 依我看起来,病倒尚有三分治得。吃了我这药看,若是夜间睡的着觉,那时又添了二分拿手了。据我看这脉息,大奶奶是个心性高强聪明不过的人。但聪明太过,则不如意事常有;不如意事常有,则思虑太过。此病是忧虑伤脾,肝木忒旺,经血所以不能按时而至,大奶奶从前行经的日子,问一问,断不是常缩,必是常长的。是不是?"

这婆子答道:

"可不是? 从没有缩过,或是长两日三日,以至十日不等,都长过的。"

先生听道:

"是了,这就是病源了。从前若能以养心调气之药服之,何至于此! 这如今明显出一个水亏火旺的症候来。待我用药看。"

于是写了方子,递与贾蓉。上写的是:

益气养荣补脾和肝汤

人参二钱　白术二钱(土炒)　云苓三钱　熟地四钱　归身二钱　白芍二钱　川芎一钱五分　黄芪三钱　香附米二钱　醋柴胡八分　淮山药二钱(炒)　真阿胶二钱(蛤粉炒)　延胡索钱半(酒炒)　灸甘草八分　引用建莲子七粒(去心)　大枣二枚

贾蓉看了说:

"高明的很。还要请教先生: 这病与性命终久有妨无妨?"

先生笑道:

"大爷是最高明的人: 人病到这个地位, 非一朝一夕的症候了。吃了这药, 也要看医缘了。依小弟看来, 今年一冬是不相干的, 总是过了春分, 就可望全愈了。"

贾蓉也是个聪明人, 也不往下细问了。

于是贾蓉送了先生去了, 方将这药方子并脉案都给贾珍看了, 说的话, 也都回了贾珍并尤氏了。尤氏向贾珍道:

"从来大夫不像他说的痛快, 想必用药不错的。"

贾珍笑道:

"他原不是那等混饭吃久惯行医的人。因为冯紫英我们相好, 他好容易求了他来的。既有了这个人, 媳妇的病或者就能好了。他那方子上有人参, 就用前日买的那一斤好的罢。"

贾蓉听毕了话, 方出来叫人抓药去, 煎给秦氏吃。

① 发涅——神色痴呆, 萎靡不振。
② 累掯——这里是烦旁人劳动的意思, 亦作累恳。
③ 调三窝四——挑拨(或调唆)这个又挑拨那个的意思。

第十一回　　庆寿辰宁府排家宴
见熙凤贾瑞起淫心

话说是日贾敬的寿辰，贾珍先将上等可吃的东西，稀奇的果品，装了十六大捧盒，着贾蓉带领家下人送与贾敬去，向贾蓉说道：

"你留神看太爷喜欢不喜欢，你就行了礼起来，说：'父亲遵太爷的话，不敢前来，在家里率领合家都朝上行了礼了'"。

贾蓉听罢，即率领家人去了。

这里渐渐的就有人来。先是贾琏贾蔷来看了各处的坐位，并问：

"有什么玩意儿没有？"家人答道："我们爷算计，本来请太爷今日来家，所以并未敢预备玩意儿。前日听见太爷不来了，现叫奴才们找了一班小戏儿并一档子打十番①的，都在园子里戏台上预备着呢。"

次后邢夫人、王夫人、凤姐儿、宝玉都来了，贾珍并尤氏接了进去。尤氏的母亲已先在这里，大家见过了，彼此让了坐。贾珍尤氏二人递了茶，因笑道：

"老太太原是个老祖宗，我父亲又是侄儿，这样年纪，这个日子，原不敢请她老人家来；但是这时候，天气又凉爽，满园的菊花盛开，请老祖宗过来散散闷，看看众儿孙热热闹闹的，是这个意思。谁知老祖宗又不赏脸。"

凤姐儿未等王夫人开口，先说道：

"老太太昨日还说要来呢，因为晚上看见宝兄弟吃桔子，她老人家又嘴馋，吃多了，五更天时候，就一连起来两次，今日早晨，略觉身子倦些。因叫我回大爷，今日断不能来了，说有好吃的要几样,还要很烂的呢。"

贾珍听了,笑道:

"我说老祖宗是爱热闹的,今日不来,必定有个缘故。这就是了。"

王夫人说:

"前日听见你大妹妹说,蓉哥媳妇身上有些不大好,到底是怎么样?"

尤氏道:

"她这个病得的也奇。上月中秋,还跟着老太太、太太玩了半夜,回家来好好的。到了二十日以后,一日比一日觉懒了,又懒怠吃东西。这将近有半个多月。经期又有两个月没来。"

邢夫人接着说道:

"不要是喜罢?"

正说着,外头人回道:

"大老爷二老爷并一家的爷们都来了,在厅上呢。"

贾珍连忙出去了。这里尤氏复说:

"从前大夫也有说是喜的。昨日冯紫英荐了他幼时从学过的一个先生,医道很好,瞧了,说不是喜,是一个大症候。昨日开了方子,吃了一剂药,今日头晕的略好些,别的仍不见大效。"

凤姐儿道:

"我说她不是十分支持不住,今日这样日子,再也不肯不挣扎着上来。"

尤氏道:

"你是初三日在这里见她的,她强扎挣了半天,也是因你们娘儿两个好的上头,还恋恋的舍不得去。"

凤姐听了,眼圈儿红了一会子,方说道:"'天有不测风云,人有旦夕祸福',这点年纪,倘或因这病上有个长短,人生在世,还有什么趣儿呢!"

正说着,贾蓉进来,给邢夫人、王夫人、凤姐儿都请了安,方回

尤氏道:

"方才我给太爷送吃食去,并说:'我父亲在家伺候老爷们,款待一家子爷们,遵太爷话,并不敢来,'太爷听了,很喜欢,说:'这才是。'叫告诉父亲母亲,好生伺候太爷太太们;叫我好生伺候叔叔、婶子并哥哥们。还说那《阴骘文》叫他们急急刻出来,印一万张散人。我将这话都回了我父亲了。我这会子还得快出去打发太爷们并合家爷们吃饭。"

凤姐儿说:

"蓉哥儿,你且站着。你媳妇今日到底是怎么着?"

贾蓉皱皱眉儿,说道:

"不好呢! 婶子回来瞧瞧去就知道了。"

于是贾蓉出去了。

这里尤氏向邢夫人王夫人道:

"太太们在这里吃饭,还是在园子里吃去? 有小戏儿现在园子里预备着呢。"

王夫人向邢夫人道:

"这里很好。"

尤氏就吩咐媳妇婆子们快摆饭来。门外一齐答应了,都各人端各人的去了。

不多时,摆上了饭。尤氏让邢夫人王夫人并他母亲都上坐了,他与凤姐儿宝玉侧席坐了。邢夫人王夫人道:

"我们来,原为给大老爷拜寿;这岂不是我们来过生日来了么?"

凤姐儿说:

"大老爷原是好养静的,已修炼成了,也算得是神仙了。太太们这么一说,就叫作心到神知了。"

几句话,说得满屋子笑起来。

尤氏的母亲并邢夫人、王夫人、凤姐儿都吃了饭,漱了口,净了手,才说要往园子里去。贾蓉进来向尤氏道:

119

"老爷们并各位叔叔哥哥们都吃了饭了,大老爷说家里有事,二老爷是不爱听戏又怕人闹的慌,都去了。别的一家子爷们被琏二叔并蔷大爷都让过去听戏去了。方才南安郡王、东平郡王、西宁郡王、北静郡王四家王爷,并镇国公牛府等六家、忠靖侯史府等八家,都差人持名帖送寿礼来。俱回了我父亲,收在帐房里。礼单都上了档子了,领谢名帖都交给各家的来人了。来人也各照例赏过,都让吃了饭去了。母亲该请二位太太、老娘、婶子都过园子里去坐着罢。"

尤氏道:

"这里也是才吃完了饭,就要过去了。"

凤姐儿说道:

"我回太太:我先瞧瞧蓉哥媳妇儿去,我再过去罢。"

王夫人道:

"很是。我们都要去瞧瞧,倒怕她嫌我们闹的慌,说我们问她好罢。"

尤氏道:

"好妹妹,媳妇听你的话,你去开导她,我也放心。你就快些过园子里来罢。"

宝玉也跟着凤姐儿去瞧秦氏。王夫人道:

"你看看就过来罢。那是侄儿媳妇呢。"

于是尤氏请了王夫人邢夫人并她母亲都过会芳园去了。

凤姐儿宝玉方和贾蓉到秦氏这边来,进了房门,悄悄的走到里间房内。秦氏见了,要站起来。凤姐儿说:

"快别起来,看头晕。"

于是凤姐儿紧行了两步,拉住了秦氏的手,说道:"我的奶奶!怎么几日不见,就瘦的这样了!"

于是就坐在秦氏坐的褥子上。宝玉也问了好,在对面椅子上坐了。贾蓉叫:

"快倒茶来,婶子和二叔在上房还未吃茶呢。"

秦氏拉着凤姐儿的手,强笑道:

"这都是我没福! 这样人家,公公婆婆当自家的女孩儿似的待。婶娘,你侄儿虽说年轻,却是他敬我,我敬他,从来没有红过脸儿。 就是一家子的长辈同辈之中,除了婶子不用说了,别人也从无不疼我的,也从无不和我好的。 如今得了这个病,把我那要强心一分也没有,公婆面前未得孝顺一天。 婶娘这样疼我,我就有十分孝顺的心,如今也不能够了! 我自想着,未必熬得过年去!"

宝玉正把眼瞅着那"海棠春睡图"并那秦太虚写的"嫩寒锁梦因春冷,芳气袭人是酒香"的对联,不觉想起在这里睡晌觉时梦到"太虚幻境"的事来。 正在出神,听得秦氏说了这些话,如万箭攒心,那眼泪不觉流下来了。 凤姐儿见了,心中十分 ┌─────────┐ │宝玉此 │ │时心情与"太│ │虚幻境"事前│ │后呼应,不言│ │而喻。 │ └─────────┘ 难过。 但恐病人见了这个样子反添心酸,倒不是来开导她的意思了,因说:

"宝玉,你忒婆婆妈妈的了。 她病人不过是这样说,那里就到这个田地,况且年纪又不大,略病病儿就好了。"又回向秦氏道:"你别胡思乱想,岂不是自己添病了么?"

贾蓉道:

"她这病也不用别的,只吃得下些饭食就不怕了。"

凤姐儿道:

"宝兄弟,太太叫你快些过去呢。 你倒别在这里只管这么着,倒招得媳妇也心里不好过。 太太那里又惦着你。"因向贾蓉说道:"你先同你宝叔叔过去罢,我还略坐坐呢。"

贾蓉听说,即同宝玉过会芳园去。

这里凤姐儿又劝解了一番,又低低说许多衷肠话儿。 尤氏打发人来两三遍,凤姐儿才向秦氏说道:

"你好生养着,我再来看你罢。 合该②你这病要好了,所以前日遇着这个好大夫,再也是不怕的了。"

秦氏笑道:

　　"任凭他是神仙,治了病治不得命! 婶子,我知道,这病不过是捱日子的。"

　　凤姐说道:

　　"你只管这么想,这那里能好呢? 总要想开了才好。况且听得大夫说:'若是不治,怕的是春天不好。'咱们若是不能吃人参的人家,也难说了;你公公婆婆听见治得好,别说一日二钱人参,就是二斤也吃得起。好生养着罢,我就过园子里去了。"

　　秦氏又道:

　　"婶子,恕我不能跟过去了。闲了的时候,还求过来瞧瞧我呢,咱们娘儿们坐坐,多说几句闲话儿。"

　　凤姐儿听了,不觉的眼圈儿又红了,道:

　　"我得了闲儿,必常来看你。"

　　于是带着跟来的婆子媳妇们并宁府的媳妇婆子们,从里头绕进园子的便门来。只见:

　　　　黄花满地,白柳横坡。小桥通若耶之溪,曲径接天台
　　　　之路。石中清流滴滴,篱落飘香;树头红叶翩翩,疏林如
　　　　画。西风乍紧,犹听莺啼;暖日常暄,又添蛩语。遥望东
　　　　南,建几处依山之榭;近观西北,结三间临水之轩。笙簧
　　　　盈座,别有幽情;罗绮穿林,倍添韵致。

　　凤姐儿看着园中景的一步步行来。正赞赏时,猛然从假山石后走出一个人来,向前对凤姐说道:

　　"请嫂子安。"

　　凤姐猛吃一惊,将身往后一退,说道:

　　"这是瑞大爷不是?"

　　贾瑞说道:

　　"嫂子连我也不认得了?"

　　凤姐儿道:

　　"不是不认得,猛然一见,想不到是大爷在这里。"

　　贾瑞道:

"也是合该我与嫂子有缘。我方才偷出了席，在这里清净地方略散一散，不想就遇见嫂子，这不是有缘么?"

一面说，一面拿眼睛不住的观看凤姐。

凤姐是个聪明人，见他这个光景，如何不猜个八九分呢? 因向贾瑞假意含笑道:

"怪不得你哥哥常提你，说你好。今日见了，听你这几句话儿，就知道你是个聪明和气的人了。这会子我要到太太们那边去呢，不得合你说话，等闲了再会罢。"

贾瑞道:

"我要到嫂子家里去请安，又怕嫂子年轻，不肯轻易见人。"

凤姐又假笑道:

"一家骨肉，说什么年轻不年轻的话?"

贾瑞听了这话，心中暗喜。因想道:

"再不想今日得此奇遇! ……"

凤姐儿说道:

"你快去入席去罢。看他们拿住了罚你的酒!"

贾瑞听了，身上已木了半边，慢慢的走着，一面回过头来看。凤姐儿故意的把脚放迟了，见他去远了，心里暗忖道:

"这才是'知人知面不知心'呢。那里有这样禽兽的人! 他果如此，几时叫他死在我手里，他才知道我的手段!"

于是凤姐儿方移步前来。将转过了一重山坡儿，见两三个婆子慌慌张张的走来，见凤姐儿，笑道:

"我们奶奶见二奶奶不来，急的了不得，叫奴才们又来请奶奶来了。"

凤姐儿说:"你们奶奶就是这样急脚鬼似的!"凤姐儿慢慢的走着，问:

"戏文唱了几出了?"

那婆子回道:

"唱了八九出了。"

　　说话之间,已到天香楼后门,见宝玉和一群丫头小子们在那里玩呢。凤姐儿说:

　　"宝兄弟,别忒淘气了。"

　　一个丫头说道:"太太们都在楼上坐着呢,请奶奶就从这边上去罢。"

　　凤姐儿听了,款步提衣上了楼。尤氏已在楼梯口等着。尤氏笑道:

　　"你们娘儿两个忒好了,见了面总舍不得来了。你明日搬来和她同住罢。你坐下,我先敬你一钟。"于是凤姐儿至邢夫人王夫人前告坐。尤氏拿戏单来让凤姐儿点戏。

　　凤姐儿说:

　　"太太们在这里,我怎么敢点?"

　　邢夫人王夫人道:

　　"我们和亲家太太点了好几出了,你点几出好的我们听。"

　　凤姐儿立起身来答应了,接过戏单,从头一看,点了一出《还魂》,一出《弹词》,递过戏单来,说:

　　"现在唱的这《双官诰》完了,再唱这两段,也就是时候了。"

　　王夫人道:"可不是呢?也该趁早叫你哥哥、嫂子歇歇,他们心里又不静。"

　　尤氏道:

　　"太太们又不是常来的,娘儿们多坐一会子去才有趣儿,天气还早呢。"

　　凤姐儿立起身来,望楼下一看,说:

　　"爷们都往那里去了?"

　　旁边一个婆子道:

　　"爷们才到凝曦轩,带了十番,那里吃酒去了。"

　　凤姐儿道:

　　"在这里不便宜,背地里又不知干什么去了!"

　　尤氏笑道:

"那里都像你这么正经人呢!"

于是说说笑笑,点的戏都唱完了,方才撤下酒席,摆上饭来。吃毕,大家才出园子,来到上房,坐下吃了茶,才叫预备车,向尤氏的母亲告了辞。尤氏率同众姬妾并家人媳妇们送出来。贾珍率领众子侄在车旁侍立,都等候着见了邢王二夫人,说道:

"二位婶子明日还过来逛逛。"

王夫人道:

"罢了。我们今儿整坐了一日也乏了,明日也要歇歇。"

于是都上车去了。贾瑞犹不住拿眼看着凤姐儿。贾珍进去后,李贵才拉过马来,宝玉骑上,随了王夫人去了。

这里贾珍同一家子的兄弟子侄吃过饭,方大家散了。次日,仍是家族人等闹了一日,不必细说。此后凤姐不时亲自来看秦氏。秦氏也有几日好些,也有几日歹些。贾珍、尤氏、贾蓉甚是焦心。

且说贾瑞到荣府来了几次,偏都值凤姐儿往宁府去了。

这年正是十一月三十日冬至。到交节的那几日,贾母、王夫人、凤姐儿日日差人去看秦氏。回来的人都说:

"这几日没见添病,也没见大好。"

王夫人向贾母说:

"这个症候,遇着这样节气,不添病,就有指望了。"

贾母说:

"可是呢。好个孩子! 要有个长短,岂不叫人疼死!"说道,一阵心酸,向凤姐儿说道:"你们娘儿们好了一场,明日大初一,过了明日,你再看看她去。你细细的瞧瞧她的光景,倘或好些儿,你回来告诉我。那孩子素日爱吃什么,你也常叫人送些给她。"

凤姐儿一一答应了。到初二日,吃了早饭,来到宁府里,看见秦氏光景,虽未添什么病,但那脸上身上的肉都瘦干了。于是和秦氏坐了半日,说了些闲话,又将这病无妨的话开导了一番。秦氏道:

"好不好,春天就知道了。如今现过了冬至,又没怎么样,或者

125

好的了,也未可知。婶子回老太太、太太,放心罢,昨日老太太赏的那枣泥馅的山药糕,我吃了两块,倒像克化的动似的。"

凤姐儿道:

"明日再给你送来。我到你婆婆那里瞧瞧,就要赶着回去回老太太话去。"

秦氏道:"婶子替我请老太太、太太的安罢。"

凤姐儿答应着就出来了,到了尤氏上房坐下。尤氏道:

"你冷眼瞧瞧媳妇是怎么样?"

凤姐儿低了半日头,说道:

"这个就没法儿了! 你也该将一应的后事给她料理料理,冲一冲也好。"

尤氏道:

"我也暗暗的叫人预备了。就是那件东西不得好木头,且慢慢的办着呢。"

于是凤姐儿喝了茶,说了一会子话儿,说道:"我要快些回去回老太太的话去呢。"

尤氏道:

"你可慢慢儿的说,别吓着老人家。"

凤姐儿道:

"我知道。"

于是凤姐儿起身回到家中,见了贾母,说:

"蓉哥媳妇请老太太安,给老太太磕头,说她好些了,求老祖宗放心罢。她再略好些,还给老太太磕头请安来呢。"

贾母道:

"你瞧她是怎么样?"

凤姐儿说:

"暂且无妨,精神还好呢。"

贾母听了,沉吟了半日,因向凤姐儿说:

"你换换衣裳,歇歇去罢。"

凤姐儿答应着,出来见过了王夫人,到了家中。平儿将烘的家常衣服给凤姐儿换上了。凤姐儿坐下,因问:

"家中有什么事没有?"

平儿方端了茶来,递过去,说道:

"没有什么事,就是那三百两银子的利银,旺儿嫂子送进来,我收了。还有瑞大爷使人来打听奶奶在家没有,他要来请安说话。"

凤姐儿听了,哼了一声,说道:

"这畜生合该作死! 看他来了怎么样!"

平儿回道:

"这瑞大爷是为什么只管来?"

凤姐儿遂将九月里在宁府园子里遇见他的光景,他说的话都告诉了平儿。平儿说道:

"'癞蛤蟆想吃天鹅肉!'没人伦的混帐东西! 起这样念头,叫他不得好死。"

凤姐儿道:

"等他来了,我自有道理。"

---

① 十番——中国的合奏音乐,有笛、管、箫、三弦、提琴、云锣、汤锣、木鱼、极板、大鼓十种乐器。

② 合该——应该的意思。"合该"二字与活该同,含有愤恨或不怜惜的意思。

第十二回 王熙凤毒设相思局
贾天祥正照风月鉴

话说凤姐正与平儿说话，只见有人回说：

"瑞大爷来了。"

凤姐命：

"请进来罢。"

贾瑞见请，心中暗喜，见了凤姐，满面陪笑，连连问好。凤姐儿也假意殷勤，让坐让茶。贾瑞见凤姐如此打扮，越发酥倒，因饧了眼问道：

"二哥哥怎么还不回来？"

凤姐道：

"不知什么缘故。"

贾瑞笑道：

"别是路上有人绊住了脚，舍不得回来了罢？"

凤姐道：

"可知男人家见一个爱一个，也是有的。"

贾瑞笑道：

"嫂子这话错了，我就不是这样人。"

凤姐笑道：

"像你这样的人，能有几个呢？十个里也挑不出一个来！"

贾瑞听了，喜的抓耳挠腮。又道：

"嫂子天天也闷的很？"

凤姐道：

"正是呢，只盼个人来说话解解闷儿。"

> 作者写王熙凤毒设相思局精彩万分，王熙凤心机之深，阴狠毒辣，表现无遗。

贾瑞笑道：

"我倒天天闲着，若天天过来替嫂子解解闷儿，可好么？"

凤姐笑道：

"你哄我呢，你那里肯往我这里来？"

贾瑞道：

"我在嫂子面前，若有一句谎话，天打雷劈！只因素日闻得人说，嫂子是个利害人，在你跟前一点也错不得，所以唬住我了。我如今见嫂子是个有说有笑极疼人的，我怎么不来？——死了也情愿！"

凤姐笑道：

"果然你是个明白人，比蓉儿兄弟两个强远了！我看他那样清秀，只当他们心里明白，谁知竟是两个糊涂虫，一点不知人心！"

贾瑞听这话，越发撞在心坎上，由不得又往前凑一凑，觑着眼，看凤姐的荷包。又问：

"戴着什么戒指？"

凤姐悄悄的道：

"放尊重些！别叫丫头们看见了。"

贾瑞如听"纶音佛语"一般，忙往后退。凤姐笑道：

"你该去了。"

贾瑞道：

"我再坐一坐儿。好狠心的嫂子！"

凤姐儿又悄悄的道：

"大天白日，人来人往，你就在这里，也不方便。你且去。等到晚上起了更，你来，悄悄的在西边穿堂儿等我。"

贾瑞听了，如得珍宝，忙问道：

"你别哄我。但是那里人过的多，怎么好躲呢？"

凤姐道：

"你只放心。我把上夜的小厮们都放了假，两边门一关，再没别人了。"

贾瑞听了，喜之不尽，忙忙的告辞而去，心内以为得手。盼到晚上，果然黑地里摸入荣府，趁掩门时钻入穿堂，果见漆黑，无一人来往。贾母那边去的门已倒锁了，只有向东的门未关。贾瑞侧耳听着，半日不见人来，忽听咯噔一声，东边的门也关上了。贾瑞急的也不敢则声，只得悄悄出来，将门撼了撼，关得铁桶一般。此时要出去亦不能了，南北俱是大墙要跳也无攀援。这屋内又是过堂风，空落落的。现在腊月天气，夜又长，朔风凛凛，侵肌裂骨，一夜几乎不曾冻死。好容易盼到早晨，只见一个老婆子先将东门开了，进来去叫西门。贾瑞瞅她背着脸，一溜烟抱了肩跑出来。幸而天气尚早，人都未起，从后门一径跑回家去。

原来贾瑞父母早亡，只有他祖父代儒教养。那代儒素日教训最严，不许贾瑞多走一步，生怕他在外吃酒赌钱，有误学业。今忽见他一夜不归，只料定他在外非饮即赌，嫖娼宿妓，那里想到这段公案？因此也气了一夜。贾瑞也捻着一把汗，少不得回来撒谎，只说：

"往舅舅家去了，天黑了，留我住了一夜。"

代儒道：

"自来出门非禀我不敢擅出，如何昨日私自去了？据此也该打，何况是撒谎！"因此，发狠按倒打了三四十板，还不许他吃饭，叫他跪在院内读文章，定要补出十天功课来方罢。贾瑞先冻了一夜，又挨了打，又饿着肚子跪在风地里念文章，其苦万状。

此时贾瑞邪心未改，再不想到凤姐捉弄他。过了两日，得了空儿，仍是找寻凤姐。凤姐故意抱怨他失信，贾瑞急的起誓。凤姐因他自投罗网，少不的再寻别计，令他知改，故又约他道：

"今日晚上，你别在那里了，你在我这房后小过道儿里头那个空屋子里等我。可别冒撞了！"

贾瑞道：

"果真么？"

凤姐道：

"你不信，就别来！"

贾瑞道：

"必来，必来。死也要来的"。

凤姐道：

"这会子你先去罢。"

贾瑞料定晚间必妥，此时先去了。凤姐在这里便点兵派将，设下圈套。

那贾瑞只盼不到晚，偏偏家里亲戚又来了，吃了晚饭才去。那天已有掌灯时候，又等他祖父安歇，方溜进荣府，往那夹道中屋子里来等着，热锅上蚂蚁一般。只是左等不见人影，右听也没声响，心中害怕，不住猜疑道：

"别是不来了，又冻我一夜不成？……"

正自胡猜，只见黑魆魆的进来一个人。贾瑞便打定是凤姐，不管青红皂白，那人刚到面前，便如饿虎扑食，猫儿捕鼠的一般，抱住叫道：

> 此种描写妙不可言，而贾蓉的纨　子弟口气更令人喷饭。

"亲嫂子！等死我了！"

说着，抱到屋里炕上就亲嘴扯裤子，满口里"亲爹""亲娘"的乱叫起来。那人只不做声。贾瑞便扯下自己的裤子来，硬帮帮就想顶入。忽然灯光一闪，只见贾蔷举着个蜡台照道：

"谁在这屋里呢？"

只见炕上那人笑道：

"瑞大叔要肏我呢！"

贾瑞不看则已，看了时真臊①的无地可入。你道是谁？却是贾蓉。贾瑞回身要跑，被贾蔷一把揪住，道：

"别走！如今琏二婶子已经告到太太跟前，说你调戏她。她暂时稳住你在这里。太太听见，气死过去了，这会子叫我来拿你。快跟我走罢！"

贾瑞听了，魂不附体，只说：

"好侄儿！你只说没有我！我明日重重的谢你！"

贾蔷道：

"放你不值什么，只不知你谢我多少？况且口说无凭，写一张文契才算。"

贾瑞道：

"这怎么落纸呢？"

贾蔷道：

"这也不妨，写个赌钱输了，借银若干两，就完了。"

贾瑞道：

"这也容易。"

贾蔷翻身出来，纸笔现成，拿来叫贾瑞写。他两个做好做歹，只写了五十两银子，然后画了押。贾蔷收起来，然后撕掳贾蓉。贾蓉先咬定牙不依，只说：

"明日告诉族中的人评评理！"

贾瑞急的至于磕头。贾蔷做好做歹的，也写了一张五十两欠契才罢。

贾蔷又道：

"如今要放你，我就担着不是。老太太那边的门早已关了，老爷正在厅上看南京来的东西，那一条路定难过去。如今只好走后门。要这一走，倘或遇见了人，连我也不好。等我先去探探，再来领你。这屋里你还藏不住，少时就来堆东西。等我寻个地方。"

说毕，拉着贾瑞，仍息了灯，出至限界，摸着大台阶底下，说道：
"这窝儿里好。只蹲着，别哼一声，等我来再走。"

说毕，二人去了。

> 作者谑而虐，但不如此则不能表现凤姐之狠。

贾瑞此时身不由己，只得蹲在那台阶下。正要盘算，只听头顶上一声响，哗喇喇，一净桶尿粪从上面直泼下来，可巧浇了他一身一头。贾瑞掌不住"嗳哟"一声，忙又掩住口，不敢声张，满头满脸皆是尿屎，浑身冰冷打战。只见贾蔷跑来叫："快走，快走！"

贾瑞方得了命,三步两步从后门跑到家中,天已三更。只得叫开了门。家人见他这般光景,问:

"是怎么了?"

少不得撒谎,说:

"天黑了,失脚掉在茅厕里了。"

一面即到自己房中更衣洗濯。心下方想到凤姐玩他,因此,发一回狠;再想想凤姐的模样儿标致,又恨不得一时搂在怀里。胡思乱想,一夜也不曾合眼。自此虽想凤姐,只不敢往荣府去了。

贾蓉等两个常常来要银子,他又怕祖父知道,正是相思尚且难禁,况又添了债务;日间功课又紧;他二十来岁的人,尚未娶亲,想着凤姐,不得到手,自不免有些"指头儿告了消乏";更兼两回冻恼奔波,因此,三五下里夹攻,不觉就得了一病。心内发膨胀,口内无滋味;脚下如绵,眼中似醋,黑夜作烧,白日常倦;下溺遗精,嗽痰带血……诸如此症,不上一年,都添全了。于是不能支持,一头躺倒,合上眼还只梦魂颠倒,满口胡话,惊怖异常。百般请医疗治,诸如肉桂、附子、龟甲、麦冬、玉竹等药,吃了有几十斤下去,也不见个动静。

倏又腊尽春回,这病更加沉重。代儒也着了忙,各处请医疗治,皆不见效。因后来吃"独参汤",代儒如何有这力量,只得往荣府里来寻。王夫人命凤姐秤二两给他。凤姐回说:

"前儿新近替老太太配了药;那整的,太太又说留着送杨提督的太太配药,偏偏昨儿我已经叫人送了去了。"

王夫人道:

"就是咱们这边没了,你叫个人往你婆婆那里问问,或是你珍大哥哥那里有,寻些来凑着,给人家吃好了,救人一命,也是你们的好处。"

> 作者以王夫人的厚道衬托凤姐的狠毒。

凤姐应了,也不遣人去寻,只将些渣末凑了几钱,命人送去,只说太太叫送来的,再也没了。然后向王夫人说:

"都寻了来了,共凑了二两多送去了。"

那贾瑞此时要命心急,无药不吃,只是白花钱,不见效。忽然这日有个跛足道人来化斋,口称专治冤孽之症。贾瑞偏偏在内听见了,直着声叫喊,说:

"快去请进那位菩萨来救命!"一面在枕头上磕头。众人只得带进那道士来。贾瑞一把拉住,连叫:

"菩萨救我!"

那道士叹道:

"你这病非药可医!我有个宝贝与你,你天天看时,此命可保矣。"

说毕,从搭裢中取出个正面反面皆可照人的镜子来——背上錾着"风月宝鉴"四字,——递与贾瑞,道:

"这物出自太虚幻境空灵殿上,警幻仙子所制,专治邪思妄动之症,有济世保生之功。所以带他到世上来,单与那些聪明俊秀、风雅王孙等照看。千万不可照正面,只照背面,要紧,要紧!三日后,我来收取,管叫你病好。"

说毕,扬长而去,众人苦留不住。

> 作者此段设想是一巧思。

贾瑞接了镜子,想道:"这道士倒有意思。我何不照一照试试?"

想毕,拿起那"宝鉴"来向反面一照,只见一个骷髅儿立在里面。贾瑞忙掩了,骂那道士:"混帐!如何吓我!我倒再照照正面是什么。"

想着,便将正面一照,只见凤姐站在里面,点手儿叫他。贾瑞心中一喜,荡悠悠觉得进了镜子,与凤姐云雨一番,凤姐仍送他出来。到了床上,"嗳哟"了一声,一睁眼,镜子从新又掉过来,仍是反面立着一个骷髅。贾瑞自觉汗津津的,底下已遗了一滩精。心中到底不足,又翻过正面来,只见凤姐还招手叫他,他又进去。如此三四次。到了这次,刚要出镜子来,只见两个人走来,拿铁锁把他套住,拉了就走。贾瑞叫道:"让我拿了镜子再走……"只说这句,就再不能说话了。

　　旁边伏侍的人，只见他先还拿着镜子照，落下来，仍睁开眼拾在手内，末后镜子掉下来便不动了。众人上来看时，已经咽了气了，身子底下，冰凉粘湿，遗下了一大滩精，这才忙着穿衣抬床。代儒夫妇哭的死去活来，大骂道士：

　　"是何妖道！"遂命人架起火来烧那镜子，只听空中叫道：

　　"谁叫他自己照了正面呢！你们自己以假为真，为何烧我此镜？"

　　忽见那镜从房中飞出。代儒出门看时，却还是那个跛足道人，喊道：

　　"还我的'风月宝鉴'来！"说着，抢了镜子，眼看着他飘然去了。

　　当下代儒没法，只得料理丧事，各处去报，三日起经，七日发引，寄灵铁槛寺后。一时，贾家家人齐来吊问。荣府贾赦赠银二十两，贾政也是二十两，宁府贾珍亦有二十两；其余族中人，贫富不一，或一二两、三四两不等；外又有各同窗家中分资，也凑了二三十两。代儒家道虽然淡薄，得此帮助，倒也丰丰富富完了此事。

　　① 臊——羞的意思。

第十三回

秦可卿死封龙禁尉
王熙凤协理宁国府

这年冬底，林如海因为身染重疾，写书来特接黛玉回去。贾母听了，未免又加忧闷，只得忙忙的打点黛玉起身。宝玉大不自在，争奈父女之情，也不好拦阻。于是贾母定要贾琏送她去，仍叫带回来。一应土仪盘费，不消絮说，自然要妥贴的。作速择了日期，贾琏同着黛玉辞别了众人，带领仆从，登舟往扬州去了。

凤姐儿自贾琏送黛玉往扬州去后，心中实在无趣，每到晚间，不过同平儿说笑一回就胡乱睡了。这日夜间，和平儿灯下拥炉，早命浓薰绣被，二人睡下，屈指计算行程，该到何处，不知不觉，已交三鼓。平儿已睡熟了。凤姐方觉睡眼微朦，恍惚只见秦氏从外走进来，含笑说道：

"婶娘好睡！我今日回去，你也不送我一程。因娘儿们素日相好，我舍不得婶娘，故来别你一别。还有一件心愿未了，非告诉婶娘不可，别人未必中用。"

凤姐听了，恍惚问道：

"有何心愿？只管托我就是了。"

秦氏道：

"婶娘，你是个脂粉队里的英雄，连那些束带顶冠的男子也不能过你，你如何连两句俗语也不晓得？常言'月满则亏，水满则溢'，又道是'登高必跌重'。如今我们家赫赫扬扬，已将百载，一日倘或'乐极生悲'，若应了那句'一树倒猢狲散'的俗语，岂不虚称了一世诗书旧族了？"

凤姐听了此话，心胸不快，十分敬畏，忙问道：

"这话虑的极是，但有何法可以永保无虞?"

秦氏冷笑道:

"婶娘好痴也!'否极泰来'，荣辱自古周而复始，岂人力所能常保的? 但如今能于荣时筹画下将来衰时的世业，亦可以常远保全了。即如今日，诸事俱妥，只有两件未妥，若把此事如此一行，则后日可保无患了。"

凤姐便问道:

"什么事?"

秦氏道:

"第一，目今祖茔虽四时祭祀，只是无一定的钱粮;第二，家塾虽立，无一定的供给。依我想来，如今盛时固不缺祭祀供给，但将来败落之时，此二项有何出处? 莫若依我定见，趁今日富贵，将祖茔附近多置田庄、房舍、地亩，以备祭祀、供给之费皆出自此处，将家塾亦设于此。合同族中长幼，大家定了则例，日后按房掌管这一年的地亩、钱粮、祭祀、供给之事。如此周流，又无竞争，也没有典卖诸弊。便是有罪，己物可以入官，这祭祀产业，连官也不入的。便败落下来，子孙回家读书务农，也有个退步，祭祀又可永继。若目今以为荣华不绝，不思后日，终非长策。眼见不日又有一件非常的喜事，真是烈火烹油，鲜花着锦之盛。要知道也不过是瞬息的繁华，一时的欢乐，万不可忘了那'盛筵必散'的俗语! 若不早为后虑，只恐后悔无益了!"

凤姐忙问:

"有何喜事?"

秦氏道:

"天机不可泄漏。只是我与婶娘好了一场，临别赠你两句话，须要记着!"因念道:"三春去后诸芳尽，各自须寻各自门!"

凤姐还欲问时，只听二门上传出云板，连叩四下，正是丧音，将

> 秦可卿这番话关系贾府盛衰，亦即作者暗示此处抄家之事，与《红楼梦》整个结构息息相关。

凤姐惊醒。人回："东府蓉大奶奶没了。"凤姐吓了一身冷汗,出了一回神,只得忙穿衣服,往王夫人处来。彼时合家皆知,无不纳闷,都有些疑心。那长一辈的,想她素日孝顺;平辈的,想她素日和睦亲密;下一辈的,想她素日慈爱;以及家中仆从老小,想她素日怜贫惜贱爱老慈幼之恩,莫不悲号痛哭。

闲话少叙。却说宝玉因近日林黛玉回去,剩得自己落单,也不和人玩耍,每到晚间,便索然睡了。如今从梦中听见说秦氏死了。连忙翻身爬起来,只觉心中似戳了一刀的,不觉的"哇"的一声直喷出一口血来。袭人等慌慌忙忙,上来扶着,问是怎么样的,又要回贾母去请大夫。

> 宝玉此种情形与第五回与可卿所云雨之事前后对照,又不言而喻。作者前后呼应,一点也不放松。

宝玉道:

"不用忙,不相干。这是急火攻心,血不归经。"

说着,便爬起来,要衣服换了,来见贾母,即时要过去。

袭人见他如此,心中虽放不下,又不敢拦阻,只得由他罢了。

贾母见他要去,因说:

"才咽气的人,那里不干净;二则夜里风大,等明早再去不迟。"

宝玉那里肯依?贾母命人备车,多派跟从人役,拥护前来。一直到了宁国府前,只见府门大开,两边灯火,照如白昼,乱烘烘人来人往。里面哭声,摇振山岳。宝玉下了车,忙忙奔至停灵之室,痛哭一番,然后见过尤氏,——谁知尤氏正犯了胃气疼的旧症,睡在床上,——然后又出来见贾珍。

彼时贾代儒、代修、贾敕、贾效、贾敦、贾赦、贾政、贾琮、贾珩、贾珖、贾琛、贾琼、贾璘、贾蔷、贾菖、贾菱、贾芸、贾芹、贾蓁、贾萍、贾藻、贾蘅、贾芬、贾芳、贾蓝、贾茵、贾芝等都来了。

贾珍哭的泪人一般,正和贾代儒等说道:

"合家大小,远近亲友,谁不知我这媳妇比儿子还强十倍!如今伸腿去了,可见这长房内绝灭无人了!"说着,又哭起来。

家人劝道：

"人已辞世，哭也无益，且商议如何料理要紧。"

贾珍拍手道：

"如何料理！不过尽我所有罢了！"

正说着，只见秦邦业、秦钟、尤氏几个眷属、尤氏姊妹也都来了。贾珍便命贾琼、贾琛、贾璘、贾蔷四个人去陪客；一面吩咐去请钦天监阴阳司来择日。择准停灵七七四十九日，三日后开丧送讣闻。这四十九日，单请一百零八众僧人在大厅上拜"大悲忏"，超度前亡后死鬼魂；另设一坛于天香楼，是九十九位全真道士，打十九日解冤洗业醮。然后停灵于会芳园中，灵前另外五十众高僧，五十位高道，对坛按七作好事。

那贾敬闻得长孙媳妇死了，因自认早晚就要飞升，如何肯又回家染了红尘，将前功尽弃呢？故此，并不在意，只凭贾珍料理。

且说贾珍恣意奢华，看板时，几副杉木板皆不中意。可巧薛蟠来吊，因见贾珍寻好板，便说：

"我们木店里有一副板，说是铁网山上出的，作了棺材，万年不坏的。这还是当年先父带来的，原系忠义亲王老千岁要的，因他坏了事，就不曾用。现在还封在店里，也没有人买得起，你若要，就抬来看看。"

贾珍听说甚喜，即命抬来。大家看时，只见帮底皆厚八寸，纹若槟榔，味若檀麝。以手扣之，声如玉石。大家称奇。贾珍笑问道：

"价值几何？"

薛蟠笑道：

"拿着一千两银子，只怕没处买。什么价不价，赏他们几两银子作工钱就是了。"

贾珍听说，连忙道谢不尽，即命解锯造成。贾政因劝道：

"此物恐非常人可享；殓以上等杉木，也罢了。"

贾珍如何肯听？

忽又听见秦氏之丫鬟——名唤瑞珠——见秦氏死了,也触柱而亡。此事更为可罕,合族都称叹。贾珍遂以孙女之体殡殓之,一并停灵于会芳园之登仙阁。又有小丫鬟名宝珠的,因秦氏无出,乃愿为义女,请任摔丧驾灵②之任。贾珍甚喜,即时传命,从此皆呼宝珠为"小姑娘"。那宝珠按未嫁女之礼,在灵前哀哀欲绝。

于是合族人并家下诸人都各遵旧制行事,自不得错乱。贾珍因想道:"贾蓉不过是黉门监生,灵幡上写时不好看。便是执事也不多。……"因此,心下甚不自在。

可巧这日正是首七第四日,早有大明宫掌宫内监戴权,先备了祭礼遣人来,次后坐了大轿,打道鸣锣,亲来上祭。贾珍忙接待,让坐至逗蜂轩献茶。贾珍心中早打定主意,因而趁便就说要与贾蓉捐个前程的话。戴权会意,因笑道:

"想是为丧礼上风光些?"

贾珍忙道:"老内相所见不差。"

戴权道:

"事倒凑巧,正有个美缺。如今三百员龙禁尉缺了两员。昨儿襄阳侯的兄弟老三来求我,现拿了一千五百两银子送到我家里,你知道,咱们都是老相好,不拘怎么样,看着他爷爷的分上,胡乱应了。还剩了一个缺,谁知永兴节度使冯胖子要求与他孩子捐,我就没工夫应他。既是咱们的孩子要捐,快写个履历来。"

贾珍忙命人写了一张红纸履历来。戴权看了,上写着:

> 江南应天府江宁县监生贾蓉,年二十岁。曾祖,原任京营节度使世袭一等神威将军贾代化。祖,丙辰科进士贾敬。父,世袭三品爵威烈将军贾珍。

戴权看了,回手递与一个贴身的小厮收了,道:

"回去送与户部堂官老赵,说我拜上他起一张五品龙禁尉的票③,再给个执照,就把这履历填上,明日我来兑银子送过去。"

小厮答应了。戴权告辞,贾珍款留不住,只得送出府门。临上轿,贾珍问:

"银子还是我到部去兑,还是送入内相府中?"

戴权道:

"若到部里兑,你又吃亏了;不如平准一千两银子送到我家就完了。"

贾珍感谢不尽,说:

"待服满,亲带小犬到府叩谢。"于是作别。

接着又听喝道之声,原来是忠靖侯史鼎的夫人带着侄女史湘云来了。王夫人、邢夫人、凤姐等刚迎入正房,又见锦乡侯、川宁侯、寿山伯三家祭礼也摆在灵前。少时,三人下轿,贾珍接上大厅。

如此亲朋你来我去,也不能计数。一条宁国府街上,白漫漫,人来人往;花簇簇,官去官来。

贾珍令贾蓉次日换了吉服,领凭回来。灵前供用执事等物俱按五品职例,灵牌疏上皆写:

浩授贾门秦氏宜人之灵位

会芳园临街大门洞开,两边起了鼓乐厅,两班青衣按时奏乐;一对对执事摆的刀斩斧截。更有两面硃红销金大牌①竖在门外,上面大书道:

"防护内廷紫禁道御前侍卫龙禁尉。"

对面高起着宣坛,僧道对坛。榜上大书:

"世袭宁国公冢孙妇防护内廷御前侍卫龙禁尉贾门秦氏宜人之丧,四大部洲至中之地,奉天永建太平之国,总理虚无寂静沙门僧录司正堂万,总理元始正一教门道纪司正堂叶等敬谨修斋,朝天叩佛"恭请诸伽蓝揭谛功曹等神,圣恩普锡,神威远振,四十九日销灾洗业平安水陆道场。

只是贾珍虽然心满意足,但里面尤氏又犯了旧疾,不能料理事务,惟恐各诰命来往,亏了礼数,怕人笑话,因此,心中不自在。当下正忧虑时,因宝玉在侧,便问道:

"事事都算妥贴了,大哥哥还愁什么?"

贾珍便将里面无人的话告诉了他。宝玉听说,笑道:

"这有何难? 我荐一个人与你,权理这一个月的事,管保妥当!"

贾珍忙问是谁。宝玉见座间还有许多亲友,不便明言,走向贾珍耳边说了两句。贾珍听了,喜不自胜,笑道:

"这果然妥贴。如今就去。"

说着,拉了宝玉,辞了众人,便往上房里来。

可巧这日非正经日期,亲友来的少,里面不过几位近亲堂客,邢夫人、王夫人、凤姐并族中的内眷陪坐。闻人报:"大爷进来了。"唬的众婆娘嗯的一声,往后藏之不迭,独凤姐款款站了起来。

贾珍此时也有些病症在身,二则过于悲痛,因拄个拐,踱了进来。邢夫人等因说道:

"你身上不好,又连日多事,该歇歇才是。又进来做什么?"

贾珍一面拄拐,扎挣着,要蹲身跪下请安道乏。邢夫人等忙叫宝玉搀住,命人拿椅子与他坐。贾珍不肯坐,因勉强陪笑道:

"侄儿进来,有一件事要求二位婶娘、大妹妹。"

邢夫人等忙问:

"什么事?"

贾珍忙说道:

"婶娘自然知道。如今孙子媳妇没了,侄儿媳妇又病倒,我看里头着实不成体统;要屈尊大妹妹一个月,在这里料理料理,我就放心了。"

邢夫人笑道:

"原来为这个。你大妹妹现在你二婶娘家,只和你二婶娘说就是了。"

王夫人忙道:

"她一个小孩子,何曾经过这些事? 倘或料理不清,反叫人笑话,倒是再烦别人好。"

贾珍笑道:

"婶娘的意思,侄儿猜着了:是怕大妹妹劳苦了。若说料理不开,从小儿,大妹妹玩笑时就有杀伐决断;如今出了阁,在那府里办事,越发历练老成了。我想了这几日,除了大妹妹,再无人可求了。婶娘不看侄儿和侄儿媳妇面上,只看死的分上罢!"说着,流下泪来。

王夫人心中为的是凤姐未经过丧事,怕他料理不起,被人见笑;今见贾珍苦苦的说,心中已活了几分,却又眼看着凤姐出神。那凤姐素日最喜揽事,好卖弄能干,今见贾珍如此央她,心中早已允了,又见王夫人有活动之意,便向王夫人道:

"大哥说得如此恳切,太太就依了罢。"

王夫人悄悄的问道:

"你可能么?"

凤姐道:

"有什么不能的! 外面的大事已经大哥哥料理清了,不过是里面照管照管。——便是我有不知的,问太太就是了。"

王夫人见说得有理,便不出声。贾珍见凤姐允了,又陪笑道:

"也管不得许多了,横竖要求大妹妹辛苦辛苦。我这里先与大妹妹行礼,等完了事,我再到那府里去谢。"

说着,就作揖。凤姐连忙还礼不迭。

贾珍便命人取了宁国府的"对牌"来,命宝玉送与凤姐,说道:

"妹妹爱怎么办就怎么样。要什么,只管拿这个取去,也不必问我。只求别存心替我省钱,要好看为上;二则也同那府里一样待人才好,不要存心怕人抱怨。只这两件外,我再没不放心的了。"凤姐不敢就接牌,只看着王夫人。

王夫人道:

"你大哥既这么说,你就照看照看罢了。只是别自作主意,有了事,打发人问你哥哥嫂子一声儿要紧。"

宝玉早向贾珍手里接过对牌来,强递与凤姐了。

贾珍又问:

"妹妹还是住在这里,还是天天来呢? 若是天天来,越发辛苦了。我这里赶着收拾出一个院落来,妹妹住过这几日倒安稳。"

凤姐笑说:

"不用。那边也离不得我,倒是天天来的好。"

贾珍说:

"也罢了。"

然后又说了一回闲话,方才出去。

一时,女眷散后,王夫人因问凤姐:

"你今儿怎么样?"

凤姐道:

"太太只管请回去,我须得先理出一个头绪来,才回得去呢。"

王夫人听说,便先同邢夫人回去。不在话下。

这里凤姐来至三间一所抱厦中坐了,因想:头一件是人口混杂,遗失东西;二件,事无专管,临期推委;三件,需用过费,滥支冒领,四件,任无大小,苦乐不均;五件,家人豪纵,有脸者不能服钤束,无脸者不能上进。——此五件,实是宁府中风俗,必须对症下药才好。

① 云板 —— 一种长形扁片铁质的乐器,两端作云头形,又名"点"。衙署和官僚宅第中报事,都以打点为信号。云板敲四下代表凶信。

② 摔丧驾灵 ——有些地方在举行丧礼时,灵柩一出门,孝子便将一个瓦盆摔碎,然后起杠,叫做摔盆。摔丧指此事。出殡时孝子在灵前行走,叫做驾灵。(古代本是孝子亲自抬棺或曳灵车,后来只存虚名。)

③ 票——这里影射清代的"龙票",龙票是一种正式凭照,纸边周围印着龙的图案,所以俗称龙票。

④ 红销金大牌——清代官衔牌,木质珠漆,金字或黑字书写官衔。

第十四回 王熙凤威震宁国府
贾宝玉路谒北静王

话说宁国府中都总管赖升闻知里面委请了凤姐，因传齐同事人等，说道：

"如今请了西府里琏二奶奶管理内事，倘或她来支取东西，或是说话，小心伺候才好。每日大家早来晚散，宁可辛苦这一个月，过后再歇息，别把老脸面扔了。那是个有名的烈货，脸酸心硬，一时恼了，不认人的！"

众人都道：

"说的是。"

又有一个笑道：

"论理我们里头也得她来整治整治，都忒不像了。"

> 作者又以先声夺人笔法写王熙凤。

正说着，只见来旺媳妇拿了对牌来领呈文经文榜纸，票上开着数目。众人连忙让坐倒茶，一面命人按数取纸。来旺抱着，同来旺媳妇一路来至仪门，方交与来旺媳妇自己抱进去了。

凤姐即命彩明钉造册簿，即时传了赖升媳妇，要"家口花名册"查看，又限明日一早传齐家人媳妇进府听差。大概点了一点数目单册，问了赖升媳妇几句话，便坐车回家。至次日卯正二刻，便过来了。

那宁国府中老婆、媳妇早已到齐，只见凤姐和赖升媳妇分派众人执事，不敢擅入，在窗外打听。听见凤姐和赖升媳妇道：

"既托了我，我就说不得要讨你们嫌了。我可比不得你们奶奶好性儿，诸事由得你们。再别说你们这府里原是这么样的话，如今可要依着我行。错我一点儿,管不得谁是有脸的,谁是没脸的,一例清白处治。"

说罢,便吩咐彩明念"花名册",按名一个一个叫进来看视。一时看完,又吩咐道:

"这二十个分作两班,一班十个,每日在内单管亲友来往,倒茶,别的事不用管。这二十个也分作两班,每日单管本家亲戚茶饭,也不管别的事。这四十个人也分作两班,单在灵前上香、添油、挂幔、守灵、供饭、供茶、随起举哀,也不管别的事。这四个人专在内茶房收管杯碟茶器,要少了一件,四人分赔。这四个人单管酒饭器皿,少一件也是分赔。这八个人单管收祭礼。这八个人单管各处灯油、蜡烛、纸扎①,——我一总支了来交你们八个人,然后按我的数儿往各处分派。这二十个每日轮流各处上夜,照管门户,监察火烛,打扫地方。这下剩的按房分开,某人守某处,某处所有桌椅古玩起,至于痰盒、掸子等物,一草一苗,或丢或坏,就问这看守的赔补。赖升家的每日揽总查看,或有偷懒的、赌钱、吃酒、打架、拌嘴的,立刻拿了来回我;你要徇情,叫我查出来,三四辈子的老脸就顾不成了。——如今都有了定规,以后那一行乱了,只和那一行算帐。素日跟我的人,随身俱有钟表,不论大小事,皆有一定的时刻。横竖你们上房里也有时辰钟。卯正二刻,我来点卯。巳正吃早饭。凡有领牌回事,只在午初二刻,戌初烧过黄昏纸,我亲到各处查一遍回来,上夜交明钥匙。第二日还是卯正二刻过来。说不得咱们大家辛苦几日罢。事完了,你们大爷自然赏你们。"

说毕,又吩咐按数发茶叶、油烛、鸡毛掸子、笤帚等物;一面又搬取家伙,桌围、椅搭、坐褥、毡席、痰盒、脚踏……之类。一面交发,一面提笔登记,某人管某处,某人领物件,开的十分清楚。众人领了去,也都有了投奔,不似先时只拣便宜的做,剩下苦差,没个招揽。各房中也不能趁乱迷失东西。便是人来客去,也都安静了,不比先前紊乱无头绪。一切偷安窃取等弊,一概都蠲了。

凤姐自己威重令行,心中十分得意。因见尤氏犯病,贾珍也过于悲哀不大进饮食，自己每日从那府中熬了各样细粥，精美小菜，令人送过来。贾珍也另外吩咐每日送上等菜到抱厦内单预备给凤姐食用。凤姐不畏勤劳，天天按时刻过来点卯理事。独在抱厦内起坐，不与众姊娌合群，便有女眷来往，也不迎送。

这日乃五七，正五日上，那应付僧正开方破狱，传灯照亡，参阎君，拘都鬼，延请地藏王，开金桥，引幢幡；那道士们正伏章申表，朝三清，叩玉帝；禅僧们行香，放焰口，拜水忏；又有十二众青年尼僧，搭绣衣，趿红鞋，在灵前默诵"接引"诸咒。十分热闹。

那凤姐知道今日的客不少，寅正便起来梳洗。及收拾完备，更衣盥手，喝了几口奶子，漱口已毕，正是卯正二刻了。来旺媳妇率领众人伺候已久。凤姐出至厅前，上了车，前面一对明角灯，上写"荣国府"三个大字。来至宁府大门首，门灯朗挂，两边一色绰灯[2]，照如白昼。白汪汪穿孝家人，两行侍立。请车至正门上，小厮退去，众媳妇上来揭起车帘。

凤姐下了车，一手扶着丰儿，两个媳妇执着手把灯照着，簇拥凤姐进来。宁府诸媳妇迎着请安。凤姐款步入会芳园中登仙阁灵前，一见棺材，那眼泪恰似断线之珠，滚将下来。院中多少小厮垂手侍立，伺候烧纸。凤姐吩咐一声"供茶烧纸"，只听一棒锣鸣，诸乐齐奏。早有人请过一张大圈椅来放在灵前，凤姐坐下，放声大哭。于是里外上下男女都接声嚎哭。

贾珍尤氏忙令人劝止，凤姐才止住了哭。来旺媳妇倒茶漱口毕，方起身别了族中诸人，自人抱厦来。按名查点各项人数，俱已到齐，只有迎送亲友上的一人未到。即令传来。那人惶恐。凤姐冷笑道：

"原来是你误了。你比他们有体面，所以不听我的话！"

那人回道：

"奴才天天都来的早，只有今儿来迟了一步，求奶奶饶过初次！"

正说着，只见荣国府中的王兴媳妇来了，往里探头儿。凤姐且

不发放这人,却问王兴媳妇:

"来作什么?"

王兴家的近前说:

"领牌取线,打车轿网络③。"

说着,将帖儿递上。凤姐令彩明念道:

"大轿两顶,小轿四顶,车四辆,共用大小络子若干根,每根用珠儿线若干斤。"

凤姐听了,数目相合,便命彩明登记,取荣府对牌发下。王兴家的去了。

凤姐方欲说话,只见荣国府的四个执事人进来,都是支取东西领牌的。凤姐问他们要了帖,念过听了,一共四件。因指两件道:

"这个开销错了,再算清了来领。"

说着,将帖子摔下来。那二人扫兴而去。

凤姐因见张材家的在旁,便问:

"你有什么事?"

张材家的忙取帖子回道:

"就是方才车轿围子做成,领取裁缝工银若干两。"

凤姐听了,收了帖子,命彩明登记,待王兴交过,得了买办的回押相符,然后与张材家的去领。一面又命念那一件,是为宝玉外书房完竣,支领买纸料糊裱。凤姐听了,即命收贴儿登记,待张材家的缴清再发。

凤姐便说道:

"明儿他来迟了,后儿我也来迟了,将来都没有人了!本来要饶你,只是我头一次宽了,下次就难管别人了,不如开发了好。"登时放下脸来,叫:"带出去打他二十板子!"

> 凤姐杀鸡儆猴。

众人见凤姐动怒,不敢怠慢,拉出去照数打了,进来回覆。凤姐又掷下宁府对牌,说与赖升革他一个月的钱粮,吩咐:"散了罢。"众人方各自办事去了。那被打的也含着饮泣而去。彼时荣宁两处领牌交牌人往来不绝,凤姐又一一开发了。于是宁府中人才知凤姐利害。自此,俱各兢兢业业,不敢偷安。不在话下。

如今且说宝玉因见人众,恐秦钟受委屈,遂同他往凤姐处坐坐。凤姐正吃饭,见他们来了,笑道:

"好长腿子! 快上来罢。"

宝玉道:

"我们偏了。"

凤姐道:

"在这边外头吃的,还是那边吃的?"

宝玉道:

"同那些浑人吃什么! 还是那边跟着老太太吃了来的。"说着,一面归坐。

凤姐饭毕,就有宁府一个媳妇来领牌,为支取香灯。凤姐笑道:

"我算着你今儿该来支取。想是忘了? 要终久忘了,自然是你包出来,都便宜了我!"

那媳妇笑道:

"何尝不是忘了! 方才想起来。再迟一步,也领不成了。"说毕,领牌而去。

一时登记交牌。秦钟因笑道:

"你们两府里都是这牌,倘别人私造一个,支了银子去,怎么好?"

凤姐笑道:

"依你说,都没王法了!"

宝玉因道:

"怎么咱们家没人来领牌子支东西?"

凤姐道:

"他们来领的时候,你还做梦呢。——我且问你,你们多早晚才念夜书呢?"

宝玉道：

"巴不得今日就念才好。只是他们不快给收拾书房，也是没法儿。"

凤姐笑道："你请我请儿，包管就快了。"

宝玉道：

"你也不中用。他们该做到那里的时候，自然有了。"

凤姐道：

"就是他们做，也得要东西，搁不住我不给对牌，是难的！"

宝玉听说，便猴①向凤姐身上，立刻要牌，说：

"好姐姐！给他们牌，好支东西去收拾。"

凤姐道：

"我乏的身上生痛，还搁的住你这么揉搓？你放心罢，今儿才领了裱糊纸去了。他们该要的，还等叫去呢？可不傻了？"

宝玉不信，凤姐便叫彩明查册子给他看。

正闹着，人来回：

"苏州去的昭儿来了。"

凤姐急命叫进来。昭儿打千儿请安。凤姐便问：

"回来做什么？"

昭儿道：

"二爷打发回来的。林姑老爷是正月初三巳时殁的。二爷带了林姑娘，同送林姑老爷的灵到苏州，大约赶花朝回来。二爷打发奴才来报个信儿，请安，讨老太太的示下，还瞧瞧奶奶家里好，叫把大毛裳带几件去。"

凤姐道："你见过别人了没有？"

昭儿道：

"都见过了。"说毕，连忙退出。

凤姐向宝玉笑道：

"你林妹妹可在咱们家住长了。"

宝玉道："了不得！想来这几日她不知哭的怎么样呢。"说着，蹙眉长叹。

　　凤姐见昭儿回来，因当着人不及细问贾琏，心中七上八下，待要回去，奈事未毕，少不得耐到晚上回来，又叫进昭儿来，细问一路平安。连夜打点大毛衣服，和平儿亲自检点收拾，再细细追想所需何物，一并包裹，交给昭儿。又细细儿的吩咐昭儿：

　　"在外好生小心些伏侍，别惹你二爷生气，时常劝他少喝酒，别勾引他认得浑帐女人。我知道了，回来打折了你的腿！"

　　昭儿笑着答应出去。那时天已四更，睡下，不觉早又天明，忙梳洗，过宁府来。

　　那贾珍因发引日近，亲自坐车，带了阴阳生，往铁槛寺来踏看寄灵之所。又一一嘱咐住持色空，好生预备新鲜陈设，多请名僧，以备接灵使用。色空忙备晚斋。贾珍也无心茶饭，因天晚不及进城，就在净室胡乱歇了一夜。次日一早，赶忙的进城来料理出殡之事；一面又派人先往铁槛寺连夜另外修饰停灵之处并厨茶等项，接灵人口。凤姐见发引日期在迩，也预先逐细分派料理；一面又派荣府中车轿人从跟王夫人送殡，又顾自己送殡去占下处⑥。

　　目今正值缮国公诰命亡故，邢王二夫人又去吊祭，送殡；西安郡王妃华诞，送寿礼又有胞兄王仁连家眷回南，一面写家信并带往之物；又兼迎春染疾，每日请医服药，看医生的启帖，讲论症源，斟酌药案……各事冗杂，亦难尽述。因此，忙的凤姐茶饭无心，坐卧不宁。到了宁府里，这边荣府的人跟着；回到荣府里，那边宁府的人又跟着。凤姐虽然如此之忙，只因素性好胜，惟恐落人褒贬，故费尽精神，筹画的十分整齐。于是，合族中上下无不称叹。

　　这日伴宿之夕，亲朋满座，尤氏犹卧于内室，一切张罗款待都是凤姐一人周全承应。合族中虽有许多妯娌，也有言语钝拙的，也有举止轻浮的，也有羞口羞脚不惯见人的，也有惧贵怯官的，越显得凤姐洒爽风流，典则俊雅，真是"万绿丛中一点红"了。——那里还把众人放在眼里？挥霍指示，任其所为。

　　那一夜中灯明火彩，客送官迎，百般热闹，自不用说。至天明吉时，一般六十四名青衣请灵，前而铭旌上大书：

"诰封一等宁国公冢孙妇防护内廷紫禁道御前侍卫龙禁尉享强寿贾门秦氏宜人之灵柩"。

一应执事陈设皆系现赶新做出来的，一色光彩夺目。宝珠自行未嫁女之礼，捧丧驾灵，十分哀苦。

那时官客送殡的有镇国公牛清之孙现袭一等伯牛继宗，理国公柳彪之孙现袭一等子柳芳，齐国公陈翼之孙世袭三品威镇将军陈瑞文，治国公马魁之孙世袭三品威远将军马尚德，修国公侯晓明之孙世袭一等子侯孝康（缮国公诰命亡故，其孙石光珠守孝不得来）：这六家与荣宁二家，当日所称"八公"的便是。余者更有南安郡王之孙，西宁郡王之孙，忠靖侯史鼎，平原侯之孙世袭二等男蒋子宁，定城侯之孙世袭二等男兼京营游击谢鲲，襄阳侯之孙世袭二等男戚建辉，景田侯之孙五城兵马司裘良。余者，锦乡伯公子韩奇、神武将军公子冯紫英、陈也俊、卫若兰等诸王孙公子，不可枚数。堂客也共有十来顶大轿，三四十顶小轿，连家下大小轿子车辆，不下百十余乘。连前面各色执事陈设，接连一带，摆了有三四里远。

走不多时，路上彩棚高搭，设席张筵，和音奏乐，俱是各家路祭，第一棚是东平郡王府的祭，第二棚是南安郡王的祭，第三棚是西宁郡王的祭，第四棚便是北静郡王的祭。原来这四王，当日惟北静王功最高，及今子孙犹袭王爵。现今北静王世荣年未弱冠，生得美秀异常，性情谦和。近闻宁国府冢孙妇告殂，因想当日彼此祖父有相与之情，同难同荣，因此不以王位自居，前日也曾探丧吊祭，如今又设了路奠，命麾下的各官在此伺候。自己五鼓入朝，公事一毕，便换了素服，坐着大轿，鸣锣张伞而来，到了棚前落轿。手下各官两旁拥侍，军民人众不得往还。一时，只见宁府大殡浩浩荡荡，压地银山一般从北而至。早有宁府开路传事人报与贾珍，贾珍急命前面执事扎住，同贾赦贾政三人连忙迎上来以国礼相见。北静王轿内欠身，含笑答礼，仍以世交称呼接待，并不自大。贾珍道：

"犬妇之丧,累蒙郡驾下临,荫生辈何以克当!"

北静王笑道:

"世交至谊,何出此言?"

遂回头令长府官主祭代奠。贾赦等一旁还礼,复亲身来谢。北静王十分谦逊,因问贾政道:

"那一位是衔玉而诞者?久欲一见为快,今日一定在此,何不请来?"

贾政忙退下来,命宝玉更衣,领他前来谒见。

那宝玉素闻北静王的贤德,且才貌俱全,风流跌宕,不为官俗国礼所缚,每思相会,只是父亲拘束,不克如愿。今见反来叫他,自是喜欢,一面走,一面瞥见那北静王坐在轿内,好个仪表。

宝玉举目见北静王世荣头上戴着净白簪缨银翅王帽,穿着江牙海水五爪龙白蟒袍,系着碧玉红鞓带,面如美玉,目似明星,真好秀丽人物。宝玉忙抢上来参见。世荣从轿内伸手挽住,见宝玉戴着束发银冠,勒着双龙出海抹额,穿着白蟒箭袖,围着攒珠银带,面若春花,目如点漆。北静王笑道:

"名不虚传,果然如宝似玉!"问:"衔的那宝贝在那里?"宝玉见问,连忙从衣内取出递与。北静王细细看了,又念了那上头的字,因问:

"果灵验否?"

贾政忙道:

"虽如此说,只是未曾试过。"

北静王一面极口称奇,一面理顺彩绦,亲自与宝玉带上;又携手问宝玉几岁,现读何书。宝玉一一答应。北静王见他语言清朗,谈吐有致,一面又向贾政笑道:

"令郎真乃龙驹凤雏!非小王在世翁前唐突,将来'雏凤清于老凤声',未可量也。"

贾政陪笑道:

"犬子岂敢谬承金奖。赖藩郡余恩,果如所言,亦荫生辈之幸矣。"

北静王又道:

"只是一件:令郎如此资质,想老太夫人自然钟爱;但吾辈后生甚不宜溺爱,溺爱则未免荒失了学业。昔小王曾蹈此辙,想令郎亦未必不如是也。若令郎在家难以用功,不妨常到寒邸。小王虽不才,却多蒙海内众名士,凡至都者,未有不垂青目的,是以寒邸高人颇聚,令郎常去谈谈会会,则学问可以日进矣。"

贾政忙躬身答道:

"是。"

北静王又将腕上一串念珠卸下来,递与宝玉,道:

"今日初会,仓卒无敬贺之物,此系圣上所赐鹡鸰香珠一串,权为贺敬之礼。"

宝玉连忙接了,回身奉与贾政。贾政带着宝玉谢过了。于是贾赦贾珍等一齐上来叩请回舆。

北静王道:

"逝者已登仙界,非你我碌碌尘寰中人。小王虽上叨天恩,虚邀郡袭,岂可越仙　而进呢?"

贾赦等见执意不从,只得谢恩回来,命手下人掩乐停音,将殡过完,方让北静王过去。不在话下。

① 纸扎——纸糊的车、马、楼、库等焚烧的冥器,统名纸扎。
② 绰灯——绰又作臘、戳。是一种长柄有底座直立地上而可以移动的灯。
③ 车轿网络——方车上和轿上的丝织的网络,是一种装饰物。
④ 猴——这里是屈身攀援,纠缠不放松的意思。第153页"猴在马上",义同。
⑤ 下处——临时休息的地方或住处。

第十五回　王凤姐弄权铁槛寺
秦鲸卿得趣馒头庵

　　且说宁府送殡，一路热闹非常，刚至城门，又有贾赦、贾政、贾珍诸同寅属下各家祭棚接祭，一一的谢过，然后出城，竟奔铁槛寺大路而来。彼时贾珍带着贾蓉来到诸长辈前让坐轿上马；因而贾赦一辈的，各自上了车轿；贾珍一辈的，也将要上马。凤姐因惦记着宝玉，怕他在郊外纵性，不服家人的话，贾政管不着，惟恐有闪失，因此，命小厮来唤他。宝玉只得到她车前。凤姐笑道：

　　"好兄弟，你是个尊贵人，和女孩儿似的人品，别学他们猴在马上。下来，咱们姐儿两个同坐车，好不好？"

　　宝玉听说，便下了马，爬上凤姐车内。二人说笑前进。

　　不一时，只见那边两骑马直奔凤姐车来下马，扶车回道：

　　"这里有下处，奶奶请歇歇更衣。"

　　凤姐命请邢王二夫人示下。那二人回说：

　　"太太们说不歇了，叫奶奶自便。"

　　凤姐便命歇歇再走。小厮带着轿马，岔出人群，往北而来。宝玉忙命人去请秦钟。那时秦钟正骑着马，随他父亲的轿，忽见宝玉的小厮跑来请他去打尖。秦钟远看宝玉所骑的马，搭着鞍笼，随着凤姐的车往北而去，便知宝玉同凤姐一车，自己也带马赶上来，同入一庄门内。那庄农人家无多房舍，妇女无处回避。那些村姑野妇见了凤姐、宝玉、秦钟的人品衣服，几疑天人下降。

　　凤姐进人茅屋，先命宝玉等出去玩玩。宝玉会意，因同秦钟带了小厮们各处游玩。凡庄家动用之物，俱不曾见过的，宝玉见了，都以为奇，不知何名何用。小厮中有知道的，一一告诉了名色并其

155

用处。宝玉听了,因点头道:

"怪道古人诗上说:'谁知盘中餐,粒粒皆辛苦?'正为此也。"一面说,一面又到一间房内,见炕上有个纺车儿,越发以为稀奇。小厮们又说:

"是纺线织布的。"

宝玉便上炕摇转。只见一个村庄丫头,约有十七八岁,走来说道:

"别弄坏了!"

众小厮忙上来吆喝。宝玉也住了手,说道:

"我因没有见过,所以试一试玩儿。"

那丫头道:

"你不会转,等我转给你瞧。"

秦钟暗拉宝玉道:

"此卿大有意趣。"

宝玉推他道:

"再胡说,我就打了!"

只见那丫头纺起线来,果然好看。忽听那边老婆子叫道:

"二丫头。快过来!"

那丫头丢了纺车,一径去了。

宝玉怅然无趣。只见凤姐打发人来叫他两个进去。凤姐洗了手,换了衣服,问他换不换。宝玉道:"不换。"也就罢了。仆妇们端上茶食果品来,又倒上香茶来。凤姐等吃了茶,待他们收拾完备,便起身上车。外面旺儿预备赏封,赏了那庄户人家。那妇人等忙来谢赏。宝玉留心看时,并不见纺线之女;走不多远,却见二丫头怀里抱着个小孩子,同着两个小女孩在村头站着瞅他。宝玉情不自禁,然身在车上,只得眼角留情而已。一时电卷风驰,回头已无踪迹了。

说笑间,已赶上大殡。早又前面法鼓金铙,幢幡宾盖,铁槛寺中僧众,摆列路旁。少时,到了寺中,另演佛事,重设香坛,安灵于

156

内殿偏室之中。宝珠安理寝室为伴。外面贾珍款待。一应亲友，也有坐住的，也有告辞的，一一谢过乏，从公、侯、伯、子、男，一起一起的，散至未末方散尽了。里面的堂客，皆是凤姐接待。先从诰命散起，也到未正上下方散完了。只有几个近亲本族，等做过三日道场方去的。那时邢王二夫人知凤姐必不能回家，便要带了宝玉同进城去。那宝玉乍到郊外，那里肯回去？只要跟着凤姐住着。王夫人只得交与凤姐而去。

原来这铁槛寺是宁荣二公当日修造的，现今还有香火、地亩，以备京中老[①]了人口，在此停灵。其中阴阳两宅[②]俱是预备妥帖的，好为送灵人口寄居。不想如今后人繁盛，其中贫富不一，或性情"参商"，有那家道艰难的，便住在这里了；有那有钱有势尚排场的，只说这里不方便，一定另外——或村庄，或尼庵——寻个下处，为事毕宴退之所。

即今秦氏之丧，族中诸人，也有在铁槛寺的，也有别寻下处的。凤姐也嫌不方便，因遣人来和馒头庵的姑子静虚说了，腾出几间房来预备。原来这馒头庵和水月庵一势，因他庵里做的馒头好，就起了这个浑号，离铁槛寺不远。

当下和尚功课已完，奠过晚茶，贾珍便命贾蓉请凤姐歇息。凤姐见还有几个妯娌们陪着女亲，自己便辞了众人，带着宝玉秦钟往馒头庵来。只因秦邦业年迈多病，不能在此，只命秦钟等待安灵罢，所以秦钟只跟着凤姐宝玉。一时，到了庵中。静虚带领智善智能两个徒弟出来迎接，大家见过，凤姐等至净室更衣净手毕，因见智能儿越发长高了，模样儿越发出息的水灵了，因说道：

"你们师徒怎么这些日子也不往我们那里去？"

静虚道：

"可是这几日因胡老爷府里产了公子，太太送了十两银子来这里，叫请几位师父念三日'血盆经'，忙的就没得来请奶奶的安。"

不言老尼陪着凤姐。且说那秦钟宝玉二人正在殿上玩耍，因见智能儿过来，宝玉笑道：

157

“能儿来了。”

秦钟说：

“理她作什么？”

宝玉笑道：

“你别弄鬼儿！那一日在老太太屋里，一个人没有，你搂着她作什么呢？这会子还哄我！”

秦钟笑道：

“这可是没有的话！”

宝玉道：

“有没有也不管你，你只叫她倒碗茶来我喝，就撂③过手。”

秦钟笑道：

“这又奇了！你叫她倒去，还怕她不倒？何用我说呢？”

宝玉道：

“我叫她倒的是无情意的，不及你叫她倒的是有情意的。”

秦钟没法，只得说道：

“能儿，倒碗茶来。”

那能儿自幼在荣府走动，无人不识，常和宝玉秦钟玩笑。如今长大了，渐知风月，便看上了秦钟人物风流。那秦钟也爱她妍媚。二人虽未上手，却已情投意合了。智能走去倒了茶来。

秦钟笑说：

“给我。”

宝玉又叫：.

“给我。”

智能儿抿着嘴儿笑道：

“一碗茶也争，难道我手上有蜜？”

宝玉先抢着了，喝着，方要问话，只见智善来叫智能去摆果碟子。一时，来请他两个去吃果茶。他两个那里吃这些东西，略坐坐仍出来玩耍。

凤姐也便回至净室歇息，老尼相伴。此时众婆子媳妇，见无事，都陆续散了，自去歇息，跟前不过几个心腹小丫头。老尼便趁机说道：

"我有一事，要到府里求太太，先请奶奶的示下。"

凤姐问道：

"什么事？"

老尼道：

"阿弥陀佛！只因当日我先在长安县善才庵里出家的时候儿，有个施主姓张，是大财主。他的女孩儿小名金哥，那年都往我庙里来进香，不想遇见长安府太爷的小舅子李少爷。那李少爷一眼看见金哥，就爱上了，立刻打发人来求亲。不想金哥已受了长安守备公子的聘定，张家欲待退亲，又怕守备不依，因此说已有了人家了。谁知李少爷一定要娶。张家正在没法，两处为难。不料守备家听见此信，也不问青红皂白，就来吵闹，说：'一个女孩儿，你许几家子人家儿？'偏不许退定礼，就打起官司来。女家急了，只得着人上京找门路，赌气偏要退定礼。我想如今长安节度云老爷和府上相好，怎么求太太和老爷说说，写一封书子，求云老爷和那守备说一声，不怕他不依。要是肯行，张家那怕倾家孝顺，也是情愿的。"

凤姐听了，笑道：

"这事倒不大，只是太太再不管这些事。"

老尼道：

"太太不管，奶奶可以主张了。"

凤姐笑道：

"我也不等银子使，也不做这样的事。"

静虚听了，打去妄想，半晌，叹道：

"虽这么说，只是张家已经知道求了府里。如今不管，张家不说没工夫，不希图他的谢礼，倒像府里连这点子手段也没有似的。"

凤姐听了这话，便发了兴头，说道：

"你是素日知道我的，从来不信什么阴司地狱报应的。凭是什么事，我说要行就行。你叫他拿三千两银子来，我就替他出这口气。"

老尼听了,喜之不胜,忙说:

"有,有,这个不难。"

凤姐又道:

"我比不得他们扯篷拉牵的图银子。这三千两银子,不过是给打发说去的小厮们作盘缠,使他赚几个辛苦钱儿,我一个钱也不要。就是三万两,我此刻还拿的出来。"

老尼忙答应道:

"既如此,奶奶明日就开恩罢了。"

凤姐道:

"你瞧瞧我忙的,那一处少的了我? 我既应了你,自然给你了结啊。"

老尼道:

> 作者写凤姐弄权贪污,也刻画出她好巧的性格,而且一点一滴布下以后抄家的因子。

"这点子事,要在别人,自然忙的不知怎么样;要是奶奶跟前,再添上些,也不够奶奶一办的! 俗语说的:'能者多劳。'太太见奶奶这样才情,越发都推给奶奶了,只是奶奶也要保重贵体些才是。"一路奉承。凤姐越受用了,也不显劳乏,更攀谈起来。

谁想秦钟趁黑晚无人,来寻智能儿。刚到后头房里,只见智能儿独在那里洗茶碗,秦钟便搂着亲嘴。智能儿急的跺脚,说:

"这是做什么!"就要叫唤。

秦钟道:

"好妹妹,我要急死了! 你今儿再不依我,我就死在这里!"

智能儿道:

"你要怎么样,除非我出了这牢坑,离了这些人,才好呢。"

秦钟道:

"这也容易,只是远水解不得近渴!"

说着,一口吹了灯,满屋里漆黑,将智能儿抱到炕上。那智能儿百般的挣扎不起来,又不好嚷,不知怎么样就把中衣儿解下来了。这里才刚入港④，说时迟，那时快，猛然间，一个人从身后冒冒失失的按住，也不出声。二人唬的魂飞魄散。只听嗤的一笑，这才知是宝玉。秦钟连忙起来抱怨道：

"这算什么！"

宝玉道：

"你倒不依？咱们就嚷出来。"

羞的智能儿趁暗中跑了。宝玉拉着秦钟出来，道：

"你可还强嘴不强？"

秦钟笑道：

"好哥哥，你只别嚷，你要怎么着都使的。"

宝玉笑道：

"这会子也不用说，等一会儿睡下，咱们再慢慢儿的算帐。"

一时，宽衣安歇的时节，凤姐在里间，宝玉秦钟在外间，满地下皆是婆子们打铺坐ހ。凤姐因怕"通灵玉"失落，等宝玉睡了，令人拿来，塞在自己枕边。却不知宝玉和秦钟如何算帐，未见真切，此系疑案，不敢创纂。

此处作者写男女之私谑而不虐，也衬托出宝玉的风趣顽皮。是一妙笔。

且说次日一早，便有贾母王夫人打发了人来看宝玉，命多穿两件衣服，无事宁可回去。宝玉那里肯？又兼秦钟恋着智能儿，挑唆宝玉求凤姐再住一天。凤姐想了一想，丧仪大事虽妥，还有些小事，也可以再住一日。一则贾珍跟前送了满情；二则又可以完了静虚的事；三则顺了宝玉的心，因此便向宝玉道：

"我的事都完了。你要在这里逛，少不得索性辛苦了。明儿是一定要走的了。"

宝玉听说，千姐姐万姐姐的央求：

"只住一日，明儿必回去的。"于是又住了一夜。

凤姐便命悄悄将昨日老尼之事说与来旺儿。旺儿心中俱已明白，急忙进城，找着主文的相公，假托贾琏所嘱，修书一封，连夜往长安县来。不过百里之遥，两日工夫，俱已妥协。那节度使名唤云光,久悬贾府之情,这些小事,岂有不允之理? 给了回书,旺儿回来。不在话下。

且说凤姐等又过了一日,次日方别了老尼,着她三日后往府里去讨信。那秦钟和智能儿两个百般的不忍分离,背地里设了多少幽期密约,只得含恨而别,俱不用细述。凤姐又到铁槛寺中照望一番。宝珠执意不肯回家,贾珍只得另派妇女相伴。

① 老——忌讳说死,用老字代替。
② 阴阳两宅——停柩的房子和坟地叫阴宅,住人的房子叫阳宅。
③ 撂——放下,撇开。
④ 入港——互相投合的意思。

第十六回　贾元春才选凤藻宫
秦鲸卿夭逝黄泉路

　　且说秦钟宝玉二人跟着凤姐自铁槛寺照应一番，坐车进城，到家见过贾母王夫人等，回到自己房中，一夜无话。至次日，宝玉见收拾了外书房，约定了和秦钟念夜书。偏偏那秦钟秉赋最弱，因在郊外受了些风霜，又与智能儿几次偷期缱绻，未免失于检点，回来时便咳嗽伤风，饮食懒进，大有不胜之态，只在家中调养，不能上学。宝玉便扫了兴，然亦无法，只得候他病痊再议。

　　那凤姐却已得了云光的回信，俱已妥协。老尼达知张家，那守备无奈何，忍气吞声，受了前聘之物。谁知爱势贪财的父母，却养了一个知义多情的女儿，闻得退了前夫，另许李门，她便一条汗巾，悄悄的寻了自尽。那守备之子谁知也是个情种，闻知金哥自缢，遂投河而死。可怜张李二家没趣，真是"人财两空"。这里凤姐却安享了三千两。王夫人连一点消息也不知。自此，凤姐胆识愈壮，以后所作所为，诸如此类，不可胜数。

> 此段为作者春秋之笔，对凤姐口诛笔伐。

　　一日，正是贾政的生辰，宁荣二处人丁都齐集庆贺，热闹非常。忽有门吏报道："有六宫都太监夏老爷特来降旨。"吓的贾赦贾政一干人不知何事，忙止了戏文，撤去酒席，摆香案，启中门跪接。早见都太监夏秉忠乘马而至，又有许多跟从的内监，那夏太监也不曾负诏捧敕，直至正厅下马，满面笑容，走至厅上，南面而立，口内说：

　　"奉特旨，立刻宣贾政入朝，在临敬殿陛见。"

　　说毕，也不吃茶，便乘马去了。

贾政等也猜不出是何来头，只得即忙更衣入朝。贾母等合家人心俱惶惶不定，不住的使人飞马来往探信。有两个时辰，忽见赖大等三四个管家喘吁吁跑进仪门报喜。又说：

"奉老爷的命，就请老太太率领太太等进宫谢恩呢。"

那时贾母心神不定，在大堂廊下伫候。邢王二夫人、尤氏、李纨、凤姐、迎春姊妹以及薛姨妈等皆聚在一处打听信息。贾母又唤进赖大来细问端底。赖大禀道：

"奴才们只在外朝房伺候着，里头的信息一概不知。后来夏太监出来道喜，说咱们家的大姑奶奶封为凤藻宫尚书，加封贤德妃。后来老爷出来，也这么吩咐。如今老爷又往东宫里去了，急速请太太们去谢恩。"

贾母等听了，方放下心来，一时皆喜见于面。于是都按品大妆起来。贾母率领邢王二夫人并尤氏，一共四乘大轿，鱼贯入朝。贾赦贾珍亦换了朝服，带领贾蔷贾蓉奉侍贾母前往。

宁荣两处上下内外人等莫不欢天喜地，独有宝玉置若罔闻。你道什么缘故？原来近日水月庵的智能私逃入城，来找秦钟，不意被秦邦业知觉，将智能逐出，将秦钟打了一顿，自己气老病发了，三五日便呜呼哀哉了。秦钟本自怯弱，又带病未痊，受了笞杖，今见老父气死，悔痛无及，又添了许多病症。因此，宝玉心中怅怅不乐，虽有元春晋封之事，那解得他的愁闷？贾母等如何谢恩，如何回家，亲友如何来庆贺，宁荣两府近日如何热闹，众人如何得意，独他一个皆视有如无，毫不介意。因此，众人嘲他越发呆了。

且喜贾琏与黛玉回来，先遣人来报信，明日就可到家了。宝玉听了，方略有些喜意。细问原由，方知贾雨村也进京引见，皆由王子腾屡上荐本，此来候补京缺。与贾琏是同宗弟兄，又与黛玉有师徒之谊，故同路作伴而来。林如海已葬入祖茔了，诸事停妥。

贾琏这番进京，若按站走时，本该出月到家；因听见元春喜信，遂昼夜兼程而进，一路俱各平安。宝玉只问了黛玉好，余者也就不在意了。好容易盼到明日午牌，果报："琏二爷和林姑娘进府了。"

见面时，彼此悲喜交集，未免大哭一场，又致庆慰之词。

宝玉细看那黛玉时，越发出落的超逸了。黛玉又带了许多书籍来，忙着打扫卧室，安排器具；又将些纸笔等物分送与宝钗、迎春、宝玉等。宝玉又将北静王所赠鹡苓香串，珍重取出来，转送黛玉。黛玉说：

> 这两句充分表现出黛玉率真任性。

"什么臭男人拿过的，我不要这东西！"

遂掷还不取。宝玉只得收回，暂且无话。

且说贾琏自回家见过众人，回至房中，正值凤姐事繁，无片刻闲空。见贾琏远路归来，少不得拨冗接待。因房内无外人，便笑道：

> 这是大奸口吻，欲扬先抑。明显要丈夫赔释实是向丈夫表功，要丈夫向贾珍讨赏。作者写凤姐心机处处都用彩笔。

"国舅老爷大喜！国舅老爷一路风尘辛苦！小的听见昨日的头起报马来说，今日大驾归府，略预备了一杯水酒掸尘，不知可赐光谬领否？"

贾琏笑道：

"岂敢，岂敢！多承，多承！"

一面平儿与众丫鬟参见毕，端上茶来。贾琏遂问别后家中诸事，又谢凤姐的辛苦。

凤姐道：

"我那里管的上这些事来！见识又浅，嘴又笨，心又直，人家给个棒捶，我就拿着认作针了。脸又软，搁不住人家给两句好话儿。况且又没经过事，胆子又小，太太略的点不舒服，就吓的也睡不着了。我苦辞过几回。太太不许，倒说我图受用，不肯学习，那里知道我是捻着把汗儿呢！一句也不敢多说，一步也不敢妄行。你是知道的咱们家所有的这些管家奶奶，那一个是好缠的？错一点儿，他们就笑话打趣；偏一点儿，他们就'指桑骂槐'的抱怨。'坐山看虎斗'，'借刀杀人'，'引风吹火'，'站干岸儿'，'推倒了油瓶儿不扶'：都是全挂子的本事！况且我又年轻，不压人，怨不得不把我搁在眼里。更可笑那府里蓉儿媳妇死了，珍大哥再三在太太跟前跪着讨情，只要请我帮他几天。我再四推辞，太太做情应了，只得从命，到底叫我闹了个马仰人翻，更不成个体统，至今珍大哥还抱怨后悔呢。你明儿见了他，好歹赔释赔释，就说我年轻，原没见过世面，谁叫大爷错委了她呢?"

说着，只听外间有人说话。凤姐便问:

"是谁?"

平儿进来回道:

"姨太太打发香菱妹子来问我一句话，我已经说了，打发她回去了。"

贾琏笑道:

"正是呢。我方才见姨妈去，和一个年轻的小媳妇子刚走了个对脸儿，长得好齐整模样儿。我想咱们家没这个人哪。说话时问姨妈，才知道打官司的那小丫头子，叫什么香菱的，竟给薛大傻子作了屋里人①，开了脸②，越发出挑的标致了。——那薛大傻子真玷辱了她!"

凤姐把嘴一撇道:

"哎! 往苏杭走了一趟回来，也该见点世面了，还是这么眼馋肚饱的! 你要爱她，不值什么，我拿平儿换了她来，好不好? 那薛老大也是吃着碗里瞧着锅里的。这一年来的时候，他为香菱儿不能到手，和姑妈打了多少饥荒。姑妈看着菱香的模样儿好还是小事，因他做人行事又别的女孩子不同，温柔安静，差不多儿的主子姑娘还跟不上她，才摆酒请客的费事，明堂正道给他做了屋里人。过了没半月，他没事人一大堆了!"一语未了，二门上的小厮传报:

"老爷在书房里等着二爷呢。"

贾琏听了，忙忙整衣出去。

这里凤姐因问平儿:

"方才姑妈有什么事，巴巴儿的打发香菱来?"

平儿道:

"那里来的香菱? 是我借她暂撒个谎儿。奶奶瞧，旺儿嫂子越发连个算计儿也没了。"

说着，又走至凤姐身边，悄悄说道：

"那项利银，早不送来，晚不送来，这会子二爷在家，她偏送这个来了。幸亏我在堂屋里碰见了；不然，她走了来回奶奶，叫二爷要是知道了，咱们二爷那脾气，油锅里的还要捞出来花呢，知奶奶有了体己③，他还不大着胆子花么？所以我赶着接过来，叫我说了她两句。谁知奶奶偏听见了。为什么当着二爷，我才只说香菱来了呢？"

> 平儿乖巧。凤姐瞒着丈夫放高利贷，作者又轻轻点出。

凤姐听了，笑道：

"我说呢，姑妈知道你二爷来了，忽剌巴儿的④打发个屋里人来！原来是你这蹄子闹鬼！"

说着，贾琏已进来了。凤姐命摆上酒馔来，夫妻对坐。凤姐虽善饮，却不敢任兴。正喝着，见贾琏的乳母赵嬷嬷走来。贾琏凤姐忙让吃酒，叫她上炕去。赵嬷嬷执意不肯。平儿等早于炕沿设下一杌，摆一脚踏。赵嬷嬷在脚踏上坐了。贾琏向桌上拣两盘肴馔，与她放在杌上自吃。凤姐又道：

"妈妈很嚼不动那个，没的倒硌⑤了她的牙。"

因问平儿道：

"早起我说那一碗火腿炖肘子很烂，正好给妈妈吃，你怎么不拿了去赶着叫他们热来？"

又道：

"妈妈，你尝一尝你儿子带来的惠泉酒。"

赵嬷嬷道：

"我喝呢，奶奶也喝一钟。怕什么？只不要过多了就是了。我这会子跑了来，倒也不为酒饭，倒有一件正经事，奶奶好歹记在心里。疼顾我些罢！我们这爷，只是嘴里说的好，到了跟前就忘了我们。幸亏我从小儿奶了你这么大。我也老了，有的是那两个儿子，你就另眼照看他们些，别人也不敢龇牙⑥儿的。我还再三的求了你几遍，你答应的倒好，如今还是落空。这如今又从天上跑出这样一件大喜事来,那里用不着人? 所以倒是来和奶奶说是正经。靠着我们爷,只怕我还饿死了呢!"

凤姐笑道:

"妈妈,你的两个奶哥哥都交给我。你从小儿奶的儿子还有什么不知他那脾气的? 拿着皮肉倒往那不相干的外人身上贴。可是现放着奶哥哥那一个不比人强? 你疼顾照看他们,谁敢说个不字儿? 没的白便宜了外人。——我这话也说错了,我们看着是'外人',你却看着是'内人'一样呢?"

说着,满屋里人都笑了。赵嬷嬷也笑个不住,又念佛道:

"可是屋子里跑出青天来了。要说'内人''外人',这些混帐事,我们爷是没有的;不过是脸软心慈,搁不住人求两句罢了。"

凤姐笑道:

"可不是呢。有内人的,他才慈软呢;他在咱们娘儿们跟前才是刚硬呢!"

赵嬷嬷道:

"奶奶说的太尽情了,我也乐了,再喝一钟好酒! 从此我们奶奶做了主,我就没的愁了。"贾琏此时不好意思,只是讪笑道:

"你们别胡说了,快盛饭来吃,还要到珍大爷那边去商量事呢。"

凤姐道:

"可是别误了正事。刚才老爷叫你说什么?"

贾琏道:

"就为省亲的事。"

凤姐忙问道:

"省亲的事竟准了?"

贾琏笑道:

"虽不十分准,也有八九分了。"

凤姐笑道:

"可是当今⑦的恩典呢！从来听书听戏，古时候儿也没有的。"

赵嬷嬷又接口道："可是呢。我也老糊涂了！我听见上上下下吵嚷了这些日子，什么省亲不省亲，我也不理论；如今又说省亲，到底是怎么个缘故呢？"

贾琏道：

"如今当今体贴万人之心，世上至大莫如'孝'字，想来父母儿女之性，皆是一理，不在贵贱上分的。当今自为日夜侍奉太上皇、皇太后，尚不能略尽孝意，因见宫里嫔妃才人等皆是入宫多年，抛离父母，岂有不思想之理？且父母在家，思想女儿，不能一见，倘因此成疾，亦大伤天和之事。所以启奏太上皇、皇太后，每月逢二六日期，准椒房⑧眷属入宫请候。于是太上皇皇太后大喜，深赞当今至孝纯仁，体天格物。因此，二位老圣人又下谕旨说：椒房眷属入宫，未免有关国礼仪制，母女尚未能惬怀。竟大开方便之恩，特降谕诸椒房贵戚，除二六日入宫之恩外，凡有重宇别院之家，可以驻跸关防者，不防启请内廷銮舆入其私第，庶可尽骨肉私情，共享天伦之乐事。此旨下了，谁不踊跃感戴？现今周贵妃的父亲已在家里动了工，修盖省亲的别院呢。又有吴贵妃的父亲吴天祐家，也往城外踏看地方去了。这岂非有八九分了？"

赵嬷嬷道：

"阿弥陀佛！原来如此。这样说起，咱们家也要预备接大姑奶奶了？"贾琏道：

"这何用说？不么，这会子忙的是什么？"

凤姐笑道：

"果然如此，我可也见个大世面了。可恨我小几岁年纪，若早生二三十年，如今这些老人家也不薄我没见世面了。说起当年太祖皇帝仿舜巡的故事，比一部书还热闹，我偏偏的没赶上！"

赵嬷嬷道：

"嗳哟，那可是千载难逢的！那时候，我才记事儿。咱们贾府正在姑苏、扬州一带监造海船，修理海塘，只预备接驾一次，把银子花的像淌海水似的！说起来——"凤姐忙接道：

"我们王府里也预备过一次。那时我爷爷专管各国进贡朝贺的事，凡有外国人来，都是我们家养活。粤、闽、滇、浙所有的洋船货物都是我们家的。"

赵嬷嬷道：

"那是谁不知道的？如今还有个俗语儿呢，说：'东海少了白玉床，龙王来请金陵王。'这说的就是奶奶府上了。如今还有现在江南的甄家——嗳哟！好势派！——独他家接驾四次。要不是我们亲眼看见，告诉谁也不信的。别讲银子成了粪土，凭是世上有的，没有不是堆山积海的。'罪过可惜'四个字竟顾不得了！"

凤姐道：

"我常听见我们太爷说，也是这样的。岂有不信的？只纳罕他家怎么就这样富贵呢？"

赵嬷嬷道：

"告诉奶奶一句话：也不过拿着皇帝家的银子往皇帝身上使罢了！谁家有那些钱买这个虚热闹去？"

正说着，王夫人又打发人来瞧凤姐吃完了饭不曾。凤姐便知有事等她，赶忙的吃了饭，漱口要走。又有二门上小厮们回：

"东府里蓉蔷二位哥儿来了。"

贾琏才漱了口，平儿捧着盆盥手，见他二人来，便问：

"说什么话？"

凤姐因亦止步。只听贾蓉先回说：

"我父亲打发我来回叔叔。老爷们已经议定了，从东边一带，接着东府里花园起至西北，丈量了一共三里半，大可以盖造省亲别院了。已经传人画图样去了。明日就得。叔叔才回来，未免劳乏，不用过我们那边去，有话明日一早再请过去面议。"

贾琏笑说：

"多谢大爷费心体谅。我就从命不过去了。正经是这个主意，才省事，盖造也容易；若采置别的地方去，那更费事，且不成体统。

你回去说：这样很好，若老爷们再要改时，全仗大爷谏阻，万不可另
寻地方。明日一早，我给大爷请安去，再细商量。"

贾蓉忙应几个"是"。

贾蔷又近前回说：

"下姑苏请聘教习，采买女孩子，置办乐器行头等事，大爷派了
侄儿，带领着赖管家两个儿子，还有单聘仁卜固修两个清客相公，
一同前去。所以叫我来见叔叔。"

贾琏听了，将贾蔷打量了打量，笑道：

"你能够在行么？这个事虽不甚大，里头却有藏掖^⑨的。"

贾蔷笑道：

"只好学着办罢咧。"

贾蓉在灯影儿后头悄悄的拉凤姐儿的衣裳襟儿，凤姐会意，也
悄悄的摆手儿佯作不知。因笑道：

"你也太操心了！难道大爷比咱们还不会用人？偏你又怕他
不在行了。谁都是在行的？孩子们这么大了，没吃过猪肉，也见过
猪跑，大爷派他去，原不过是个坐纛旗儿^⑩，难道认真的叫他讲价
钱，会经纪去呢？依我说，很好。"

贾琏道：

"这是自然。不是我驳回，少不得替他筹算筹
算。"因问："这一项银子动那一处的？"

贾蔷道：

"刚才也议到这里。赖爷爷说：竟不用从京里
带银子去。江南甄家还收着我们五万银子，明日
写一封书信会票我们带去，先支三万两，剩二万存
着，等置办彩灯花烛并各色帘帐的使用。"

贾琏点头道：

"这个主意好。"

凤姐忙向贾蔷道：

"既这么着，我有两个妥当人，你就带了去办，这可便宜你。"

> 作者写凤
> 姐贾蔷上下其
> 手，弄权甚
> 妙。此一对姊
> 侄一勾结，便
> 无好事。

贾蔷忙陪笑道:

"正要和婶娘讨两个人呢,这可巧了。"因问名字。凤姐便问赵嬷嬷。彼时赵嬷嬷已听厌了,平儿忙笑着推她,才醒悟过来,忙说:"一个叫赵天梁,一个叫赵天栋。"

凤姐道:

"可别忘了。我干我的去了。"

说着,便出去了。贾蓉忙跟出来,悄悄的笑向凤姐道:

"你老人家要什么,开个帐儿,带去按着置办了来。"

凤姐笑着啐道:

"别放你娘的屁! 你拿东西换我的人情来了吗? 我很不稀罕你那鬼鬼祟祟的!"说着,一笑去了。

这里贾蔷也问贾琏要什么东西,顺便置来孝敬。贾琏笑道:

"你别兴头,才学着办事,倒先学会了这把戏。短了什么,少不得写信来告诉你。"

说毕,打发他二人去了。接着回事的人不止三四起。贾琏乏了,便传与二门上:

"一应不许传报,俱待明日料理。"

凤姐至三更时分方下来安歇。一宿无话。

次早,贾琏起来,见过贾赦贾政,便往宁国府中来,合同老管事的家人等并几位世交门下清客相公们审察两府地方,缮画省亲殿宇,一面参度办理人丁。 自此后,各行匠役齐全,金银铜锡以及土木砖瓦之物,搬运移送不歇。先令匠役拆宁府会芳园的墙垣楼阁,直接入荣府东大院中。荣府东边所有下人一带群房已尽拆去。当日宁荣二宅虽有一条小巷界断不通,然亦系私地,并非官道,故可以联络。 会芳园本是从北墙角下引了来的一股活水,今亦无烦再引。 其山树木石虽不敷用,贾赦住的乃是荣府旧园,其中竹树山石以及亭榭栏杆等物,皆可挪就前来。 如此两处又甚近便,凑成一处,省许多财力。大概算计起来,所添有限。全亏一个老名公——号"山子野"———筹画起造。

　　贾政不惯于俗务,只凭贾赦、贾珍、贾琏、赖大、赖升、林之孝、吴新登、詹光、程日兴等几人安插摆布;堆山凿池,起楼竖阁,种竹栽花,一应点景,又有"山子野"制度。下朝闲暇,不过各处看望看望,再要紧处和贾赦等商议商议便罢了。贾赦只在家高卧,有芥豆之事,贾珍等或自去回明,或写略节,或有话说便传呼贾琏赖大等来领命。贾蓉单管打造金银器皿。贾蔷已起身往姑苏去了。贾珍赖大等又点人丁,开册籍,监工等事。——一笔不能写到,不过是喧阗热闹而已。暂且无话。

　　且说宝玉近因家中有这等大事,贾政不来问他的书,心中自是畅快;无奈秦钟之病日重一日,也着实悬心,不能快乐。这日一早起来,才梳洗了,意欲回了贾母去望候秦钟,忽见茗烟在二门影壁前探头缩脑,宝玉忙出来问他:

　　"做什么?"

　　茗烟道:

　　"秦大爷不中用了。"

　　宝玉听了,吓了一跳,忙问道:

　　"我昨儿才瞧了他,还明明白白的,怎么就说不中用了呢?"

　　茗烟道:

　　"我也不知道,刚才是他家的老头子特来告诉我的。"

　　宝玉听毕,忙转身回明贾母。贾母吩咐派妥当人跟去。

　　"到那里尽一尽同窗之情,就回来,不许多耽搁了。"

　　宝玉忙出来更衣,到外边,车犹未备,急的满厅乱传。一时,催促的车到,忙上了车,李贵茗烟等跟随。来至秦家门首,悄无一人,遂蜂拥至内室。吓的秦钟的两个远房婶娘、嫂子并几个姐妹都藏之不迭。

　　此时秦钟已发过两三次昏,易箦多时矣。宝玉一见,便不禁失声的哭起来,李贵忙劝道:

　　"不可。秦哥儿是弱症,怕炕上硌的不受用,所以暂且挪下来松泛些。哥儿这一哭倒添了他的病了。"

宝玉听了,方忍住,近前见秦钟面如白蜡,合目呼吸,屏转枕上。宝玉忙叫道:

"鲸哥,宝玉来了。"连叫了两三声,秦钟不睬。宝玉又叫道:"宝玉来了。"

那秦钟早已魂魄离身,只剩得一口悠悠余气在胸,正见许多鬼判持牌提索来捉他。那秦钟魂魄那里肯就去?又记念着家中无人管理家务,又惦记着智能儿尚无下落,因此百般求告鬼判。无奈这些鬼判都不肯徇私,反叱咤秦钟道:

"亏你还是读过书的人!岂不知俗语说的:'阎王叫你三更死,谁敢留人到五更?'我们阴间,上下都是铁面无私的,不比阳间瞻情顾意,有许多的关碍处!"

正闹着,那秦钟的魂魄忽听见"宝玉来了"四字,便忙又央求道:

"列位神差略慈悲慈悲,让我回去和一个好朋友说一句话就来了。"

众鬼道:

"又有什么好朋友?"

秦钟道:

"不瞒列位,就是荣国公的孙子,小名儿叫宝玉的。"

那判官听了,先就唬的慌张起来,忙喝骂那些小鬼道:

"我说你们放了他回去走走罢,你们不依我的话;如今闹的请出个运旺时盛的人来了,怎么好?"

众鬼见都判如此,也都忙了手脚,一面又抱怨道:

"你老人家先是那么雷霆火炮,原来见不得'宝玉'二字!依我们想来:他是阳间,我们是阴间,怕他亦无益。"

那都判越发着急,吆喝起来。

---

① 屋里人——被收房的丫头。

② 开了脸——从前封建习俗，处女不绞脸(用丝线两股紧贴面皮把汗毛绞去)，不描眉，不画鬓角，结婚后初次绞脸、描眉、画齐鬓角，叫做开脸。

③ 体己——个人切身私有的，如心腹的人，内心私话或私有财物等。有时也具体说做体己人、体己话或体己钱等。

④ 忽剌巴儿的——这里是无端地、凭空地的意思，与"糊里巴涂"不同。

⑤ 硌——东西局部的受了硬物的压、挤、垫而受损伤叫作硌。

⑥ 龇牙——掀唇露齿的样子，引申为开口发言。这里是说旁人不敢因不满意而发议论。

⑦ 当今——封建时代，臣下对于当时的皇帝称为今上，或称当今。

⑧ 椒房——后妃所住的房子，用花椒和泥涂墙壁，可以又香又温暖。又因花椒果实结得很多，用它表示多子的吉利，所以把后妃住的房子叫作椒房。后来也把"椒房"代表后妃。

⑨ 藏掖——弊病。

⑩ 坐纛旗儿——纛旗是军中的帅旗，坐纛旗儿是比喻作一个领袖、指挥者，身为主宰，办事自有主张的意思。

第十七回　大观园试才题对额
荣国府归省庆元宵

　　话说秦钟既死,宝玉痛哭不止,李贵等好容易劝解半日方住,归时还带余哀。贾母帮几十两银子外,又另备奠仪,宝玉去吊祭。七日后便送殡掩埋了,别无记述。只有宝玉,日日感悼,思念不已,然亦无可如何了,又不知过了几时才罢。

　　这日贾珍等来回贾政:

　　"园内工程俱已告竣。大老爷已瞧过了,只等老爷瞧了,或有不妥之处,再行改造,好题匾额对联。"

　　贾政听了,沉思一会,说道:

　　"这匾对倒是一件难事。论理,该请贵妃赐题才是,然贵妃若不亲观其景,亦难悬拟。若直待贵妃游幸时再行请题,若大景致,若干亭榭,无字标题,任是花柳山水,也断不能生色。"

　　众清客在旁笑答道:

　　"老世翁所见极是。如今我们有个主意:各处匾对,断不可少,亦断不可定。如今且按其景致,或两字、三字、四字,虚合其意拟了来,暂且做出灯匾对联悬了,待贵妃游幸时,再请定名,岂不两全?"

　　贾政听了道:

　　"所见不差。我们今日且看看去,只管题了,若妥便用;若不妥,将雨村请来,令他再拟。"

　　众人笑道:

　　"老爷今日一拟定佳,何必又待雨村?"

　　贾政笑道:

　　"你们不知。我自幼于花鸟山水题咏上就平平的;如今上了年

纪，且案牍劳烦，于这怡情悦性的文章更生疏了，便拟出来也不免
迂腐，反使花柳园亭因而减色，转没意思。"

众清客道：

"这也无妨。我们大家看了公拟，各举所长，优则存之，劣则删
之，未为不可。"

贾政道：

"此论极是。且喜今日天气和暖，大家去逛逛。"

说着，起身引众人前往。贾珍先去园中知会。

可巧近日宝玉因思念秦钟，忧伤不已，贾母常命人带他到新园
子里来玩耍。此时也才进去，忽见贾珍来了，和他笑道：

"你还不快出去呢，一会子老爷就来了。"

宝玉听了，带着奶娘小厮们，一溜烟跑出园来，方转过弯，顶头
看见贾政引着众客来了，躲之不及，只得一旁站住。

贾政近来闻得代儒称赞他专能对对，虽不喜读书，却有些歪
才，所以此时便命他跟入园中，意欲试他一试。宝玉未知何意，只
得随往。刚至园门，只见贾珍带领许多执事人旁边侍立。贾政道：

"你且把园门关上，我们先瞧外面，再进去。"

贾珍命人将门关上。

贾政先秉正看门。只见正门五间，上面甬瓦泥鳅脊；那门栏窗
槅俱是细雕时新花样，并无朱粉涂饰，一色水磨群墙；下面白石台
阶，凿成西番莲花样；左右一望，雪白粉墙，下面虎皮石砌成纹理：
不落富丽俗套。自是喜欢，遂命开门进去。只见一带翠嶂，挡在面
前，众清客都道：

"好山，好山！"

贾政道：

"非此一山，一进来，园中所有之景悉入目中，更有何趣？"

众人都道：

"极是。非胸中大有邱壑，焉能想到这里！"

说毕，往前一望，见白石崚嶒，或如鬼怪，或似猛兽，纵横拱

立。上面苔藓斑驳，或藤萝掩映，其中微露羊肠小径。贾政道：

"我们就从此小径游去，回来由那一边出去，方可遍览。"

说毕，命贾珍前导，自己扶了宝玉，逶迤走进山口。抬头忽见山上有镜面白石一块，正是迎面留题处。

贾政回头笑道：

"诸公请看，此处题以何名方妙？"

从人听说，也有说该题"叠翠"二字的，也有说该题"锦嶂"的，又有说"赛香炉"的，又有说"小终南"的……种种名色，不止几十个。原来众客心中早知贾政要试宝玉的才情，故此只将些俗套来敷衍，宝玉也知此意。

贾政听了，便回头命宝玉拟来。宝玉道：

"当听见古人说：'编新不如述旧，刻古终胜雕今。'况这里并非主山正景，原无可题，不过是探景的一进步耳，莫如直书古人'曲径通幽'这旧句在上，倒也大方。"

众人听了，赞道：

"是极！妙极！二世兄天分高，才情远，不似我们读腐了书的！"

贾政笑道：

"不当过奖他。他年小的人，不过以一知充十用，取笑罢了，再俟选拟。"

说着，进入石洞，只见佳木茏葱，奇花烂漫，一带清流，从花木深处泻于石隙之下。再进数步，渐向北边，平坦宽豁，两边飞楼插空，雕甍绣槛，皆隐于山坳树杪之间。俯面视之，但见青溪泻玉，石磴穿云；白石为栏。环抱池沼；石桥三港，兽面衔吐。桥上有亭。

贾政与诸人到亭内坐了，问：

"诸公以何题此？"

诸人都道：

"当日欧阳公《醉翁亭记》有云：'有亭翼然'，就名'翼然'罢。"

贾政笑道：

"'翼然'虽佳,但此亭压水而成,还须偏于水题为称。 依我拙裁,欧阳公句,'泻于两峰之间',竟用他这一个'泻'字。"

有一客道:

"是极,是极。 竟是'泻玉'二字妙。"

贾政拈须寻思,因叫宝玉拟一个来。宝玉回道:

"老爷方才所说已是,但如今追究了去,似乎当日欧阳公题酿泉用一泻字则妥,今日此泉也用泻字,似乎不妥。 况此处既为省亲别墅,亦当依应制之礼,用此等字,亦似粗陋不雅。 求再拟蕴藉含蓄者。"

贾政笑道:

"诸公听此论何如?. 方才众人编新,你说不如述古;如今我们述古,你又说粗陋不妥。 你且说你的。"

宝玉道:

"用'泻玉'二字,则不若'沁芳'二字,岂不新雅?"

贾政拈须点头不语。众人都忙迎合,称赞宝玉才情不凡。贾政道:"匾上二字容易,再作一副七言对来。"

宝玉四顾一望,机上心来,乃念道:

"绕堤柳借三篙翠,隔岸花分一脉香。"

贾政听了,点头微笑。众人又称赞了一番。于是出亭过池,一山一石,一花一木,莫不着意观览。忽抬头见前面一带粉垣,数楹修舍,有千百竿翠竹遮映。众人都道:"好个所在!"于是大家进入。只见进门便是曲折游廊,阶下石子漫成甬路,上面小小三间房舍,两明一暗,里面都是合着地步打的床几椅案。从里间房里又有一小门出去,却是后园,有大株梨花,阔叶芭蕉,又有两间小小退步。后院墙下忽开一隙,得泉一派,开沟尺许,灌入墙内,绕阶缘屋至前院,盘旋竹下而出。

贾政笑道:

"这一处倒还好。 若能月夜至此窗下读书,也不枉虚生一世!"

说着,便看宝玉,唬的宝玉忙垂了头。众人忙用闲话解说。 又二客说：

"此处的匾，该题四个字。"

贾政笑问：

"那四字？"

一个道是"淇水遗风。"

贾政道：

"俗。"

又一个道是"睢园遗迹。"

贾政道：

"也俗。"

贾珍在旁说道：

"还是宝兄弟拟一个罢。"

贾政道：

"他未曾做，先要议论人家的好歹，可见是个轻薄东西！"

众客道：

"议论的是，也无奈他何。"

贾政忙道："休如此纵了他。"因说道："今日任你狂为乱道，等说出议论来，方许你做。方才众人说的，可有使得的没有？"

宝玉见问，便答道：

"都似不妥。"

贾政冷笑道：

"怎么不妥？"

宝玉道：

"这是第一处行幸之所，必须颂圣方可。若用四字的匾，又有古人现成的，何必再做？"

贾政道：

"难道'淇水''睢园'不是古人的？"

宝玉道：

"这太板了，莫若'有凤来仪'四字。"

众人都哄然叫妙。贾政点头道：

"畜生，畜生！可谓'管窥蠡测'①矣。"因命："再题一联来。"

宝玉便念道：

"宝鼎茶闲烟尚绿，幽窗棋罢指犹凉。"

贾政摇头道：

"也未见长。"

说毕，引人出来。方欲走时，忽想起一事来，问贾珍道："这些院落屋宇并几案桌椅算都有了，还有那些帐幔、帘子并陈设玩器、古董，可也都是一处一处合式配就的么？"

贾珍回道：

"那陈设的东西早已添了许多，自然临期合式陈设。帐幔、帘子，昨日听见兄弟说，还不全。那原是一起工程之时就画了各处的图样，量准尺寸，就打发人办去的，想必昨日得了一半。"

贾政听了，便知此事不是贾珍的首尾，便叫人去唤贾琏。一时来了。贾政问他：

"共有几宗？现今得了几宗？尚欠几宗？"

贾琏见问，忙向靴筒内取出靴掖②里装的一个纸摺略节来，看了一看，回道：

"妆蟒③洒堆④，刻丝弹墨，并各色绸绫大小幔子一百二十架，昨日得了八十架，下欠四十架。帘子二百挂，昨日俱得了。外有猩猩毡帘二百挂，湘妃竹帘一百挂，金丝藤江漆竹帘一百挂，黑漆竹帘一百挂，五彩线络盘花帘二百挂，每样得了一半，也不过秋天都全了。椅搭、桌围、床裙、机套，每份一千二百件，也有了。"

> 杏花是春花，本回后面却有"解荷包，解扇袋"之语，此又分明是夏天，前后矛盾本拟修改，但难两全，只好仍旧。

一面说，一面走，忽见青山斜阳。转过山怀中，隐隐露出一带黄泥墙。墙上皆用稻径掩护，有几百枝杏花，如喷火蒸霞一般。里面数楹茅屋，外面却是桑榆槿柘，各色树稚新条，随其曲折，编就两溜青篱。篱外山坡之下，有一土井,旁有桔槔辘轳之属;下面分畦列亩,佳蔬菜花,一望无际。

贾政笑道:

"倒是此处有些道理。虽系人力穿凿,却入目动心,未免勾引起我归农之意。我们且进去歇息歇息。"

说毕,方欲进去,忽见篱门外路旁有一石,亦为留题之所,众人笑道:

"更妙,更妙! 此处若悬匾待题,则田舍家风一洗尽矣。立此一碣,又觉许多生色,非范石湖田家之咏不足以尽其妙。"

贾政道:

"诸公请题。"

众人云:

"方才世兄云:'编新不如述旧。'此处古人已道尽矣,莫若直书'杏花村'为妙。"

贾政听了,笑向贾珍道:

"正亏提醒了我。此处都好,只是还少一个酒幌,明日竟做一个来。就依外面村庄的式样,不必华丽,用竹竿挑在树梢头。"

贾珍答应了,又回道:

"此处竟不必养别样雀鸟,只养些鹅、鸭、鸡之类才相称。"

贾政与众人都说:"好。"贾政又向众人道:

"'杏花村'固佳,只是犯了正村名,直待请名方可。"

众客都道:

"是呀,如今虚的却是何字样好呢?"

大家正想,宝玉却等不得了,也不等贾政的话,便说道:

"旧诗云:'红杏梢头挂酒旗',如今莫若且题以'杏帘在望'四字。"

众人都道:

"好个'在望'! 又暗合'杏花村'意思。"

宝玉冷笑道:

"村名若用'杏花'二字,便俗陋不堪了。唐人诗里还有'柴门临水稻花香’，何不用‘稻香村’的妙?”众人听了，越发同声拍手道：
“妙!”

贾政一声断喝：“无知的畜生! 你能知道几个古人? 能记得几
首旧诗? 敢在老先生们跟前卖弄! 方才任你胡说，也不过试你的
清浊，取笑而已，你就认真了?”

说着，引众人步入茆堂。里面纸窗木榻，富贵气象，一洗皆
尽。

贾政心中自是欢喜，却瞅宝玉道：

“此处如何?”

众人见问，都忙悄悄的推宝玉，教他说好。宝
玉不听人言，便应声道：

> 作者此处
> 以对比手法写
> 贾政宝玉父
> 子，维妙维肖，
> 绘影绘声。

“不及‘有凤来仪’多了。”

贾政听了道：

“咳，无知的蠢物! 你只知朱楼画栋，恶赖富丽为佳，那里知道
这清幽气象呢? ——终是不读书之过!”

宝玉忙答道：

“老爷教训的固是，但古人云‘天然’二字，不知何意?”

众人见宝玉牛心，都怕他讨了没趣; 今见问“天然”二字，众人
忙道：

“哥儿别的都明白，如何‘天然’反要问呢? 天然者，天之自成，
不是人力之所为的。”

宝玉道：

“却又来! 此处置一田庄，分明是人力造作成的。远无邻村，
近不负郭; 背山无脉，临水无源; 高无隐寺之塔，下无通市之桥; 峭
然孤出，似非大观。那及前数处有自然之理，得自然之趣呢，虽种
竹引泉，亦不伤穿凿。古人云‘天然图画’四字，正恐非其地而强为
其地，非其山而强为其山，即百般精巧，终不相宜。……”

未及说完，贾政气的喝命：

“叉出去!”

才出去，又喝命回来，命：

"再题一联，若不通，一并打嘴巴！"

宝玉吓的战兢兢的半日，只得念道："新绿涨添浣葛处，好云香护采芹人。"

贾政听了，摇头道：

"更不好！"

一面引人出来。转过山坡，穿花度柳，抚石依泉。过了茶蘼架，入木香棚，越牡丹亭，度芍药圃，到蔷薇院，傍芭蕉坞里，盘旋曲折，忽闻水声潺潺，出于石洞。上则萝薛倒垂，下则落花浮荡。众人都道：

"好景，好景！"

贾政道：

"诸公题以何名？"

众人道：

"再不必拟了，恰恰乎是'武陵源'三字。"

贾政笑道：

"又落实了，而且陈旧。"

众人笑道：

"不然，就用'秦人旧舍'四字也罢。"

宝玉道：

"越发背谬了。'秦人旧舍'是避乱之意⑥，如何使得？莫若'蓼汀花溆'四字。"

贾政听了道：

"更是胡说！"

于是贾政进了港洞，又问贾珍：

"有船无船？"

贾珍道：

"采莲船共四只，座船一只，如今尚未造成。"

贾政笑道：

"可惜不得入了！"

贾珍道：

"从山上盘道，也可以进去的。"

说毕，在前导引。大家攀藤抚树过去。只见水上落花愈多，其水愈加清溜，溶溶荡荡，曲折萦纡。池边两行垂柳，杂以桃杏遮天，无一些尘土。忽见柳阴中又露出一个折带朱栏板桥来，渡过桥去，诸路可通，便见一所清凉瓦舍，一色水磨砖墙，清瓦花堵。那大主山所分之脉皆穿墙而过。

贾政道：

"此处这一所房子，无味的很！"

因而步入门时，忽迎面突出插天的大玲珑山石来，四面群绕各式石块，竟把里面所有房屋悉皆遮住。且一树花木也无，只见许多异草：或有牵藤的，或有引蔓的，或垂山岭，或穿石脚，甚至垂檐绕柱，萦砌盘阶，或如翠带飘飘，或如金绳蟠屈，或实若丹砂，或花如金桂。——味香气馥，非凡花之可比。贾政不禁道："有趣！只是不大认识。"

有的说是薜荔藤萝。贾政道：

"薜荔藤萝那得有此异香？"

宝玉道：

"果然不是。这众草中也有药萝薜荔，那香的是杜若蘅芜。那一种大约是茝兰，这一种大约是金葛。那一种是金䔲草，这一种是玉蕗藤。红的自然是紫芸，绿的定是青芷。想来那离骚文选所有的那些异草：有叫作什么藿纳薑荨的，也有叫什么纶组紫绛的；还有什么石帆、清松、扶留等样的——见于左太冲吴都又有叫作什么绿荑的，还有什么丹椒、蘼芜、风连——见于蜀都赋。如今年深岁改，人不能识，故皆像形夺名，渐渐的唤差了，也是有的。……"未及说完，贾政喝道：

"谁问你来？"

唬的宝玉倒退，不敢再说。

贾政因见两边俱是超手游廊，便顺着游廊步入。只见上面五间清厦，连着卷棚，四面出廊，绿窗油壁，更比前清雅不同

贾政叹道：

"此轩中煮茗操琴，也不必再焚香了。此造却出意外，诸公必有佳作新题，以颜其额，方不负此。"

众人笑道：

"莫若'兰风蕙露'贴切了。"

贾政道：

"也只好用这四字。其联云何？"

一人道：

"我想了一对，大家批削改正。"道是："麝兰芳霭斜阳院，杜若香飘明月洲。"

众人道：

"妙则妙矣，只是'斜阳'二字不妥。"

那人引古诗'临芜满院泣斜阳'句。众人云：

"颓丧，颓丧！"

又一人道：

"我也有一联，诸公评阅评阅。"念道："三径香风飘玉蕙，一庭明月照金兰。"

贾政拈须沉吟，意欲也题一联，忽抬头见宝玉在旁，不敢作声，因喝道：

"怎么你应说话时又不说了？还要等人请教你不成？"

宝玉听了，回道：

"此处并没有什么兰麝、明月、洲渚之类，若要这样着迹说来，就题二百联也不能完。"

贾政道：

"谁按着你的头，教你必定说这些字样呢？"

宝玉道：

"如此说，则匾上莫若'蘅芷清芬'四字。对联则是：'吟成豆蔻

诗犹艳,睡足荼蘼梦亦香。'"

贾政笑道:

"这是套的'书成蕉叶文犹绿',不足为奇。"

众人道:

"李太白凤凰台之作全套黄鹤楼,只要套得妙。如今细评起来,方才这一联意比'书成蕉叶'尤觉幽雅活泼"。

贾政笑道:

"岂有此理?"

说着,大家出来。走不多远,则见崇阁巍峨,层楼高起,面面琳宫合抱,迢迢复道萦纡。青松拂檐,玉兰绕砌。金辉兽面,彩焕螭头。贾政道:

"这是正殿了。只是太富丽了些。"

众人都道:

"要如此方是。虽然贵妃崇尚节俭,然今日之尊,体仪如此,不为过也。"

一面说,一面走,只见正面现出一座玉石牌坊,上面龙蟠螭护,玲珑凿就。

贾政道:

"此处书以何文?"

众人道:

"必是'蓬莱仙境'方妙。"

贾政摇头不语。

宝玉见了这个所在,心中忽有所动,寻思起来,倒像在那里见过的一般,却一时想不起那年那日的事了。贾政又命他题咏。宝玉只顾细思前景,全无心于此了:众人不知其意,只当他受了这半日折磨,精神耗散,才尽词穷了;再要作难逼迫着了急,或生出事来倒不便,遂忙都劝贾政道:

"罢了,明日再题罢了。"

贾政心中也怕贾母不放心,遂冷笑道:

"你这畜生,也竟有不能之时了。——也罢,限你一日。明日题不来,定不饶你! 这是第一要紧处所,要好生作来!"

说着,引人出来,再一观望,原来自进门至此,才游了十之五六。又值人来回:

"有雨村处遣人回话。"

贾政笑道:

"此数处不能游了。虽如此,到底从那一边出去,也可略观大概。"

说着,引客行来,至一大桥,水如晶帘一般奔入。原来这桥边是通外河之闸,引泉而入者。贾政因问:

"此闸何名?"

宝玉道:

"此乃沁芳源之正流,即名'沁芳闸'"。

贾政道:"胡说! 偏不用'沁芳'二字!"

于是一路行来,或清堂,或茅舍,或堆石为垣,或编花为门,或山下得幽尼佛寺,或林中藏女道丹房,或长廊曲洞,或方厦园亭。贾政皆不及进去。因半日未尝歇息,腿酸脚软,忽又见前面露出一所院落来,贾政道:"到此可要歇息歇息了。"说着,一径引人。绕着碧桃花,穿过竹萝花障编就的月洞门,俄见粉垣环护,绿柳周垂。贾政与众人进了门。两边尽是游廊相接,院中点衬几块山石。一边种几本芭蕉;那一边是一树西府海棠,其势若伞,丝垂金缕,苞吐丹砂。

"大观园试才题对额"作者大展写景才华,妙在不作乏味叙述,而以人物对论出之,必然生动有趣。

众人都道:

"好花,好花! 海棠也有,从没见过这样好的。"

贾政道:

"这叫做'女儿棠'。乃是外国之种。俗传出女儿国,故花最繁盛,亦荒唐不经之说耳。"

众人道：

"毕竟此花不同！女国之说想亦有之。"

宝玉云：

"大约骚人咏士以此花红若施脂，弱如扶病，近乎闺阁风度，故以女儿命名。世人以讹传讹，都未免认真了。"

众人都说：

"领教。妙解！"

一面说话，一面都在廊下榻上坐了，贾政因道：

"想几个什么新鲜字来题？"

一客道：

"'蕉鹤'二字妙。"

又一个道：

"'崇光泛彩'方妙。"

贾政与众人都道：

"好个'崇光泛彩'！"

宝玉也道：

"妙。"又说：

"只是可惜了！"

众人问：

"如何可惜？"

宝玉道：

"此处蕉棠两植，其意暗蓄'红绿'二字在内，若说一样，遗漏一样，便不足取。"

贾政道："依你如何？"

宝玉道：

"依我题'红香绿玉'四字，方两全其美。"

贾政摇头道：

"不好，不好！"

说着，引人进入房内。只见其中收拾的与别处不同，竟分不出间隔来的。原来四面皆是雕空玲珑木板,或流云百蝠,或岁寒三友,或山水人物,或翎毛花卉,或集锦,或博古,或万福万寿⑥,各种花样,皆是名手雕镂,五彩销金嵌玉的。一隔一隔,或贮书,或设鼎,或安置笔砚,或供设瓶花,或安放盆景。其隔式样,或圆,或方,或葵花蕉叶,或连环半壁。真是花团锦簇,剔透玲珑!倏尔五色纱糊,竟系小窗;倏尔彩绫轻覆,竟如幽户。且满墙皆是随依古董玩器之形抠成的槽子,如琴、剑、悬瓶之类,俱悬于壁,却都是与壁相平的。众人都赞:"好精致!难为怎么做的!"

原来贾政走进来了,未到两层,便都迷了旧路,左瞧也有门可通,右瞧也有窗隔断。及到跟前,又被一架书挡住;回头又有窗纱明透门径。又至门前,忽见迎面也进来了一起人,与自己的形相一样,却是一架大玻璃镜。转过镜去,一发见门多了。贾珍笑道:

"老爷随我来。从这里出去就是后院,出了后院倒比先近了。"

引着贾政及众人转了两层纱橱,果得一门出去。院中满架蔷薇,转过花障⑦,只见清溪前阻。众人诧异:

"这水又从何而来?"

贾珍遥指道:

"原从那闸起流至那洞口,从东北山凹里引到那村庄里,又开一道岔口,引至西南上,共总流到这里,仍旧合在一处,从那墙下出去。"

众人听了,都道:

"神妙之极!"说着,忽见大山阻路,众人都迷了路。贾珍笑道:"跟我来。"乃在前导引。众人随着,由山脚下一转,便是平坦大路,豁然大门现于面前。众人都道:

"有趣,有趣!搜神夺巧,至于此极!"

于是大家出来。

那宝玉一心只记挂着里边姊妹们,又不见贾政吩咐,只得跟到书房。贾政忽想起来道:"你还不去,看老太太惦记你。难道还逛不足么?"

宝玉方退了出来。至院外，就有跟贾政的小厮上来抱住，说道：

"今日亏了老爷喜欢！方才老太太打发人出来问了几遍，我们回说老爷喜欢；要不然，老太太叫你进去了，就不得展才了。人人都说你继那些诗比众人都强，今儿得了彩头，该赏我们了。"

宝玉笑道：

"每人一吊。"

众人道：

"谁没见那一吊钱！把这荷包赏了罢。"

说着，一个个都上来解荷包，解扇袋，不容分说，将宝玉所佩之物，尽行解去。又道："好生送上去罢。"一个个围绕着，送至贾母门前。那时贾母正等着他，见他来了，知道不曾难为他，心中自是喜欢。

少时，袭人倒了茶来，见身边佩物一件不存，因笑道：

"带的东西，必又是那起没脸的东西们解了去了。"

黛玉听说，走过来一瞧，果然一件没有，因向宝玉道：

"我给你的那个荷包也给他们了？你明儿再想我的东西，可不能够了！"

说毕，生气回房，将前日宝玉嘱咐她没做完的香袋儿，拿起剪子来就铰。宝玉见她生气，便忙赶过来，早已剪破了。宝玉曾见过这香袋，虽未完工，却也十分精巧，无故剪了，却也可气。因忙把衣领解了，从里面衣襟上将所系荷包解下来了，递与黛玉道：

"你瞧瞧，这是什么东西？我何曾把你的东西给人来着？"

黛玉见他如此珍重，带在里面，可知是怕人拿去之意，因此，自悔莽撞剪了香袋，低着头，一言不发。宝玉道：

"你也不用铰，我知道你是懒怠给我东西。我连这荷包奉还，

作者又以生花之笔，写宝玉黛玉恼气，益见真情。此一穿插，有调剂作用。

何如?"说着,掷向她怀中而去。

黛玉越发气的哭了,拿起荷包又铰,宝玉忙回身抢住,笑道:
"好妹妹,饶了它罢!"

黛玉将剪子一摔,拭泪说道:

"你不用合我好一阵,歹一阵的,要恼就撂开手!"

说着,赌气上床,面向里倒下拭泪。禁不住宝玉上来,妹妹长,
妹妹短,赔不是。

前面贾母一片声找宝玉,众人回说:

"在林姑娘房里。"

贾母听说道:

"好,好! 让他姊妹们一处玩玩儿罢。才他老子拘了他这半
天,让他松泛一会子罢。——只别叫他们拌嘴。"众人答应着。

黛玉被宝玉缠不过,只得起来道:

"你的意思,不叫我安生,我就离了你!"

说着,往外就走。宝玉笑道:

"你到那里,我跟到那里。"

一面仍拿着荷包来带上。黛玉伸手抢道,"你说不要,这会子
又带上,我也替你怪臊的!"

说着,嗤的一声笑了。宝玉道:

"好妹妹,明儿另替我做个香袋儿罢!"

黛玉道:

"那也瞧我的高兴罢了。"

一面说,一面二人出房,到王夫人上房中去了。可巧宝钗也在
那里。此时王夫人那边热闹非常。原来贾蔷已从姑苏采买了十二
个女孩子,并聘了教习以及行头等事来了。那时薛姨妈另于东北
上一所幽静房舍居住,将梨香院另行修理了,就令教习在此教演女
戏。又另派了家中旧曾学过歌唱的众女人们,——如今皆是皤然
老妪——着她们带领管理。其日月出入银钱等事,以及诸凡大小
所需之物料帐目,就令贾蔷总理。

又有林之孝来回:

"采访聘买得十二个小尼姑,小道姑,都到了,连新做的二十四份道袍也有了。外又有一个带发修行的,本是苏州人氏,祖上也是读书仕宦之家,因自幼多病,买了许多替身,皆不中用,到底这姑娘入了空门,方才好了,所以带发修行。今年十八岁,取名妙玉。如今父母俱已亡故,身边只有两个老嬷嬷,一个小丫头伏侍。文墨也极通,经典也极熟,模样又极好。因听说'长安'都中有观音遗迹并贝叶遗文,去年随了师父上来,现在西门外牟尼院住着。他师父精演先天神教,于去冬圆寂了。遗言说她不宜回乡,在此静候,自有结果,所以未曾扶灵回去。"

王夫人便道:

"这样,我们何不接了她来?"

林之孝家的回道:

"若请她。她说:'侯门公府,必以贵势压人,我再不去的!'"

王夫人道:

"她既是宦家小姐,自然娇性傲些,就下个请帖请她。何妨?"

林之孝家的答应着,出去叫书启相公写个请帖去请妙玉,次日遣人备车轿去接。

彼时有人回,工程上等着糊东西的纱绫,请凤姐去开库;又有人来回,请凤姐收金银器皿。王夫人并上房丫鬟等皆不得空儿。宝钗因说道:"咱们别在这里碍手碍脚。"说着,同宝玉等便往迎春房中来。

王夫人日日忙乱。直到十月里才全备了:监办的都交清帐目;各处古董、文玩俱已陈设齐备;采办鸟雀,——自仙鹤、鹿、兔以及鸡、鹅等,亦已买全,交于园中各处饲养,贾蔷那边也演出二三十出杂戏来;一班小尼姑道姑也都学会念佛诵经。于是贾政略觉心中安顿,遂请贾母到园中色色斟酌。点缀妥当,再无些微不合之处,贾政才敢题本。本上之日,奉旨于明年正月十五日——上元之日,贵妃省亲。贾府奉了此旨,一发日夜不闲,连年也不能好生过了。

① 管窥蠡测——用管子来看天,用葫芦瓢来量海,所见狭浅的意思。

② 靴掖——绸缎或皮制的能摺叠的夹子,用来装名片、钱票、文件等物,可塞藏在靴销内,所以叫靴掖。

③ 妆蟒——指妆缎、蟒缎。妆缎,是一种作装饰、铺垫等用的净面或暗花的缎子。蟒缎,是在缎上织成一寸余的龙形图案,一个长的、一个圆的相隔排列,又名寸蟒。

④ 洒堆——洒指洒花,即碎花的图案;堆指堆花,用各色绸缎剪成花样,堆缝成为图案。

⑤ "秦人旧舍"是避乱之意——这和上交"武陵源"是一种意思。陶潜"桃花源记"记:"先世避秦时乱"。贾妃归省当颁扬,反用避乱的典故,所以说"越发背谬了"。

⑥ 流云百蝠……万福万寿——都是图案名称:流云百蝠是云和蝙蝠;岁寒三友是松、竹、梅;集锦是各种花样的复合图案;博古是各种陈设器皿,如瓶、盘、钟、鼎之类古玩的图样,万福万寿是全面用万字福字和寿字组成的图案。

⑦ 花障——用竹或芦苇编成的篱笆。

⑧ 香袋儿——一种佩带的饰物。用绸缎做成一、二寸大各种形状的绣花小袋。填满香料粉末,缀有丝线穗子。

第十八回　皇恩重元妃省父母
天伦乐宝玉呈才藻

转眼元宵在迩，自正月初八就有太监出来先看方向，何处更衣，何处燕坐，何处受礼，何处开宴，何处退息。又有巡察地方总理关防太监带了许多小太监来，各处关防挡围幪，指示贾宅人员何处出入，何处进膳，何处启事种种仪注。外面又有工部官员并五城兵马司打扫街道，撵逐闲人。贾赦等监督匠人扎花灯烟火之类，至十四日俱已停妥。这一夜，上下通宵不曾睡。

至十五日五鼓，自贾母等——有爵者——俱各按品大妆。大观园内，帐舞蟠龙，帘飞绣凤；金银焕彩，珠宝生辉；鼎焚百合之香，瓶插长春之蕊。静悄悄无一人咳嗽。贾赦等在西街门外，贾母等在荣府大门外。街头巷口用围幪挡严。正等的不耐烦，忽见一个太监骑着匹马来了。贾政接着，问其消息。太监道：

> 作者写皇家气派礼仪如同目击。

"早多着哩，未初用晚膳，未正还到宝灵宫拜佛，酉初进大明宫领宴看灯，方请旨，只怕戌初起身呢。"

凤姐听了道：

"既这样，老太太和太太且请回房，等到了时候再来，也还不迟。"

于是贾母等自便去了，园中俱赖凤姐照料。

执事人等带领太监们去吃酒饭，一面传人挑进蜡烛，各处点起灯来。忽听外面马跑之声不一，有十来个太监喘吁吁跑来拍手儿。这些太监都会意，知道是来了。各按方向站立。贾赦领合族子弟在西街门外，贾母领合族女眷在大门外迎接，半日静悄悄的，

195

忽见两个太监骑马，缓缓而来，至西街门下了马，将马赶出围幪之外，便面西站立。半日，又是一对，亦是如此，少时便来了十来对，方闻隐隐鼓乐之声。一对对凤翼龙旌，雉羽宫扇；又有销金提炉，焚着御香。然后一把曲柄七凤金黄伞过来，便是冠袍带履。又有执事太监捧着香巾、绣帕、漱盂、拂尘等物。一队队过完，后面方是八个太监，抬着一顶金顶鹅黄绣凤銮舆，缓缓行来。贾母等连忙跪下。早有太监过来扶起贾母等来。将那銮舆抬入大门往东一所院落门前。有太监跪请下舆更衣。于是入门，太监散去，只有昭容彩嫔等引着元春下舆。只见苑内各色花灯闪灼，皆系纱绫扎成，精致非常；上面有一灯匾，写着"体仁沐德"四个字。元春入室更衣，复出上舆进园。只见园中香烟缭绕，花影缤纷，处处灯光相映，时时细乐声喧；说不尽这太平景象，富贵风流！

却说贾妃在轿内看了此园内外光景，因点头叹道：

"太奢华过费了！"

忽又见太监跪请登舟。贾妃下舆登舟。只见清流一带，势若游龙，两边石栏上皆系水晶玻璃各色风灯，点的如银光雪浪；上面柳杏诸树，虽无花叶，却用各色绸绫纸绢及通草为花，粘于枝上，每一株悬灯万盏；更兼池中荷荇凫鹭诸灯亦皆系螺蚌羽毛做就的，上下争辉，水天焕彩，真是琉璃世界，珠宝乾坤。船上又有各种盆景，珠帘绣幙，桂楫兰桡，自不必说了。已而入一石港，港上一面匾灯，明现着"蓼汀花溆"四字。

看官听说：这"蓼汀花溆"四字及"有凤来仪"等字，皆系上回贾政偶试宝玉之才何至便认真用了？想贾府世代诗书，自有一二名手题咏，岂似暴富之家，竟以小儿语搪塞了事呢？只因当日这贾妃未入宫时，自幼亦系贾母教养；后来添了宝玉，贾妃乃长姊，宝玉为幼弟，贾妃念母将迈，始得此弟，是以独爱怜之；且同侍贾母，刻不相离。那宝玉未入学之先，三四岁时，已得元妃口传教授了几本书，识了数千字在腹中；虽为姊弟，有如母子。自入宫后，时时带信出来与父兄，说：

"千万好生扶养：不严不能成器，过严恐生不虞，且致祖母之忧。"

眷念之心刻刻不忘。前日贾政闻塾师赞他尽有才情，故于游园时一试之。虽非名公大笔，却是本家风味；且使贾妃见之，知爱弟所为，亦不负其平日切望之意，因此，故将宝玉所题用了。那日未题完之处，后来又补题了许多。

且说贾妃看了四字，笑道：

"'花溆'二字便好，何必'蓼汀'？"

侍坐太监听了，忙下舟登岸，飞传与贾政。贾政即刻换了。彼时舟临内岸，去舟上舆，便见琳宫绰约，桂殿巍峨。石牌坊上写着"天仙宝镜"四大字。贾妃命换了"省亲别墅"四字，于是进入行宫。只见庭燎绕空，香屑布地，火树琪花，金窗玉槛。说不尽帘卷虾须，毯铺鱼獭，鼎飘麝脑之香，屏列雉尾之扇。真是"金门玉户神仙府，桂殿兰宫妃子家。"

贾妃乃问：

"此殿何无匾额？"

随侍太监跪启道："此系正殿，外臣未敢擅拟。"贾妃点头。礼仪太监请升座受礼，两阶乐起。二太监引赦政等于月台下排班上殿。昭容传谕曰："免。"乃退。又引荣国太君及女眷等自东阶升月台上排班，昭容再谕曰："免。"于是亦退。

茶三献。贾妃降座，乐止。退入侧室更衣，方备省亲车驾出园。至贾母正室，欲行家礼，贾母等俱跪止之。贾妃垂泪，彼此上前厮见，一手挽贾母，一手挽王夫人，三人满心皆有许多话，俱说不出，只是呜咽对泣而已。邢夫人、李、凤、迎、探、惜等俱在旁垂泪无言。半日，贾妃方忍悲强笑，安慰道："当日既送我到那不得见人的去处，好容易今日回家，娘儿们这时不说不笑，反倒哭个不了。一会子我去了，又不知多早晚才能一见！"

说到这句，不禁又哽咽起来。邢夫人忙上来劝解。贾母等让贾妃归座，又逐次一一见过，又不免哭泣一番，然后东西两府执事

197

人等在外厅行礼。其媳妇丫鬟行礼毕，贾妃叹道：

"许多亲眷，可惜都不能见面！"

王夫人启道：

"现在外亲薛王氏及宝钗黛玉在外候旨，外眷无职，不敢擅入。"

贾妃即命请来相见。

一时，薛姨妈等进来，欲行国礼，元妃降旨免过，上前各叙阔别。又有原带进宫的丫鬟抱琴等叩见，贾母连忙扶起，命入别室款待。执事太监及彩嫔、昭容、各侍从人等，宁府及贾赦那宅两处自有人款待，只留三四个小太监答应。母女姊妹，不免叙些久别的情景及家务私情。又有贾政至帘外问安行参等事。元妃又向其父说道：

"田舍之家，韲盐布帛，得遂天伦之乐；今虽富贵，骨肉分离，终无意趣！"

贾政亦含泪启道：

"臣，草芥寒门，鸠群鸦属之中，岂意得征凤鸾之瑞？今贵人上锡天恩，下昭祖德，此皆山川日月之精华、祖宗之远德钟于一人，幸及政夫妇。且今上体天地生生之大德，垂古今未有之旷恩，虽肝脑涂地，岂能报效万一！惟朝乾夕惕，忠于厥职。伏愿圣君万岁千秋，乃天下苍生之福也。贵妃切勿以政夫妇残年为念。更祈自加珍爱，惟劝慎肃恭以侍上，庶不负上眷顾隆恩也。"

贾妃亦嘱以国事宜勤，暇时保养，切勿记念。

> 元春话富人情味，贾政的话如口嚼蜡！

贾政又启：

"园中所有亭台轩馆皆系宝玉所题，如果有一二可寓目者，请即赐名为幸。"

元妃听了宝玉能题，便含笑说道：

"果进益了。"

贾政退出。元妃因问：

"宝玉因何不见？"

贾母乃启道：

"无职外男，不敢擅入。"

元妃命引进来。小太监引宝玉进来，先行国礼毕，命他近前，携手揽于怀内；又抚其头颈，笑道：

"比先长了好些。"

一语未终，泪如雨下。

尤氏凤姐等上来启道：

"筵宴齐备，请贵妃游幸。"

元妃起身，命宝玉导引，遂同诸人步至园门前。早见灯光之中，诸般罗列。进园先从"有凤来仪"、"红香绿玉"、"杏帘在望"、"蘅芷清芬"等处，登楼步阁，涉水缘山，眺览徘徊。一处处铺陈华丽，一桩桩点缀新奇。元妃极加奖赞，又劝以后不可太奢了，此皆过分。既而来至正殿，降谕免礼归座。大开筵宴，贾母等在下相陪，尤氏、李纨、凤姐等捧羹把盏。

元妃乃命笔砚伺候，亲拂罗笺，择其喜者赐名。因题其园之总名曰："大观园"，正殿匾额云："顾恩思义"，对联云："天地启宏慈，赤子苍生同感戴；古今垂旷典，九州万国被恩荣。"又改题："在凤来仪"，赐名潇湘馆。"红香绿玉"，改作"怡红快绿"，赐名怡红院。"蘅芷清芬"，赐名蘅芜院。"杏帘在望"，赐名浣葛山庄。正楼曰大观楼。东面飞楼曰缀锦阁。西面飞楼曰含芳阁。更有蓼风轩、藕香榭、紫菱洲、荇叶渚等名。匾额有"梨花春雨"、"桐剪秋风"、"荻芦夜雪"等名。又命旧有匾联不可摘去。于是先题一绝句云：

　　衔山抱水建来精，多少工夫筑始成。

　　天上人间诸景备，芳园应锡大观名。

题毕，向诸姐妹笑道：

"我素乏捷才，且不长于吟咏，姐妹辈素所深知，今夜聊以塞责，不负斯景而已。异日少暇，必补撰大观园记并省亲颂等文，以记今日之事。妹等亦各题一匾一诗，随意发挥，不可为我微才所缚。且知宝玉竟能题咏，一发可喜。此中潇湘馆蘅芜院二处，我所极爱，次之，怡红院、浣葛山庄。此四大处，必得别有章句题咏方妙。前所题之联虽佳，如今再各赋五言律一首，使我当面试过，方不负我自幼教授之苦心。"

宝玉只得答应了下来，自去构思。迎春、探春、惜春三人中要算探春又出于姊妹之上，然自忖似难与薛林争衡，只得随众应命。李纨也勉强作成一绝。贾妃挨次看姊妹们的题咏，写道是：

旷性怡情（匾额） 　　　　迎春

园成景物特精奇，奉命差题额"旷怡"。

谁信世间有此境？游来宁不畅神思？

文采风流（匾额） 　　　　探春

秀水明山抱复回，风流文采胜蓬莱。

绿裁歌扇迷芳草，红衬湘裙舞落梅。

珠玉自应传盛世，神仙何幸下瑶台！

名园一自邀游赏，未许凡人到此来。

文章造化（匾额） 　　　　惜春

山水横拖千里外，楼台高起五云中。

园修日月光辉里，景夺文章造化功。

万象争辉（匾额） 　　　　李纨

名园筑就势巍巍，奉命多惭学浅微。

精妙一时言不尽，果然万物有光辉！

凝晖钟瑞（匾额） 　　　　薛宝钗

芳园筑向帝城西，华日祥云笼罩奇。

高柳喜迁莺出谷，修篁时待凤来仪。

文风已著宸游夕，孝化应隆归省时。

睿藻仙才瞻仰处，自惭何敢再为辞？

世外仙源（匾额） 　　　　林黛玉

宸游增悦豫，仙境别红尘。借得山川秀，添来气象新。

香融金谷酒，花媚玉堂人。何幸邀恩宠，宫车过往频？

元妃看毕，称赞不已，又笑道：

"终是薛林二妹之作与众不同,非愚姊妹所及。"

原来黛玉安心今夜大展奇才,将众人压倒,不想元妃只命一匾一咏,倒不好违谕多做,只胡乱做了一首五言律应命便罢了。

时宝玉尚未做完,才做了潇湘馆与蘅芜院两首,正做怡红院一首,起稿内有"绿玉春犹卷"一句。宝钗转眼瞥见,便趁众人不理论,推他道:

"贵人因不喜'红香绿玉'四字,才改了'怡红快绿';你这会子偏又用'绿玉'二字,岂不是有意和她分驰了?况且蕉叶之典故烦多,再想一个改了罢。"

宝玉见宝钗如此说,便拭汗说道:

"我这会子总想不起什么典故出处来!"

宝钗笑道:

"你只把'绿玉'的'玉'字改作'蜡'字就是了。"

宝玉道:

"'绿蜡'可有出处?"

宝钗悄悄的咂嘴点头,笑道:

"亏你! 今夜不过如此,将来金殿对策,你大约连'赵钱孙李'都忘了呢! 唐朝韩钱翃咏芭蕉诗头一句'冷烛无烟绿蜡干',都忘了么?"

宝玉听了,不觉洞开心意,笑道:

"该死! 该死! 眼前现成的句子,竟想不到。 姐姐真是'一字师'了,从此只叫你师傅,再不叫姐姐了。"

宝钗也悄悄的笑道:

"还不快做上去,只'姐姐''妹妹'的! 谁是你姐姐? 那上头穿黄袍的才是你姐姐呢。"

一面说笑,因怕他耽延工夫,送抽身走开了。

宝玉续成了此首,共有三首。 此时黛玉未得展才,心上不快。

> 作者借题咏写宝钗、黛玉对宝玉的关切方式各有不同,笔法细腻之至。而以元妃评诗,制造均势,使薛林爱情冲突继续发展。黛玉代作"杏帘"一诗,则为作者暗奖,可见他对林情有独钟。

201

因见宝玉构思太苦，走至案旁，知宝玉只少"杏帘在望"一首，因叫他抄录前三首，却自己吟成一律，写在纸条上，搓成个团子，掷向宝玉跟前。宝玉打开一看，觉比自己做的三首高得十倍，遂忙恭楷胆誊完呈上。

元妃看是：

有凤来仪　　　　　　　宝玉

秀玉初成实，堪宜待凤凰。竿竿青欲滴，个个绿生凉。
进砌防阶水，穿帘碍鼎香。莫摇分碎影，好梦正初长。

蘅芷清芬

蘅芜满静苑，萝薜助芬芳。软衬三春草，柔拖一缕香。
轻烟迷曲径，冷翠湿衣裳。谁谓"池"塘曲？谢家幽梦长。

怡红快绿

深庭长日静，两两出婵娟。绿蜡春犹卷，红妆夜未眠。
凭栏垂绛袖，倚石护青烟。对立东风里，主人应解怜。

杏帘在望

杏帘招客饮，在望有山庄。菱荇鹅儿水，桑榆燕子梁。
一畦春韭绿，十里稻花香。盛世无饥馁，何须耕织忙？

元妃看毕，喜之不尽，说："果然进益了！"又指《杏帘》一首为四首之冠。遂将浣葛山庄改为稻香村，又命探春将方才十数首诗另以锦笺誊出，令太监传与外厢。贾政等看了，都称颂不已。贾政又进归省颂。元妃又命以琼酪金脍等物赐与宝玉并贾兰。此时贾兰尚幼，未谙诸事，只不过随母依叔行礼而已。

那时贾蔷带领一班女戏子，在楼下正等得不耐烦，只见一个太监飞跑下来说：

"做完了诗了，快拿戏单来。"

贾蔷忙将戏目呈上，并十二个人的花名册子。少时，点了四出戏：第一出，《豪宴》；第二出，《乞巧》；第三出，《仙缘》；第四出，《离魂》。贾蔷忙张罗搬演起来。一个个歌有裂石之音，舞有天魔之态。虽是装演的形容，却做尽悲欢的情状。

刚演完了，一太监托着一金盘糕点之属进来，问：

"谁是龄官？"

贾蔷便知是赐龄官之物，连忙接了，命龄官叩头。太监又道：

"贵妃有谕，说：'龄官极好，再做两出戏，不拘那两出就是了。'"

贾蔷忙答应了，因命龄官做《游园》《惊梦》二出。龄官自以为此二出非本角之戏，执意不从，定要做《相约》《相骂》二出。贾蔷扭不过她，只得依她做了。元妃甚喜，命：

"莫难为了这女孩子，好生教习。"

额外赏了两匹宫绸，两个荷包。并金银锞子之类。然后撤筵，将未到之处复又游玩。忽见山环佛寺，忙盥手进去焚香拜佛。又题一匾云："苦海慈航"。又额外加恩与一班幽尼女道。

少时，太监跪启：

"赐物俱齐，请验，按例行赏。"

乃呈上略节。元妃从头看了，无话，即命照此而行。太监下来，一一发放。原来贾母的是金玉如意各一柄，沉香拐杖一根，伽楠念珠一串，富贵长春宫缎四匹，福寿绵长宫绸四匹，紫金笔锭如意锞十锭，吉庆有余银锞十锭。邢夫人等二分只减了如意、拐、珠四样。贾敬、贾赦、贾政等每分御制新书二部，宝墨二匣；金银盏各二只，表礼按前。宝钗黛玉诸姊妹等每人新书一部，宝砚一方，新样格式金银锞二对。宝玉和贾兰是金银项圈二个，金银锞二对。尤氏、李纨、凤姐等，皆金银锞四锭，表礼四端。另有表礼二十四端，清钱五百串，是赏与贾母、王夫人及各姊妹房中奶娘众丫鬟的。贾珍、贾琏、贾环、贾蓉等皆是表礼一端，金银锞一对。其余彩缎百匹，白银千两，御酒数瓶，是赐东西两府及园中管理工程、陈设、答应及司戏、掌灯诸人的；外又有清钱三百串，是赐厨役、优伶、百戏、杂行人等的。

众人谢恩已毕，执事太监启道：

"时已丑正三刻,请驾回銮。"

元妃不由的满眼又滴下泪来,却又勉强笑着,拉了贾母王夫人的手不忍放,再四叮咛:

"不须记挂,好生保养! 如今天恩浩荡,一月许进内省视一次,见面尽容易的,何必过悲? 倘明岁天恩仍许归省,不可如此奢华糜费了。"

贾母等已哭的哽噎难言。元妃虽不忍别,奈皇家规矩违错不得的,只得忍心上舆去了。这里众人好容易将贾母及王夫人劝住,搀扶出园去了。

① 《豪宴》是《一捧雪》之一出;《乞巧》是《长生殿》之一出,即《密誓》;《仙缘》是《邯郸梦》之一出,通作《仙园》;《离魂》是《牡丹亭》之一出。

② 《相约》、《相骂》——《钗钏记》的两出,今尚通行,写一个丫鬟跟老夫人拌嘴。

第十九回　情切切良宵花解语
意绵绵静日玉生香

话说贾妃回宫，次日见驾谢恩，并回奏归省之事。龙颜甚悦，又发内帑彩缎金银等物，以赐贾政及各椒房等员。不必细说。

且说荣宁二府中连日用尽心力，真是人人力倦，各各神疲。又将园中一应陈设动用之物，收拾了两三天方完。第一个凤姐事多任重，别人或可偷闲躲静，独她是不能脱得的；二则本性要强，不肯落人褒贬，只扎挣着，与无事的人一样。第一个宝玉是极无事最闲暇的。偏这一早，袭人的母亲又亲来回过贾母，接袭人家去吃年茶，晚上才得回来。因此，宝玉只和众丫头们掷骰子赶围棋作戏。正在房内玩得没兴头，忽见丫头们来回说：

"东府里珍大爷来请过去看戏，放花灯。"

宝玉听了，便命换衣裳。才要去时，忽又有贾妃赐出糖蒸酥酪来。宝玉想上次袭人喜吃此物，便命留与袭人了，自己回过贾母，过去看戏。

谁想贾珍这边唱的是《丁郎认父》、《黄伯央大摆阴魂阵》，更有《孙行者大闹天宫》、《姜太公斩将封神》等类的戏文。倏尔神鬼乱出，忽又妖魔毕露。内中扬幡过会，号佛行香，锣鼓喊叫之声，闻于巷外。弟兄子侄，互为献酬；姊妹婢妾，共相笑语。独有宝玉，见那繁华热闹到如此不堪的田地，只略坐了一坐，便走往各处闲耍。先是进内去和尤氏并丫头姬妾鬼混了一回，便出二门来。尤氏等仍料他出来看戏，遂也不曾照管。贾珍、贾琏、薛蟠等只顾猜谜行令，百般作乐，纵一时不见他在座，只道在里边去了，也不理论。至于跟宝玉的小厮门：那年纪大些的，知宝玉这一来了必是晚上才散，因此偷空儿，也有会赌钱的，也有往亲友家去的，或赌或饮，都私自散了，待晚上再来；那些小些的都钻进戏房里瞧热闹儿去了。

作者写宝玉的"痴情"，怜香惜玉，善良，令人叫绝。

宝玉见一个人没有，因想：

"素日这里有个小书房，内曾挂着一轴美人，画的很得神。今日这般热闹，想那里自然无人，那美人也自然是寂寞的，须得我去望慰她一回。"

想着，便往那里来。刚到窗前，听见屋里一片喘息之声。宝玉倒吓了一跳，心想：

"美人活了不成？"乃大着胆子，舔破窗纸，向内一看。那轴美人却不曾活，却是茗烟按着个女孩子，也干那警幻所训之事，正在得趣，故此呻吟。宝玉禁不住大叫："了不得！"一脚踹进门去，将那两个吓的抖衣而颤。

茗烟见是宝玉，忙跪下哀求。宝玉道：

"青天白日，这是怎么说！珍大爷要知道了，你是死是活？"

一面看那丫头，倒也白白净净儿的，有些动人心处，在那里羞的脸红耳赤，低首无言。宝玉躁脚道：

"还不快跑！"

一语提醒那丫头，

飞跑去了。宝玉又赶出去，叫道：

"你别怕，我不告诉人。"

急的茗烟在后叫：

"祖宗，这是分明告诉人了！"

宝玉因问：

"那丫头十几岁了？"

茗烟道：

"不过十六七了。"

宝玉道：

"连她的岁数也不问问，就作这个事，可见她白认得你了！可怜，可怜！"又问："名字叫什么？"

茗烟笑道：

"若说出名字来，话长，真正新鲜奇文！ 他说，他母亲养她的时节，做了一个梦，梦得了一匹锦，上面是五色富贵不断头的'卍'字花样。 所以他的名字就叫做万儿。"

宝玉听了，笑道：

"想必她将来有些造化，等我明儿说了给你作媳妇，好不好?"

茗烟也笑了，因问：

"二爷为何不看这样的好戏?"

宝玉道：

"看了半日，怪烦的，出来逛逛，就遇见你们了。 这会子做什么呢?"

茗烟微笑道：

"这会子没人知道，我悄悄的引二爷城外逛去，一会儿再回这里来。"

宝玉道：

"不好，看仔细花子拐了去。 况且他们知道了，又闹大了。 不如往近些的地方去，还可就来。"

茗烟道：

"就近地方，谁家可去? 这却难了。"

宝玉笑道：

"依我的主意，咱们竟找花大姐姐去，瞧她在家作什么呢。"

茗烟笑道：

"好，好。 倒忘了她家。"又道："他们知道了，说我引着二爷胡走，要打我呢。"

宝玉笑道：

"有我呢!"

茗烟听说，拉了马，二人从后门就走了。 幸而袭人家不远，不过一半里路程，转眼已到门前。 茗烟先进去，叫袭人之兄花自芳。

此时袭人之母接了袭人与几个外甥女儿，几个侄女儿来家，正

吃果茶,听见外面有人叫"花大哥"。花自芳忙出去看时,见是他主仆两个,吓的惊疑不定,连忙抱下宝玉来,至院内嚷道:

"宝二爷来了!"

别人听见还可,袭人听了,也不知为何,忙跑出来迎着宝玉,一把拉着,问:

"你怎么来了!"

宝玉笑道:

"我怪闷的,来瞧瞧你作什么呢。"

袭人听了,才把心放下来,说道:

"你也胡闹了。可作什么来呢?",一面又问茗烟:"还有谁跟了来了?"

茗烟笑道:

"别人都不知道。"

袭人听了,复又惊慌道:

"这还了得! 倘或碰见人,或是遇见老爷,街上人挤马碰,有个失闪,这也是玩得的吗? 你们的胆子比斗还大呢! 都是茗烟调唆的,等我回去告诉嬷嬷们,一定打你个贼死!"

茗烟撅了嘴道:

"爷骂着打着,叫我带了来的。这会子推到我身上! 我说别来罢! 要不,我们回去罢。"

花自芳忙劝道:

"罢了。已经来了,也不用多说了。只是茅檐草舍,又窄又不干净,爷怎么坐呢?"

袭人的母亲也早迎出来了。袭人拉着宝玉进去。宝玉见房中三五个女孩儿,见他进来,都低了头,羞的脸上通红。花自芳母子两个恐怕宝玉冷,又让他上炕,又忙另摆果子,又忙倒好茶。袭人笑道:

"你们不用白忙,我自然知道,不敢乱给他东西吃的。"

一面说,一面将自己的坐褥拿了来,铺在一个杌子上,扶着宝玉坐下，又用自己的脚炉垫了脚。向荷包内取出两个梅花香饼儿来，又将自己的手炉掀开焚上，仍盖好，放在宝玉怀里。然后将自己的茶杯斟了茶，送与宝玉。

彼时她母兄已是忙着齐齐整整的摆上一桌子果品来。袭人见总无可吃之物，因笑道：

"既来了，没有空回去的理，好歹尝一点儿，也是来我家一趟。"

说着，捻了几个松瓤，吹去细皮，用手帕托着给他。

宝玉看见袭人两眼微红，粉光融滑，因悄问袭人道：

"好好的哭什么？"

袭人笑道：

"谁哭来着？才迷了眼揉的。"因此便遮掩过了。因见宝玉穿着大红金蟒狐腋箭袖①，外罩石青貂裘排穗褂，说道：

"你特为往这里来，又换新衣裳，他们就不问你往那里去吗？"

宝玉道：

"原是珍大爷请过去看戏换的。"

袭人点头，又道：

"坐一坐就回去罢，这个地方儿，不是你来得的。"

宝玉笑道：

"你就家去才好呢，我还替你留着好东西呢。"

袭人笑道：

"悄悄儿的罢，叫他们听着做什么？"

一面又伸手从宝玉项上将"通灵玉"摘下来，向他姊妹们笑道：

"你们见识见识。时常说起来都当稀罕，恨不能一见，今儿可尽力儿瞧瞧。再瞧什么稀罕物儿，也不过是这么着了。"

说毕，递与他们传看了一遍，仍与宝玉挂好。又命他哥哥去雇一辆干干净净、严严紧紧的车，送宝玉回去。花自芳道：

"有我送去，骑马也不妨了。"

袭人道：

"不为不妨，为的是碰见人。"

花自芳忙去雇了一辆车来，众人也不好相留。只得送宝玉出去。袭人又抓些果子给茗烟，又把些钱给他买花炮放，叫他：

"别告诉人，连你也有不是。"

一面说着，一直送宝玉至门前，看着上车，放下车帘。茗烟二人牵马跟随。来至宁府街，茗烟命住车，向花自芳道：

"须得我和二爷还到东府里混一混，才过去得呢，看人家疑惑。"

花自芳听说有理，忙把宝玉抱下车来，送上马去。宝玉笑道："倒难为你了。"于是仍进了后门来。俱不在话下。

却说宝玉自出了门，他房中这些丫鬟们都索性恣意的玩笑，也有赶围棋的，也有掷骰抹牌的，磕了一地的瓜子皮儿。偏奶母李嬷嬷拄拐进来请安，瞧瞧宝玉，见宝玉不在家，丫鬟们只顾玩闹，十分看不过，因叹道：

"只从我出去了，不大进来，你们越发没了样儿了，别的嬷嬷越不敢说你们了。那宝玉是个丈八的灯台，照见了人家，照不见自己的，只知嫌人家腌臜。这是他的房子，由着你们糟蹋，越不成体统了！"

这些丫头们明知宝玉不讲究这些；二则李嬷嬷已是告老解事出去的了，如今管不着她们：因此，只顾玩笑，并不理她。那李嬷嬷还只管问：

"宝玉如今一顿吃多少饭？什么时候睡觉？"

丫头们总胡乱答应。有的说：

"好个讨厌的老货！"

李嬷嬷又问道：

"这盖碗里是酪，怎么不送给我吃？"

说毕，拿起就吃。一个丫头道：

"快别动！那是说了给袭人留着的，回来又惹气了。你老人家自己承认，别带累我们受气。"

李嬷嬷听了，又气又愧，便说道：

"我不信他这么坏了肠子。别说我吃了一碗牛奶，就是再比这个值钱的，也是应该的。难道待袭人比我还重？难道他不想想怎么长大了？我的血变了奶，吃的长这么大；如今我吃他碗牛奶，他就生气了？我偏吃了，看他怎么着！你们看袭人不知怎样，那是我手里调理出来的毛丫头，什么阿物儿！"

一面说，一面赌气，把酪全吃了。又一个丫头笑道：

"他们不会说话，怨不得你老人家生气。宝玉还送东西给你老人家去，岂有为这个不自在的？"

李嬷嬷道：

"你也不必装狐媚子哄我，打量上次为茶撵茜雪的事我不知道呢！明儿有了不是，我再来领。"说着，赌气去了。

少时，宝玉回来，命人去接袭人，只见晴雯躺在床上不动。宝玉因问：

"可是病了？还是输了呢？"

秋纹道：

"她倒是赢的；谁知李老太太来了。混输了，她气的睡去了。"

宝玉笑道：

"你们别和她一般见识，由她去就是了。"

说着，袭人已来，彼此相见。袭人又问宝玉何处吃饭，多早晚回来，又代母妹问诸同伴姊妹好。一时换衣卸妆。宝玉命取酥酪来，丫鬟们回说：

"李奶奶吃了。"

宝玉才要说话，袭人便忙笑说道：

"原来留的是这个，多谢费心。前儿我因为好吃，吃多了，好肚子疼，闹的吐了才好。她吃倒好，搁在这里白糟蹋了。我只想风干栗子吃，你替我剥栗子，我去铺炕。"

> 第八回李嬷嬷吃了枫露茶，宝玉摔碎杯子，袭人急用言语遮盖过去，此回又用话岔开，作者写袭人贤慧，手法极佳。

宝玉听了，信以为真，方把酥酪丢开，取了栗子来，自向灯下检剥。一面见众人不在房中，乃笑问袭人道：

"今儿那个穿红的是你什么人？"

袭人道：

"那是我两姨姐姐。"

宝玉听了，赞叹了两声。

袭人道：

"叹什么？我知道你心里的缘故，想是说她那里配穿红的。"

宝玉笑道：

"不是，不是。那样的人，不配穿红的，谁还敢穿？我因为见她实在好得很，怎么也得她在咱们家就好了。"

袭人冷笑道：

"我一个人是奴才命罢了，难道连我的亲戚都是奴才命不成？定还要拣实在好的丫头才往你们家来？"

宝玉听了，忙笑道：

"你又多心了。我说往咱们家来，必定是奴才不成，说亲戚就使不得？"

袭人道：

"那也攀配不上。"

宝玉便不肯再说，只是剥栗子。袭人笑道：

"怎么不言语了？想是我才冒撞冲犯了你？明儿赌气花几两银子买进他们来就是了。"

宝玉笑道：

"你说的话，怎么叫人答言呢？我不过是赞她好，正配生在这深宅大院里，没的我们这宗浊物倒生在这里。"

袭人道：

"她虽没这样造化，倒也是娇生惯养的，我姨父姨娘的宝贝儿似的。如今十七岁，各样的嫁妆都齐备了，明年就出嫁。"

宝玉听了"出嫁"二字，不禁又"嘻"了两声。正不自在，又听袭人叹道：

"我这几年，姊妹们都不大见；如今我要回去了，她们又都去了!"

宝玉听这话里有文章,不觉吃了一惊,忙扔下栗子,问道:
"怎么着,你如今要回去?"

袭人道:

"我今儿听见我妈和哥哥商量,叫我再耐一年,明年他们上来就赎出我去呢。"

宝玉听了这话,越发慌了,因问:

"为什么赎你呢?"

袭人道:

"这话奇了。我又比不得是这里的家生子儿②,我们一家子都在别处,独我一个人在这里,怎么是个了手呢?"

宝玉道:

"我不叫你去,也难哪。"

袭人道:

"从来没这个理。就是朝廷宫里也有定例。几年一挑,几年一放,没有长远留下人的理,别说你们家。"

宝玉想一想,果然有理,又道:

"老太太要不放你呢?"

袭人道:

"为什么不放呢?我果然是个最难得的,或者感动了老太太、太太,不肯放我出去,再多给我们家几两银子留下,也还有的;其实我又不过是个最平常的人,比我强的多而且多。我从小儿跟着老太太,先伏侍了史大姑娘几年,这会子又伏侍了你几年,我们家要来赎我,正是该叫去的,只怕连身价也不要,就开恩放我去呢。要说为伏侍的你好,不叫我去,断然没有的事。那伏侍的好,是分内应当的,不是什么奇功。我去了,仍旧又有好的了,不是没了我就使不得的。"

宝玉听了这些话,竟是有去的理,无留的理,心里越发急了。因又道:

"虽然如此说，我的一心要留下你，不怕老太太不和你母亲说。多多给你母亲些银子，她也不好意思接你了。"

袭人道：

"我妈自然不敢强。且慢说和她好说，又多给银子，就便不好和她说，一个钱也不给，安心要强留下我。她也敢不依。但只是咱们家从没干过这倚势仗贵霸道的事。这比不得别的东西，因为喜欢，加十倍利弄了来给你，那卖的人不吃亏，就可以行得的；如今无故平空留下我，于你又无益，反教我们骨肉分离。——这件事，老太太、太太肯行吗？"

宝玉听了，思忖半晌，乃说道：

"依你说来说去，是去定了？"

袭人道：

"去定了。"

宝玉听了，自思道："谁知这样一个人，这样薄情无义呢？"乃叹道："早知道都是要去的，我就不该弄了来！临了剩我一个孤鬼儿！"

说着，便赌气上床睡了。

原来袭人在家听见她母兄要赎她回去，她就说至死也不回去。又说：

"当日原是你们没饭吃，就剩了我还值几两银子，要不叫你们卖，没有个看着老子娘饿死的理。如今幸而卖到这个地方儿，吃穿和主子一样，又不朝打暮骂。况如今爹虽没了，你们却又整理的家成业就，复了元气，——若果然还艰难，把我赎出来，再多掏摸几个钱，也还罢了，其实又不能了。这会子又赎我做什么？权当我死了，再不必起赎我的念头了！"因此，哭了一阵。

她母兄见她这般坚执，自然必不出来的了。况且原是卖倒的死契，明仗着贾宅是慈善宽厚人家儿，不过求求，只怕连身价银一并赏了还是有的事呢。二则贾府中从不曾作践下人，只有恩多威少的，且凡老少房中所有亲侍的女孩子们，更比待家下众人不同，平常寒薄人家的女孩儿也不能那么尊重。——因此，他母子两个就死心不赎了。次后忽然宝玉去了，他俩个又是那个光景儿，他母子二人心中更明白了，越发一块石头落了地，而且是意外之想，彼此放心，再无别意。

且说袭人自幼儿见宝玉性格异常，其淘气憨顽出于众小儿之外，更有几件千奇百怪口不能言的毛病儿；近来仗着祖母溺爱，父母亦不能十分严谨拘管，更觉放纵弛荡，任情恣性，最不喜务正。每欲劝时，谅不能听。今日可巧有赎身之论，故先用骗词以探其情，以压其气，然后好下箴规。今见宝玉默默睡去，知其情有不忍，气已馁堕。自己原不想栗子吃。只因怕为酥酪生事，又像那茜雪之茶，是以假要栗子为由，混过宝玉不提就完了。于是命小丫头子们将栗子拿去吃了，自己来推宝玉。只见宝玉泪痕满面，袭人便笑道：

"这有什么伤心的？你果然留我，我自然不肯出去。"

宝玉见这话头儿活动了，便道：

"你说说，我还要怎么留你？我自己也难说了。"

袭人笑道：

"咱们两个的好，是不用说了，但你要安心留我，不在这上头。我另说出三件事来，你果然依了，那就是真心留我了，刀搁在脖子上，我也不出去了。"

宝玉忙笑道：

"你说，那几件？我都依你。好姐姐，好亲姐姐！别说两三件，就是两三百件我也依的；只求你们看守着我，等我有一日化成了飞灰，——飞灰还不好，灰还有形有迹，还有知识的！等我化成一股轻烟，风一吹就散了的时候儿，你们也管不得我，我也顾不得你们了，凭你们爱那里去那里去就完了。"

急的袭人忙握他的嘴，道：

"好爷！我正为劝你这些个。更说的狠了！"

宝玉忙说道：

"再不说这话了。"

袭人道：

"这是头一件要改的。"

宝玉道：

"改了。再说，你就拧嘴。还有什么?"

袭人道：

"第二件，你真爱念书也罢，假爱也罢，只在老爷跟前，或在别人跟前，你别只管嘴里混批，只作出个爱念书的样儿来，也叫老爷少生点儿气，在人跟前也好说嘴。老爷心里想着：我家代代念书，只从有了你，不承望不但不爱念书，——已经他心里又气又恼了——而且背前面后混批评。凡读书上进的人，你就起个外号儿，叫人家'禄蠹'；又说：'只除了什么《明明德》外就没书了，都是前人自己混编纂出来的。'这些话，你怎么怨得老爷不气? 不时时刻刻的要打你呢?"

宝玉笑道：

"再不说了。那是我小时候儿不知天多高地多厚，信口胡说的，如今再不敢说了。还有什么呢?"

袭人道：

"再不许谤僧毁道的了。还有更要紧的一件事：再不许弄花儿，弄粉儿，偷着吃人嘴上擦的胭脂和那个爱红的毛病儿了。"

宝玉道：

"都改，都改。再有什么，快说罢"

袭人道：

"也没有了。只是百事检点些，不任意任性的就是了。你要果然都依了，就拿八人轿也抬不出我去了。"

宝玉笑道：

"你这里长远了，不怕没八人轿你坐。"

袭人冷笑道：

"这我可不稀罕的! 有那个福气，没有那个道理，纵坐了也没趣儿。"

二人正说着，只见秋纹走进来说：

"三更天了，该睡了。方才老太太打发嬷嬷来问，我答应睡了。

"宝玉命取表来看时，果然针已指到子初二刻了，方重新盥漱，宽衣安歇。不在话下。

至次日清晨，袭人起来，便觉身体发重，头疼目胀，四肢火热。先时还扎挣的住，次后挨不住，只要睡，因而和衣躺在炕上。宝玉忙回了贾母，传医诊视。说道：

"不过偶感风寒，吃一两剂药疏散疏散就好了。"

开方去后，令人取药来煎好。刚服下去，命她盖上被窝渥汗，宝玉自去黛玉房中来看视。

彼时黛玉自在床上歇午，丫鬟们皆出去自便，满屋内静悄悄的。宝玉揭起绣线软帘，进入里间，只见黛玉睡在那里，忙上来推她道：

"好妹妹，才吃了饭，又睡觉！"将黛玉唤醒。黛玉见是宝玉，因说道："你且出去逛逛。我前儿闹了一夜，今儿还没歇过来，浑身酸疼。"

宝玉道：

"酸疼事小，睡出来的病大。我替你解闷儿，混过困去就好了。"

黛玉只合着眼，说道：

"我不困，只略歇歇儿。你且别处去闹会子再来。"

宝玉推她道：

"我往那里去呢？见了别人就怪腻的。"

黛玉听了，嗤的一声笑道：

"你既要在这里，那边去老老实实的坐着，咱们说话儿。"

宝玉道：

"我也歪着。"

黛玉道：

"你就歪着。"

宝玉道："没有枕头，咱们在一个枕头上罢。"

黛玉道：

"放屁！外面不是枕头？拿一个来枕着。"

宝玉出至外间，看了一看，回来笑道："

"那个我不要，我不知是那个腌脏老婆子的。"

黛玉听了，睁开眼起身，笑道：

"真真你就是我命中的'魔星'，请枕这一个。"

说着，将自己枕的推给宝玉，又起身将自己的再拿了一个来枕上。二人对着脸儿躺下。

作者写宝玉黛玉调情，妙笔生花，精彩绝伦，黛玉有颗七巧玲珑心，作者更玲珑透顶。

黛玉一回眼，看见宝玉左边腮上有钮扣大小的一块血迹，便欠身凑近前来，以手抚之细看，道：

"这又是谁的指甲划破了？"

宝玉倒身，一面躲，一面笑道：

"不是划的，只怕是刚才替他们淘澄胭脂膏子溅上了一点儿。"

说着，便找绢子要擦。

黛玉便用自己的绢子替他擦了。咂着嘴儿说道：

"你又干这些事了。干也罢了，必定还要带出幌子来。就是舅舅看不见，别人看见了，又当作奇怪事新鲜话儿去学舌讨好儿。吹到舅舅耳朵里，大家又该不得心净了。"

宝玉总没听见这些话，只闻见一股幽香，却是从黛玉袖中发出，闻之令人醉魂酥骨。宝玉一把便将黛玉的衣袖拉住，要瞧瞧笼着何物。黛玉笑道：

"这时候，谁带什么香呢？"

宝玉笑道：

"那么着，这香是从那里来的？"

黛玉道：

"连我也不知道。想必是柜子里头的香气薰染的也未可知。"

宝玉摇头道：

"未必。这香的气味奇怪，不是那些香饼子、香毬子、香袋儿的香。"

黛玉冷笑道：

"难道我也有什么罗汉真人给我些奇香不成？就是得了奇香，也没有亲哥哥，亲兄弟弄了花儿、朵儿、霜儿、雪儿，替我泡制。我有的是那些俗香罢了！"

宝玉笑道：

"凡我说一句，你就拉上这些。不给你个利害，也不知道，从今儿可不饶你了！"

说着，翻身起来，将两只手呵了两口，便伸向黛玉膈肢窝内两胁下乱挠。黛玉素性触痒不禁，见宝玉两手伸来乱挠，便笑的喘不过气来，口里说：

"宝玉！你再闹，我就恼了！"

宝玉方住了手，笑问道：

"你还说这些不说了？"

黛玉笑道：

"再不敢了。"一面理发，笑道：

"我有'奇香'，你有'暖香'没有？"

宝玉见问，一时解不来，因问：

"什么'暖香'？"

黛玉点头笑叹道：

"蠢才，蠢才！你有'玉'，人家就有'金'来配你；人家有'冷香'，你就没有'暖香'去配她？"

宝玉方听出来，笑道：

"方才告饶，如今更说狠了！"说着，又要伸手。

黛玉忙笑道：

"好哥哥，我可不敢了！"

宝玉笑道:

"饶你不难,只把袖子我闻一闻。"

说着,便拉了袖子,笼在面上,闻个不住。黛玉夺了手道:

"这可该去了。"

宝玉笑道:

"要去不能。咱们斯斯文文的躺着说话儿。"说着,复又躺下。黛玉也躺下,用绢子盖上脸。

宝玉有一搭没一搭的说些鬼话,黛玉总不理。宝玉问她几岁上京,路上见何景致;扬州有何古迹,土俗民风如何。黛玉不答。宝玉只怕她睡出病来,便哄她道:

"嗳哟!你们扬州衙门里有一件大故事,你可知道么?"

黛玉见他说的郑重,又且正言厉色,只当是真事,因问:

"什么事?"

宝玉见问,便忍着笑,顺口诌道:

"扬州有一座黛山,山上有个林子洞。"

黛玉笑道:

"这就扯谎,自来也没听见这山。"

宝玉道:

"天下山水多着呢,你那里都知道?等我说完了,你再批评。"

黛玉道:

"你说。"

宝玉又诌道:

"林子洞里原来有一群耗子精。那一年,腊月初七,老耗子升座议事,说:'明儿是腊八儿了,世上的人都熬腊八粥。如今我们洞里果品短少,须得趁此打劫些个来才好。'乃拔令箭一枝,遣了个能干小耗子去打听。小耗子回报:'各处都打听了,惟有山下庙里果米最多。'老耗子便问:'米有几样?果有几品?'小耗子道:'米豆成仓。果品却只有五样:一是红枣,二是栗子,三是落花生,四是菱角,五是香芋。'老耗子听了,大喜,即时拔了一枝令箭,问:'谁去偷米?'一个耗子便接令去偷米。又拔令箭，问:'谁去偷豆?'又一个耗子接令去偷豆。然后——的都各领令去了。只剩了香芋，因又拔令箭，问:'谁去偷香芋?'只见一个极小极弱的小耗子应道:'我愿去偷香芋。'老耗子和众耗见他这样，恐他不谙练，又怯懦无力，不准他去。小耗子道:'我虽年小身弱，却是法术无边，口齿伶俐，机谋深远。这一去，管比他们偷的还巧呢!'众耗子忙问:'怎么比他们巧呢?'小耗子道:'我不学他们直偷。我只摇身一变。也变成个香芋，滚在香芋堆里，叫人瞧不出来，却暗暗儿的搬运，渐渐的就搬运尽了。这不比直偷硬取的巧吗?'众耗子听了，都说:'妙却妙，只是不知怎么变? 你先去变个我们瞧瞧。'小耗子听了，笑道:'这个不难，等我变来。'说毕，摇身说变，竟变了一个最标致美貌的小姐。众耗子忙笑说:'错了，错了。原说变果子，怎么变出个小姐来了呢?'小耗子现了形，笑道:'我说你们没见世面，只认得这果子是香芋，却不知盐课林老爷的小姐，才是真正的香玉呢!'"

黛玉听了，翻身爬起来，按着宝玉，笑道:

"我把你这个烂了嘴的! 我就知道你是编派③我呢。"说着便拧。

宝玉连连央告:

"好妹妹，饶了我罢! 再不敢了。我因为闻见你的香气，忽然想起这个故典来。"

黛玉笑道:

"饶骂了人，你还说是故典呢!"

一语未了，只见宝钗走来，笑问:

"谁说故典呢? 我也听听。"

黛玉忙让坐，笑道:

"你瞧瞧，还有谁? 他饶骂了，还说是故典。"

宝钗笑道:

"哦，是宝兄弟哟。怪不得他，他肚子里的故典本来多么。就只是可惜一件:该用故典的时候儿，他就偏忘了。有今儿记得的，前儿夜里的'芭蕉'诗就该记得呀。眼面前儿的倒想不起来。别人冷的了不得；他只是出汗。这会子偏又有了记性了！"

黛玉听了，笑道：

"阿弥陀佛！到底是我的好姐姐！——你一般也遇见对子了。可知一还一报，不爽不错的。"

刚说到这里，只听宝玉房中一片声吵嚷起来。

① 狐腋箭袖——狐皮做的箭袖，狐腋就是狐的两胁下的皮。箭袖就是古时射箭时所穿的一种窄袖衣服。这里影射清代的袍子。

② 家生子儿——奴仆的子孙，仍须世代地在那家做奴仆，当时称之为家生子。

③ 编派——背地里捏造、形容别人的行动或状态作为讥诮，较诬篾的意思略轻。

第二十回　王熙凤正言弹妒意
　　　　　林黛玉俏语谑娇音

　　话说宝玉在黛玉房中说耗子精，宝钗撞来，讽刺宝玉元宵不知"绿蜡"之典，三人正在房中互相取笑。那宝玉恐黛玉饭后贪眠。一时存了食，或夜间走了困，身体不好，幸而宝钗走来，大家谈笑，那黛玉方不欲睡，自己才放了心。忽听他房中嚷起来，大家侧耳听了一听，黛玉先笑道：

　　"这是你妈妈和袭人叫唤①呢。那袭人待她也罢了，你妈妈再要认真排揎②她，可见老背晦③了。"

　　宝玉忙欲赶过去，宝钗一把拉住道：

　　"你别和你妈妈吵才是呢。她是老糊涂了，倒要让她一步儿的是。"宝玉道：

　　"我知道了。"

　　说毕，走来。只见李嬷嬷拄着拐杖，在当地骂袭人：

　　"忘了本的小娼妇儿！我抬举你起来，这会子我来了，你大模斯样儿的躺在床上，见了我也不理一理儿。一心只想装狐媚子哄宝玉，哄的宝玉不理我，只听你的话。你不过是几两银子买了来的小丫头子罢咧，这屋里你就作起耗④来了！好不好的，拉出去配一个小子，看你还妖精似的哄人不哄！"

　　袭人先只道李嬷嬷不过因她躺着生气，少不得分辩说：

　　"病了，才出汗，蒙着头，原没看见你老人家。"后来听见她说哄宝玉，又说配小子，由不得又羞又委屈，禁不住哭起来了。

　　宝玉虽听了这些话，也不好怎样，少不得替她分辩，说病了吃药，又说：

223

"你不信,只问别的丫头。"

李嬷嬷听了这话,越发气起来了。说道:

"你只护着那起狐狸,那里还认得我了呢?叫我问谁去?谁不帮着你呢?谁不是袭人拿下马⑥来的?我都知道,那些事!我只和你到老太太、太太跟前去讲讲。把你奶了这么大,到如今,吃不着奶了,把我扔在一边儿,逞着丫头们要我的强!"一面说,一面哭。

彼时,黛玉宝钗等也过来劝道:

"妈妈,你老人家担待他们些就完了。"

李嬷嬷见她二人来了,便诉委屈,将当日吃茶,茜雪出去,和昨日酥酪等事,唠唠叨叨,说个不了。

可巧凤姐正在上房算了输赢帐,听见后面一片声嚷,便知是李嬷嬷老病发了,又值她今儿输了钱,迁怒于人,排揎宝玉的丫头。便连忙赶过来,拉了李嬷嬷,笑道:

"妈妈别生气。大节下,老太太刚喜欢了一日,你是个老人家,别人吵,你还要管他们才是;难道你倒不知规矩,在这里嚷起来,叫老太太生气不成?你说谁不好,我替你打他。我屋里烧的滚热的野鸡,快跟了我喝酒去罢。"

一面说,一面拉着走,又叫:

"丰儿,替你李奶奶拿着拐棍子,擦眼泪的绢子。"

那李嬷嬷脚不沾地,跟了凤姐儿走了。一面还说:

"我也不要这老命了!索性今儿没了规矩,闹一场子,讨个没脸,强似受那些娼妇的气。"

后面宝钗黛玉见凤姐儿这般,都拍手笑道:

"亏她这一阵风来,把个老婆子撮了去了。"

宝玉点头叹道:

"这又不知是那里的帐。只拣软的欺负!又不知是那个姑娘得罪了。上在她帐上了。”

一句未完，晴雯在旁说道：

“谁又没疯了，得罪她做什么？既得罪了她，就有本事承任，犯不着带累别人。”

袭人一面哭，一面拉着宝玉道：

“为我得罪了一个老奶奶，你这会子又为我得罪这些人，这还不够我受的？还只是拉扯人！”

宝玉见她这般病势，又添了这些烦恼，连忙忍气吞声，安慰她仍旧睡下出汗。又见她汤烧火热，自己守着她。歪在旁边劝她。

“只养病，别想那些没要紧的事。”

袭人冷笑道：

“要为这些事生气，这屋里一刻还住得了？但只是天长日久，尽着这么闹，可叫人怎么过呢？你只顾一时为我得罪人，他们都记在心里，遇着坎儿，说的好说不好听的，大家什么意思呢？”

一面说，一面禁不住流泪；又怕宝玉烦恼，只得勉强忍着。

一时，杂使的老婆子端了二和药®来。宝玉见她才有点汗儿，不叫她起来，自己端着给她就枕上吃了，即令小丫鬟们铺炕。袭人道：

“你吃饭不吃饭，到老太太、太太跟前坐一会子，和姑娘们玩一会子再回来。我就静静的躺一躺也好啊。”

宝玉听说，只得依她，看着她去了簪环躺下，才去上屋里跟着贾母吃饭。饭毕，贾母犹欲和那几个老管家的嬷嬷斗牌。宝玉惦记袭人，便回至房中，见袭人朦胧睡去，自己要睡，天气尚早。彼时晴雯、绮霞、秋纹、碧痕都寻热闹找鸳鸯琥珀等耍戏去了，见麝月一人在外间屋里灯下抹骨牌。宝玉笑道：

“你怎么不和他们去？”

麝月道：

“没有钱。”

宝玉道：

"床底下堆着钱,还不够你输的?"

麝月道:

"都乐去了,这屋子交给谁呢?那一个又病了。满屋里上头是灯,下头是火;那些老婆子们都老天拔地伏侍了一天,也该叫她们歇歇儿了;小丫头们也伏侍了一天,这会子还不叫玩玩儿去吗?所以我在这里看着。"

> 作者写晴雯真的是闻其声如见其人,她好强好胜,嘴不饶人,与袭人刚好相反。此回同时写袭人、晴雯、麝月三个丫头,表现了三种不同神态,这是小说家最高的功夫。

宝玉听了这话,公然又是一个袭人了。因笑道:

"我在这里坐着,你放心去罢。"

麝月道:

"你既在这里,越发不用去了。咱们两个说话儿不好?"

宝玉道:

"咱们两个做什么呢?怪没意思的。也罢了,早起你说头上痒痒,这会子没什么事,我替你篦头罢。"

麝月听了道:

"使得。"

说着,将文具镜匣搬来,卸去钗环,打开头发。宝玉拿了篦子替她篦。只篦了三五下儿,见晴雯忙忙走进来取钱,一见他两个,便冷笑道:

"哦!交杯盏儿还没吃,就上了头了![⑦]"

宝玉笑道:

"你来,我也替你篦篦。"

晴雯道:

"我没这么大造化!"

说着,拿了钱,摔了帘子,就出去了。

宝玉在麝月身后,麝月对镜,二人在镜内相视而笑。宝玉笑着道:

"满屋里就只是她磨牙。"

麝月听说，忙向镜中摆手儿，宝玉会意。忽听嗯一声帘子响，晴雯又跑进来问道：

"我怎么磨牙了？咱们倒得说说！"

麝月笑道：

"你去你的罢，又来拌嘴儿了。"

晴雯也笑道：

"你又护着他了。你们瞒神弄鬼的，打量我都不知道呢！等我捞回本儿来再说。"

说着，一径去了。这里宝玉通了头[⑧]，命麝月悄悄的伏侍他睡下，不肯惊动袭人。一宿无话。

次日清晨，袭人已是夜间出了汗，觉得轻松了些，只吃些米汤静养。宝玉才放了心。因饭后走到薛姨妈这边来闲逛。

彼时正月内，学房中放年学，闺阁中忌针黹，都是闲时，因贾环也过来玩。正遇见宝钗、香菱、莺儿三个赶围棋作耍，贾环见了也要玩。宝钗素日看他也如宝玉，并没他意；今儿听他要玩，让他上来，坐在一处玩。一注十个钱。头一回，自己赢了，心中十分喜欢；谁知后来接连输了几盘，就有些着急。赶着这盘正该自己掷骰子，若掷个七点便赢了，若掷个六点也该赢，掷个三点就输了。因拿起骰子来狠命一掷，一个坐定了二，那一个乱转。莺儿拍着手只叫"么！"贾环便瞪着眼，"六！""七！""八！"混叫。那骰子偏生转出"么"来。贾环急了，伸手便抓起骰子来，就要拿钱，说是个四点。莺儿便说：

"明明是个'么'！"

宝钗见贾环急了，便瞅莺儿一眼，说道：

"越大越没规矩！难道爷们还赖你？还不放下钱来呢。"

莺儿满心委屈，见姑娘说，不敢出声，只得放下钱来，口内嘟囔说：

"一个做爷的还赖我们！这几个钱连我也瞧不起。前儿和宝二爷玩,他输了那些也没着急,下剩的钱还是几个小丫头子们一抢,他一笑就罢了。"

宝钗不等说完,连忙喝住了。

贾环道:

"我拿什么比宝玉?你们怕他,都和他好,都欺负我不是太太养的!"

说着,便哭。宝钗忙劝他:

"好兄弟,快别说这话,人家笑话。"又骂莺儿。

正值宝玉走来,见了这般景况,问:

"是怎么了?"

贾环不敢则声。宝钗素知他家规矩,凡做兄弟的怕哥哥,却不知那宝玉是不要人怕他的。他想着:"兄弟们一并都有父母教训,何必我多事?反生疏了。况且我是正出,他是庶出,饶这样看待,还有人背后谈论,还禁得辖治®了他?"更有个呆意思存在心里。你道是何呆意?因他自幼姐妹丛中长大,亲姊妹有元春探春,叔伯的有迎春惜春,亲戚中又湘云、黛玉、宝钗等人,他便料定天地间灵淑之气只钟于女子,男儿们不过是些渣滓浊沫而已。因此,把一切男子都看成浊物,可有可无。只是父亲伯叔兄弟之伦,因是圣人遗训,不敢违忤,所以弟兄间亦不过尽其大概就罢了,并不想自己是男子,须要为子弟之表率,是以贾环等都不甚怕他,只因怕贾母不依,才只得让他三分。

现今宝钗生怕宝玉教训他,倒没意思,便连忙替贾环掩饰。宝玉道:

"大正月里,哭什么?这里不好,到别处玩去。你天天念书,倒念糊涂了。譬如这件东西不好,横竖那一件好,就舍了这件取那件。难道你守着这件东西哭会子就好了不成?你原是要取药儿,倒招的自己烦恼。还不快去呢。"

贾环听了,只得回来。赵姨娘见他这般,因问:

"是那里垫了踹窝®来了?"

贾环便说:

"同宝姐姐玩来着。莺儿欺负我,赖我的钱,宝玉哥哥撵了我来了。"

赵姨娘啐道:

"谁叫你上高台盘了?下流没脸的东西?那里玩不得?谁叫你跑了去讨这没意思?"

正说着,可巧凤姐在窗外过,都听到耳内,便隔着窗户说道:

"大正月里,怎么了?兄弟们小孩子家,一半点儿错了,你只教导他,说这样话做什么?凭他怎么着,还有老爷太太管他呢,就大口家啐他!他现是主子,不好,横竖有教导他的人,与你什么相干?——环兄弟,出来,跟我玩去。"

贾环素日怕凤姐比怕王夫人更甚,听见叫他,便赶忙出来。赵姨娘也不敢出声。凤姐向贾环道:

"你也是个没性气的东西呦!时常说给你:要吃,要喝,要玩,你爱和那个姐姐妹妹哥哥嫂子玩,就和那个玩。你总不听我的话,倒叫这些人教的你歪心邪意,狐媚魇道的。自己又不尊重,要往下流里走,安着坏心还只怨人家偏心呢。输了几个钱,就这么个样儿!"

> 以赵姨娘的不识大体,贾环的窝囊更衬托出凤姐的能干,灵活,杀伐。

因问贾环:"你输了多少钱?"

贾环见问,只得诺诺的说道:

"输了一二百钱。"

凤姐啐道:

"亏了你还是个爷,输了一二百钱就这么着!"回头叫:"丰儿,去取一吊钱来。姑娘们都在后头玩呢,把他送了去。——你明儿再这么狐媚子,我先打了你,再叫人告诉学里,皮不揭了你的!为你这不尊贵,你哥哥恨的牙痒痒,不是我拦着,窝心脚把你的肠子还窝出来呢!"喝令:"去罢!"

贾环诺诺的,跟了丰儿,得了钱,自去和迎春等玩去。不在话下。

且说宝玉正和宝钗玩笑,忽见人说:

"史大姑娘来了。"

宝玉听了,连忙就走。宝钗笑道:

"等着,咱们两个一齐儿走,瞧瞧她去。"说着,下了炕,和宝玉来至贾母这边。只见史湘云大说大笑的,见了他两个,忙站起来问好。

正值黛玉在旁,因问宝玉:

"打那里来?"

宝玉便说:

"打宝姐姐那里来。"

黛玉冷笑道:

> 黛玉的话又是一语双关,两面伤人。不但伤了宝钗,也伤了湘云,宝玉自然更是她的箭靶子,作者的心理描写妙极,决非以心理描写标榜的西方作家所能望其项背。

"我说呢,亏了绊住,不然,早就飞了来了。"

宝玉道:

"只许和你玩,替你解闷儿?不过偶然到她那里,就说道些闲话。"

黛玉道:

"好没意思的话! 去不去,管我什么事? 又没叫你替我解闷儿,——还许你从此不理我呢。"

说着,便赌气回房去了。宝玉忙跟了来,问道:

"好好儿的,又生气了? 就是我说错了,你到底也还坐坐儿,合别人说笑一会子啊。"

黛玉道:

"你管我呢!"

宝玉笑道:

"我自然不敢管你,只是你自己糟蹋坏了身子呢。

黛玉道:

"我作践了我的身子,我死我的,与你何干?"

宝玉道:

"何苦来? 大正月里,死了活了的。"

黛玉道:

"偏要说死! 我这会子就死! 你怕死,你长命百岁的活着,好不好?"

宝玉笑道:

"要像只管这么闹,我还怕死吗? 倒不如死了干净!"

黛玉忙道:

"正是了,要是这样闹,不如死了干净!"

宝玉道:

"我说自家死了干净,别错听了话又赖人。"

正说着,宝钗走来,说。

"史大妹妹等你呢。"

说着,便拉宝玉走了,这黛玉越发气闷,只向窗前流泪。

没两盏茶时,宝玉仍来了。黛玉见了,越发抽抽搭搭的哭个不住。宝玉见了这样,知难挽回,打叠起百样的款语温言来劝慰。不料自己没张口,只听黛玉先说道:

"你又来作什么? 死活凭我去罢了! 横竖如今有人和你玩。比我又会念,又会作,又会写,又会说会笑,——又怕你生气,拉了你去哄着你。你又来作什么呢?"

宝玉听了,忙上前悄悄的说道:

"你这个明白人,难道连'疏不间亲,后不僭先'也不知道? 我虽糊涂,却明白这两句话。头一件,咱们是姑舅姐妹,宝姐姐是两姨姐妹,论亲戚,也比你远;第二件,你先来,咱们两个,又一桌吃饭,她是才来的,岂有个为她远你的呢?"

黛玉啐道:

"我难道叫你远她? 我成了什么人了呢? 我

> 原文"亲不隔疏",改为"疏不间亲",这是宝玉的肺腑之言,作者用烘云托月的手法,托出宝玉黛玉的心来,巧妙无比。二十回也是绝妙佳构。

231

为的是我的心!"

宝玉道:

"我也为的是我的心。你难道就知道你的心,不知道我的心不成?"

黛玉听了,低头不语,半日,说道:

"你只怨人行动嗔怪你,你再不知道你呕①的人难受! 就拿了今日天气比,分明冷些,怎么你倒脱了青肷披风呢?"

宝玉笑道:

"何尝没穿? 见你一恼,我一暴躁,就脱了。"

黛玉叹道:

"回来伤了风,又该讹着吵吃的了。"

二人正说着,只见湘云走来笑道:

"爱哥哥,林姐姐,你们天天一处玩,我好容易来了,也不理我一理儿!"

黛玉笑道:

"偏是咬舌子爱说话,连个'二哥哥'也叫不上来,只是'爱哥哥''爱哥哥'的。回来赶围棋儿,又该你闹'么爱三'了。"

宝玉笑道:

"你学惯了,明儿连你还咬起来呢。"

湘云道:

"她再不放人一点儿,专会挑人。就算你比世人好,也不犯见一个打趣一个。我指出个人来,你敢挑她,我就服你。"

黛玉便问是谁。湘云道:

"你敢挑宝姐姐的短处,就算你是个好的。"

黛玉听了,冷笑道:

"我当是谁,原来是她! 我可那里敢挑她呢?"

宝玉不等说完,忙用话分开。湘云笑道:

"这一辈子,我自然比不上你。我只保佑着明儿得一个咬舌儿林姐夫,时时刻刻,你可听'爱呀厄'的去! 阿弥陀佛! 那时才现在我眼里呢。"

　　说的宝玉一笑,湘云忙回身跑了。

① 叫唤——动物的啼鸣,称作叫唤。说人叫唤,含有讥刺的意思。
② 排揎(揎字轻音)——厉色的训斥。
③ 背晦——糊涂。
④ 作耗——制造祸端,有意的捣乱或生事、胡闹的意思。
⑤ 拿下马——降服。
⑥ 二和药——中药服法,普通汤药是用水煎药,澄出药汤,叫作头煎药
　　或头和药,先服;原药材再加水,再澄出,叫作二煎药或二和药,续
　　服。
⑦ 交杯盏儿还没吃,就上了头了——封建时代婚礼,新郎新妇交换着
　　饮两杯酒,叫作交杯酒,然后由新郎为新妇把发髻改梳和加簪饰物,
　　叫作上头。
⑧ 通了头——用梳子、篦子梳通头发。
⑨ 辖治——管束。
⑩ 垫踹窝——又作垫喘儿,也说为人垫被。意思是指供人牺牲,代人
　　受过。
⑪ 呕——又作怄,故意引逗人。惹人发笑叫作呕人笑。互相吵嘴、闹
　　意见、斗气,叫作呕气。

第二十一回　贤袭人娇嗔箴宝玉
俏平儿软语救贾琏

话说史湘云说着笑着跑出来,怕黛玉赶上。宝玉在后忙说:
"绊倒了!那里就赶上了?"

黛玉赶到门前,被宝玉叉手在门框上拦住,笑道:
"饶她这一遭儿罢!"

> 寥寥数笔传神之至。写儿女情态,空前绝后。

黛玉拉着手,说道:
"我要饶了云儿,再不活着!"

湘云见宝玉拦着门,料黛玉不能出来,便立住脚,笑道:

"好姐姐,饶我这遭儿罢!"却值宝钗来在湘云身背后,也笑道:

"我劝你们两个看宝兄弟面上,都撒开手罢。"

黛玉道:
"我不依!你们是一气的,都来戏弄我。"

宝玉劝道:
"罢呦,谁敢戏弄你?你不打趣她。她就敢说你了?"

四人正难分解,有人来请吃饭,方往前边来。那天已掌灯时分,王夫人、李纨、凤姐、迎、探、惜姊妹等都往贾母这边来。大家闲话了一回,各自归寝。湘云仍往黛玉房中安歇。

宝玉送她二人到房,那天已二更多了,袭人来催了几次方回。次早,天方明时,便披衣靸鞋往黛玉房中来了,却不见紫鹃翠缕二人,只有她姊妹两个尚卧在衾内。那黛玉严严密密裹着一幅杏子红绫被,安稳合目而睡。湘云却一把青丝,拖于枕畔;一幅桃红绸

被,只齐胸盖着,衬着那一弯雪白的膀子,摞在被外,上面明显着两个金镯子。宝玉见了,叹道:

"睡觉还是不老实! 回来风吹了,又嚷肩膀疼了。"

一面说,一面轻轻的替她盖上。

黛玉早已醒了,觉得有人,就猜是宝玉,翻身一看,果然是他。因说道:

"这早晚就跑过来作什么?"

宝玉说道:

"这还早呢! 你起来瞧瞧罢。"

黛玉道:

"你先出去,让我们起来。"

> 以黛玉、湘云两人不同的睡相,表现两种不同的性格——黛玉拘谨,湘云狂放。

宝玉出至外间。黛玉起来,叫醒湘云,二人都穿了衣裳。宝玉又复进来坐在镜台旁边。只见紫鹃翠缕进来伏侍梳洗。湘云洗了脸,翠缕便拿残水要泼,宝玉道:

"站着,我就势儿洗了就完了。省了又过去费事。"

说着,便走过来弯着腰洗了两把,紫鹃递过香肥皂去,宝玉道:

"不用了,这盆里就不少了。"又洗了两把,便要手巾。

翠缕撇嘴笑道:

"还是这个毛病儿!"

宝玉也不理她,忙忙的要青盐擦了牙,漱了口。完毕,见湘云已梳完了头,便走过来,笑道:

"好妹妹,替我梳梳呢。"

湘云道:

"这可不能了。"

宝玉笑道:

"好妹妹,你先时候儿怎么替我梳了呢?"

湘云道:

"如今我忘了,不会梳了。"

宝玉道:

"横竖我不出门,不过打几根辫子就完了。"

说着,又千妹妹万妹妹的央告。湘云只得扶过他的头来梳篦。原来宝玉在家并不戴冠,只将四围短发编成小辫,往顶心发上归了总,编一根大辫,红绦结住。自发顶至辫梢,一路四颗珍珠,下面又有金坠脚儿。

湘云一面编着,一面说道:

作者写湘云快人快语,连打带骂,动作神态妙到毫颠。

"这珠子只三颗了,这一颗不是了。我记得是一样的,怎么少了一颗?"

宝玉道:

"丢了一颗。"

湘云道:

"必定是外头去,掉下来,叫人拣了去了。倒便宜了拣的了。"

黛玉旁边冷笑道:

"也不知是真丢,也不知是给了人镶什么戴去了呢。"

宝玉不答。因镜台两边都是妆奁等物,顺在手拿起来赏玩,不觉拈起了一盒子胭脂,意欲往口边送,又怕湘云说。正犹豫间,湘云在身后伸手过来,啪的一下,将胭脂从他手中打落,说道:

"不长进的毛病儿,多早晚才改呢?"

一语未了,只见袭人进来。见这光景,知是梳洗过了,只得回来自己梳洗。忽见宝钗走来,因问:

"宝兄弟那里去了?"

袭人冷笑道:

"宝兄弟那里还有在家的工夫!"

宝钗听说,心中明白。袭人又叹道:

"姐妹们和气,也有个分寸儿,也没个黑家白日闹的! 凭人怎么劝,都是耳旁风。"

宝钗听了,心中暗忖道:

"倒别看错了这个丫头,听她说话,倒有些识见。······

宝钗便在炕上坐了，慢慢地闲言中套问她，年纪家乡等语，留神窥察其言语志量，深可敬爱。

一时，宝玉来了，宝钗方出去。宝玉便问袭人道：

"怎么宝姐姐和你说的这么热闹，见我进来就跑了？"问一声不答。再问时，袭人方道：

"你问我吗？我不知道你们的原故。"

宝玉听了这话，见她脸上气色非往日可比，便笑道："怎么又动了气了呢？"

袭人冷笑道：

"我那里敢动气呢？只是你从今别进这屋子了。横竖有人伏侍你，再不必来支使我，我仍旧还伏侍老太太去。"

一面说，一面便在炕上合眼倒下。

宝玉见了这般景况，深为骇异，禁不住赶来央告。那袭人只管合着眼不理。宝玉没了主意，因见麝月进来，便问道：

"你姐姐怎么了？"

麝月道：

"我知道么？问你自己就明白了。"

宝玉听说，呆了一回，自觉无趣，便起身暖道：

"不理我罢！我也睡去。"

说着，便起身下炕，到自己床上睡下。

袭人听他半日无动静，微微的打鼾，料他睡着，便起来拿了一领斗篷来替他盖上。只听嗯的一声，宝玉便掀过去，仍合着眼装睡。袭人明知其意，便点头冷笑道：

"你也不用生气。从今儿起，我也只当是个哑吧，再不说你一声儿了，好不好？"

宝玉禁不住起身问道：

"我又怎么了？你又劝我？你劝也罢了，刚才又没劝。我一进来，你就不理我，赌气睡了，我还摸不着是为什么。这会子你又说我恼了。我何尝听见劝我的是什么话呢？"

袭人道：

"你心里还不明白？还等我说呢！"

正闹着，贾母遣人来叫他吃饭，方往前边来，胡乱吃了一碗，仍回自己房中。只见袭人睡在外头炕上，麝月在旁抹牌。宝玉素知她两个亲厚，并连麝月也不理，揭起软帘，自往里间来。麝月只得跟进来。宝玉便推她出去，说：

"不敢惊动！"

麝月便笑着出来，叫了两个小丫头进去。宝玉拿了本书，歪着看了半天，因要茶，抬头见两个小丫头在地上站着。那个大两岁清秀些的。宝玉问她道：

"你不是叫什么'香'吗？"那丫头答道：

"叫蕙香。"

宝玉又问：

"是谁起的名字？"

蕙香道：

"我原叫芸香，是花大姐姐改的。"

宝玉道：

"正经叫'晦气'也罢了，又'蕙香'咧！你姐儿几个？"

蕙香道：

"四个。"

宝玉道：

"你第几个？"

蕙香道：

"第四。"

宝玉道：

"明日就叫'四儿'，不必什么蕙香兰气的。那一个配比这些花儿？没的玷辱了好名好胜的！"

一面说，一面叫她倒了茶来，袭人和麝月在外间听了半日，只管悄悄的抿着嘴儿笑。

238

这一日，宝玉也不出房门，自己闷闷的，只不过拿书解闷，或弄笔墨，也不使唤众人，只叫四儿答应。谁知道四儿是个乖巧不过的丫头，见宝玉用她，她就变尽方法儿，笼络宝玉。

至晚饭后，宝玉因吃了两杯酒，眼饧耳热之际，若往日则有袭人等大家嘻笑有兴，今日却冷清清的，一人对灯，好没兴趣。待要赶了她们去，又怕她们得了意，以后越来劝了；若拿出作上人的光景镇唬她们，似乎又太无情了。说不得横着心，只当她们死了，横竖自家也要过的。——如此一想，却倒毫无牵挂，反能怡然自悦。因命四儿剪烛烹茶，自己看了一回《南华经》。至外篇胠箧一则，其文曰：

> ……故绝圣弃智，大盗乃止；擿玉毁珠，小盗不起。焚符破玺，而民朴鄙；掊斗折衡，而民不争；殚残天下之圣法，而民始可与论议。擢乱六律，铄绝竽瑟，塞瞽旷之耳，而天下始人含其聪矣；灭文章，散五彩，胶离朱之目，而天下始人含其明矣；毁绝钩绳，而弃规矩，攦工倕之指，而天下始人有其巧矣。……

看至此，意趣洋洋，趁着酒兴，不禁提笔续曰：

> 焚花散麝，而闺阁始人含其劝矣；戕宝钗之仙姿，灰黛玉之灵窍，丧灭情意，而闺阁之美恶始戕相类矣。彼含其劝，则无参商之虞矣；戕其仙姿，无恋爱之心矣；灰其灵窍，无才思之情矣。彼钗、玉、花、麝者，皆张其罗而邃其穴，所以迷惑缠陷天下者也。

续毕，掷笔就寝。头刚着枕，便忽然睡去，一夜竟不知所之，直至天明方醒。翻身看时，只见袭人和衣睡在衾上。宝玉将昨日的事已付之度外，便推她说道：

"起来好生睡，看冻着。"

原来袭人见他无明无夜和姐妹们鬼混，若真劝他，料不能改，故用柔情以警之，料他不过半日片刻，仍旧好了；不想宝玉竟不回转，自己反不得主意，直一夜没好生睡。今忽见宝玉如此，料是他心意回转,便索性不理他。宝玉见她不应,便伸手替她解衣。刚解开了钮子,被袭人将手推开,又自扣了。宝玉无法,只得拉她的手,笑道:

"你到底怎么了?"

连问几声。袭人睁眼说道:

"我也不怎么着,你睡醒了,快过那边梳洗去。再迟了,就赶不上了。"

宝玉道:

"我过那里去?"

袭人冷笑道:

"你问我,我知道吗? 你爱过那里去,就过那里去,从今咱们两个人搁开手,省的鸡争鹅斗,叫别人笑话。横竖那边腻了过来,这边又有什么四儿、五儿伏侍你。我们这起东西,可是白'玷辱了好名好姓的'!"

宝玉笑道:

"你今儿还记着呢?"

袭人道:

"一百年还记着呢! 比不得你拿着我的话当耳旁风,夜里说了,早起就忘了。"

宝玉见她娇嗔满面,情不可禁,便向枕边拿起一根玉簪来,一跌两段,说道:

"我再不听你说,就和这簪子一样!"

袭人忙的拾了簪子,说道:

"大早起,这是何苦来? 听不听在你,也不值的这么着呀。"

宝玉道:

"你那里知道我心里的急呢?"

袭人笑道:

"你也知道着急么? 你可知道我心里是怎么着? 快洗脸去吧。"说着,二人方起来梳洗。

宝玉往上房去后，谁知黛玉走来，见宝玉不在房中，因翻弄案上书看。可巧便翻出昨儿的庄子来，看见宝玉所续之处，不觉又气又笑，不禁也提起笔，续了一绝云：

无端弄笔是何人？剿袭南华庄子文。

不悔自家无见识，却将丑语诋他人！

题毕，也往上房来见贾母，后往王夫人处来。

谁知凤姐之女大姐儿病了，正乱着请大夫诊脉，大夫说：

"替太太、奶奶们道喜，姐儿发热是见喜了，并非别症。"

王夫人凤姐听了，忙遣人问：

"可好不好？"

大夫回道：

"症虽险，却顺，倒还不妨。预备桑虫、猪尾要紧。"

凤姐听了，登时忙将起来：一面打扫房屋，供奉痘疹娘娘；一面传与家人忌煎炒等物；一面命平儿打点铺盖衣服与贾琏隔房；一面又拿大红尺头给奶子丫头亲近人等裁衣裳。外面打扫净室，款留两位医生，轮流斟酌，诊脉下药，十二日不放家去。贾琏只得搬出外书房来安歇。凤姐和平儿都跟王夫人日日供奉娘娘。

那贾琏只离了凤姐便要寻事，独寝了两夜，十分难熬，只得暂将小厮内清俊的选来出火。不想荣国府内有一个极不成材破烂酒头厨子，名唤多官儿，因见他懦弱无能，人都叫他作"多浑虫"。二年前，父母给他娶了个媳妇，今年才二十岁，也有几分人材，又兼生性轻薄，最喜拈花惹草。多浑虫又不理论，只有酒，有肉，有钱，就诸事不管了，所以宁荣二府之人都得入手。因这媳妇妖娆异常，轻狂无比，众人都叫他"多姑娘儿"。如今贾琏在外熬煎，——往日也见过这媳妇，垂涎久了，只是内惧娇妻，外惧变童，不曾得手。那多姑娘儿也久有意于贾琏，只恨没空儿；今闻贾琏挪在外书房来，她便没事也要走三四趟。招惹的贾琏似饿鼠一般，少不得和心腹小厮计议，许以金帛，焉有不允之理？况都和这媳妇子是旧交，一说便成。

是夜,多浑虫醉倒在炕,二鼓人定,贾琏便溜进来相会。一见面,早已神魂失据,也不及情谈款叙,便宽衣动作起来。谁知这媳妇子有天生的奇趣,一经男子挨身,便觉遍体筋骨瘫软,使男子如卧绵上;更兼淫态浪言,压倒娼妓。贾琏此时恨不得化在她身上。那媳妇子故作浪语,在下说道:

"你们姐儿出花儿,供着娘娘,你也该忌两日,倒为我腌脏了身子? 快离了我这里罢!"

贾琏一面大动,一面喘吁吁答道:

作者写宝玉与黛玉、湘云、袭人等打情骂俏,十分风雅;贾琏与"多姑娘儿"是下流而不风流。写贾宝玉是写一"情"字,写贾琏则是写一"欲"字。此两种事安排在同一回,是对比手法,更见匠心。

"你就是娘娘! 那里还管什么娘娘呢!"那媳妇子越浪起来,贾琏亦丑态毕露。一时事毕,不免盟山誓海,难舍难分。自此后,遂成相契。

一日,大姐毒尽癍回,十二日后送了娘娘,合家祭天祀祖,还愿焚香,庆贺放赏已毕,贾琏仍复搬进卧室。见了凤姐,正是俗语云:"新婚不如远别。"是夜更有无限恩爱,自不必说。

次日早起,凤姐往上屋里去后,平儿收拾外边拿进来的衣服铺盖,不承望枕套中抖出一绺青丝来。平儿会意,忙藏在袖内,便走到这边房里,拿出头发来,向贾琏笑道:

"这是什么东西?"

贾琏一见,连忙上来要抢,平儿就跑。被贾琏一把揪住,按在炕上,从手中来夺。平儿笑道:

"你这个没良心的! 我好意瞒着她来问你,你倒赌利害;等我回来告诉了,看你怎么着!"

贾琏听说,忙陪笑央求道:

"好人,你赏我罢! 我再不敢利害了。"

一语未了,忽听凤姐声音。贾琏此时松了不是,抢又不是,只叫:

"好人,别叫她知道"! 平儿才起身,凤姐已走进来,叫平儿:

"快开匣子,替太太找样子。"

平儿忙答应了。找时,凤姐见了贾琏,忽然想起来,便问平儿:

"前日拿出去的东西都收进来了没有?"

平儿道:

"收进来了。"

凤姐道:

"少什么不少?"

平儿道:

细细查了,没少一件儿。"

凤姐又道:

"可多什么?"

平儿笑道:

"不少就罢了,那里还有多出来的分儿?"

凤姐又笑道:

"这十几天,难保干净,或者有相好的丢下什么戒指儿,汗巾儿,也未可定。"

一席话,说的贾琏脸都黄了,在凤姐身背后,只望着平儿杀鸡儿抹脖子的使眼色儿,求她遮盖。平儿只装看不见,因笑道:

"怎么我的心就和奶奶一样?我就怕有缘故,留神搜了一搜,竟一点破绽儿都没有。奶奶不信,亲自搜搜。"

凤姐笑道:

"傻丫头!他就有这些东西,肯叫咱们搜着?"

说着,拿了样子出去了。

平儿指着鼻子摇着头儿,笑道:

"这件事,你该怎么谢我呢?"

喜的贾琏眉开眼笑,跟过来搂着,"心肝乖乖儿肉"的便乱叫起来。平儿手里拿着头发,笑道:

"这是一辈子的把柄儿。好便罢,不好咱们就抖出来!"

贾琏笑着央告道:

"你好生收着罢，千万可别叫她知道！"

嘴里说着，瞅她不提防，一把就抢过来，笑道：

"你拿着到底不好，不如我烧了，就完了事了。"

一面说，一面掖在靴掖子内。平儿咬牙道：

"没良心的！'过了河儿就拆桥'，明儿还想我替你撒谎呢！"

贾琏见她娇俏动情，便搂着求欢。平儿夺手跑出来，急的贾琏弯着腰根道：

"死促狭①小娼妇儿！一定浪上人的火来，她又跑了！"

平儿在窗外笑道：

"我浪我的，谁叫你动火？难道图你舒服？叫她知道了，又不贷我呀！"

贾琏道：

"你不用怕她！等我性子上来，把这醋罐子打个稀烂，她才认的我呢！她防我像防贼的似的：只许她和男人说话，不许我和女人说话。我和女人说话，略近些，她就疑惑；她不论小叔子、侄儿、大的、小的，说说笑笑，就都使得了。——以后我也不许她见人！"

平儿道：

"她防你使得，你醋她使不得。她不笼络着人，怎么使唤呢？你行动就是坏心，连我也不放心，别说她呀。"

贾琏道：

"嗳，也罢了么！都是你们行的是，我行动儿就存坏心！多早晚才叫你们都死在我手里呢。"

正说着，凤姐走进院来，因见平儿在窗外，便问道："要说话，怎么不在屋里说？又跑出来隔着窗户闹，这是什么意思？"贾琏在内接口道：

"你可问她么。倒像屋里有老虎吃她呢！"

平儿道：

"屋里一个人没有,我在他跟前作什么?"

凤姐笑道:

"没人才便宜呢!"

平儿听说,便道:

"这话是说我么?"

凤姐便笑道:

"不说你说谁?"

平儿道:

"别叫我说出好话来了!"

说着,也不打帘子,赌气往那边去了。

凤姐自己掀帘进来,说道:

"平儿丫头疯魔了! 这蹄子认真要降伏起我来了! ——仔细你的皮!"

贾琏听了,倒在炕上,拍手笑道:

"我竟不知平儿这么利害,从此倒服了她了。"

凤姐道:

"都是你兴②的她! 我只和你算帐就完了。"

贾琏听了,啐道:"你两个人不睦,又拿我来垫喘儿了。我躲开你们就完了。"

凤姐道:

"我看你躲到那里去!"

贾琏道:

"我自然有去处。"

说着,就走。凤姐道:

"你别走,我还有话和你说呢。"

① 促狭(狭字轻音)——指人行为刻薄,阴狠;比阴毒意思较轻。骂人促狭,与骂人缺德,损德语义相近。
② 兴——允许而加以鼓励。与惯、宠二字意思相近。

第二十二回　听曲文宝玉悟禅机
　　　　　　制灯谜贾政悲谶语

　　话说贾琏听凤姐儿说有话商量,因止步问什么话。凤姐道:

"二十一是薛妹妹的生日,你到底怎么样?"

　　贾琏道:

"我知道怎么样?你连多少大生日都料理过了,这会子倒没有主意了?"

　　凤姐道:

"大生日是有一定的则例;如今她这生日,大又不是,小又不是,所以和你商量。"

　　贾琏听了,低头想了半日,道:

"你竟湖涂了!现有此例。那林妹妹就是例。往年怎么给林妹妹做的,如今也照样给薛妹妹做就是了。"

　　凤姐听了,冷笑道:

"我难道这个也不知道?我也这么想来着。但昨日听见老太太说,问起大家的年纪生日来,听见薛大妹妹今年十八岁,虽不算是整生日,也算上是个大人了,老太太说要替她做生日,自然和往年给林妹妹做的不同了。"

　　贾琏道:

"这么着,就比林妹妹的多增些。"

　　凤姐道:

"我也这么想着,所以讨你的口气儿。我私自添了。你又怪我不回明白了你了。"

　　贾琏笑道:

"罢，罢，这空头情我不领！你不盘察我就够了，我还怪你？"

说着，一径去了，不在话下。

且说湘云住了两日，便要回去。贾母因说：

"等过了你宝姐姐的生日，看了戏，再回去。"

湘云听了，只得住下。又一面遣人回去，将自己旧日作的两件针线活计取来，为宝钗生辰之仪。

谁想贾母自见宝钗来了，喜她稳重和平，正值她才过第一个生辰，便自己捐资二十两，唤了凤姐来，交与她备酒戏。凤姐凑趣，笑道：

> 作者借宝钗生日，贾母捐资以提高她的地位，作为以后与宝玉成婚伏笔。

"一个老祖宗，给孩子们作生日，不拘怎样，谁还敢争？又办什么酒席呢？既高兴，要热闹，就说不得自己花费几两老库里的体己。这早晚找出这霉烂的二十两银子来做东，意思还叫我们赔上？果然拿不出来，也罢了；金的、银的、圆的、扁的，压塌了箱子底，只是累掯我们！老祖宗看看，谁不是你老人家的儿女？难道将来只有宝兄弟顶你老人家上五台山①不成？那些东西，只留给他，我们虽不配使，也别太苦了我们。这个够酒的，够戏的呢？"

说的满屋里都笑起来。贾母亦笑道：

"你们听听这嘴！我也算会说的了，怎么说不过这猴儿？——你婆婆也不敢强嘴，你就和我哪啊哪的②！"

凤姐笑道：

"我婆婆也是一样的疼宝玉，我也没处诉冤，倒说我强嘴！"

说着，又引贾母笑了一会。贾母十分喜悦。

到晚上，众人都在贾母前，定省之余，大家娘儿们说笑时，贾母因问宝钗爱听何戏，爱吃何物。宝钗深知贾母年老之人，喜热闹戏文，爱吃甜烂之物，便总依贾母素喜者说了一遍。贾母更加喜欢。次日，先送过衣服玩物去。王夫人、凤姐、黛玉等诸人皆有随分的，不须细说。

至二十一日，贾母内院搭了家常小巧戏台，定了一班新出的小戏,昆弋两腔俱有,就在贾母上房摆了几席家宴酒席。并无一个外客,只有薛姨妈、史湘云、宝钗是客,余者皆是自己人。

这日早起,宝玉因不见黛玉,便到她房中来寻,只见黛玉歪在炕上。宝玉笑道:

"起来吃饭去,就开戏了。你爱听那一出?我好点。"

黛玉冷笑道:

"你既这么说,你就特叫一班戏,拣我爱的唱给我听。这会子犯不上借着光儿问我!"

宝玉笑道:

"这有什么难的?明儿就叫一班子,也叫他们借着咱们的光儿。"

一面说,一面拉她起来,携手出去吃了饭。

点戏时,贾母一出先叫宝钗点。宝钗推让一遍,无法,只得点了一出《西游记》。贾母自是欢喜,又让薛姨妈。薛姨妈见宝钗点了,不肯再点。贾母便特命凤姐点。凤姐虽有邢王二夫人在前,但因贾母之命,不敢违拗,且知贾母喜热闹,更喜谑笑科诨,便先点了一出,却是《刘二当衣》。贾母果真更又喜欢,然后便命黛玉点。黛玉又让王夫人等先点。贾母道:

"今儿原是我特带着你们取乐,咱们只管咱们的,别理他们。我巴巴儿的唱戏,摆酒,为他们呢!他们白听戏,白吃,已经便宜了,还让他们点戏呢!"

说着,大家都笑。黛玉方点了一出。然后宝玉、史湘云、迎、探、惜、李纨等俱各点了,按出扮演。

至上酒席时,贾母又命宝钗点。宝钗点了一出《山门》。宝玉道:

"你只好点这些戏。"

宝钗道:

"你白听了这几年戏,那里知道这出戏排场词藻都好呢。"

宝玉道:

“我从来怕这些热闹戏。”

宝钗笑道:

“要说这一出热闹,你更不知戏了! 你过来,我告诉你;这一出戏是一套北点绛唇,铿锵顿挫,那音律不用说是好了;那词藻中,有只《寄生草》,极妙。 你何曾知道!”

宝玉见说的这般好,便凑近来央告:

“好姐姐,念给我听听!”宝钗便念给他听道:

　　漫揾英雄泪,相离处士家,谢慈悲,剃度在莲台下。 没缘法,转眼分离乍。 赤条条,来去无牵挂。 那里讨烟蓑雨笠卷单行? 一任俺芒鞋破钵随缘化!

宝玉听了,喜的拍膝摇头,称赏不已,又赞宝钗无书不知。 黛玉把嘴一撇,道:

“安静些看戏罢。 还没唱《山门》,你就《装疯》了。③

说的湘云也笑了。 于是大家看戏,到晚方散。

贾母深爱那做小旦的和那做小丑的,因命人带进来,细看时,益发可怜见的,因问她年纪。 那小旦才十一岁,小丑才九岁。 大家叹息了一回。 贾母令人另拿些肉果给她两个,又另赏钱。 凤姐笑道:

“这个孩子扮上活像一个人,你们再瞧不出来。”

> 作者借《寄生草》说宝玉参悟玄机,作为以后看破红尘出家的伏笔。

宝钗心内也知道,却点头不说。 宝玉也点了点头儿不敢说。 湘云便接口道:

“我知道,是像林姐姐的模样儿。”

宝玉听了,忙把湘云瞅了一眼。 众人听了这话,留神细看,都笑起来,说:

“果然像她!”一时,散了。

晚间,湘云便命翠缕把衣包收拾了。 翠缕道:

“忙什么? 等去的时候包也不迟。”

湘云道：

"明早就走！还在这里做什么？看人家的脸子④"。

宝玉听了这话，忙近前说道：

> 写湘云心直口快，极佳。

"好妹妹，你错怪了我。林妹妹是个多心的人，别人分明知道，不肯说出来，也皆因怕她恼。谁知你不防头，就说出来了。她岂不恼呢？我怕你得罪了人，所以才使眼色。你这会子恼了我，岂不辜负了我？要是别人，那怕他得罪了人，与我何干呢？"

湘云摔手道：

"你那花言巧语，别望着我说！我原不及你林妹妹！别人拿她取笑儿都使得，我说了就有不是。——我本也不配和她说话：她是主子姑娘，我是奴才丫头么！"

宝玉急的说道：

"我倒是为你为出不是来了，我要有坏心，立刻化成灰，教万人拿脚踹！"

湘云道：

> 制造误会，加强冲突，是好手法。

"大正月里，少信着嘴胡说这些没要紧的歪话。你要说，你说给那些小性儿、行动爱恼人、会辖治你的人听去。别叫我啐你！"

说着，进贾母里间屋里，气忿忿的躺着去了。

宝玉没趣，只得又来找黛玉。谁知才进门，便被黛玉推出来了，将门关上。宝玉又不解何故，在窗外只是低声叫：

"好妹妹，好妹妹！"

黛玉总不理他。宝玉闷闷的垂头不语。紫鹃却知端底，当此时，料不能劝。那宝玉只呆呆的站着。黛玉只当他回去了，却开了门，只见宝玉还站在那里。黛玉不好再闭门。宝玉因跟进来问道：

"凡事都有个缘故，说出来人也不委屈。好好的就恼。到底为什么起呢？"

黛玉冷笑道：

"问我呢！我也不知为什么。我原是给你们取笑儿的？拿着我比戏子,给众人取笑儿!"

宝玉道:

"我并没有比你,也并没有笑你,为什么恼我呢?"

黛玉道:

"你还要比？你还要笑？你不比不笑,比人家比了笑了的还利害呢!"

宝玉听说,无可分辩。黛玉又道:

"这还可恕。你为什么又和云儿使眼色儿？这安的是什么心？莫不是她和我玩,她就自轻自贱了？她是公侯的小姐,我原是民间的丫头,她和我玩,设如我回了口,那不是她自惹轻贱？你是这个主意不是？你却也是好心,只是那一个不领你的情,一般也恼了。你又拿我作情,倒说我小性儿行动肯恼人。你又怕她得罪了我。——我恼她,与你何干？她得罪了我,又与你何干呢?"

宝玉听了,方知才和湘云私谈,她也听见了。细想自己原为怕她二人恼了,故在中间调停,不料自己反落了两处的数落,正合着前日所看《南华经》内,"巧者劳而智者忧,无能者无所求,蔬食而遨游,泛若不系之舟。"又曰;"山木自寇,源泉自盗"等句。因此,越想越无趣。再细想来:"如今不过这几个人,尚不能应酬妥协,将来犹欲何为？……"想到其间,也不分辩,自己转身回房。黛玉见他去了,便知回思无趣,赌气去的,一言也不发,不禁自己越添了气,便说:

"这一去,一辈子也别来了,也别说话了!"

那宝玉不理,竟回来躺在床上,只是闷闷的。袭人虽深知原委,不敢就说,只得以别事来解说,因笑道:

"今儿听了戏,又勾出几天戏来。宝姑娘一定要还席的。"

宝玉冷笑道:

"她还不还,与我什么相干!"

袭人见这话不似往日,因又笑道:

“这是怎么说呢？好好儿的，大正月里，娘儿们姐儿们，都喜喜欢欢的，你又怎么这个样儿了？”

宝玉冷笑道：

“她们娘儿们姐儿们，喜欢不喜欢，也与我无干！”

袭人笑道：

“大家随和儿，你也随和点儿，不好？”

宝玉道：

“什么大家彼此？她们有大家彼此，我只是赤条条无牵挂的！”

说到这句，不觉泪下。

袭人见这景况，不敢再说。宝玉细想这一句意味，不禁大哭起来，翻身站起来，至案边，提笔立占一偈云：

　　你证我证，心证意证。

　　是无有证，斯可云证。

　　无可云证，是立足境。

写毕，自己虽解悟，又恐人看了不解，因又填一只《寄生草》写在偈后。又念一遍，自觉心中无有挂碍，便上床睡了。

谁知黛玉见宝玉此番果断而去，假以寻袭人为由，来视动静。袭人回道：

“已经睡了。”

黛玉听了，就欲回去。袭人笑道：

“姑娘，请站着。有一个字贴儿，瞧瞧写的是什么话。”

便将宝玉方才所写的拿给黛玉看。黛玉看了，知是宝玉为一时感忿而作，不觉又可笑又可叹，便向袭人道：

“作的是个玩意儿，无甚关系的。”

说毕，便拿了回房去。

次日，和宝钗湘云同看。宝钗念其词曰：

　　无我原非你，从他不解伊，肆行无碍凭来去。

　　茫茫着甚悲愁喜？纷纷说甚亲疏密？

　　从前碌碌却因何？到如今，回头试想真无趣！

看毕，又看那偈语，因笑道：

"这是我的不是了，我昨儿一支曲子把他这个话惹出来。这些道书机锋，最能移性的，明儿认真说起这些疯话，存了这个念头，岂不是从我这支曲子起的呢？我成了个罪魁了！"

说着，便撕了个粉碎，递给丫头们，叫快烧了。

黛玉笑道：

"不该撕了。等我问他。你们跟我来，包管叫他收了这个疑心。"

三人说着，过来见了宝玉，黛玉先笑道：

"宝玉，我问你，至贵者宝，至坚者玉，尔有何贵，尔有何坚？"

宝玉竟不能答。二人笑道：

"这样愚钝，还参禅呢！"

湘云也拍手笑道：

"宝哥哥可输了！"黛玉又道：

"你道'无可云证，是立足境'，固然好了，只是据我看来，还未尽善。我还续两句云：'无立足境，方是干净'。"

宝钗道：

"实在，这方悟彻。当日南宗六祖惠能初寻师至韶州，闻五祖宏忍在黄梅，他便充作火头僧。五祖欲求法嗣，令诸僧各出一偈。上座神秀说道：'身是菩提树，心如明镜台。时时勤拂拭，莫使有尘埃。'惠能在厨房舂米，道：'美则美矣，了则未了，'因自念一偈曰：'菩提本非树，明镜亦非台。本来无一物，何处染尘埃？'五祖便将衣钵传给了他。今儿这偈语，亦同此意了。只是方才这句机锋，尚未完全了结，这便丢开手不成？"

黛玉笑道：

"他不能答，就算输了，这会子答上了，也不为出奇了。只是以后再不许谈禅了。连我们两个所知所能的，你还不知不能呢，还去参什么禅呢！"

宝玉自己以为觉悟，不想忽被黛玉一问，便不能答；宝钗又比

出语录⑤来:此皆素不见她们所能的。自己想了一想:

"原来她们比我的知觉在先,尚未解悟,我如今何必自寻苦恼?"

想毕,便笑道:

"谁又参禅?不过是一时的玩话儿罢了。"说罢,四人仍复如旧。

忽然人报娘娘差人送出一个灯谜来,命他们大家去猜,猜后每人也作一个送进去。四人听说,忙出来。至贾母上房,只见一个小太监拿了一盏四角平头白纱灯,专为灯谜而制,上面已有了一个。众人都争看乱猜。小太监又下谕道:

"众小姐猜着,不要说出来,每人只暗暗的写了,一齐封送进去,候娘娘自验是否。"

宝钗听了,近前一看,是一首七言绝句,并无新奇,口中少不得称赞,只说难猜,故意寻思,其实一见早猜着了。宝玉、黛玉、湘云、探春四个人也都解了,各自暗暗的写了。一并将贾环贾兰等传来,一齐各揣心机猜了,写在纸上。然后各人拈一物成一谜,恭楷写了,挂于灯上。

太监去了。至晚,出来传谕道:

"前日娘娘所制,俱已猜着,惟二小姐与三爷猜的不是。小姐们作的也都猜了,不知是否?"

说着,也将写的拿出来,也有猜着的,也有猜不着的。太监又将颁赐之物送与猜着之人,每人一个宫制诗筒,一柄茶筅。独迎春贾环二人未得。迎春自以为玩笑小事,并不介意,贾环便觉得没趣。且又听太监说:

"三爷所作这个不通,娘娘也没猜,叫我带回问三爷是个什么。"

众人听了,都来看他作的是什么。写道:

大哥有角只八个,二哥有角只两根。大哥只在床上坐,二哥爱在房上蹲。

众人看了，大发一笑。贾环只得告诉太监说：

"是一个枕头，一个兽头。"

太监记了，领茶而去。

贾母见元春这般有兴，自己一发喜乐，便命速作一架小巧精致围屏灯来，设于堂屋，命他姊妹们各自暗暗的做了，写出来，粘在屏上。然后预备下香茶细果以及各色玩物为猜着之贺。贾政朝罢，见贾母高兴，况在节间，晚上也来承欢取乐。上面贾母、贾政、宝玉一席。王夫人、宝钗、黛玉、湘云又一席，迎春、探春、惜春三人又一席，俱在下面。地下老婆丫鬟站满。李宫裁王熙凤二人在里间，又一席。

贾政因不见贾兰，便问：

"怎么不见兰哥儿？"

地下女人们忙进里间问李氏。李氏起身笑着回道：

"你说方才老爷并没叫他去，他不肯来。"

女人们回覆了贾政。众人都笑说：

"天生的牛心拐孤！"

贾政忙遣贾环和个女人将贾兰唤来。贾母命他在身边坐了。抓果子给他吃。大家说笑取乐。往常间只有宝玉长谈阔论，今日贾政在这里，便唯唯而已。余者，湘云虽系闺阁弱质，却素喜谈论，今日贾政在席，也自拑口⑧禁语。黛玉本性娇懒，不肯多话。宝钗原不妄言轻动，便此时亦是坦然自若。——故此一席虽是家常取乐，反而拘束。

贾母亦知因贾政一人在此所致，酒过三巡，便撵贾政去歇息。贾政亦知贾母之意，——撵了他去，好让他姊妹兄弟们取乐——因陪笑道：

"今日原听见老太太这里大设春灯雅谜，故也备了彩礼酒席，特来入会。何疼孙子孙女之心，便不略赐与儿子半点？"

贾母笑道：

"你在这里，他们都不敢说笑，没的倒教我闷的慌。你要猜谜儿,我说一个你猜,猜不着是要罚的。"

贾政忙笑道:

"自然受罚。若猜着了,也要领赏呢。"

贾母道:

"这个自然。"便念道:

"猴子身轻站树梢。——打一果名。"

贾政已知是荔枝,故意乱猜,罚了许多东西;然后方猜着了,也得了贾母的东西。然后也念一个灯谜与贾母猜,念道:

　　　　身自端方,体自坚硬,虽不能言,有言必应。

　　　　　　——打一用物。

说毕,便悄悄的说与宝玉。宝玉会意,又悄悄的告诉了贾母。贾母想了一想,果然不差,便说:

"是砚台。"

贾政笑道:

"到底是老太太一猜就是。"

回头说:"快把贺彩献上来。"

地下妇女答应一声,大盘小盒,一齐捧上。贾母逐件看去,都是灯节下所用所玩新巧之物,心中甚喜,遂命:

"给你老爷,斟酒。"

宝玉执壶,迎春送酒。贾母因说:

"你瞧瞧,那屏上都是他姐儿们做的,再猜一猜我听。"

贾政答应,起身走至屏前,只见第一个是元妃的,写着道:

　　　　能使妖魔胆尽摧,身如束帛气如雷。

　　　　一声震得人方恐,回首相看已化灰。

　　　　　　——打一玩物。

贾政道:

"这是爆竹吗?"

宝玉答道:

"是。"

贾政又看迎春的，道：

> 天运无功理不穷，有功无运也难逢。
> 因何镇日纷纷乱？只为阴阳数不通。
> 　　——打一用物。

贾政道：

"是算盘。"

迎春笑道："是。"又往下看，是探春的，道：

> 阶下儿童仰面时，清明妆点最堪宜。
> 游丝一断浑无力，莫向东风怨别离。
> 　　——打一玩物。

贾政道：

"好像风筝。"

探春道：

"是。"

贾政再往下看，是黛玉的，道：

> 朝罢谁携两袖烟？琴边衾里两无缘。
> 晓筹不用鸡人报，五夜无烦侍女添。
> 焦首朝朝还暮暮，煎心日日复年年。
> 光阴荏苒须当惜，风雨阴晴任变迁。
> 　　——打一用物。

贾政道：

"这个莫非是更香？"

宝玉代言道：

"是。"

贾政又看，道：

> 南面而坐，北面而朝。
> 像忧亦忧，像喜亦喜。
> 　　——打一用物。

贾政道：

"好,好!如猜镜子,妙极!"

宝玉笑回道:

"是。"

贾政道:

"这一个却无名字,是谁做的?"

贾母道:

"这个大约是宝玉做的。"

贾政就不言语,往下再看宝钗的,道是:

> 有眼无珠⑦腹内空,荷花出水喜相逢。
>
> 梧桐叶落分离别,恩爱夫妻不到冬。
>
> ——打一用物。

贾政看完,心内自忖道:

作者借宝钗灯谜,暗示宝玉宝钗婚姻结局。是一伏笔,此回三处伏笔,均与《红楼梦》整个结构有关,前后呼应,若合符节。

"此物还倒有限,只是小小年纪,作此等言语,更觉不祥。看来皆非福寿之辈!……"想到此处,甚觉烦闷,大有悲戚之状,只是垂头沉思。

贾母见贾政如此光景,想到他身体劳乏,又恐拘束了他,众姊妹不得高兴玩耍,便对贾政道:

"你竟不必在这里了,歇着去罢。让我们再坐一会子,也就散了。"

贾政一闻此言,连忙答应几个"是",又勉强劝了贾母一回酒,方才退出去了。回至房中,只是思索,翻来覆去,甚觉凄惋。

这里贾母见贾政去了,便道:

"你们乐一乐罢。"

一语未了,只见宝玉跑至围屏灯前,指手划脚,信口批评,——这个这一句不好,那个破的不恰当——如同开了锁的猴儿一般。

黛玉便道:

"还像方才大家坐着,说说笑笑,岂不斯文些儿?"

凤姐儿自里间屋里出来,插口说道:

"你这个人，就该老爷每日和你寸步儿不离才好。刚才我忘了，为什么不当着老爷撺掇着叫你作诗谜儿？这会子不怕你不出汗呢！"

说的宝玉急了，拉着凤姐儿厮缠了一会。

贾母又和李宫裁并众姊妹等说笑了一会子，也觉有些困倦，听了听，已交四鼓了。因命将食物撤去，赏给众人，遂起身道：

"我们歇着罢。明日还是节呢，该当早些起来。明日晚上再玩罢。"

于是众人方慢慢的散去。

①　顶你老人家上五台山——出殡时，主丧的孝子在灵前领路，叫作顶丧驾灵。这里的"顶"字就是顶丧的意思。五台山是佛教的圣地，不敢直说到墓地，所以用到五台山成佛来比喻。
②　唡啊唡的——形容口齿伶俐，能说会道。
③　《山门》、《装疯》——都是昆戏名。黛玉借戏名来说俏皮话。
④　看人家的脸子——这里是说看人家不好的脸色。
⑤　语录——记禅宗和尚们的话头和故事的文章叫语录。这儿即指上文宝钗所说的。
⑥　拑口——闭口不说话。钳，也作箝。
⑦　"有眼无珠"一谜——这是竹夫人，用竹篾编成，也有整竹做的，圆柱形，中空，约长三四尺，有许多大窟窿，可以透风。睡时抱着取凉。

第二十三回

西厢记妙词通戏语
牡丹亭艳曲警芳心

话说贾母次日仍领众人过节。那元妃却自幸大观园回宫去后，便命将那日所有的题咏，命探春抄录妥帖，自己编次优劣，又令大观园勒石，为千古风流雅事。因此，贾政命人选拔精工，大观园磨石镌字。贾珍率领贾蓉贾蔷等监工。因贾蔷又管理着文官等十二个女戏子并行头等事，不得空闲，因此又将贾菖、贾菱、贾萍唤来监工。一日烫蜡钉铢，动起手来，这也不在话下。

且说那玉皇庙并达摩庵两处，一班的十二个小沙弥并十二个小道士，如今挪出大观园来，贾政正想发到各庙去分住。不想后街上住的贾芹之母杨氏，正打算到贾政这边谋一个大小事件与儿子管管，也好弄些银钱使用，可巧听见这件事，便坐车来求凤姐。凤姐因见她素日嘴头儿乖滑，便依允了。想了几句话，便回了王夫人，说：

"这些小和尚小道士，万不可打发到别处去，一时娘娘出来，就要应承的。倘或散了，若再用时，可又费事。依我的主意：不如将他们都送到家庙铁槛寺去，月间不过派一个人拿几两银子去买柴米就是了。说声用，走去叫一声就来，一点儿不费事。"

王夫人听了，便商之于贾政。贾政听了，笑道：

"倒是提醒了我。就是这样。"即时唤贾琏。

贾琏正同凤姐吃饭，一闻呼唤，放下饭便走。凤姐一把拉住，笑道：

"你先站住，听我说话：要是别的事，我不管；要是为小和尚小道士们的事，好歹你依着我这着。"

如此这般，教了一套话。贾琏摇头笑道：

"我不管！你有本事你说去。"

凤姐听说，把头一梗①，把筷子一放，腮上带笑不笑的瞅着贾
琏道：

"你是真话，还是玩话儿？"

贾琏笑道：

"西廊②下五嫂子的儿子芸儿来求了我两三遭，要件事管管，
我应了，叫他等着。好容易出来这件事，你又夺了去。"

凤姐儿笑道：

"你放心。园子东北角上，娘娘说了，还叫多多的种松柏树；楼
底下，还叫种些花草儿。等这件事出来，我包管叫芸儿管这工程就
是了。"

贾琏道：

"这也罢了。"因又悄悄的笑道："我问你。我昨儿晚上不过要
改个样儿，你为什么就那么扭手扭脚的呢？"

凤姐听了，把脸飞红，嗤的一笑，向贾琏啐了一口，依旧低下头
吃饭。

> 一语道出
> 纨绔子弟嘴
> 脸。

贾琏笑着一径去了，走到前面，见了贾政，果
然是为小和尚的事。贾琏便依着凤姐的话，说道：
"看来芹儿倒出息了，这件事竟交给他去管。
横竖照里头的规例，每月支领就是了。"

贾政原不大理论这些小事，听贾琏如此说，便依允了。贾琏回
房，告诉凤姐，凤姐即命人去告诉杨氏。贾芹便来见贾琏夫妻，感
谢不尽。凤姐又做情，先支三个月的费用，叫他写了领字，贾琏画
了押，登时发了对牌出去。银库上按数发出三个月的供给来——
白花花三百两。贾芹随手拈了一块与掌平的人，"叫他们喝了茶
罢。"于是命小厮拿了回家，与母亲商议。登时雇车坐上，又雇了几
辆车子，至荣国府角门前，唤出二十四个人来，坐上车子，一径往城
外铁槛寺去了。当下无话。

　　如今且说那元妃在宫中编次大观园题咏，忽然想起那园中的景致，自从幸过之后，贾政必定敬谨封锁，不叫人进去，岂不辜负此园？况家中现有几个能诗会赋的姊妹们，何不命她们进去居住？也不使佳人落魄，花柳无颜。却又想宝玉自幼在姊妹丛中长大，不比别的兄弟，若不命他进去，又怕冷落了他，恐贾母王夫人心上不喜，须得也命他进去居住方妥。命太监夏忠到荣府下一道谕：命宝钗等在园中居住，不可封锢；命宝玉也随进去读书。

　　贾政王夫人接了谕命，夏忠去后，便回明贾母，遣人进去各处收拾打扫，安设帘幔床帐。别人听了，还犹自可，惟宝玉喜之不胜。正和贾母盘算，要这个，要那个，忽见丫鬟来说：

　　"老爷叫宝玉。"

　　宝玉呆了半晌，登时扫了兴，脸上转了色，便拉着贾母，扭的扭股儿糖①似的，死也不敢去。贾母只得安慰他道：

　　"好宝贝，你只管去。有我呢，他不敢委屈了你。况你做了这篇好文章。想必娘娘叫你进园去住，他吩咐你几句话，不过是怕你在里头淘气。他说什么，你只好生答应着就是了。"

　　一面安慰，一面唤了两个老嬷嬷来，吩咐：

　　"好生带了宝玉去，别叫他老子唬着他。"

　　老嬷嬷答应了。

　　宝玉只得前去，一步挪不了三寸，蹭到这边来。可巧贾政在王夫人房中商议事情，金钏儿、彩云、彩凤、绣鸾、绣凤等众丫鬟都廊檐下站着呢。一见宝玉来，都抿着嘴儿笑他。金钏儿一把拉着宝玉，悄悄的说道：

　　"我这嘴上是才擦的香香甜甜的胭脂，你这会子可吃不吃了。"

　　彩云一把推开金钏儿，笑道：

　　"人家心里发虚，你还怄他！——趁这会子喜欢，快进去吧。"

　　宝玉只得挨门进去。原来贾政和王夫人都在里间呢。赵姨娘打起帘子来，宝玉挨身而入，只见贾政和王夫人对坐在炕上说话儿。地下一溜椅子，迎春、探春、惜春、贾环四人都坐在那里。一见他进来,探春、惜春和贾环都站起来。

贾政一举目见宝玉站在跟前,神彩飘逸,秀色夺人;又看看贾环,人物委琐,举止粗糙;忽又想起贾珠来。再看看王夫人只有这一个亲生的儿子,素爱如珍;自己的胡须将已苍白。因此上,把平日嫌恶宝玉之心不觉减了八九分。半晌,说道:

"娘娘吩咐,说你日日在外游嬉,渐次疏懒了功课,如今叫禁管你和姐妹们在园里读书。你可好生用心学习。再不守分安常,你可仔细着!"

宝玉连连答应了几个"是",王夫人便拉他在身边坐下。他姊弟三人依旧坐下。王夫人摸索着宝玉的脖项,说道:

"前儿的丸药都吃完了没有?"

宝玉答应道:

"还有一丸。"

王夫人道:

"明儿再取十丸来,天天临睡时候,叫袭人伏侍你吃了再睡。"

宝玉道:

"从太太吩咐了,袭人天天临睡打发我吃的。"

贾政便问道:

"谁叫袭人?"

王夫人道:

"是个丫头。"

贾政道:

"丫头不拘叫个什么罢了,是谁起这样刁钻名字?"

王夫人见贾政不喜欢了,便替宝玉掩饰道:

"是老太太起的。"

贾政道:

"老太太如何晓得这样的话? 一定是宝玉。"

宝玉见瞒不过,只得起身回道:

"因素日读诗,曾记古人有句诗云:'花气袭人知昼暖',因这丫头姓花,便随意起的。"

王夫人忙向宝玉说道;

"你回去改了罢。——老爷也不用为这小事生气。"

贾政道:

"其实也无妨碍,不用改,只可见宝玉不务正,专在这些浓词艳诗上做工夫。"说毕,断喝了一声:

"作孽的畜生! 还不出去!"

王夫人也忙道:

"去罢,去罢。怕老太太等吃饭呢。"

宝玉答应了,慢慢的退出去,向金钏儿笑着,伸伸舌头,带着两个老嬷嬷,一溜烟去了。刚至穿堂门前,只见袭人倚门而立,见宝玉平安回来,堆下笑来,问道:

"叫你做什么?"

宝玉告诉:

"没有什么。不过怕我进园淘气,吩咐吩咐。"

一面说,一面回至贾母跟前,回明原委。只见黛玉正在那里,宝玉便问她:

"你住在那一处好?"

黛玉正盘算这事,忽见宝玉一问,便笑道:

"我心里想着潇湘馆好。我爱那几竿竹子,隐着一道曲栏,比别处幽静些。"

宝玉听了,拍手笑道;

"合了我的主意了! 我也要叫你那里住。我就住怡红院,咱们两个又近,又都清幽。"

二人正计议着,贾政遣人来回贾母,说是二月二十二日是好日子,哥儿姐儿们就搬进去罢。这几日便遣人进去分派收拾。宝钗住了蘅芜院,黛玉住了潇湘馆,迎春住了缀锦楼,探春住了秋掩书斋,惜春住了蓼风轩,李纨住了稻香村,宝玉住了怡红院。每一处添两个老嬷嬷,四个丫头。除各人奶娘亲随丫头外,另有专管收拾打扫的。至二十二日，一齐进去。登时园内花招绣带，柳拂香风，不似前番那等寂寞了。

　　闲言少叙。且说宝玉自进园来，心满意足，再无别项可生贪求之心。每日只和姊妹丫鬟们一处，或读书，或写字，或弹琴下棋，作画吟诗，以至描鸾刺凤，斗草簪花，低吟悄唱，拆字猜枚，无所不至，倒也十分快意。他曾有几首四时即事诗，虽不算好，却是真情真景。

> 刚进大观园，写春夜即事尚可。其余三季则嫌动笔太早。

　　春夜即事云：

　　　　霞绡云幄任铺陈，隔巷蛙声听未真。

　　　　枕上轻寒窗外雨，眼前春色梦中人。

　　　　盈盈烛泪因谁泣？点点花愁为我嗔。

　　　　自是小鬟娇懒惯，拥衾不耐笑言频。

　　夏夜即事云：

　　　　倦绣佳人幽梦长，金笼鹦鹉唤茶汤。

　　　　窗明麝月开宫镜，室霭檀云品御香。

　　　　琥珀杯倾荷露滑，玻璃槛纳柳风凉。

　　　　水亭处处齐纨动，帘卷朱楼罢晚妆。

　　秋夜即事云

　　　　绛芸轩里绝喧哗，桂魄流光浸茜纱。

　　　　苔锁石纹容睡鹤，井飘桐露湿栖鸦。

　　　　抱衾婢至舒金凤，倚槛人归落翠花。

　　　　静夜不眠因酒渴，沉烟重拨索烹茶。

　　冬夜即事云：

　　　　梅魂竹梦已三更，锦罽鹴衾睡未成。

　　　　松影一庭惟见鹤，梨花满地不闻莺。

　　　　女奴翠袖诗怀冷，公子金貂酒力轻。

　　　　却喜侍儿知我意，扫将新雪及时烹。

　　不说宝玉闲吟。且说这几首诗，当时有一等势利人见是荣国府十五六岁的公子做的,抄录出来,各处称颂;再有等轻薄子弟,爱上那风流妖艳之句,也写在扇头壁上,不时吟哦赏赞:因此上,竟有人来寻诗觅字,倩画求题。这宝玉一发得意了,每日家做这些外务。谁想静中生动,忽一日不自在起来,这也不好,那也不好,出来进去,只是发闷。园中那些女孩子正是混沌世界,天真烂漫之时,坐卧不避,嬉笑无心,那里知宝玉此时的心事?

那宝玉不自在,便懒在园内,只想外头鬼混,却痴痴的,又说不出什么滋味来。茗烟见他这样,因想与他开心。左思右想,皆是宝玉玩烦了的,只有一件,不曾见过,想毕,便走到书坊内,把那古今小说并那飞燕、合德、则天、玉环的外传与那传奇脚本买了许多,孝敬宝玉。宝玉一看,如得珍宝。茗烟又嘱咐道:

"不可拿进园去,叫人知道了,我就'吃不了兜着走'④了!"

宝玉那里肯不拿进去?踌蹰再四,单把那文理雅道些的拣了几套进去,放在床顶上,无人时方看;那粗俗过露的都藏于外面书房内。

那日正当三月中浣,早饭后,宝玉携了一套《会真记》,走到沁芳闸桥那边桃花底下一块石上坐着,展开《会真记》,从头细看。正看到"落红成阵",只见一阵风过,树上桃花吹下一大斗来,落得满身、满书、满地,皆是花片。宝玉要抖将下来,恐怕脚步践踏了,只得兜了那花瓣儿,来至池边,抖在池内。那花瓣儿浮在水面,飘飘荡荡,竟流出沁芳闸去了。回来,只见地下还有许多花瓣。

宝玉正踌蹰间,只听背后有人说道:

"你在这里做什么?"

宝玉一回头,却是黛玉来了,肩上担着花锄,花锄上挂着纱囊,手内拿着花帚。

宝玉笑道;

"来的正好。你把这些花瓣儿都扫起来。撂在那水里去罢。我才撂了好些在那里了。"

黛玉道:

"撂在水里不好。你看这里的水干净，只一流出去，有人家的地方儿什么没有？仍旧把花糟蹋了。那畸角儿上，我有一个花冢，如今把它扫了，装在这绢袋里，埋在那里，日久随土化了，岂不干净？"

宝玉听了，喜不自禁，笑道：

"待我放下书，帮你来收拾。"

黛玉道：

"什么书"

宝玉见问，慌的藏了，便说道：

"不过是《中庸》《大学》。"

黛玉道：

"你又在我跟前弄鬼。趁早儿给我瞧瞧，好多着呢。"

宝玉道：

"妹妹，若论你，我是不怕的，你看了，好歹别告诉人。真是好文章！你要看了，连饭也不想吃呢！"

一面说，一面递过去，黛玉把花具放下，接书来瞧，从头看去，越看越爱，不顿饭时，已看了好几出了。但觉词句警人，余香满口。一面看了，只管出神，心内还默默记诵。

宝玉笑道：

"妹妹，你说好不好？"

黛玉笑着点头儿。

宝玉笑道：

"我就是个'多愁多病'的身，你就是那'倾国倾城'的貌！"

黛玉听了，不觉带腮连耳的通红了。登时竖起两道似蹙非蹙的眉，瞪了一双似睁非睁的眼，桃腮带怒，薄面含嗔，指着宝玉道：

"你这该死的胡说了，好好儿的把这些淫词艳曲弄了来，说这些混帐话欺负我！我告诉舅舅、舅母去。"

说到"欺负"二字，就把眼圈儿红了，转身就走。

宝玉急了，忙向前拦住道：

"好妹妹，千万饶我这一遭儿罢！ 要有心欺负你，明儿我掉在池子里，叫个癞头鼋吃了去，变个大忘八，等你明儿做了一品夫人病老归西的时候儿，我往你坟上替你驼一辈子碑去。"

说的黛玉扑嗤的一声笑了，一面揉着眼，一面笑道：

"一般嘅的这么个样儿，还只管胡说。 呸！ 原来也是个银样镴枪头⑥！"

宝玉听了，笑道：

"你说说，你这个呢？ 我也告诉去。"

黛玉笑道：

"你说你会过目成诵，难道我就不能一目十行了？"

宝玉一面收书，一面笑道：

> 此回写黛玉情窦初开的心理，幽情亦佳。

"正经快把花儿埋了罢，别提那些个了。"二人便收拾落花。

正才掩埋妥帖，只见袭人走来。 说道：

"那里没找到，摸在这里来了！ 那边大老爷身上不好，姑娘们都过去请安去了，老太太叫打发你去呢。 快回去换衣裳罢。"

宝玉听了，忙拿了书，别了黛玉，同袭人回房换衣。 不提。

这里黛玉见宝玉去了，听见众姐妹也不在房中，自己闷闷的，正欲回房，刚走到梨香院墙角外，只听见墙内笛韵悠扬，歌声婉转。 黛玉便知是那十二个女孩子演习戏文。 虽未留心去听，偶然两句吹到耳朵内，明明白白，一字不落，道：

"原来是姹紫嫣红开遍，似这般，都付与断井颓垣！"

黛玉听了，倒也十分感慨缠绵，便止步侧耳细听。 又唱道是：

"良辰美景奈何天，赏心乐事谁家院？"

听了这两句，不觉点头自叹，心下自思：

"原来戏上也有好文章！ 可惜世人只知看戏，未必能领略其中的趣味。"想毕，又后悔不该胡想，耽误了听曲子。 再听时，恰唱到：

"只为你如花美眷，似水流年。"

　　黛玉听了这两句，不觉心动神摇。又听道："你在幽闺自怜"等句，越发如醉如痴，站立不住，便一蹲身，坐在一块山子石上细嚼"如花美眷，似水流年"八个字的滋味。忽又想起前日见古人诗中有"水流花谢两无情"之句；再词中又有"流水落花春去也，天下人间"之句；又兼方才所见《西厢记》中"花落水流红，闲愁万种"之句：'都一时想起来，凑聚在一处。仔细忖度，不觉心痛神驰，眼中落泪。正没个开交处，忽觉身背后有人拍了她一下'说道：

　　"你作什么一个人在这里？"

　　黛玉唬了一跳，回头看时，不是别人，却是香菱。黛玉道：

　　"你这个傻丫头，冒冒失失的，吓我一跳，这会子打那里来？"

　　香菱嘻嘻的笑道：

　　"我来找我们姑娘，总找不着。你们紫鹃也找你呢，说琏二奶奶送了什么茶叶来了。回家去坐着罢。"

　　一面说，一面拉着黛玉的手，回潇湘馆来。果然凤姐送了两小瓶上用新茶叶来。黛玉和香菱坐了，谈讲些这一个绣的好，那一个扎⑥的精，又下一回棋，看两句书，香菱便走了。不在话下。

---

①　把头一梗——又说梗梗脖子，梗楞脖子，是将要发怒时的强硬神态。

②　廊下——正宅之外两旁的群房，与檐前走廊的"廊"不同。也说廊上。

③　扭股儿糖——一种两三股扭在一起的糕糖，这里是借来形容撒娇时或害羞时身形扭捏的情态。

④　吃不了兜着走——吃不消也得受着的意思。

⑤　银样镴枪头——中看不中用。镴，铅锡之合金，古时用来充银的。黛玉也用西厢记拷艳文句，所以宝玉说："我也告诉去。"

⑥　扎——用丝线刺绣叫作扎花，用散绒刺绣叫作绣花。

第二十四回

醉金刚轻财尚义侠
痴女儿遗帕惹相思

且说宝玉因被袭人找回房去，只见鸳鸯歪在床上看袭人的针线呢。见宝玉来了，便说道：

"你往那里去了？老太太等着你呢，叫你过那边请大老爷的安去。还不快去换了衣裳走呢！"

袭人便进房去取衣服。

宝玉坐在床沿上褪了鞋等靴子穿的工夫，回头见鸳鸯——穿着水红绫子袄儿，青缎子坎肩儿，下面露着玉色绸袜，大红绣鞋，面向那边低着头看针线，脖子上围着紫绸绢子。宝玉便把脸凑在脖项上闻那香气，不住用手摩挲，其白腻不在袭人以下。便猴上身去，涎着脸笑道：

"好姐姐，把你嘴上的胭脂赏我吃了罢！"

一面说，一面扭股糖似的粘在身上。鸳鸯便叫道：

> 鸳鸯袭人都很贤惠，说话口气都不相同，作者运用语言之妙，高人一等。
>
> 邻

"袭人，你出来瞧瞧！你跟他一辈子，也不劝劝他，还是这么着！"

袭人抱了衣裳出来，向宝玉道：

"左劝也不改，右劝也不改，你到底是怎么着？你再这么着，这个地方儿可也就难住了。"

一边说，一边催他穿衣裳，同鸳鸯往前面来，见过贾母，出至外面，人马俱已齐备。刚欲上马，只见贾琏请安回来，正下马。二人对面，彼此问了两句话，只见旁边转过一个人来，说：

"请宝叔安。"

宝玉看时，只见这人生的容长脸①儿，长挑身材，年纪只有十八九岁，甚是斯文清秀。虽然面善，却想不起是那一房的，叫什么名字。贾琏笑道：

"你怎么发呆？连他也不认得？他是廊下住的五嫂子的儿子芸儿。"

宝玉笑道：

"是了，我怎么就忘了！"因问他："你母亲好？这会子什么勾当？"

贾芸指贾琏道：

"找二叔说句话。"

宝玉笑道：

"你倒比先越发出挑了，倒像我的儿子！"

贾琏笑道：

"好不害臊！人家比你大呢，就给你作儿子了？"

宝玉笑道：

"你今年十几岁？"

贾芸道：

"十八了。"

原来这贾芸最伶俐乖巧的，听宝玉说像他的儿子，便笑道：

"俗语说的好，'摇车儿里的爷爷，拄拐棍儿的孙子'，虽然年纪大，山高遮不住太阳。只从我父亲死了，这几年也没人照管。宝叔要不嫌侄儿蠢，认做儿子，就是侄儿的造化了。"

贾琏笑道：

"你听见了？认了儿子，不是好开交的。"说着，笑着进去了。

宝玉笑道：

"明儿你闲了，只管来找我，别和他们鬼鬼祟祟的。这会子我不得闲儿，明儿你到书房里来，我和你说一天话儿，我带你园里玩去。"

说着，扳鞍上马，众小厮随往贾赦这边来。见了贾赦，不过是偶感些风寒。先述了贾母问的话,然后自己请了安。贾赦先站起来回了贾母问的话,便唤人来带进哥儿去太太屋里坐着。

宝玉退出来,至后面,到上房。邢夫人见了,先站了起来请过贾母的安,宝玉才请安。邢夫人拉他上炕坐了,方问别人,又命人倒茶。茶未吃完,只见贾琮来问宝玉好。邢夫人道:

"那里找活猴儿去! 你那奶妈子死绝了? 也不收拾收拾,弄的你黑眉乌嘴的,那里还像个大家子念书的孩子?"

正说着,只见贾环贾兰小叔侄两个,也来请安。邢夫人叫他两个在椅子上坐着。贾环见宝玉同邢夫人坐在一个坐褥上,邢夫人又百般摸索抚弄他。早已心中不自在了;坐不多时,便向贾兰使个眼色儿要走。贾兰只得依他,一同起身告辞。宝玉见他们起身,也就要一同回去。邢夫人笑道:

"你且坐着,我还要和你说话。"

宝玉只得坐了,邢夫人向他两个道:

"你们回去,各人替我问各人的母亲好罢。你姑姑姐姐们都在这里呢,闹的我头晕,今儿不留你们吃饭了。"

贾环等答应着,便出去了。

宝玉笑道:

"可是姐姐们都过来了? 怎么不见?"

邢夫人道:

"她们坐了会子,都往后头,不知那屋里去了。"

宝玉说:

"大娘说有话说,不知是什么话?"

邢夫人笑道:

"那里什么话? 不过叫你等着同姐妹们吃了饭去,还有一个好玩的东西给你带回去玩儿。"

娘儿两个说着,不觉又晚饭时候。请过众位姑娘们来,调开桌椅,罗列杯盘,母女姐妹们吃毕了饭。宝玉辞别贾赦,同众姐妹们回家,见过贾母王夫人等,各自回房安歇。不在话下。

　　且说贾芸进去见了贾琏，因打听可有什么事情。贾琏告诉他说：

　　"前儿倒有一件事情出来，偏偏你婶娘再三求了我给了芹儿了。他许我说，明儿园里还有几处要栽花木的地方，等这个工程出来，一定给你就是了。"

　　那贾芸听了，半晌，说道：

　　"既这么着，我就等着罢。叔叔也不必先在婶娘跟前提我今儿打听的话，到跟前再说也不迟。"

　　贾琏道：

　　"提他做什么？我那里有这工夫说闲话呢？明日还要到兴邑去走一走，必须当日赶回来方好。你先等着去。后日起更以后，你来讨信，早了我不得闲。"说着，便向后面换衣服去了。

　　贾芸出了荣国府回家，一路思量，想出一个主意来，便一径往他舅舅卜世仁家来。原来卜世仁现开香料铺，方才从铺子里回来，一见贾芸，便问：

　　"你做什么来了？"

　　贾芸道：

　　"有件事求舅舅帮衬。要用冰片，麝香，好歹舅舅每样赊四两给我，八月节按数送了银子来。"

　　卜世仁冷笑道：

　　"再休提赊欠一事！前日也是我们铺子里一个伙计，替他的亲戚赊了几两银子的货，至今总没还。因此，我们大家赔上，立了合同，再不许替亲友赊欠，谁要犯了，就罚他二十两银子的东道。况且如今这个货也短，你就拿现银子到我们这小铺子里来买，也还没有这些，只好倒扁儿②去。这是一件。二则，你那里有正经事？不过赊了去又是胡闹。你只说舅舅见你一遭儿就派你一遭儿不是，你小人儿家很不知好歹。也要立个主意，赚几个钱，弄弄穿的吃的，我看着也喜欢。"

　　贾芸笑道：

"舅舅说的有理。但我父亲没的时候儿,我又小,不知道事体。后来听见母亲说,都还亏了舅舅替我出主意料理的丧事。难道舅舅是不知道的? 还是有一亩地,两间房子,在我手里花了不成? 巧媳妇做不出没米的饭来,叫我怎么样呢? ——还亏是我呢,要是别的死皮赖脸的,三日两头儿来缠舅舅,要三升米二升豆子,舅舅也就没法儿呢。"

卜世仁道:

"我的儿,舅舅要有,还不是该当的? 我天天和你舅母说,只愁你没个算计儿。你但凡立的起来,到你们大屋里,就是他爷儿们见不着,下个气儿和他们的管事的爷们嬉和嬉和,也弄个事儿管管。前儿我出城去,碰见你们三屋里的老四,坐着好体面车,又带着四五辆车,有四五十小和尚道士儿,往家庙里去了。他那不亏能干,就有这个事到他身上了。"

贾芸听了,唠叨的不堪,便起身告辞。卜世仁道:

"怎么这么忙? 你吃了饭去罢。"

一句话尚未说完,只见他娘子说道:

"你又湖涂了! 说着没有米,这里买半斤面来下给你吃,这会子还装胖呢。留下外甥挨饿不成?"

卜世仁道:

"再买半斤来添上,就是了。"

他娘子便叫女儿:

> 写炎凉世态,也入木三分。

"银姐,往对门王奶奶家去问:'有钱借几十个,明儿就送了来的'。"

夫妻两说话,那贾芸说了几个"不用费事",去的无影无踪了。

不言卜家夫妇。且说贾芸赌气离了舅舅家门,一径回来,心下正自烦恼,一边想,一边走,低着头,不想一头就碰在一个醉汉身上。把贾芸一把拉住,骂道:

"你瞎了眼? 碰起我来了!"

　　贾芸听声音像是熟人,仔细一看,原来是紧邻倪二。这倪二是个泼皮③专放重利债,在赌博场吃饭,专爱喝酒打架,此时正从欠钱人家索债归来,已在醉乡,不料贾芸碰了他,就要动手。贾芸叫道:

　　"老二,住手! 是我冲撞了你,"

　　倪二一听他的语音,将醉眼睁开一看,见是贾芸,忙松了手,趔趄④着笑道:

　　"原来是贾二爷。这会子那里去?"

　　贾芸道:

　　"告诉不得你,平白的又讨了个没趣儿! "

　　倪二道:

　　"不妨。有什么不平的事,告诉我,我替你出气。这三街六巷,凭他是谁,若得罪了我醉金刚倪二的街坊,管叫他人离家散!"

> 以倪二的侠情,衬托卜世仁的吝啬,又是对比手法。

　　贾芸道:

　　"老二,你别生气,听我告诉你这缘故。"便把卜世仁一段事告诉了倪二。

　　倪二听了,大怒道:

　　"要不是二爷的亲戚,我就骂出来,真真把人气死! ——也罢,你也不必愁,我这里现有几两银子,你要用只管拿去。我们好街坊,这银子是不要利钱的。"一头说,一头从搭包⑤内掏出一包银子来。

　　贾芸心下自思:倪二素日虽然是泼皮,却也因人而施,颇有义侠之名。若今日不领他这情,怕他臊了,反为不美,不如用了他的,改日加倍还他就是了。因笑道:

　　"老二,你果然是个好汉! 既蒙高情,怎敢不领? 回家就照例写了文约,送过来。"

　　倪二大笑道:

　　"这不过是十五两三钱银子,你若要写文约,我就不借了。"

贾芸听了，一面接银子，一面笑道：

"我遵命就是了，何必着急？"

倪二笑道：

"这才是呢！天气黑了，也不让你喝酒了，我还有点事儿，你竟请回罢。我还求你带个信儿给我们家，叫他们关了门睡罢，我不回家去了。倘或有事，叫我们女孩儿明儿一早到马贩子王短腿家来找我。"

一面说，一面趔趄着脚儿去了。

且说贾芸偶然碰见了这件事，心下也十分稀罕，想那倪二倒果然有些意思；只是怕他一时醉中慷慨，到明日加倍来要，便怎么好呢？忽又想道：

"不妨，等那件事成了，可也加倍还的起他。"因走到一个钱铺里，将那银子称了称，分两不错，心上越发喜欢。到家先将倪二的话捎给他娘子儿，方回家来。他母亲正在炕上拈线，见他进来，便问：

"那里去了一天？"

贾芸恐母亲生气，便不提卜世仁的事，只说：

"在西府里等琏二叔来着。"问他母亲："吃了饭了没有？"

他母亲说：

"吃了。还留着饭在那里。"叫小丫头拿来给他吃。

那天已是掌灯时候，贾芸吃了饭，收拾安歇。一宿无话，次日起来，洗了脸，便出南门大街，在香铺买了麝香，往荣府来。

听贾琏出了门，贾芸便往后面来。到贾琏院门前。只见几个小厮，拿着大高的笤帚在那里扫院子呢。忽见周瑞家的从门里出来叫小厮们：

"先别扫，奶奶出来了。"

贾芸忙上去笑问道：

"二婶娘那里去？"

周瑞家的道：

"老太太叫,想必是裁什么尺头。"

正说着,只见一群人簇拥着凤姐出来了。贾芸深知凤姐是喜奉承爱排场的,忙把手逼着,恭恭敬敬,抢上来请安。凤姐连正眼也不看,仍往前走,只问他母亲好,怎么不来这里逛逛。贾芸道:

"只是身上不好,倒时常惦记着婶娘,要瞧瞧总不能来。"

凤姐笑道:

"可是你会撒谎,不是我提,她也就不想我了。"

贾芸笑道:

"侄儿不怕雷劈,就敢在长辈儿跟前撒谎了!昨儿晚上提起婶娘来,说婶娘身子单弱,事情又多,亏了婶娘好精神,竟料理的周周全全的;要是差一点儿的,早累的不知怎么样了。"

> 写凤姐的虚饰骄矜,喜奉承,收礼包的心理变化,层次分明。

凤姐听了,满脸是笑,由不的止了步,问道:

"怎么好好儿的你们娘儿两个在背地里嚼说起我来?"

贾芸笑着道:

"只因我有个好朋友,家里有几个钱,现开香铺。因他捐了个通判,前儿选了云南不知那一府,连家眷一齐去。他这香铺也不开了,就把货物攒了一攒,该给人的给人,该贱发的贱发,像这贵重的都送给亲友,所以我得了些冰片、麝香,我就和我母亲商量:贱卖了可惜;要送人,也没有人家儿配使这些香料。因想到婶娘往年间还拿大包的银子买这些东西呢,别说今年贵妃宫中,就是这个端阳节所用,也一定比往常要加十几倍,所以拿来孝敬婶娘。"一面将一个锦匣递过去。

凤姐正是办节礼,用香料,便笑了一笑,命丰儿:

"接过芸哥儿的来,送了家去,交给平儿。"因又说道:"看你这么知好歹,怪不得你叔叔常提起你来,说你好,说话明白,心里有见识。"

贾芸听这话入港,便打进一步来,故意问道:

"原来叔叔也常提我？"

凤姐见问，便要告诉给他事情管的话，一想，又恐被他看轻了，只说得了这点儿香料便许他管事。因且把派他种花木的事，一字不提，随口说几句淡话，便往贾母屋里去了。

贾芸自然也难提，只得回来。因昨日见了宝玉，叫他到外书房等着，故此，吃了饭又进来，到贾母那边仪门外绮散斋书房里来。只见茗烟在那里掏小雀儿呢。贾芸在他身后，把脚一跺道；

"茗烟小猴儿又淘气了！"

茗烟回头见是贾芸，便笑道：

"何苦！二爷唬我们这么一跳。"因又笑说："我不叫茗烟了，我们宝二爷嫌'烟'字不好，改了叫焙茗了。二爷明儿只叫我焙茗罢。"

贾芸点头笑着同进书房，便坐下问：

"宝二爷下来了没有？"

焙茗道：

"今日总没下来。二爷说什么？我替你探探去。"说着，便出去了。

这里贾芸便看字画古玩。有一顿饭的工夫，还不见来。再看看要找别的小子，都玩去了。正在烦闷，只听门前娇音嫩语的叫了一声："哥哥呀！"贾芸往外瞧时，是个十五六岁的丫头。生的倒甚齐整，两只眼儿水水灵灵的，见了贾芸，抽身要躲。恰值焙茗走来，见那丫头在门前，便说道：

"好，好，正抓不着个信儿呢。"

贾芸见了焙茗，也就赶出来。问：

"怎么样？"

焙茗道：

"等了半日，也没个人过。这就是宝二爷屋里的。"因说道："好姑娘，你带个信儿，就说廊上二爷来了。"

那丫头听见，方知是本家的爷们，便不似从前那等回避，下死眼把贾芸盯了两眼。听那贾芸说道：

"什么廊上廊下的，你只说芸儿就是了。"

半晌，那丫头似笑不笑的说道：

"依我说，二爷且请回去，明日再来。今儿晚上得空儿，我替回罢。"

焙茗道：

"这是怎么说？"

那丫头道：

"他今儿也没睡中觉，自然吃的晚饭早，晚上又不下来，难道只是叫二爷这里等着挨饿不成？不如家去，明儿来是正经。——就便回来有人带信儿，也不过嘴里答应着罢咧。"

贾芸听这丫头的话简便俏丽，待要问她的名字，因是宝玉屋里的，又不便问，只得说道：

"这话倒是，我明日再来。"说着，便往外去了。焙茗道：

"我倒茶去，二爷喝了茶再去。"

贾芸一面走，一面回头说：

"不用，我还有事呢。"

口里说话，眼睛瞧那丫头还站在那里呢。

那贾芸一径回来，至次日，来至大门前，可巧遇见凤姐往那边去请安，才上了车。见贾芸过来，便命人叫住，隔着窗子笑道：

> 作者写凤
> 姐大奸口吻、
> 贾芸巧言令
> 色,均妙。

"芸儿，你竟有胆子在我跟前弄鬼！怪道你送东西给我，原来你有事求我。昨儿你叔叔才告诉我，说你求他。"

贾芸笑道：

"求叔叔的事，婶娘别提，我这里正后悔呢。早知这样，我一起头儿就求婶娘，这会子早完了。谁承望叔叔竟不能的！"

凤姐笑道：

"哦！你那边没成儿，昨儿又来找我了。"

贾芸道：

"姊娘辜负了我的孝心。我并没有这个意思；要有这个意思，昨儿还不求姊娘吗？如今姊娘既知道了，我倒要把叔叔搁开，少不得求姊娘，好歹疼我一点儿！"

凤姐冷笑道；

"你们要拣远道儿走么！早告诉我一声儿，多大点子事，还值的耽误到这会子！那园子里还要种树，种花儿，我正想个人呢。早说不早完了？"

贾芸笑道：

"这样，明日姊娘就派我罢。"

凤姐半晌道：

"这个我看着不大好，等明年正月里的烟火灯烛那个大宗儿下来再派你，不好？"

贾芸道：

"好姊娘，先把这个派了我。果然这件办的好，再派我那件罢。"

凤姐笑道：

"你倒会拉长线儿⑥！——罢了，要不是你叔叔说，我不管你的事。我不过吃了饭就过来，你到午初时候来领银子，后日就进去种花儿。"说着，命人驾起香车，径去了。

贾芸喜不自禁。来至绮散斋打听宝玉，谁知宝玉一早便在北静王府里去了，贾芸便呆呆的坐到晌午，听凤姐回来，去写个领票来领对牌，至院外，命人通报了。彩明走出来，要了领票进去，批了银数、年月，一并连对牌交给贾芸。贾芸接来看，那批上批着二百两银子，心中喜悦，翻身走到银库上领了银子。回家告诉他母亲，自是母子俱喜。次日五更，贾芸先找了倪二还了银子，又拿了五十两银子，出西门，找到花儿匠方椿家去买树。不在话下。

且说宝玉自这日见了贾芸，曾说过明日着他进来说话，这原是富贵公子的口角⑦，那里还记在心上？因而便忘怀了。这日晚上，却从北静王府里回来，见过贾母王夫人等，因至园内，换了衣服，正要洗澡。袭人被宝钗烦了去打结子去了；秋纹碧痕两个去催水；檀云又因他母亲病了，接出去了；麝月现在家中病着，还有几个做粗活听使唤的丫头，料是叫不着她，都出去寻伙觅伴的去了。——不想这一刻的工夫只剩了宝玉在屋内。偏偏的宝玉要喝茶，一连叫了两三声，方见两三个老婆子走进来。宝玉见了，连忙摇手，说："罢，罢，不用了。"老婆子们只得退出。

宝玉见没丫头们，只得自己下来拿了碗，向茶壶去倒茶，只听背后有人说道：

"二爷，看烫了手，等我倒罢。"一面说，一面走上来接了碗去。宝玉倒唬了一跳，问：

"你在那里着？忽然来了，唬了我一跳。"

那丫头一面递茶，一面笑着回道：

"我在后院里。才从里间后门进来，难道二爷就没听见脚步响么？"

宝玉一面吃茶，一面仔细打量。那丫头穿着几件半新不旧的衣裳，倒是一头黑鸦鸦的好头发。挽着发儿，容长脸面，细挑身材，却十分俏丽甜净。宝玉便笑问道：

"你也是我屋里的人么？"

那丫头笑应道：

"是。"

宝玉道：

"既是这屋里的，我怎么不认得？"

那丫头听说，便冷笑一声道：

"爷不认得的也多呢，岂止我一个？从来我又不递茶水，拿东西，眼面前儿的，一件也做不着，那里认得呢？"

宝玉道：

"你为什么不做眼面前儿的呢？"

那丫头道："这话我也难说。——只是有句话回二爷，昨日有个什么芸儿来找二爷，我想二爷不得空儿，便叫焙茗回他：今日来了，不想二爷又往北府里去了。"

刚说到这句话，只见秋纹碧痕唏唏哈哈的笑着进来。两个人共提着一桶水。一手撩衣裳。趔趔趄趄，泼泼撒撒的。那丫头便忙迎出去接。秋纹碧痕，一个抱怨你湿了我的衣裳，一个又说你踹了我的鞋。忽见走出一个人来接水，二人看时，不是别人，原来是小红。二人便都诧异，将水放下，忙进来看时，并没别人，只有宝玉，便心中俱不自在。只得且预备下洗澡之物，待宝玉脱了衣裳，二人便带上门出来，走到那边房内，找着小红，问她方才在屋里做什么。小红道：

"我何曾在屋里呢？因我的绢子找不着，往后头找去，不想二爷要茶喝，叫姐姐们一个儿也没有，我赶着进去倒了碗茶，姐姐们就来了。"

秋纹兜脸啐了一口道：

> 小红虽然伶俐乖巧，仍然无法高攀。作者写丫头争宠心里跃然纸上，秋纹的话十分生动。

"没脸面的下流东西！正经叫你催水去，你说有事，倒叫我们去，你可抢这个巧宗儿®！一里一里的，这不上来了吗？难道我们倒跟不上你么？你也拿镜子照照，配递茶递水不配！"

碧痕道：

"明儿我说给她们，凡要茶要水拿东西的事，咱们都别动，只叫她去就完了。"

秋纹道：

"这么说，还不如我们散了，单让她在这屋里呢！"

二人你一句，我一句，正闹着，只见有个老嬷嬷进来传凤姐的话，说：

"明日有人带花铁匠来种树，叫你们严紧些。衣裳，裙子，别混晒混晾的。那土山上都拦着围幕，可别混跑。"

秋纹便问：

"明日不知是谁带进匠人来监工？"

那老婆子道：

“什么后廊上的芸哥儿。”

秋纹碧痕俱不知道，只管混问别的话。那小红心内明白，知是昨日外书房所见的那人了。

原来这小红本姓林，小名红玉。因“玉”字犯了宝玉黛玉的名，便改唤她做红。原来是府中世仆，他父亲现在收管各处田房事务，这小红年方十四，进府当差，把她派在怡红院中，倒也清幽雅静。不想后来命姊妹及宝玉等进大观园居住，偏生这一所儿又被宝玉点了。

这小红虽然是个不谙事体的丫头，因她原有几分容貌，心内便想向上攀高，每每要在宝玉面前现弄现弄。只是宝玉身边一干人都是伶牙俐爪的，那里插的下手去？不想今日才有些消息，又遭秋纹等一场恶话，心内早灰了一半。正没好气，忽然听见老嬷嬷说起贾芸来，不觉心中一动，便闷闷的回房，睡在床上，暗暗思量。翻来覆去，自觉没情没趣的。忽睡去，朦朦胧胧听见窗外低低的叫道：

“红儿，你的绢子我拾在这里呢。”

小红听了，忙走出来看时，不是别人，正是贾芸。小红不觉粉面含羞，问道：

“二爷在那里拾着的？”

只见那贾芸笑道：

“你过来，我告诉你。”

一面说，一面就上来拉她的衣裳。那小红臊的转身一跑，却被门槛子绊倒。唬醒过来，方知是梦。因此翻来覆去，一夜无眠。至次日天明，方才起来，有几个丫头来会她去打扫屋子地面，舀洗脸水。这小红也不梳妆，向镜中胡乱挽了一挽头发，洗了洗手脸，便来打扫房屋。

谁知宝玉昨儿见了她也就留心，想着指名唤她来使用，一则怕袭人等多心，二则又不知她是怎么个情性，因而纳闷。早晨起来，也不梳洗，只坐着出神。一时下了纸窗，隔着纱屉子，向外看的真切。只见几个丫头在那里打扫院子，都擦脂抹粉，插花带柳的，独不见昨儿那一个,宝玉便扳拉着鞋,走出房门,只装做看花,东瞧西望。一抬头,只见西南角上游廊下栏杆旁有一个人倚在那里,却为一株海棠花所遮,看不真切。近前一步,仔细看时,正是昨儿那个丫头在那里出神,此时宝玉要迎上去,又不好意思,正想着,忽见碧痕来请洗脸,只得进去了。

　　却说小红正自出神,忽见袭人招手叫她,只得走上前来,袭人笑道:

　　"咱们的喷壶坏了,你到林姑娘那边借用一用。"

　　小红便走向潇湘馆去。到了翠烟桥,抬头一望,只见山坡高处,都拦着帷幙,方想起今日有匠役在此种树。原来远远的一簇人在那里掘土,贾芸正坐在山子石上监工。小红待要过去,又不敢过去,只得悄悄向潇湘馆取了喷壶而回。无精打彩,自向房内躺着。众人只说她是身子不快,也不理论。

① 容长脸——美观的长型脸。以区别于过长,过瘦等不美观的长型脸。

② 倒扁儿——周转的意思。就是向他人通融钱财或货物。

③ 泼皮——无赖,流氓。

④ 趔趄——(趄字轻音)脚步歪斜,站不稳要摔倒的样子。

⑤ 搭包——又作搭膊。用一长条绸或布做的腰带(系在袍子外边的)叫做搭包。线或丝特织成的只名带子。

⑥ 拉长线儿——为更大的长远的利益预作安排。谚语有:"放长线,钓大鱼。"

⑦ 口角——此处作口头语解,就是随口的话。

⑧ 巧宗儿——一宗机会难得的事,多指有利可图的。

第二十五回　魇魔法叔嫂逢五鬼
通灵玉蒙蔽遇双真

过了一日,原来次日是王子腾夫人的寿诞。那里原打发人来请贾母王夫人,王夫人见贾母不去,也不便去了。倒是薛姨妈同着凤姐儿并贾家三个姊妹、宝钗、宝玉一齐都去了,至晚方回。

王夫人正过薛姨妈院里坐着,见贾环下了学,命他去抄金刚经咒唪诵。那贾环便来到王夫人炕上坐着,命人点了蜡烛,拿腔做势的抄写。一时又叫彩霞倒钟茶来,一时又叫玉钏剪蜡花,又说金钏挡了灯亮儿。众丫鬟们素日厌恶他。都不答理。只有彩霞还和他合得来,倒了茶给他,因向他悄悄的道:

"你安分些罢,何苦讨人厌?"

贾环把眼一瞅,道:

"我也知道,你别哄我。如今你和宝玉好了,不理我,我也看出来了。"

彩霞咬着牙,向他头上戳了一指头,道:

"没良心的!'狗咬吕洞宾,不识好歹。'"

两人正说着,只见凤姐跟着王夫人都过来了。王夫人便一长一短问他今日是那几位堂客,戏文好歹,酒席如何。不多时,宝玉也来了。见了王夫人,也规规矩矩说了几句话,便命人除去了抹额,脱了袍服,拉了靴子,就一头滚在王夫人怀里。王夫人便用手摩挲抚弄他。宝玉也扳着王夫人的脖子说长说短的。王夫人道:

"我的儿!又吃多了酒,脸上滚热的。你还只是揉搓,一会子闹上酒来。还不在那里静静的躺一会子去呢。"

说着,便叫人拿枕头。宝玉因就在王夫人身后倒下,又叫彩霞

来替他拍着。宝玉便和彩霞说笑,只见彩霞淡淡的不大答理,两眼只向着贾环。宝玉便拉她的手,说道:

"好姐姐,你也理我理儿!"

一面说,一面拉她的手。彩霞夺手不肯,便说:

"再闹,就嚷了!"

二人正闹着,原来贾环听见了。素日原恨宝玉,今见他和彩霞玩耍,心上越发按不下这口气。因一沉思,计上心来,故作失手,将那一盏油汪汪的蜡烛,向宝玉脸上只一推。只听宝玉"嗳呀"的一声,满屋里人都唬了一跳,连忙将地下的绰灯移过来一照,只见宝玉满脸是油。王夫人又气又急,忙命人替宝玉擦洗;一面骂贾环。凤姐三步上炕去替宝玉收拾着,一面说:

"这老三还是这么毛脚鸡似的①! 我说你上不得台盘,——赵姨娘平时也该教导教导他。"

一句话提醒了王夫人,遂叫过赵姨娘来,骂道:

"养出这样黑心种子来,也不教训教训! 几番几次,我都不理论,你们一发得了意了,一发上来了!"

那赵姨娘只得忍气吞声,也上去帮着他们替宝玉收拾。只见宝玉左边脸上起了一溜燎泡,幸而没伤眼睛。

王夫人看了,又心疼,又怕贾母问时难以回答,急的又把赵姨娘骂一顿。又安慰了宝玉,一面取了败毒散来敷上。宝玉说:

"有些疼,还不妨事。明日老太太问,只说我自己烫的就是了。"

凤姐道:

"就是说自己烫的,也要骂人不小心,横竖有一场气生。"

王夫人命人好生送了宝玉回房去。袭人等见了,都慌的了不得。

那黛玉见宝玉出了一天的门,便闷闷的,晚间打发人来问了两三遍,知道烫了,便亲自赶过来。只瞧见宝玉自己拿镜子照呢,左边脸上满满的敷了一脸药。黛玉只当十分烫的利害,忙近前瞧瞧。宝玉却把脸遮了，摇手叫她出去，——知她素性好洁，故不肯叫她瞧。黛玉也就罢了，但问他：

"疼的怎样？"

宝玉道：

"也不很痛，养一两日就好了。"

黛玉坐了一会，回去了。

次日，宝玉见了贾母，虽自己承认自己烫的，贾母免不得又把跟从的人骂了一顿。

过了一日，有宝玉寄名的干娘马道婆到府里来，见了宝玉，唬了一大跳，问其缘由，说是烫的，便点头叹息。一面向宝玉脸上用指头画了几画，口内嘟嘟囔囔的又咒诵了一回，说道：

"包管好了，这不过是一时飞灾。"又向贾母道："老祖宗，老菩萨，那里知道那佛经上说的利害！大凡王公卿相人家的子弟，只一生长下来，暗里就有多少促狭鬼跟着他，得空儿就拧他一下，或掐他一下，或吃饭时打下他的饭碗来，或走着推他一跌。所以往往的那些大家子孙多有长不大的。"

贾母听如此说，便问：

"这有什么法儿解救没有呢？"

马道婆便说道：

"这个容易，只是替他多做些因果善事，也就罢了。再那经上还说：西方有位大光明普照菩萨，专管照耀阴暗邪祟，若有善男信女虔心供奉者，可以永保儿孙康宁，再无撞客②邪祟之灾。"

贾母道：

"倒不知怎么供奉这位菩萨？"马道婆说：

"也不值什么，不过除香烛供奉以外，一天多添几斤香油，点个大海灯，那海灯就是菩萨现身的法像，昼夜不息的。"

贾母道：

"一天一夜也得多少油？我也做个好事。"

马道婆说：

"这也不拘多少,随施主愿心。像我家里就有好几处的王妃诰命供奉的:南安郡王府里太妃,她许的愿心大,一天是四十八斤油,一斤灯草,那海灯也只比缸略小些;锦乡侯的诰命次一等,一天不过二十斤油;再有几家,或十斤八斤,三斤五斤的不等,也少不得要替他点。"

贾母点头思忖。马道婆道:

"还有一件:若是为父母尊长的,多舍些不妨;既是老祖宗为宝玉,若舍多了,怕哥儿担不起,反折了福气了。要舍,大则七斤,小则五斤,也就是了。"

贾母道:

"既这么样,就一日五斤,每月打总儿开了去。"

马道婆道:

"阿弥陀佛慈悲大菩萨!"

贾母又叫人来吩咐:

"以后宝玉出门,拿几串钱,交给他的小子们,一路施舍给僧道贫苦之人。"

说毕,那道婆便往各房间安闲逛去了。一时,来到赵姨娘屋里。二人见过,赵姨娘命小丫头倒茶给她吃。赵姨娘正粘鞋呢。马道婆见炕上堆着些零星绸缎,因说:

"我正没有鞋面子,姨奶奶给我些零碎绸子缎子,不拘颜色,做双鞋穿罢。"

赵姨娘叹口气道:

"你瞧! 那里头还有块像样儿的么? 有好东西,也到不了我这里! 你不嫌不好,挑两块去就是了。"

马道婆便挑了几块,掖在袖里。

赵姨娘又问:

"前日我打发人送了五百钱去,你可在药王面前上了供没有?"

马道婆道:

"早已替你上了。"

赵姨娘叹气道：

"阿弥陀佛！我手里但凡从容些，也时常来上供，只是心有余而力不足。"

马道婆道：

"你只放心，将来熬的环哥大了，得个一官半职，那时你要做多大功德，还怕不能么？"

赵姨娘听了，笑道：

"罢，罢，再别提起！如今就是榜样：我们娘儿们跟的上这屋里那一个儿？宝玉儿还是小孩子家，长的得人意儿，大人偏疼他些儿，也还罢了；我只不服这个主儿！"

一面说，一面伸了两个指头。马道婆会意，便问：

"可是琏二奶奶？"

赵姨娘嗐的忙摇手儿，起身掀帘子一看，见无人，方回身向马道婆说：

"了不得，了不得！提起这个主儿，这一分家私要不都叫她搬了娘家去，我也不是个人！"

马道婆见说，便探她的口气道：

"我还用你说？难道都看不出来？也亏你们心里不理论，只凭她去。——倒也好。"

赵姨娘道：

"我的娘！不凭她去，难道谁还敢把她怎么样吗？"

马道婆道：

"不是我说句造孽的话，——你们没本事，也难怪——明里不敢罢咧，暗里也算计了。还等到如今！"

赵姨娘听这话里有话，心里暗暗的喜欢，便说道：

"怎么暗里算计？我倒有这个心，只是没这样的能干人。你教给我这个法子，我大大的谢你！"

马道婆听了这话，拿拢了一处，便又故意说道：

"阿弥陀佛，你快别问我，我那里知道这些事？罪罪过过的！"

赵姨娘道:

"你又来了! 你是最肯济困扶危的人,难道就眼睁睁的看着人家来摆布死了我们娘儿俩不成? 难道还怕我不谢你么?"

马道婆听如此,便笑道:

"要说我不忍你们娘儿两个受别人的委屈还犹可,要说谢我,那我可是不想的呀。"

赵姨娘听这话松动了些,便说:

> 写马道婆赵姨娘表现了人性丑恶的一面。

"你这么个明白人,怎么糊涂了? 果然法子灵验,把他两人绝了,这家私还怕不是我们的? 那时候你要什么不得呢?"

马道婆听了,低了半日头,说:

"那时候儿事情妥当了,又无凭据,你还理我呢!"

赵姨娘道:

"这有何难? 我攒了几两体己,还有些衣裳首饰,你先拿几样去,我再写个欠契给你,到那时候儿,我照数还你。"

马道婆想了一回,道:

"也罢了,我少不得先垫上了。"

赵姨娘不及再问,忙将一个小丫头也支开,赶着开了箱子,将首饰拿了些出来,并体己散碎银子,又写了五十两欠约,递与马道婆道:

"你先拿去作供养。"

马道婆见了这些东西,又有欠字,遂满口应承,伸手先将银子拿了,然后收了契。向赵姨娘要了张纸,拿剪子铰了两个纸人儿,问了他二人年庚,写在上面,又找了一张蓝纸,铰了五个青面鬼,叫她并在一处,拿针钉了:

"回去我再作法,自有效验的。"

忽见王夫人的丫头进来道:

"姨奶奶在屋里呢么? 太太等你呢。"

于是二人散了,马道婆自去。不在话下。

却说黛玉因宝玉烫了脸不出门，倒常在一处说话儿。这日饭后，看了两篇书，又和紫鹃等作了一会针线，总闷闷不舒，便出来看庭前才进出的新笋。不觉出了院门，来到园中，四望无人，惟见花光鸟语，信步便往怡红院来。只见几个丫头舀水，都在游廊上看画眉洗澡呢。听见房内笑声，原来是李纨、凤姐、宝钗都在这里。一见她进来，都笑道：

"这不又来了两个？"

黛玉笑道：

"今日齐全，谁下帖子请的？"

凤姐道：

"我前日打发人送了两瓶茶叶给姑娘，可还好么？"

黛玉道：

"我正忘了。多谢想着。"

宝玉道：

"我尝了不好，也不知别人说怎么样。"

宝钗道：

"口头③也还好。"

凤姐道：

"那是暹罗国进贡的。我尝了也不觉怎么好，还不及我们常喝的呢。"

黛玉道：

"我吃着却好，不知你们的脾胃是怎样的。"

宝玉道：

"你说好，把我的都拿了吃去罢。"

凤姐道：

"我那里还多着呢。"

黛玉道：

"我叫丫头取去。"

凤姐道：

"不用，我打发人送来。我明日还有一事求你，一同叫人送来罢。"

黛玉听了，笑道：

"你们听听，这是吃了她一点子茶叶，就使唤起人来了。"

凤姐笑道：

> 黛玉性格造成悲剧，如是宝钗说话口气便不相同。作者处理人物一脉相承，毫无破绽。

"你既吃了我们家的茶，怎么还不给我们家作媳妇儿？

众人都大笑起来。黛玉涨红了脸，回过头去，一声儿不言语。宝钗笑道：

"二嫂子的诙谐，真是好的。"

黛玉道：

"什么诙谐！不过是贫嘴贱舌的，讨人厌罢了！"说着，又啐了一口。

凤姐笑道：

"你给我们家做了媳妇，还亏负你么？"

指着宝玉，道："你瞧瞧，人物儿配不上？门第儿配不上？根基儿家私儿配不上？——那一点儿玷辱你？"

黛玉起身便走。

宝钗叫道：

"颦儿急了，还不回来呢！走了倒没意思。"

说着，站起来拉住。才到房门，只见赵姨娘和周姨娘两个人都来瞧宝玉。宝玉和众人都起身让坐，独凤姐不理。

宝钗正欲说话，只见王夫人房里的丫头来说：

"舅太太来了，请奶奶姑娘们过去呢。"

李纨连忙同着凤姐儿走了。赵周两人也都出去了。宝玉道：

"我不能出去。你们好歹别叫舅母进来。"

又说：

"林妹妹，你略站站，我和你说话。"

凤姐听了，回头向黛玉道：

“有人叫你说话呢，回去罢。”便把黛玉往后一推，和李纨笑着去了。

这里宝玉拉了黛玉的手，只是笑，又不说话。黛玉不觉又红了脸，挣着要走。宝玉道“嗳哟！好头疼！”

黛玉道：

“该！阿弥陀佛！”

宝玉大叫一声，将身一跳，离地有三四尺高，口内乱嚷，尽是胡话。黛玉并众丫鬟都唬慌了，忙报知王夫人与贾母，这时王子腾的夫人也在这里，都一齐来看。宝玉一发拿刀弄杖寻死觅活的，闹的天翻地覆。贾母王夫人一见，唬的抖衣乱战，“儿”一声，“肉”一声，放声大哭。于是惊动了众人，连贾赦、邢夫人、贾珍、贾政并琏、蓉、芸、萍、薛姨妈、薛蟠并周瑞家的一干家中上下人并丫鬟媳妇等。都来园内看视，登时乱麻一般。

正没个主意，只见凤姐手持一把明晃晃的刀砍进园来。见鸡杀鸡，见犬杀犬，见了人，瞪着眼，就要杀人。众人一发慌了。周瑞家的带着几个力大的女人上去抱住，夺了刀，抬回房中。平儿丰儿等哭的哀天叫地。贾政也心中着忙。当下众人七言八语，有说送祟④的，有说跳神⑤的，有荐玉皇阁张道士捉怪的，整闹了半日，祈求祷告，百般医治，并不见好。日落后，王子腾夫人告辞去了。

次日，王子腾也来问候。接着小史侯家、邢夫人弟兄并各亲戚都来瞧看。也有送符水的，也有荐僧道的，也有荐医的。他叔嫂二人一发糊涂，不省人事，身热如火，在床上乱说，到夜里更甚。因此，那些婆子丫鬟不敢上前。故将他叔嫂二人都搬到王夫人的上房内，着人轮班守视。贾母、王夫人、邢夫人并薛姨妈寸步不离，只围着哭。

此时贾赦贾政又恐哭坏了贾母，日夜熬油费火，闹的上下不安。贾赦还各处去寻觅僧道。贾政见不效验，因阻贾赦道：

“儿女之数总由天命，非人力可强。他二人之病，百般医治不效，想是天意该如此，也只好由他去。”

贾赦不理，仍是百般忙乱。

看看三日的光阴，凤姐宝玉躺在床上，连气息都微了。合家都说没了指望了，忙的将他二人的后事都治备下了。贾母、王夫人、贾琏、平儿、袭人等更哭的死去活来。只有赵姨娘，外面假作忧愁，心中称愿。

至第四日早，宝玉忽睁开眼向贾母说道：

"从今以后，我可不在你家了，快打发我走罢！"

贾母听见这话，如同摘了心肝一般。赵姨娘在旁劝道：

"老太太也不必过于悲痛。哥儿已是不中用了，不如把哥儿的衣服穿好，让他早些回去，也省他受些苦；只管舍不得他，这口气不断，他在那里，也受罪不安。"

这些话没说完，被贾母照脸啐了一口唾沫，骂道：

"烂了舌头的混帐老婆！怎么见得不中用了？你愿意他死了，有什么好处？你别作梦！他死了，我只合你们要命！都是你们素日调唆着，逼他念书写字，把胆子唬破了，见了他老子，就像个避猫鼠儿一样。都不是你们这起小妇调唆的？这会子逼死了他，你们就随了心了！——我饶那一个！"

一面哭，一面骂。

贾政在旁，听见这些话，心里越发着急，忙喝退了赵姨娘，委婉劝解了一番。忽有人来回：

"两口棺木都做齐了。"贾母闻之，如刀刺心，一发哭着大骂，问：

"是谁叫做的棺材？快把做棺材的人拿来打死！"闹了个天翻地覆。

忽听见空中隐隐有木鱼声，念着："南无解冤解结菩萨！有那人口不利，家宅不安，中邪祟，逢凶险的，找我们医治。"

贾母王夫人都听见了，便命人向街上找寻去。原来是一个癞和尚同一个跛道士。那和尚是怎的模样？

但见：

　　　　鼻如悬胆两眉长,目似明星有宝光。

　　　　破衲芒鞋无住迹,腌脏更有一头疮。

　　那道人是如何模样? 看他时

　　　　一足高来一足低,浑身带水又拖泥。

　　　　相逢若问家何处,却在蓬莱弱水西。

　　贾政因命人请进来,问他二人在何山修道。那僧笑道:

　　"长官不消多话。因知府上人口欠安,特来医治的。"

　　贾政道:

　　"有两个人中了邪,不知有何仙方可治?"

　　那道人笑道:

　　"你家现有稀世之宝,可治此病,何须问方!"

　　贾政心中便动了,因道:

　　"小儿生时,虽带了一块玉来,上面刻着'能除凶邪',然亦未见灵效。"

　　那僧道:

　　"长官有所不知。那'宝玉'原是灵的,只因为声色货利所迷,故此不灵了。今将此宝取出来,待我持诵持诵,自然依旧灵了。"

　　贾政便向宝玉项上取下那块玉来递与他二人。那和尚擎在掌上,长叹一声,道:

　　"青埂峰下,别来十六载矣! 人世光阴迅速,尘缘未断,奈何奈何! 可羡你当日那段好处:

　　　　天不拘兮地不羁,心头无喜亦无悲。

　　　　只因煅炼通灵后,便向人间惹是非!

　　可惜今日这番经历呵:

　　　　粉渍脂痕污宝光,房栊日夜困鸳鸯。

　　　　沉酣一梦终须醒,冤债偿清好散场。

　　念毕,又摩弄了一回,说了些疯话,递与贾政,道:

　　"此物已灵,不可亵渎。悬于卧室上槛,除自己亲人外,不可令阴人冲犯。三十三日之后,包管好了。"

贾政忙命人让茶,那二人已经走了,只得依言而行。凤姐宝玉果一日好似一日的,渐渐醒来,知道饿了。贾母王夫人才放了心。众姊妹都在外间听消息。黛玉先念了一声佛,宝钗笑而不言。惜春道:

又写宝钗黛玉爱情冲突,但宝钗的话圆滑,黛玉的话两面伤人,作者对人物性格扣得很紧。

"宝姐姐笑什么?"

宝钗道:

"我笑如来佛比人还忙:又要渡化众生,又要保佑人家病痛都叫他速好,又要管人家的婚姻,叫他成就。你说可忙不忙?可好笑不好笑?"

一时黛玉红了脸,啐了一口道:

"你们都不是好人! 再不跟着好人学,只跟着凤丫头学的贫嘴贱舌的。"

一面说,一面掀帘子出去了。

① 毛脚鸡似的——做事粗率、毛糙、轻躁的意思。
② 撞客——迷信的说法,以为精神错乱是鬼魂附体,着鬼迷了。这种现象叫做撞客。
③ 口头(头字轻音)——这里是味道的意思。
④ 送祟——迷信者焚烧纸钱等物想送走鬼祟,叫作送祟。
⑤ 跳神——用巫人祭神,有唱歌、跳舞等仪节,叫做跳神。

第二十六回　蜂腰桥设言传心事
　　　　　潇湘馆春困发幽情

　　话说宝玉养过了三十三天之后，不但身体强壮，亦且连脸上疮痕平复，仍回大观园去。这也不在话下。

　　且说近日宝玉病的时节，贾芸带着家下小厮坐更看守，昼夜在这里；那小红同众丫鬟也在这里守着宝玉：彼此相见日多，渐渐的混熟了。小红见贾芸手里拿着块绢子，倒像是自己从前掉的，待要问他，又不好问。不料那和尚道士来过，用不着一切男人，贾芸仍种树去了。这件事，待放下又放不下，待要问去又怕人猜疑。正是犹豫不决，神魂不定之际，忽听窗外问道：

　　"姐姐在屋里没有？"

　　小红闻听，在窗眼内望外一看，原来是本院的个小丫头佳蕙，因答说：

　　"在家里呢，你进来罢。"

　　佳蕙听了，跑进来，就坐在床上，笑道：

　　"我好造化！才在院子里洗东西，宝玉叫往林姑娘那里送茶叶，花大姐姐交给我送去，可巧老太太给林姑娘送钱来，正分给他们的丫头们呢。见我去了，林姑娘就抓了两把给我，也不知是多少。你替我收着。"便把手绢子打开，把钱倒出来，交给小红。小红就替她一五一十的数了收起。

　　佳蕙道：

　　"你这两日心里到底觉着怎么样？依我说，你竟家去住两日，请一个大夫来瞧瞧，吃两剂药，就好了。"

　　小红道：

“那里的话？好好儿的，家去做什么？”

佳蕙道：

“我想起来了。林姑娘生的弱，她时常吃药，你就和她要些来吃，也是一样。”

小红道：

“胡说！药也是混吃的？”

佳蕙道：

“你这也不是个长法儿，又懒吃懒喝的，终久怎么样？”

小红道：

“怕什么？还不如早些死了倒干净！”

佳蕙道：

“好好儿的，怎么说这些话？”

小红道：

“你那里知道我心里的事！”

佳蕙点头，想了一会，道：

“可也怨不得你，这个地方，本也难站。就像昨儿老太太因宝玉病了这些日子，说伏侍的人都辛苦了，如今身上好了，各处还香了愿，叫把跟着的人都按着等儿赏他们。我们算年纪小，上不去，我也不抱怨；像你怎么也不算在里头？我心里就不服。袭人那怕她得十分儿，也不恼。原该的。说句良心话，谁还能比她呢？别说她素日殷勤小心，就是不殷勤小心，也拼不得。只可气晴雯绮霞她们这几个都算在上等里去！仗着宝玉疼她们，众人就都捧着她们，你说可气不可气？”

小红道：

“也犯不着气她们。俗语说的，‘千里搭长棚，没有个不散的筵席’，谁守一辈子呢？不过三年五年，各人干各人的去了，那时谁还管谁呢？”

这两句话，不觉感动了佳蕙的心肠，由不得眼圈儿红了，又不好意思无端的哭，只得勉强笑道：

"你这话说的是。昨儿宝玉还说明儿怎么收拾房子,怎么做衣裳,倒像有几百年熬煎似的!"

小红听了,冷笑两声。方要说话,只见一个未留头①的小丫头走进来,手里拿着些花样子并两张纸,说道:

"这两个花样子叫你描出来呢。"

说着,向小红撂下,回转身就跑了。小红向外问道:

"到底是谁的? 也等不的说完就跑,谁蒸下馒头等着你,怕冷了不成?"

那小丫头在窗外只说得一声"是绮大姐姐的",抬起脚来,咕咚咕咚又跑了。

小红便赌气,把那样子撂在一边,向抽屉内找笔。找了半天,都是秃的,因说道:

"前儿一支新笔放在那里了? 怎么想不起来? ⋯⋯"一面说,一面出神想了一回,方笑道:

"是了,前儿晚上莺儿拿了去了。"

因问佳蕙道:

"你替我取了来。"

佳蕙道:

"花大姐姐还等着我替他拿箱子,你自己取去罢。"

小红道:

"她等着你,你还坐着闲磕牙儿? 我不叫你取去,她也不等你了。坏透了的小蹄子!"

说着,自己便出房来,出了怡红院,一径往宝钗院内来,刚至沁芳亭畔,只见宝玉的奶娘李嬷嬷从那边来。小红立住,笑问道:

"李奶奶,你老人家那里去了? 怎么打这里来?"

李嬷嬷站住,将手一拍,道:

"你说,好好儿的,又看上了那个什么云哥儿雨哥儿的,这会子逼着我叫了他来。明儿叫上屋里听见,可又是不好?"

小红笑道:

"你老人家当真的就信着他去叫么?"

李嬷嬷道:

"可怎么样呢?"

小红笑道:

"那一个要是知好歹,就不进来才是。"

李嬷嬷道:

"他又不傻,为什么不进来?"

小红道:

"既是进来,你老人家该别和他一块儿来;回来叫他一个人混珊,看他怎么样!"

李嬷嬷道:

"我有那么大工夫和他走?不过告诉了他,回来打发个小丫头子,或是老婆子,带进他来就完了。"

说着,拄着拐,一径去了。小红听说,便站着出神,且不去取笔。

不多时,只见一个小丫头跑来,见小红站在那里,便问道:

"红姐姐,你在这里作什么呢?"

小红抬头,见是小丫头子坠儿。

小红道:

"那里去?"

坠儿道:

"叫我带进芸二爷来。"

说着,一径跑了。

写眉目传情,生动有致。

这里小红刚走到蜂腰桥门前,只见那边坠儿引着贾芸来了。那贾芸一面走,一面拿眼把小红一溜;那小红只装着和坠儿说话,也把眼去一溜贾芸:四目恰好相对。小红不觉把脸一红,一扭身,往蘅芜院去了。不在话下。

这里贾芸随着坠儿逶迤来至怡红院中。坠儿先进去回明了。

然后方领贾芸进去。贾芸看时，只见院内略略有几点山石，种着芭蕉、海棠，那边有两只仙鹤在芭蕉下剔翎，一溜回廊上吊着各色笼子，笼着仙禽异鸟。上面小小五间抱厦，一色雕镂新鲜花样槅扇，上面悬着一个匾，四个大字，题道是"怡红快绿"。贾芸想道：

"怪道叫怡红院，原来匾上是这四个字。"

正想着，只听里面隔着纱窗子笑说道：

"快进来罢。我怎么就忘了你两三个月！"

贾芸听见是宝玉的声音，连忙进入房内。抬头一看，只见金碧辉煌，文章闪烁，却看不见宝玉在那里。一回头，只见左边立着一架大穿衣镜，从镜后转出两个——一对儿——十五六岁的丫头来，说：

"请二爷里头屋里坐。"

贾芸连正眼也不敢看，连忙答应了。又进一道碧纱橱，只见小小一张填漆床上，悬着大红销金撒花帐子。宝玉穿着家常衣服，靸着鞋，倚在床上，拿着本书看。见他进来，将书掷下，早带笑立起身来。贾芸忙上前请了安，宝玉让坐，便在下面一张椅子上坐了。

宝玉笑道：

"只从那个月见了你，我叫你往书房里来，谁知接接连连，许多事情，就把你忘了。"

贾芸笑道：

"总是我没造化，偏又遇着叔叔欠安。叔叔如何可大安了？"

宝玉道：

"大好了。我倒听见说，你辛苦了好几天。"

贾芸道：

"辛苦也是该当的。叔叔大安了，也是我们一家子的造化。"

说着，只见有个丫鬟端了茶来与他。那贾芸嘴里和宝玉说话，眼睛却瞅那丫鬟：细挑身子，容长脸儿，穿着银红袄儿，青缎子坎肩，白绫细摺儿裙子。

那贾芸自从宝玉病了，他在里头混了两天，都把有名人口记了一半，他看见这丫鬟，知道是袭人，她在宝玉房中，比别人不同，如今端了茶来，宝玉又在旁边坐着，便忙站起来，笑道：

"姐姐怎么给我倒起茶来？我来到叔叔这里又不是客，等我自己倒罢了。"

宝玉道：

"你只管坐罢。丫头们跟前，也是这么着。"

贾芸笑道：

"虽那么说，叔叔屋里的姐姐们，我怎么敢放肆呢？"

一面说，一面坐下吃茶。

那宝玉便和他说些没要紧的散话，又说道，谁家的戏子好，谁家的花园好；又告诉他，谁家的丫头标致，谁家的酒席丰盛，又是谁家有奇货，又是谁家有异物。那贾芸口里只得顺着他说。说了一回，见宝玉有些懒懒的了，便起身告辞。宝玉也不甚留，只说："你明儿闲了，只管来。"仍命小丫头子坠儿送出去了。

贾芸出了怡红院，见四顾无人，便慢慢的停着些走，口里一长一短，和坠儿说话。先问他：几岁了？名字叫什么？你父母在那行上？在宝叔叔屋里几年了？一个月多少钱？共总宝叔屋内有几个女孩子？那坠儿见问，便一桩桩的都告诉他了。贾芸又道：

"刚才那个和你说话的，她可是叫小红？"

坠儿笑道：

"她就叫小红。你问她作什么？"

贾芸道："方才她问你什么绢子，我倒拣了一块。"

坠儿听了，笑道：

"她问了我好几遍，可有看见她的绢子的。我那里那么大工夫管这些事。今儿她又问我，她说我替她找着了，她还谢我呢。才在蘅芜院门口儿说的，二爷也听见了，不是我撒谎。好二爷，你既拣了，给我罢。我看她拿什么谢我。"

原来上月贾芸进来种树之时，便拣了一块罗帕，知是这园内的人失落的，但不知是那一个人的，故不敢造次。今听见小红问坠

儿,知是她的,心内不胜喜幸。又见坠儿追索,心中早得了主意,便
向袖内将自己的一块取出来,向坠儿笑道:

"我给是给你,你要得了她的谢礼,可不许瞒着我。"

坠儿满口里答应了,接了绢子,送出贾芸,回来找小红。不在
话下。

如今且说宝玉打发贾芸去后,意思懒懒的,歪在床上,似有朦
胧之态。袭人便走上来。坐在床沿上推他,说道:

"怎么又要睡觉? 你闷的很,出去逛逛不好?"

宝玉见说,携着她的手,笑道:"我要去,只是舍不得你。"

袭人笑道:

"你别没的说了。"

一面说,一面拉起他来。宝玉道:

"可往那里去呢? 怪腻腻烦烦的。"

袭人道:

"你出去就好了,只管这么委琐,越发心里腻烦了。"

宝玉无精打彩,只得依她。晃出了房门,在回廊上调弄了一回
雀。出至院外,顺着沁芳溪看了一回金鱼。只见那边山坡上两只
小鹿儿箭也似的跑来,宝玉不解何意。正自纳闷,只见贾兰在后
面,拿着一张小弓儿赶来,一见宝玉在前,便站住了,笑道:

"二叔叔在家里呀,我只当出门去了呢。"

宝玉道:

"你又淘气了。好好儿的,射它做什么?"

贾兰笑道:

"这会子不念书,闲着做什么? 所以演习演习骑射。"

宝玉道:

"磕了牙,那时候儿才不演呢。"

说着,便顺着脚,一径来至一个院门前,看那凤尾森森,龙吟细
细[2]正是潇湘馆。宝玉信步走入,只见湘帘垂地,悄无人声。走至
窗前,觉得一缕幽香,从碧纱窗中暗暗透出。宝玉便将脸贴在纱窗

303

上看时,耳内忽听得细细的长叹了一声,道:

"'每日家,情思睡昏昏!'"宝玉听了,不觉心内痒将起来。再看时,只见黛玉在床上伸懒腰。宝玉在窗外笑道:

"为什么'每日家,情思睡昏昏'的?"

一面说,一面掀帘进来了。黛玉自觉忘情,不觉红了脸,拿袖子遮了脸,翻身向里,装睡着了。

宝玉才走上来,要扳她的身子,只见黛玉的奶娘并两个婆子都跟进来了,说:

"妹妹睡觉呢,等醒来再请罢。"

刚说着,黛玉便翻身坐起来,笑道:

"谁睡觉呢?"

那两三个婆子见黛玉起来,便笑道:

"我们只当姑娘睡着了。"说着,便叫紫鹃,说:

"姑娘醒了,进来伺候。"

一面说,一面都去了。

黛玉坐在床上,一面抬手整理鬓发,一面笑向宝玉道:

> 写黛玉心理神态细腻之至。

"人家睡觉,你进来做什么?"

宝玉见她星眼微饧,香腮带赤,不觉神魂早荡,一歪身坐在椅子上,笑道:

"你才说什么?"

黛玉道:

"我没说什么。"

宝玉笑道:

"给你个榧子③吃呢!我都听见了。"

二人正说话,只见紫鹃进来。宝玉笑道:

"紫鹃,把你们的好茶沏碗我喝。"

紫鹃道:

"我们那里有好的?要好的只好等袭人来。"

黛玉道:

"别理他。你先给我舀水去罢。"

紫鹃道:

"他是客,自然先沏了茶来,再舀水去。"

说着,倒茶去了。宝玉笑道:

"好丫头!'若共你多情小姐同鸳帐,怎舍得叫你叠被铺床?'"

黛玉登时急了,摆下脸来,说道:

你说什么?"

宝玉笑道:

"我何尝说什么!"

黛玉便哭道:

"如今新兴的,外头听了村话来,也说给我听,看了混帐书,也拿我取笑儿:我成了替爷们解闷儿的了!"

一面哭,一面下床来,往外就走。宝玉心下慌了,忙赶上来说:

"好妹妹,我一时该死,你好歹别告诉去! 我再敢说这些话,嘴上就长个疔,烂了舌头。"

正说着,只见袭人走来,说道:

"快回去穿衣裳去罢。老爷叫你呢。"

宝玉听了,不觉打了个焦雷一般,也顾不得别的,疾忙回来穿衣服。出园来,只见焙茗在二门前等着,宝玉问道:

"你可知道老爷叫我是为什么?"

焙茗道:

"爷快出来罢,横竖是见去的,到那里就知道了。"一面说,一面催着宝玉。

转过大厅,宝玉心里还自狐疑。只听墙角边一阵呵呵大笑,回头见薛蟠拍着手,跳出来,笑道:

"要不说姨夫叫你,你那里肯出来的这么快!"

焙茗也笑着跪下了。宝玉怔了半天,方想过来,是薛蟠哄出他来。薛蟠连忙打恭作揖赔不是,又求:

"别难为了小子,都是我央及他去的。"

宝玉也无法了，只好笑问道：

"你哄我也罢了，怎么说是老爷呢？我告诉姨娘去，**评评**这个理，可使得么？"

薛蟠忙道：

"好兄弟，我原为求你快些出来，就忘了忌讳这句话。改日你要哄我，也说我父亲，就完了。"

宝玉道：

"嗳哟！越发的该死了！"又问焙茗道："反叛杂种！还跪着做什么？"

焙茗连忙叩头起来。

薛蟠道：

"要不是，我也不敢惊动。只因明儿五月初三是我的生日，谁知老胡和老程他们不知那里寻了来的，这么粗，这么长，粉脆的鲜藕；这么大的西瓜；这么长，这么大的暹罗国进贡的灵柏香薰的暹罗猪、鱼。你说，这四样礼物可难得不难得？那鱼、猪，不过贵而难得；这藕和瓜，亏他怎么种出来的！我先孝敬了母亲，赶着就给你们老太太、姨母送了些去。如今留了些，我要自己吃，恐怕折福，左思右想，除我之外，惟你还配吃，所以特请你来。可巧唱曲儿的一个小子又来了。我和你乐一天，何如？"

> 作者写薛蟠这个粗人、浑人，生动有趣，宝玉有个弟弟贾环，宝钗也有个哥哥薛蟠两相衬托，效果更大。曹雪芹善用对比手法。

一面说，一面来到他书房里，只见詹光、程日兴、胡斯来、单聘仁等并唱曲儿的小子都在这里。见他进来，请安的，问好的，都彼此见过了。吃了茶，薛蟠即命人摆酒来。

说犹未了，众小厮七手八脚摆了半天，方才停当归坐。宝玉果见瓜藕新异，因笑道：

"我的寿礼还没送来，倒先扰了。"

薛蟠道：

"可是呢。你明儿来拜寿，打算送什么新鲜物儿？"

宝玉道：

"我没有什么送的。若论银钱穿吃等类的东西，究竟还不是我的，惟有写一张字，或画一张画，这才是我的。"

薛蟠笑道：

"你提画儿，我才想起来了。昨儿我看人家一本春宫儿，画的很好，上头还有许多的字。我也没细看，只看落的款，原来是什么'庚黄'的。真好的了不得！"

宝玉听说，心下猜疑道："古今字画也都见过些，那里有个'庚黄'？……"想了半天，不觉笑将起来，命人取过笔来，在手心里写了两个字，又问薛蟠道：

"你看真了是'庚黄'么？"

薛蟠道：

"怎么没看真？"

宝玉将手一撒给他看，道：

"可是这两个字罢？其实和'庚黄'相去不远。"

众人都看时，原来是"唐寅"两个字，都笑道：

"想必是这两个字，大爷一时眼花了，也未可知。"

薛蟠自觉没趣，笑道：

"谁知他是'糖银'是'果银'的！"

正说着，小厮来回："冯大爷来了。"宝玉便知是神武将军冯唐之子冯紫英来了。薛蟠等一齐都叫"快请"。说犹未了，只见冯紫英一路说笑，已进来了，众人忙起席让坐。冯紫英笑道：

"好啊！也不出门了，在家里高乐罢。"

宝玉薛蟠都笑道：

"一向少会。老世伯身上安好？"

紫英答道：

"家父倒也托庇康健，但近来家母偶着了一些风寒，不好了两天。"

薛蟠见他面上有些青伤，便笑道：

"这脸上又和谁挥拳来? 挂了幌子了。"

冯紫英笑道:

"从那一遭把仇都尉的儿子打伤,我记了,再不怄气,如何又挥拳? 这脸上是前日打围,在铁网山,教兔鹘④捎了一翅膀。"

宝玉道:

"几时的话?"

紫英道:

"三月二十八日去的,前儿也就回来了。"

宝玉道:

"怪道前儿初三四儿,我在沈世兄家赴席,不见你呢。 我要问,不知怎么忘了。 单你去了? 还是老世伯也去了?"

紫英道:

"可不是家父去,我没法儿,去罢了。 难道我闲疯了,咱们几个人吃酒听唱的不乐,寻那个苦恼去? 这一次,大不幸之中却有大幸!"

薛蟠众人见他吃完了茶,都说道:

"且人席,有话慢慢的说。"

冯紫英听说,便立起身来说道:

"论理,我该陪饮几杯才是,只是今儿有一件很要紧的事,回去还要见家父面回,实不敢领。"

薛蟠宝玉众人那里肯依,死拉着不放。 冯紫英笑道:

"这又奇了。 你我这些年,那一回有这个道理的? 实在不能遵命。 若必定叫我喝,拿大杯来,我领两杯就是了。"

众人听说,只得罢了。 薛蟠执壶,宝玉把盏,斟了两大海。 那冯紫英站着,一气而尽。 宝玉道:

"你到底把这个'不幸之幸'说完了再走。"

冯紫英笑道:

"今儿说的也不尽兴。 我为这个,还要特治一个东儿,请你们去细谈一谈;二则还有奉恳之处。"说着,撒手就走。 薛蟠道:

"越发说的人热刺刺的扔不下！多早晚才请我们？告诉了，省了人打闷雷。"

冯紫英道：

"多则十日，少则八天。"一面说，一面出门上马去了。众人回来，依席又饮了一回方散。

宝玉回至园中，袭人正惦记他去见贾政不知是祸是福，只见宝玉醉醺醺回来，因问其原故。宝玉一一向她说了。袭人道：

"人家牵肠挂肚的等着，你且高乐去。也到底打发个人来给个信儿！"

宝玉道：

"我何尝不要送信儿？因冯世兄来了，就混忘了。"

正说着，只见宝钗走进来，笑道：

"偏了我们新鲜东西了！"

宝玉笑道：

"姐姐家的东西，自然先偏了我们了。"

宝钗摇头笑道：

"昨儿哥哥倒特特的请我吃，我不吃，我叫他留着送给别人罢。我知道我的命小福薄，不配吃那个。"说着，丫鬟倒了茶来吃茶，说闲话儿。不在话下。

却说那黛玉听见贾政叫了宝玉去了一日不回来，心中也替他忧虑。至晚饭后，闻得宝玉来了，心里要找他问问是怎么样了。一步步行来，见宝钗进宝玉的园内去了，自己也随后走了来，刚到沁芳桥，只见各色水禽尽都在池中浴水，也认不出名色来，但见一个个文彩闪灼，好看异常。因而站住，看了一回，再往怡红院来，门已关了。黛玉即便叩门。

谁知晴雯和碧痕二人正拌了嘴，没好气，忽见宝钗来了，那晴雯正把气移在宝钗身上，偷着在院内抱怨说：

"有事没事，跑了来坐着，叫我们三更半夜的不得睡觉！"

忽听又有人叫门，晴雯越发动了气，也并不问是谁，便说道：

"都睡下了,明儿再来罢!"

黛玉素知丫头们的性情,她们彼此玩耍惯了,恐怕院内的丫头没听见是她的声音,只当别的丫头们了,所以不开门。因而又高声说道:

"是我,还不开门么?"

晴雯偏偏还没听见,便使性子说道:

"凭你是谁! 二爷吩咐的,一概不许放进人来呢!"

> 这个误会制造得天衣无缝,也表现了黛玉多愁善感的性格,加强了三角关系的矛盾。

黛玉听了这话,不觉气怔在门外要。待高声问她,逗起气来,自己又回想一番:"虽说是舅母家如同自己家一样,到底是客边。如今父母双亡,无依无靠,现在他家依栖,若是认真怄气,也觉没趣!"一面想,一面又滚下泪珠来了。真是回去不是,站着不是,正没主意,只听里面一阵笑语之声,细听一听,竟是宝玉宝钗二人。黛玉心中越发动了气,左思右想,忽然想起早起的事来:

"必竟是宝玉恼我告他的原故。——但我何尝告你去了! 你也不打听打听,就恼我到这步田地! 你今儿不叫我进来,难道明儿就不见面了?"

越想越觉伤感,便也不顾苍苔露冷,花径风寒,独立墙角边花阴之下,悲悲切切,呜咽起来。

原来这黛玉秉绝代之姿容,具稀世之俊美,不期这一哭,那些附近的柳枝花朵上宿鸟栖鸦⑥,一闻此声,俱忒楞楞飞起远避,不忍再听。正是:"花魂点点无情绪,鸟梦痴痴何处惊?"又有一首诗道:

> 颦儿才貌世应稀,独抱幽芳出绣闺。
>
> 呜咽一声犹未了,落花满地鸟惊飞。

那黛玉正自啼哭,忽听吱喽喽一声,院门开处,只见宝钗出来了,宝玉袭人一群人都送出来。待要上去问着宝玉,又恐当着人问,羞了宝玉不便,因而闪过一旁,让宝钗去了。宝玉等进去关了门,方转过来,尚望着门洒了几点泪。自觉无味,转身回来,无精打彩的卸了残妆。

　　紫鹃雪雁素日知道黛玉的情性:无事闷坐,不是愁眉,便是长叹,且好端端的,不知为着什么,常常的便自泪不干的。先时还有人解劝,或怕她思父母,想家乡,受委屈,用话来宽慰。谁知后来一年一月的,竟是常常如此,把这个样儿看惯了,也都不理论了。所以也没人去理她,由她闷坐。只管外间自便去了。

　　那黛玉倚着床栏杆,两手抱着膝,眼睛含着泪,好似木雕泥塑的一般,直坐到二更多天,方才睡了。一宿无话。

① 留头——清代女孩幼年剃头发的四周,中留辫顶,年龄渐长,便将四周头发留蓄起来,叫做留头,又说留满头。
② 凤尾森森,龙吟细细——古时有用龙凤喻竹的。这儿凤尾状竹叶的形态;龙吟状风吹竹叶的声音。
③ 榧子——用拇指和中指相捻,擦出很脆的响声,叫作打榧子。在从前是当作打情骂俏的一种动作。
④ 兔鹘——一种尾部羽毛微带赭色的白鹰。
⑤ 忒楞楞——忒念滚舌音,忒楞楞形容鸟飞的声音。

第二十七回

滴翠亭杨妃戏彩蝶
埋香冢飞燕泣残红

次日,乃是四月二十六日。原来这日未时交芒种节。尚古风俗:凡交芒种节的这日,都要设摆各色礼物祭饯花神。言芒种一过便是夏日了,众花皆谢,花神退位,须要饯行。闺中更兴这件风俗,所以大观园中之人都早起来了。那些女孩子们,或用花瓣柳枝,编成轿马的;或用绫锦纱罗,叠成干旄旌幢的;都用彩线系了。每一棵树头,每一枝花上,都系了这些物事。满园里绣带飘飘,花枝招展。更兼这些人打扮的桃羞杏让,燕妒莺惭,一时也道不尽。

且说宝钗、迎春、探春、惜春、李纨、凤姐等并大姐儿、香菱与众丫鬟们,都在园里玩耍,独不见黛玉。迎春因说道:

"林妹妹怎么不见? 好个懒丫头! 这会子难道还睡觉不成?"

宝钗道:

"你们等着,等我去闹了她来。"

说着,便撂下众人,一直往萧湘馆来。正走着,只见文官等十二个女孩子也来了,上来问了好,说了一回闲话儿才走开。宝钗回身指道:

"她们都在那里呢,你们找她们去。我找林姑娘去,就来。"

说着,逶迤往潇湘馆来。忽然抬头见宝玉进去了,宝钗便站住,低头想了一想:宝玉和黛玉兄妹弟间多有不避嫌疑之处,嘲笑不忌,喜怒无常;况且黛玉素多猜忌,好弄小性儿;此刻自己也跟进去,一则宝玉不便,二则黛玉嫌疑,倒是回来的妙。想毕,抽身回来,刚要寻别的姊妹去,忽见面前一双玉色蝴蝶,大如团扇,一上一下,迎风翩跹,十分有趣。宝钗意欲扑了来玩耍,遂向袖中取出扇子来向草地下来扑。只见那一双蝴蝶，忽起忽落，来来往往，将欲过河去了。引的宝钗蹑手蹑脚的，一直跟到池边滴翠亭上，香汗淋漓，娇喘细细。宝钗也无心扑了，刚欲回来，只听那亭里边嘁嘁喳喳有人说话。原来这亭子四面俱是游廊曲栏，盖在池中水上，四面雕镂槅子，糊着纸。

宝钗在亭外听见说话，便煞住脚，往里细听。只听说道：

"你瞧。这绢子果然是你丢的那一块，你就拿着；要不是，就还芸二爷去。"

又有一个说：

"可不是我那块？拿来给我罢。"

"你拿什么谢我呢？难道白找了来不成？"

"我已经许了谢你，自然是不哄你的。"

"我找了来给你，自然谢我；但只是那拣的人，你就不谢他么？"

"你别胡说。他是个爷们①家，拣了我们的东西，自然该还的，叫我拿什么谢他呢？"

"你不谢他，我怎么回他呢？况且他再三再四的和我说了，若没谢的，不许我给你呢。"

半晌，又听说道：

"也罢，拿我这个给他，算谢他的罢。——你要告诉别人呢？须得起个誓。"

"我要告诉人，嘴上就长一个疔，日后不得好死！"

"嗳哟！咱们只顾说，看仔细有人来悄悄的在外头听见！不如把这**槅**子都推开了，就是人见咱们在这里，他们只当我们说玩话儿呢。走到跟前，咱们也看的见，就别说了。"

宝钗外面听见这话，心中吃惊，想道：

"怪道从古至今那些奸淫狗盗的人，心机都不错！这一开了，见我在这里，她们岂不臊了？况且说话的语音，大似宝玉房里的小红，她素昔眼空心大，是个头等刁钻古怪的丫头。今儿我听了她的

宝钗想法与黛玉不同，作者制造同类事件，却表现两种性格。

短儿，'人急造反，狗急跳墙'，不但生事，而且我还没趣。如今便赶着躲了，料也躲不及，少不得要使个'金蝉脱壳'的法子。"犹未想完，只听咯吱一声，宝钗便故意放重了脚步，笑着叫道：

"颦儿！我看你往那里藏！"

一面说，一面故意往前赶。

那亭内的小红，坠儿刚一推窗，只听宝钗如此说着，往前赶，两个人都唬怔了。宝钗反向她二人笑道：

"你们把林姑娘藏在那里了？"

坠儿道：

"何曾见林姑娘了？"

宝钗道：

"我才在河那边看着林姑娘在这里蹲着弄水儿呢。我要悄悄的唬她一跳，还没有走到跟前，她倒看见我了，朝东一绕，就不见了。别是藏在里头了？"

> 作者写宝钗嫁祸黛玉不着痕迹，宝钗心机之深之险，不下于王熙凤。林黛玉焉得不败！这是作者的诛心之笔。

一面说，一面故意进去寻一寻，抽身就走，口内说道：

"一定又钻在山子洞里去了。遇见蛇，咬一口也罢了！"

一面说，一面走，心中又好笑：

"这件事算遮过去了，不知她二人怎么样？"

谁知小红听了宝钗的话，便信以为真，让宝钗去远，便拉坠儿，道：

"了不得了！林姑娘蹲在这里，一定听了话去了。"

坠儿听了，也半日不言语。小红又道：

"这可怎么样呢？"

坠儿道：

"听见了，管谁筋疼，各人干各人的就完了。"

小红道：

"要是宝姑娘听见，还罢了。那林姑娘嘴里又爱克薄人，心里又细，她一听见了，倘或走漏了，怎么样呢？"

二人正说着，只见香菱、臻儿、司棋、侍书等上亭子来了。二人只得掩着这话，且和她们玩笑。只见凤姐儿站在山坡上招手儿。小红便连忙弃了众人，跑到凤姐前，堆着笑问：

"奶奶使唤做什么事？"

凤姐打量了一回，见她生的干净俏丽，说话知趣，因笑道：

"我的丫头们今儿没跟我进来。我这会子想起一件事来，要使唤个人出去，不知你能干不能干？说的齐全不齐全？"

小红笑道：

"奶奶有什么话，只管吩咐我说去；若说的不齐全，误了奶奶的事，任凭奶奶责罚就是了。"

凤姐笑道：

"你是那位姑娘屋里的？我使你出去，她回来找你，我好替你说。"

小红道：

"我是宝二爷屋里的。"

凤姐听了，笑道：

"嗳哟！你原来是宝玉屋里的，怪道呢。也罢了，等他问，我替你说。你到我们家告诉你平姐姐：外头屋里桌子上汝窑盘子架儿底下放着一卷银子，那是一百二十两，给绣匠的工价，等张材家的来，当面秤给她瞧了，再给她拿去。还有一件事：里头床头儿上有个小荷包儿，拿了来。"

小红听说，答应着，撤身去了。不多时回来，不见凤姐在山坡上了。因见司棋从山洞里出来，站着系带子，便赶来问道：

"姐姐，不知道二奶奶往那里去了？"

司棋道：

"没理论。"

小红听了，回身又往四下里一看，只见那边探春宝钗在池边看鱼。小红上来陪笑道：

"姑娘们，可知道二奶奶刚才那里去了？"

探春道：

"往你大奶奶院里找去。"

小红听了，再往稻香村来，顶头见晴雯、绮霞、碧痕、秋纹、麝月、侍书、入画、莺儿等一群人来了。晴雯一见小红，便说道：

"你只是疯罢！院子里花儿也不浇，雀儿也不喂，茶炉子也不弄，就在外头逛。"

小红道：

"昨儿二爷说了，今儿不用浇花儿，过一日浇一回。我喂雀儿的时候儿，你还睡觉呢。"

碧痕道：

"茶炉子呢？"

小红道：

"今儿不该我的班儿，有茶没茶，别问我。"

绮霞道：

"你听听她的嘴！你们别说了，让她逛罢。"

小红道：

"你们再问问，我逛了没逛。二奶奶才使唤我说话取东西去。"

说着，将荷包举给她们看，方没言语了，大家走开。晴雯冷笑道：

"怪道呢！原来爬上高枝儿去了，就不服我们说了。不知说了一句话，半句话，名儿姓儿知道了没有，就把她兴头的这个样儿！这一遭半遭儿的也算不得什么；过了后儿，还得听呵！——有本事从今儿出了这圈子，长长远远的在高枝儿上才算好的呢。"一面说着，去了。

这里小红听了，不便分证，只得忍气，来找凤姐。到了李氏房中，果见凤姐在这里和李氏说话儿呢。小红上来回道：

| 晴雯伶牙利齿，嘴不饶人，作者写丫头勾心斗角也很成功。 |

"平姐姐说，奶奶刚出来了。她就把银子收起来了；才张材家的来取，当面称了给她拿了去了。"说着，将荷包递

上去。又道："平姐姐叫我来回奶奶：才旺儿进来讨奶奶的示下，好往那家子去，平姐姐就把那话按着奶奶的主意打发他去了。"

凤姐笑道：

"她怎么按着我的主意打发去了呢？"

小红道：

"平姐姐说：'我们奶奶问这里奶奶好。我们二爷没在家，虽然迟了两天，只管请奶奶放心。等五奶奶好些，我们奶奶还会了五奶奶来瞧奶奶呢。五奶奶前儿打发了人来说，舅奶奶带了信来了，问奶奶好，还要和这里的姑奶奶寻几丸延年神验万金丹。若有了，奶奶打发人来，只管送在我们奶奶这里。明儿有人去，就顺路给那边舅奶奶带了去。'"

小红还未说完，李氏笑道：

"嗳哟！这话我就不懂了。什么'奶奶''爷爷'的一大堆。"

凤姐笑道：

"怨不得你不懂，这是四五门子的话呢。"说着，又向小红笑道："好孩子，难为你说的齐全，不像她们扭扭捏捏蚊子似的。嫂子不知道，如今除了我随手使的这几个丫头老婆之外，我就怕和别人说话。她们必定把一句话拉长了作两三截儿，咬文嚼字，拿着腔儿，哼哼唧唧的，急的我冒火，她们那里知道？我们平儿先也是这么着。我就问着她：难道必定装蚊子哼哼就算美人儿了？说了几遭儿，才好些儿了。"

李纨笑道：

"都像你泼辣货才好！"

凤姐道：

"这个丫头就好。刚才这两遭说话虽不多，口角儿就很剪断。"说着，又向小红笑道："明儿你伏侍我罢，我认你做干女孩儿。我一调理，你就出息了。"

小红听了，扑哧一笑。

凤姐道：

"你怎么笑？你说我年轻，比你能大几岁，就做你的妈了？你做春梦呢！你打听打听，这些人比你大的赶着我叫妈，我还不理呢。今儿抬举了你了。"

小红笑道：

"我不是笑这个，我笑奶奶认错了辈数儿了：我妈是奶奶的干女孩儿，这会子又认我做干女孩儿。"

凤姐道：

"谁是你妈？"

李纨笑道：

"你原来不认的她？她是林之孝的女孩儿。"

凤姐听了，十分诧异，因说道：

"哦！是她的丫头啊！"又笑道："林之孝两口子，都是锥子扎不出声儿来的，我成日家说，他们倒是配就了的一对儿：一个天聋，一个地哑。那里承望养出这么个伶俐丫头来！——你十几了？"

小红道："十七岁了。"

又问名字。小红道：

"原叫红玉，因为重了宝二爷，如今只叫小红了。"

凤姐听说，将眉一蹙，把头一回，说道：

"讨人嫌的很！得了玉的便宜似的，你也玉，我也玉。"

因说："嫂子不知道。我和她妈说：'赖大家的如今事多，也不知这府里谁是谁，你替我好好儿的挑两个丫头我使。'她只管答应着。她饶不挑，倒把她的女孩儿送给别处去。难道跟我必定不好？"

李纨笑道：

"你可是又多心了。进来在先，你说在后，怎么怨的她妈。"

凤姐也笑道：

"既这么着，明儿我和宝玉说，叫他再要人，叫这丫头跟我去。——可不知本人愿意不愿意？"

小红笑道：

“愿意不愿，我们也不敢说。只是跟着奶奶，我们学些眉眼高低，出入上下，大小的事儿，也得见识见识。”刚说着，只见王夫人的丫头来请，凤姐便辞了李纨去了。小红自回怡红院去。不在话下。

如今且说林黛玉因夜间失寝，次日起来迟了。闻得众姐妹都在园中做饯花会，恐人笑她痴懒，连忙梳洗了出来。刚到了院中，只见宝玉进门来了，便笑道：

“好妹妹，你昨儿告了我了没有？我悬了一夜的心。”黛玉便回头叫紫鹃：

“把屋子收拾了，下一扇纱屉子。看那大燕子回来，把帘子放下来，拿‘狮子’②倚住。烧了香，就把炉罩上。”

一面说，一面又往外走。

宝玉见她这样，还认作是昨日晌午的事，那知晚间的这件公案？还打恭作揖的。黛玉正眼儿也不看，各自出了院门，一直找别的姐妹去了。

宝玉心中纳闷，自己猜疑：

“看起这样光景来。不像是为昨儿的事。但只昨日我回来的晚了，又没有见她，再没有冲撞她的去处儿了。”

> 黛玉顾左右而言他，妙人妙语。作者三言两语妙趣横生。

一面想，一面由不得随后跟了来。只见宝钗探春正在那边看鹤舞，见黛玉来了，三个一同站着说话儿。又见宝玉来了，探春便笑道：

“宝哥哥，身上好？我整整的三天没见你了。”

宝玉笑道：

“妹妹身上好？我前儿还在大嫂子跟前问你呢。”

探春道：

“宝哥哥，你往这里来，我和你说话。”

宝玉听说，便跟了她，离了钗玉两个，到了一棵石榴树下。探春因说道：

“这几天老爷没叫你吗？”

宝玉笑道:

"没有叫。"

探春道:

"昨日我恍惚听见说,老爷叫你出去来着。"

宝玉笑道:

"那想是别人听错了。并没叫我。"

探春又笑道:

"这几个月,我又攒㉛下有十来吊钱了。你还拿了去,明儿出门逛去的时候,或是好字画,好轻巧玩意儿,替我带些来。"

宝玉道:

"我这么逛去,城里城外大廊大庙的逛,也没见个新奇精致东西,总不过是那些金玉铜磁器,没处撂的古董儿;再么就是绸缎吃食衣服了。"

探春道:

"谁要那些作什么! 像你上回买的那柳枝儿编的小篮子儿,竹子根儿挖的香盒儿,胶泥垛的风炉子儿,就好了。我喜欢的了不的,谁知她们都爱上了,都当宝贝儿似的抢了去了。"

宝玉笑道:

"原来要这个。这不值什么,拿几吊钱出去给小子们,管拉两车来。

探春道:

"小厮们知道什么! 你拣那有意思儿又不俗气的东西,你多替我带几件来。我还像上回的鞋做一双你穿,比那双还加工夫,如何呢?"

宝玉笑道:

"你提起鞋来,我想起个故事来了。一回穿着,可巧遇见了老爷,老爷就不受用,问是谁做的。我那里敢提三妹妹! 我就回说是前儿我的生日,舅母给的。老爷听了是舅母给的才不好说什么了,半日还说:'何苦来! 虚耗人力,作践绫罗,做这样的东西!'我回来

320

告诉了袭人。袭人说:'这还罢了,赵姨娘气的抱怨的了不得:正经亲兄弟,鞋蹋拉袜蹋拉的,没人看见,且做这些东西!'"

探春听说,登时沉下脸来道:

"你说,这话糊涂到什么田地! 怎么我是该做鞋的人么? 环儿难道没有分例的? 衣裳是衣裳,鞋袜是鞋袜,丫头老婆子一屋子,怎么抱怨这些话? 给谁听呢? 我不过闲着没事,做一双半双。爱给那个哥哥兄弟,随我的心,谁敢管我不成? 这也是她瞎气。"

宝玉听了,点头笑道:

"你不知道,她心里自然又有个想头了。"

探春听说,益发动了气,将头一扭,说道:

"连你也糊涂了! 她那想头,自然是有的,不过是那阴微下贱的见识。她只管这么想,我只管认得老爷太太两个人,别人我一概不管! 就是姐妹弟兄跟前,谁和我好,我就和谁好,什么偏的、庶的,我也不知道,论理,我不该说她。但她忒昏错聩的不像了! ——还有笑话儿呢,就是上回我给你那钱,替我买那些玩的东西,过了两天,她见了我,就说是怎么没钱,怎么难过。我也不理。谁知后来丫头们出去了,她就抱怨起我来,说我攒的钱什么给你使,倒不给环儿使呢。我听见这话,又好笑,又好气,我就出来往太太跟前去了。"

正说着,只见宝钗那边笑道:

"说完了,来罢。显见的是哥哥妹妹了。撂下别人,且说体己去。我们听一句儿就使不得了?"

说着,探春宝玉二人方笑着来了。

宝玉因不见了黛玉,便知是她躲了别处去了。想了一想。索性迟两日,等她的气息一息再去也罢了。因低头看见许多凤仙石榴等各色落花,锦重重的落了一地,因叹道:

"这是她心里生了气,也不收捡这花儿来了。等我送了去,明儿再问着她。"

说着,只见宝钗约着她们往后头去。宝玉道:

"我就来。"

等她二人去远，把那花儿兜起来，登山渡水，过树穿花，一直奔了那日和黛玉葬桃花的去处。将已到了花冢，犹未转过山坡，只听那边有呜咽之声，一面数落着，哭的好不伤心。宝玉心下想道：

"这不知是那屋里的丫头，受了委屈，跑到这个地方来哭？"

一面想，一面煞住脚步，听她哭道是：

花谢花飞飞满天，红消香断有谁怜？游丝软系飘春榭，落絮轻沾扑绣帘。闺中女儿惜春暮，愁绪满怀无着处，手把花锄出绣帘，忍踏落花来复去？柳丝榆荚自芳菲，不管桃飘与李飞。桃李明年能再发，明年闺中知有谁？三月香巢初垒成，梁间燕子太无情！明年花发虽可啄，却不道人去梁空巢已倾？一年三百六十日，风刀霜剑严相逼。明媚鲜妍能几时？一时飘泊难寻觅。花开易见落难寻，阶前愁杀葬花人，独把花锄偷洒泪，洒上空枝见血痕。杜鹃无语正黄昏，荷锄归去掩重门。青灯照壁人初睡，冷雨敲窗被未温。怪侬底事倍伤神？半为怜春半恼春：怜春忽至恼忽去，至又无言去不闻。昨宵庭外悲歌发，知是花魂与鸟魂？花魂鸟魂总难留，鸟自无言花自羞。愿侬此日生双翼，随花飞到天尽头！天尽头，何处有香丘？未若锦囊收艳骨，一抔净土掩风流。质本洁来还洁去，不教污淖陷渠沟。尔今死去侬收葬，未卜侬身何日丧？侬今葬花人笑痴，他年葬侬知是谁？试看春残花渐落，便是红颜老死时。一时春尽红颜老，花落人亡两不知！

正是一面低吟，一面哽咽，那边哭的自己伤心，却不道这边听的早已痴倒了。

怀里兜的落花撒了一地，试想林黛玉的花颜月貌，将来亦到无可寻觅之时，宁不心碎肠断！既黛玉终归无可寻觅之时，推之于他人，如宝钗、香菱、袭人等，亦可以到无可寻觅之时矣。宝钗等终归无可寻觅之时，则自己又安在呢？且自身不知何在，何往，将来斯处，斯园，斯花，斯柳，又不知当属谁姓？——因此，一而二，二而三，反覆推求了去，真不知此时此际如何解释这段悲伤！　正是：

"花影不离身左右，鸟声只在耳东西。"

那黛玉正自伤感，忽听山坡上也有悲声，心下想道：

"人人都笑我有痴病，难道还有一个痴的不成？"

抬头一看，见是宝玉，黛玉便啐道：

"呸！我打量是谁，原来是这个狠心短命的——"刚说到"短命"二字，又把口掩住，长叹一声，自己抽身便走。

这里宝玉悲恸了一回，见黛玉去了，便知黛玉看见他躲开了。自己也觉无味，抖抖土起来，下山寻归旧路，往怡红院来。可巧看见黛玉在前头走，连忙赶上去，说道

"你且站着。我知道你不理我，我只说一句话，从今以后撂开手。"

黛玉回头见是宝玉，待要不理他，听他说"只说一句话"，便道："请说"。宝玉笑道：

"两句话，说了你听不听呢？"

黛玉听说，回头就走。宝玉在身后面叹道：

"既有今日，何必当初？"

黛玉听见这语，由不得站住，回头道：

"当初怎么样？今日怎么样？"

宝玉道：

"嗳！当初姑娘来了，那不是我陪着玩笑？凭我心爱的，姑娘要，就拿去；我爱吃的，听见姑娘也爱吃，连忙收拾的干干净净，收着，等着姑娘回来。又在一个桌子上吃饭，丫头们想不到的，我怕姑娘生气，替丫头们都想到了。我想着：姊妹们从小儿长大，亲也罢，热也罢，和气到了儿，才见得比别人好。如今谁承望姑娘人大心大，不把我放在眼里，三日不理，四日不见的，倒把外四路儿的什么宝姐姐凤姐姐的放在心坎儿上。我又没个亲兄弟，亲妹妹，——虽然有两个，你难道不知道我是隔母的？我也和你是独出，只怕你

> 作者的彩笔，一触到宝玉黛玉的感情纠纷就妙不可言。此段表现了黛玉又爱又恨的复杂心理，言语动作，传神之至。另删去"一个床儿上睡觉"一句。

和我的心一样；谁知我是白操了这一番心，有冤无处诉！"说着，不觉哭起来。

那时黛玉耳内听了这话，眼内见了这光景，心内不觉灰了大半，也不觉滴下泪来，低头不语。宝玉见这般形像，遂又说道：

"我也知道，我如今不好了，但只任凭我怎么不好，万不敢在妹妹跟前有错处。——就有一二分错处，你或是教导我，戒我下次，或骂我几句，打我几下，我都不灰心。谁知你总不理我，叫我摸不着头脑儿，少魂失魄，不知怎么样才好！就是死了，也是个屈死鬼，任凭高僧高道忏悔，也不能脱生；还得你说明了缘故，我才得托生呢！"

黛玉听了这话，不觉将昨晚的事都忘在九霄云外了，便说道：

"你既这么说，为什么我去了你不叫丫头开门呢？"

宝玉诧异道：

"这话从那里说起？我要是这么着，立刻就死了！"

黛玉啐道：

"大清早起，死呀活的，也不忌讳！你说有呢就有，没有就没有，起什么誓呢？"

宝玉道：

"实在没有见你去，就是宝姐姐坐了一坐，就出来了。"

黛玉想了一想，笑道：

"是了。必是丫头们懒怠动，丧声歪气的，也是有的。"

宝玉道：

"想必是这个原故。等我回去，问了是谁，教训教训她们就好了。"

黛玉道：

"你的那些姑娘们也该教训教训，只是论理我不该说。今儿得罪了我的事小，倘或明儿宝姑娘来，什么'贝姑娘'来，也得罪了，事情可就大了。"

说着，抿着嘴儿笑，宝玉听了，又是咬牙，又是笑。

① 爷们——爷们有三义。一、泛称男子,与泛称妇人的娘们一类。二、指丈夫,如说某人的爷们就是某人的丈夫。三、重音在爷字,指少爷老爷等人而言。此处是第三义。

② 狮子——顶门用的长方石头,雕成带座的狮子形状。

③ 攒——陆续积蓄叫攒。同时从各方面聚敛起来也叫攒。这里是前一义。

第二十八回 林黛玉奇才逞口舌
薛宝钗殊宠获麝珠

二人正说话，见丫头来请吃饭，遂都往前头来了。王夫人见了黛玉，因问道：

"大姑娘，你吃那鲍太医的药，可好些？"

黛玉道：

"也不过这么着。老太太还叫我吃王大夫的药呢。"

宝玉道：

"太太不知道。林妹妹是内症，先天生的弱，所以禁不住一点儿风寒。不过吃两剂煎药，疏散了风寒，还是吃丸药的好。"

王夫人道：

"前儿大夫说了个丸药的名字，我也忘了。"

宝玉道：

"我知道那些丸药，不过叫她吃什么人参养荣丸。

王夫人道：

"不是。"

宝玉又道：

"八珍益母丸。左归，右归，——再不就是八味地黄丸。"

王夫人道：

"都不是。我只记得有个'金刚'两个字的。"宝玉拍手笑道：

"从来没听见有个什么金刚丸！若有了金刚丸，自然有菩萨散了！"

说的满屋里人都笑了。宝钗抿嘴笑道：

"想是天王补心丹。"

王夫人笑道：

"是这个名儿。如今我也糊涂了。"

宝玉道：

"太太倒不糊涂，都是叫金刚、菩萨支使糊涂了。"

王夫人道：

"扯你娘的臊！又欠你老子捶你了。"

宝玉笑道：

"我老子再不为这个捶我。"

王夫人又道：

"既有这个名儿，明儿就叫人买些来吃。"

宝玉道：

"这些药都是不中用的。太太给我三百六十两银子，我替妹妹配一料丸药，包管一料不完就好了。"

王夫人道：

"放屁，什么药就这么贵？"

宝玉笑道：

"当真的呢。我这个方子，比别的不同。那个药名也古怪，一时也说不清，只讲那头胎紫河车，人形带叶参，三百六十两不足。龟大何首乌，千年松根茯苓胆，诸如此类的药，不算为奇。只在群药里算那为君的药，说起来，唬人一跳！前年薛大哥哥求了我一二年，我才给了他这方子。他拿了方子去，又寻了二三年，花了有上千的银子，才配成了。太太不信，只问宝姐姐。"

宝钗听说，笑着摇手儿说道：

"我不知道，也没听见，你别叫姨娘问我。"

王夫人笑道：

"到底是宝丫头好孩子，不撒谎。"

宝玉站在当地，听见如此说，一回身，把手一拍，说道：

"我说的倒是真话呢，倒说撒谎！"

口里说着，忽一回身，只见林黛玉坐在宝钗身后抿着嘴笑，用手指头在脸上画着羞他。

凤姐因在里间屋里看着人放桌子，听如此说，便走来，笑道：

"宝兄弟不是撒谎，这倒是有的。前日薛大爷亲自和我来寻珍珠，我问他做什么，他说配药。他还抱怨说：'不配也罢了，如今那里知道这么费事！'我问什么药。他说是宝兄弟说的方子，说了多少药，我也不记得。他又说：'不是，我就买几颗珍珠了，只是必要头上戴过的，所以才来寻几颗。要没有散的花儿，就是头上戴过的拆下来也使得。过后儿我拣好的再给穿了来。'我没法儿，只得把两支珠子花儿现拆了给他。还要一块三尺长上用大红纱，拿乳钵研了面子呢。"

凤姐说了一句，宝玉念一句佛。凤姐说完了，宝玉又道：

"太太打量怎么着？这不过也是将就罢咧！正经按方子，这珍珠宝石是要在古坟里找，有那古时富贵人家儿装裹的头面拿了来才好。如今那里为这个去刨坟掘墓？所以只是活人带过的，也使得。"

王夫人听了道：

"阿弥陀佛！不当家花拉的①！就是坟里有，人家死了几百年，这会子翻尸倒骨的，作了药也不灵啊！"

宝玉因向黛玉道：

"你听见了没有？难道二姐姐也跟着我撒谎不成？"脸望着黛玉说，却拿眼睛瞟着宝钗。

黛玉便拉王夫人道：

"舅母听听，宝姐姐不替他圆谎，他只问着我。"

王夫人也道：

"宝玉很会欺负你妹妹。"

宝玉笑道：

"太太不知道这个原故。宝姐姐先在家里住着，薛大哥的事，她也不知道，何况如今在里头住着呢？自然是越发不知道了。林妹妹才在背后，以为是我撒谎，就羞我。"

正说着，见贾母房里的丫头找宝玉和黛玉去吃饭。黛玉也不叫宝玉，便起身带着那丫头走。那个丫头说：

"等着宝二爷，一块儿走啊。"

黛玉道：

"他不吃饭，不和咱们走，我先走了。"

说着，便出去了，宝玉道：

"我今儿还跟着太太吃罢。"

王夫人道：

"罢，罢。我今儿吃斋，你正经吃你的去罢。"

宝玉道：

"我也跟着吃斋。"

说着，便叫那丫头去罢，自己跑到桌子上坐了。王夫人向宝钗等笑道：

"你们只管吃你们的，由他去罢。"

宝钗因笑道：

"你正经去罢。吃不吃，陪着林妹妹走一趟，她心里正不自在呢。何苦来？"

宝玉道：

"理她呢，过一会子就好了。"

一时吃过饭，宝玉一则怕贾母惦记，二则也想着黛玉，忙忙的要茶漱口。探春惜春都笑道：

"二哥哥，你成日家忙的是什么？吃饭，吃茶，也是这么忙碌碌的。"

宝钗笑道：

"你叫他快吃了，瞧黛玉妹妹去罢。叫他在这里胡闹什么呢？"

宝玉吃了茶，便出来，一直往西院来。可巧走到凤姐儿院前，只见凤姐儿在门前站着，蹬着门槛子，拿耳挖子剔牙，看着十来个小厮们挪花盆呢。见宝玉来了，笑道：

"你来的好。进来，进来，替我写几个字儿。"

宝玉只得跟了进来。到了房里，凤姐命人取过笔砚纸来，向宝玉道：

"大红妆缎四十匹，蟒缎四十匹，各色上用纱一百匹，金项圈四个。"

宝玉道：

"这算什么？又不是帐，又不是礼物，怎么个写法儿？"

凤姐儿道：

"你只管写上，横竖我自己明白就罢了。"

宝玉听说，只得写了。凤姐一面收起来，一面笑道：

"还有句话告诉你，不知依不依。你屋里有个丫头，叫小红的，我要叫了来使唤，明儿我再替你挑一个，可使得么？"

宝玉道：

"我屋里的人多得很，姐姐喜欢谁，只管叫了来，何必问我？"

凤姐笑道：

"既这么着，我就叫人带她去了。"

宝玉道：

"只管带去罢。"

说着要走。凤姐道：

"你回来，我还有一句话呢。"

宝玉道：

"老太太叫我呢，有话等回来说罢。"

说着，便至贾母这边，只见都已吃完了饭了。贾母因问他："跟着你娘吃了什么好的了？"

宝玉笑道：

"也没什么好的，我倒多吃了一碗饭。"因问林姑娘在那里。贾母道："里头屋里呢。"

宝玉进来，只见地下一个丫头吹熨斗，炕上两个丫头打粉线，黛玉弯着腰拿剪子裁什么呢。宝玉走进来笑道：

"哦！这是做什么呢？才吃了饭，这么控着头，一会子又头痛了。”

黛玉并不理，只管裁她的。有一个丫头说道：

“那块绸子角儿还不好呢，再熨熨罢。”

黛玉便把剪子一撂，说道：

“理他呢！过一会子就好了。”

宝玉听了，自是纳闷。只见宝钗探春等也来了，和贾母说了一回话。宝钗也进来问：

“妹妹做什么呢？”因见林黛玉裁剪，笑道：“越发能干了，连裁铰都会了。”

黛玉笑道：

“这也不过是撒谎哄人罢了。”

宝钗笑道：

“我告诉你个笑话儿：刚才为那个药，我说了个不知道，宝兄弟心里就不受用了。”

黛玉道：

“理他呢！过会子就好了。”

宝玉向宝钗道：

“老太太要抹骨牌，正没人，你抹骨牌去罢。”

宝钗听说，便笑道：

“我是为抹骨牌才来么？”

说着，便走了。黛玉道：

“你倒是去罢，这里有老虎，看吃了你！”说着，又裁。

宝玉见她不理。只得还陪笑说道：

“你也去逛逛再裁不迟。”

黛玉总不理。宝玉便问丫头们：

“这是谁叫她裁的？”

黛玉见问丫头们，便说道：

“凭他谁叫我裁，也不管②二爷的事！”

宝玉方欲说话，只见有人进来回说：

> 作者写黛玉以牙还牙，妙极！

331

"外头有人请呢。"

宝玉听了，忙撤身出来。黛玉向外头说道：

"阿弥陀佛！赶你回来，我死了也罢了！"

宝玉来到外面，只见焙茗说："冯大爷家请。"宝玉听了，知道是昨日的话，便说："要衣裳去。"

就自己往书房里来。

焙茗一直到了二门前等人，只见出来了一个老婆子。焙茗上去说道：

"宝二爷在书房里等出门的衣裳，你老人家进去带个信儿。"

那婆子啐道：

"呸！放你娘的屁！宝玉如今在园里住着，跟他的人都在园里，你又跑了这里来带信儿！"焙茗听了，笑道：

"骂的是，我也糊涂了！"

说着，一径往东边二门前来。可巧门上小厮在甬路底下踢球。焙茗将原故说了，有个小厮跑了进去，半日，才抱了一个包袱出来，递给焙茗，回到书房里。

宝玉换上，叫人备马，只带着焙茗、锄药、双瑞、寿儿四个小厮去了，一径到了冯紫英门口。有人报与冯紫英，出来迎接进去。只见薛蟠早已在那里久候了。还有许多唱曲儿的小厮们并唱小旦的蒋玉菡，锦香院的妓女云儿。大家都见过了，然后吃茶。

宝玉擎茶笑道：

"前儿说的'幸与不幸'之事，我昼夜悬想，今日一闻唤呼，即至。"

冯紫英笑道：

"你们令姨表弟兄倒都心实，前日不过是我的设辞。诚心请你们喝一杯，恐怕推托，才说下这句话。谁知都信了真了。"

说毕，大家一笑。然后摆上酒来，依次坐定。冯紫英先叫唱曲儿的小厮过来递酒，然后叫云儿也过来敬三钟。

那薛蟠三杯落肚，不觉忘了情，拉着云儿的手，笑道：

"你把那体己新鲜曲儿唱个我听,我喝一坛子,好不好?"

云儿听说,只得拿起琵琶来唱道:

> 两个冤家,都难丢下,想着你来又惦记着他。两个人形容俊俏,都难描画。想昨宵幽期私订在荼蘼架。一个偷情,一个寻拿,拿住了三曹对案,我也无回话。

唱毕,笑道:

"你喝一坛子罢了。"

薛蟠听说,笑道:

"不值一坛,再唱好的来!"

宝玉笑道:

"听我说罢:这么滥饮,易醉而无味。我先喝一大海,发一个新令,有不遵者,连罚十大海,逐出席外,给人斟酒。"

冯紫英蒋玉菡等都道:

"有理,有理。"

宝玉拿起来海来,一气饮尽,说道:

"如今要说悲、愁、喜、乐四个字,却要说出女儿来,还要注明这四个字的原故。说完了,喝门杯。酒面要唱一个新鲜曲子;酒底要席上生风一样东西,或古诗旧对,四书五经成语。"

薛蟠不等说完,先站起来拦道:

"我不来,别算我。这竟是玩我呢!"

云儿也站起来,推他坐下,笑道:

"怕什么?这还亏你天天喝酒呢!难道连我也不及?我回来还说呢。说是了,罢;不是了,不过罚上几杯,那里就醉死了?你如今一乱令,倒喝十大海下去斟酒不成?"

众人都拍手道:"妙!"薛蟠听说,无法,只得坐了,听宝玉说道:

"女儿悲,青春已大守空闺;女儿愁,悔教夫婿觅封侯;女儿喜,对镜晨妆颜色美;女儿乐,秋千架上春衫薄。"

众人听了,都说道:"好。"

薛蟠独扬着脸,摇头说:

"不好！该罚！"

众人问：

"如何该罚？"

薛蟠道：

"他说的我全不懂，怎么不该罚？"

云儿便拧他一把，笑道：

"你悄悄儿的想你的罢。回来说不出来，又该罚了。"于是拿琵琶，听宝玉唱道：

> 滴不尽相思血泪抛红豆；开不完春柳春花满画楼。睡不稳纱窗风雨黄昏后，忘不了新愁与旧愁。咽不下玉粒金波噎满喉，照不尽菱花镜里形容瘦。展不开的眉头，捱不明的更漏。呀！恰便似遮不住的青山隐隐，流不断的绿水悠悠。

唱完，大家齐声喝采，独薛蟠说："没板儿！"

宝玉饮了门杯，便拈起一片梨来，说道：

"'雨打梨花深闭门。'"完了令。

下该冯紫英，说道：

"女儿喜，头胎养了双生子；女儿乐，私向花园掏蟋蟀；女儿悲，儿夫染病在垂危；女儿愁，大风吹倒梳妆楼。"

说毕，端起酒来，唱道：

> 你是个可人，你是个多情，你是个刁钻古怪鬼灵精！你是个神仙也不灵！我说的话儿，你全不信。只叫你去背地里细打听，才知道我疼你不疼！

唱完，饮了门杯，说道："'鸡声茅店月。'"令完。

下该云儿。云儿便说道：

"女儿悲，将来终身倚靠谁？"

薛蟠笑道：

"我的儿，有你薛大爷在，你怕什么？"

众人都道：

"别混她，别混她！"

云儿又道：

"女儿愁，妈妈打骂何时休？"

薛蟠道：

"前儿我见了你妈，还嘱咐她，不叫她打你呢。"

众人都道：

"再多说的，罚酒十杯！"

薛蟠连忙自己打了一个嘴巴子，说道：

"没耳性，再不许说了！"

云儿又说：

"女儿喜，情郎不舍还家里；女儿乐，住了箫管弄弦索。"说完，
便唱道：

　　　　豆蔻花开三月三，一个虫儿往里钻，钻了半日，钻不进去，
爬到花儿上打秋千。肉儿小心肝！我不开了，你怎么钻？

唱毕，饮了门杯，说道："'桃之夭夭。'"令完。

下该薛蟠。薛蟠道：

"我可要说了：女儿悲——"

说了半日，不见说底下的。冯紫英笑道：

"悲什么？快说！"

薛蟠登时急的眼睛铃铛一般，便说道：

"女儿悲——"又咳嗽了两声，方说道："女儿
悲，嫁了个男人是乌龟。"

> 作者曾挖苦薛蟠，此处又让他原形毕露，令人喷饭。

众人听了，都大笑起来。薛蟠道：

"笑什么？难道我说的不是？一个女儿嫁了汉子，要做忘八，
怎么不伤心呢？"

众人笑的弯着腰，说道：

"你说的是，快说底下的罢。"

薛蟠瞪了瞪眼，又说道："女儿愁——"

说了这句，又不言语了。众人道：

"怎么愁?"

薛蟠道:

"绣房钻出个大马猴。"

众人哈哈笑道:

"该罚! 该罚! 先还可恕,这句更不通了。"

说着,便要斟酒。宝玉道:

"押韵就好。"

薛蟠道:

"令官都准了,你们闹什么!"

众人听说,方罢了。云儿笑道:

"下两句越发难说了,我替你说罢。"

薛蟠道:

"胡说! 当真我就没好的了? 听我说罢: 女儿喜,洞房花烛朝慵起。"

众人听了,都诧异道:

"这句何其太雅!"

薛蟠道:

"女儿乐,一根包世往里戳。"

众人听了,都回头说道:

"该死,该死! 快唱了罢!"

薛蟠便唱道:

"一个蚊子哼哼哼,"

众人都怔了,说道:

"这是个什么曲儿?"

薛蟠还唱道:

"两个苍蝇嗡嗡嗡。……"

众人都道:"罢,罢,罢!"

薛蟠道:

"爱听不听? 这是新鲜曲儿,叫做'哼哼'韵儿。 你们要懒怠听，连酒底儿都免了，我就不唱。"

众人都道：

"免了罢，倒别耽误了别人家。"

於是蒋玉菡说道：

"女儿悲，丈夫一去不回归；女儿愁，无钱去打桂花油；女儿喜，灯花并头结双蕊；女儿乐，夫唱妇随真和合。"说毕，唱道：

> 可喜你天生成百媚娇，恰便似活神仙离碧宵。度青春，年正小；配鸾凤，真也巧。呀！看天河正高，听谯楼鼓敲，剔银灯同人鸳帏悄。

唱毕，饮了门杯，笑道：

"这诗词上我倒有限，幸而昨日见了一副对子，只记得这句，可巧席上还有这件东西。"说毕便干了酒，拿起一朵木樨来，念道："'花气袭人知昼暖。'"

众人倒都依了，完令。薛蟠又跳了起来喧嚷道：

"了不得，了不得！该罚！该罚！这席上并没有宝贝，你怎么说起宝贝来了？"

蒋玉菡忙说道：

"何曾有宝贝？"

薛蟠道：

"你还赖呢！你再说。"

蒋玉菡只得又念了一遍。薛蟠道：

"这袭人可不是宝贝是什么？你们不信只问他！"

说毕，指着宝玉。宝玉没好意思，起来说：

"薛大哥，你该罚多少？"

薛蟠道：

"该罚，该罚！"

说着，拿起酒来，一饮而尽。冯紫英和蒋玉菡等还问他原故，云儿便告诉了出来。蒋玉菡忙起身陪罪。众人都道："不知者不作罪。"

少刻，宝玉出席解手，蒋玉菡随着出来。二人站在廊檐下，蒋玉菡又陪不是。宝玉见他妩媚温柔，心中十分留恋，便紧紧的攥着他的手，叫他：

"闲了往我们那里去。还有一句话问你，也是你们贵班中有一个叫琪官儿的，他如今名驰天下，可惜我独无缘一见！"

蒋玉菡笑道：

"就是我的小名儿。"

宝玉听说，不觉欣然，跌足笑道：

"有幸，有幸，果然名不虚传！今儿初会，却怎么样呢？"想了一想，向袖中取出扇子，将一个玉玦扇坠解下来递给琪官道："微物不堪，略表今日之谊。"

琪官接了，笑道：

"无功受禄，何以克当？也罢，我这里也得了一件奇物，今日早起才系上，还是簇新，聊可表我一点亲热之意。"说毕，撩衣将系小衣儿的一条大红汗巾子解下来，递给宝玉道："这汗巾子是茜香国女国王所贡之物，夏天系着，肌肤生香，不生汗渍。昨日北静王给的，今日才上身，若是别人，我断不肯相赠。二爷请把自己系的解下来给我系着。"

宝玉听说，喜不自禁，连忙接了，将自己一条松花汗巾解下来递给琪官。二人方束好，只听一声大叫：

"我可拿住了！"

只见薛蟠跳出来，拉着二人，道：

"放着酒不喝，两个人逃席出来干什么？快拿出来我瞧瞧！"

二人都道："没有什么。"薛蟠那里肯依？还是冯紫英出来，才解开了，复又归坐。饮酒至晚方散。

宝玉回至园中，宽衣吃茶。袭人见扇子上的坠儿没了，便问他：

"往那里去了？"

宝玉道：

"马上丢了。"

袭人也不理论,及睡时,见他腰里一条血点似的大红汗巾子,便猜着了八九分,因说道:

"你有了好的系裤子了,把我的那条还我罢。"

宝玉听说,方想起那汗巾子原是袭人的,不该给人。心里后悔,口里说不出来,只得笑道:"我赔你一条罢。"

袭人听了,点头叹道:

"我就知道你又干这些事了! 也不该拿我的东西给那些混帐人哪! 也难为你心里没个算计儿。"还要说几句,又恐恼上他的酒来,少不得也睡了。一宿无话。

次日天明方醒,只见宝玉笑道:

"夜里失了盗也不知道,你瞧瞧裤子上。"

袭人低头一看,只见昨日宝玉系的那条汗巾子系在自己腰里了,便知是宝玉夜里换的,忙一顿就解下来,说道:

"我不稀罕这行子,趁早儿拿了去!"

宝玉见她如此,只得委婉解劝了一回。袭人无法,暂且系上,过后宝玉出去,终久解下来扔在个空箱子里了,自己又换了一条系着。宝玉并未理论,因问起昨日可有什么事情。袭人便回说:

> 这是作者的重要伏笔,非同小可。他暗示以后与宝玉结婚的是宝钗而不是黛玉。元妃送礼,更提高宝钗的身份。

"二奶奶打发人叫了小红去了。她原要等你来着,我想着,什么要紧! 我就做了主,打发她去了。"

宝玉道:

"很是。我已经知道了,不必等我罢了。"

袭人又道:

"昨儿贵妃打发夏太监出来,送了一百二十两银子,叫在清虚观,初一到初三打三天'平安醮',唱戏献供,叫珍大爷领着众位爷们跪香拜佛呢。还有端午儿的节礼也赏了。"

说着,命小丫头来,将昨日的所赐之物取出来,却是上等宫扇两柄,红麝香珠二串,凤尾罗二端,芙蓉簟一领。

宝玉见了,喜不自胜,问:

"别人的也都是这个吗?"

袭人道:

"老太太多着一个香玉如意,一个玛瑙枕。老爷、太太、姨太太的只多着一个香玉如意。你的和宝姑娘的一样。林姑娘和二姑娘、三姑娘、四姑娘,只单有扇子和数珠儿,别的都没有。大奶奶、二奶奶,她两个是每人两匹纱,两匹罗,两个香袋儿,两个锭子药③。"

宝玉听了,笑道:

"这是怎么个原故?怎么林姑娘的倒不和我的一样,倒是宝姐姐的和我一样?别是传错了罢?"

袭人道:

"昨儿拿出来都是一分一分的写着签子,怎么会错了呢?你的是在老太太屋里,我去拿了来了的。老太太说了,明儿叫你一个五更天进去谢恩呢。"

宝玉道:

"自然要走一趟。"说着,便叫紫鹃来,"拿了这个到你们姑娘那里去,就说是昨儿我得的,爱什么留下什么。"

| 黛玉妙语,作者慧心。 |

紫鹃答应了去,拿了去。不一时,回来说:

"姑娘说了:昨儿也得了,二爷留着罢。"

宝玉听说,便命人收了。刚洗了脸出来,要往贾母那里请安去,只见黛玉顶头来了。宝玉赶上去,笑道:

"我的东西叫你拣,你怎么不拣?"

黛玉昨日所恼宝玉的心事早已又丢开,只顾今日的事了,因说道:

"我没这么大福气禁受。比不得宝姑娘什么金哪玉的,我们不过是个草木人儿罢了。"

宝玉听她提出"金玉"二字来,不觉心里疑猜,便说道:

“除了别人说什么金什么玉，我心里要有这个想头，天诛地灭，万世不得人身！”

黛玉听他这话，便知他心里动了疑了，忙又笑道：

“好没意念！白白的起什么誓呢？谁管你什么金什么玉的？”

宝玉道：

“我心里的事也难对你说，日后自然明白。除了老太太、老爷、太太这三个人，第四个就是妹妹了，要有第五个人，我也起过誓。”

黛玉道：

“你也不用起誓。我很知道你心里有妹妹，但只是见了姐姐就把妹妹忘了。”

宝玉道：

“那是你多心，我再不是这么样的。”

黛玉道：

“昨儿宝丫头她不替你圆谎，为什么问着我呢？那要是我，你又不知怎么样了。”

正说着，只见宝钗从那边来了，二人便走开了。宝钗分明看见，只装没看见，低头过去了。到了王夫人那里，坐了一回，然后到了贾母这边，只见宝玉也在这里呢。

宝钗因往日母亲对王夫人曾提过金锁是个和尚给的，等日后有玉的方可结为婚姻等语，所以总远着宝玉；昨日见元春所赐的东西独她与宝玉一样，心里越发没意思起来。幸亏宝玉被一个黛玉缠绵住了，心心念念只惦记着黛玉，并不理论这事。此刻忽见宝玉笑道：

“宝姐姐，我瞧瞧你的那香串子呢。”

可巧宝钗左腕上笼着一串，见宝玉问他，少不得褪了下来。宝钗原生的肌肤丰泽，一时褪不下来。宝玉在旁边看着雪白的胳膊，不觉动了羡慕之心，暗暗想道：

“这个膀子若长在林姑娘身上，或者还得摸一摸；偏长在她身上，正是恨我没福！”

忽然想起"金玉"一事来,再看看宝钗形容,只见脸若银盆,眼同水杏,唇不点而含丹,眉不画而横翠:比黛玉另具一种妩媚风流。不觉又呆了。宝钗褪下串子来给他,他也忘了接。

宝钗见他呆呆的,自己倒不好意思起来。扔下串子,回身才要走,只见黛玉蹬着门槛子,嘴里咬着绢子笑呢。宝钗道:

"你又禁不得风吹,怎么又站在那风口里?"

黛玉笑道:

"何曾不是在房里来着? 只因听见天上一声叫,出来瞧了瞧,原来是个呆雁!"

> 前面宝玉黛玉说话,宝钗碰见,巧!此处宝玉呆看宝钗,黛玉突然出现,更巧! 而黛玉的俏皮更绝! 作者画龙点睛,真欲破壁飞去。

宝钗道:

"呆雁在那里呢? 我也瞧瞧。"

黛玉道:

"我才出来,他就忒儿的一声飞了。"

口里说着,将手里的绢子一甩,向宝玉脸上甩来。宝玉不知,正打在眼上,"嗳哟"了一声,问:

"这是谁?"

黛玉摇着头儿笑道:

"不敢,是我失了手。因为宝姐姐要看呆雁,我比给她看,不想失了手。"

宝玉揉着眼睛,待要说什么,又不好说的。

① 不当家花拉的——不当家就是无职守,引申为不了解情况、不负责。花拉的是个词尾,也说花拉拉,花拉子。

② 不管——这里是不关、不干的意思。

③ 锭子药——中药做成锭子的都可称锭子药或药锭。这里是专指紫金锭而言。有时把它做成各种形状的小玩物或"十八子"念珠,夏天佩带,既有香气,又可随时捣碎服食,治疗受暑。